宁波港域船舶引航技术

总主编 鲍冯军
主　编 潘国华　胡甚平

上海浦江教育出版社

图书在版编目(CIP)数据

宁波港域船舶引航技术/潘国华,胡甚平主编. —上海:上海浦江教育出版社有限公司,2023.2
 ISBN 978-7-81121-781-0

Ⅰ.①宁… Ⅱ.①潘…②胡… Ⅲ.①港口—船舶航行—领航—宁波 Ⅳ.①U675.98

中国版本图书馆 CIP 数据核字(2023)第 032106 号

NINGBO GANGYU CHUANBO YINHANG JISHU
宁波港域船舶引航技术

上海浦江教育出版社出版发行

社址:上海海港大道 1550 号上海海事大学校内　邮政编码:201306
电话:(021)38284910(12)(发行)　38284923(总编室)　38284910(传真)
E-mail:cbs@shmtu.edu.cn　URL:http://www.pujiangpress.com
上海商务联西印刷有限公司印装
幅面尺寸:170 mm×228 mm　印张:25.5　字数:443 千字
2023 年 3 月第 1 版　2023 年 3 月第 1 次印刷
策划编辑:蔡则齐　责任编辑:蔡则齐　封面设计:潘国华
定价:168.00 元

编 委 会

名誉主任：许　晨
主　　任：鲍冯军
副 主 任：潘国华　胡甚平
委　　员：杨东晓　宋波伟　李　梁　高　涛　李延峰
　　　　　李飞镝　吴　声　任明星　宋　伟　张　剑
　　　　　赵方斌　魏铭君　席永涛　张欣欣　轩少永
　　　　　赵观洋　尤庆华
秘　　书：张欣欣

编者的话

引航是一份神圣而富有挑战性的职业,引航亦是一项高标准、严要求的技能;引航是一门蕴文载道、追求卓越的操船艺术,引航更是一种代际传承并担当突破的精神。船舶引航作为海上物流链中的关键环节,在港口生产中发挥着十分重要的作用,其工作核心除体现国家引领主权外,安全保障与技术服务是引航专业的两大支柱,两者相辅相成,密不可分。

引航安全系统由人、物质、能量、环境和信息等要素组成。其中,围绕船舶的能量系统,已经完成大型化、高速化、绿色化和专门化的转型;围绕引航员的生态系统,逐步完成结构年轻化、知识复合化和技能专家化的蜕变;围绕港口的环境系统,优质的建港资源越来越少,港口的地理位置不断外溢,港口的通航环境仍然复杂,为适应全天候化引航,辅助设施更加丰富、船舶调度趋向合理;围绕引航作业的信息系统,实现了引航调度、交通、执行、监控等全过程管理。以上系统逐步发展成熟共同造就了"人、机、料、法、环、测"的安全新体系管理模式的形成。

引航技术随着科学技术的发展而不断创新。其中,引航作业的规范化要求已经全面确立。传统意义上,鉴于水上作业的特殊性与难以预测性,引航作业人员的行为自由度较高,随着海上安全监管的日益加强,引航过程的程序化、规范化成为当前引航作业的实际表现。未来引航作业过程中遇到的随机性、模糊性因素依然会很多,但引航进一步朝规范化、标准化发展的脚步不会停顿。引航作业的智慧化发展是推动时代进步的必然趋势,包括数字化驾引研判、可视化引航实时监控、智能化安全辅助等。

"基础不牢,地动山摇!"。尽管在新科技辅助下,引航作业的精度、效率得到进一步提升,但引航智慧化发展的信息基础与数据来源,引航技术攻关、突破的灵感与抓手,引航安全的经验教训与分析研判,引航队伍的培养、学习、成长均离不开引航实践和科学的研究与积累,引航技术的传承、精益求精和引航事业的赓续、发扬光大需要抓牢基础、做好总结、注重提炼、擅于提升。

宁波港域的引航技术是指特定的宁波水域的船舶操纵技术,既有天然水深良

 宁波港域船舶引航技术

好的条件,也有岛礁区独特、复杂的风险挑战,这些成就了宁波港域的优秀操船技术与特有引航技巧、风格。

行而不辍,未来可期。改革开放以来,宁波引航历经三代引航员的不懈努力,打造成就一个适配世界一流大港发展的先进引航机构。如今,新一代宁波引航人已承担起建成世界一流强港的重任和使命,对于引航技术、引航安全的深入研究已是当务之急,吃苦耐劳、承前启后、开拓创新、追求卓越是宁波引航的优良传统,也是高素质引航团队的特征。

不忘初心,不负韶华。本书的编写正是出于引航高质量发展的要求与追求,精心酝酿筹备多年,由宁波引航站与上海海事大学组成精兵强将团队,顶尖引航专家领衔,以老带新,全力而为,力争为全面实施海洋强国战略、加快建设海洋强省、打造世界一流强港贡献引航智慧和引航力量!

2022 年 12 月

前　言

宁波地处我国大陆海岸线中部,在南北和长江 T 型结构的交汇点上,是我国著名的深水良港。港城宁波内外辐射便捷,向外直接面向东亚及整个环太平洋地区,是中国沿海向北美洲、大洋洲和南美洲等地区港口远洋运输辐射的理想集散地;向内不仅可连接沿海各港口,而且通过江海联运,可沟通长江、京杭大运河,直接覆盖整个华东地区及经济发达的长江流域。宁波核心港区水深、流顺、风浪小,经人工疏浚的进港深水航槽和航道水深在 23.1 m 以上,30 万~40 万吨级重载船舶可候潮进出港。

宁波引航站是统一实施宁波港域船舶引航的引航机构,对外代表国家行使主权,对进出宁波港域的外籍船舶实行强制引航,对内为进出宁波港域的中国籍船舶提供引航服务,坚持"维护主权、保障安全、精心引领、服务港航"为服务宗旨,以"港口事业忠诚度、港口生产保障度、服务对象满意度"和"技术精湛、管理精细、设备精良"为目标,努力营造引航技术优势、引航人才优势、引航服务优势,以适应宁波港口经济发展需求,为港航企业提供公平、公正、高效、统一的引航服务,树立宁波引航品牌形象。

为适应宁波港域船舶大型化、全天候化和科技创新发展的形势,宁波引航站全体引航员敢为人先、追求卓越,在不断完善自我的同时,宁波引航品牌对外也留下了极好的口碑。本着力求全面分析当前和今后相当长时期的引航形势,根据宁波港域自然环境、港口环境、港口船舶情况等,总结多年来的船舶引航技术和经验,并结合引航员实际培养过程中应具有的知识和技能,编制一本供港航企业、海事院校、船长、引航员等参阅并具有一定实操性的引航操纵指导书,以夯实宁波港域引航安全的工作基础。

本书由鲍冯军正高级引航员策划,潘国华正高级引航员、胡甚平教授统稿,全书分为引航基础篇、引航技术篇、引航创新篇和引航文化篇,共 10 章。第 1 章宁波港域引航发展,主要阐述宁波舟山港的发展概况和宁波引航的发展概况;第 2 章宁波港域引航环境,主要介绍宁波港域的航路、锚地、各港区主要码头泊位、水

文气象、引航服务能力、船舶通航管理等；第3章宁波港域船舶引航风险，主要阐述宁波港域航道特点、船舶特点、恶劣天气、复杂潮流对船舶航行和靠离泊的危害性、交通流密集水域的引航作业风险、主要港区的引航操纵风险等；第4章航道航行技术，详细说明宁波港域核心港区南航道的航法、核心港区北航道的航法和象山港区航道的航法；第5章船舶靠离泊技术，采用案例方式全面总结了杨东晓平行靠泊操作法、不同尺度船舶不同泊位的靠离泊技术；第6章船舶锚泊技术，分别结合不同尺度船舶，介绍锚泊操作和泊位至锚泊点间的移泊作业技术；第7章为特殊船舶的引航技术；第8章引航创新技术与方法和第9章引航应急技术，结合宁波引航历史，分别阐述主要引航事件、引航技术创新、应急抢险等案例；第10章宁波引航企业文化建设，介绍宁波引航安全文化建设的发展历程和成果。全书由宁波引航站和上海海事大学合作完成。鲍冯军、潘国华、魏铭君、吴声、李梁、李延峰、杨东晓、张剑、任明星、宋伟、赵方斌、李飞镝、高涛、宋波伟等高级引航员和胡甚平、张欣欣、轩少永、席永涛、赵观洋、尤庆华等教授先后参与相关内容编写。文本编写过程中得到了资深引航员张锁珍、陈杰、胡中敬等原领导的支持和帮助，部分图片资料由宣晓东、李正鹏提供，摄影图片由周建勇等提供。全书示意图经潘国华审核校对。

  全书信息更新至2022年6月。读者在阅读或使用本书时应同时参考其他相关最新资料。书中所述引航方案、航法与靠离泊、锚泊等操纵技术仅供参考，实际操作中可能需要根据作业现场情况作适当调整，图中的船位、船型仅为示意。

  鉴于篇幅和资料有限，虽然编者在本书的系统性、整体性和实用性等方面作出了努力，也进行了一些有益的尝试，但是限于学术水平，加上时间仓促，本书难免存在疏漏与错误，恳请专家学者和读者批评指正。

目　录

引航基础篇

第1章　宁波港域引航发展 ·· 3
  1.1　宁波舟山港的发展 ·· 3
  1.2　宁波引航概况 ·· 4

第2章　宁波港域引航环境 ·· 8
  2.1　宁波港域航路 ·· 8
    2.1.1　航路概述 ·· 8
    2.1.2　核心港区南航路 ·· 8
    2.1.3　核心港区北航路 ··· 16
    2.1.4　象山港区航路 ··· 21
    2.1.5　石浦港区航路 ··· 23
  2.2　宁波港域锚地 ··· 24
    2.2.1　虾峙门口外矿船锚地 ··· 25
    2.2.2　虾峙门口外油船锚地 ··· 25
    2.2.3　虾峙门北锚地 ··· 25
    2.2.4　虾峙门南锚地 ··· 26
    2.2.5　北仑锚泊点 ··· 26
    2.2.6　七里金塘锚地 ··· 28
    2.2.7　佛渡水道锚泊点 ··· 30

2.2.8　马峙锚地 ··· 31
2.3　宁波各港区主要码头 ··· 33
　　2.3.1　甬江港区 ··· 33
　　2.3.2　镇海港区 ··· 33
　　2.3.3　北仑港区 ··· 35
　　2.3.4　穿山港区 ··· 37
　　2.3.5　大榭港区 ··· 38
　　2.3.6　梅山港区 ··· 40
　　2.3.7　象山港区 ··· 40
　　2.3.8　石浦港区 ··· 42
2.4　宁波港域水文气象 ··· 43
　　2.4.1　风 ··· 43
　　2.4.2　雾 ··· 43
　　2.4.3　潮汐 ··· 44
　　2.4.4　其他水文气象条件 ·· 46
2.5　宁波港域引航服务能力 ·· 48
　　2.5.1　引航登离船区域 ·· 48
　　2.5.2　引航员引领权限 ·· 51
　　2.5.3　使用拖船艘数配备标准 ··· 52
2.6　船舶通航管理 ··· 56
　　2.6.1　深水航路船舶定线制 ··· 56
　　2.6.2　船舶交通组织 ·· 57
　　2.6.3　护航要求 ··· 58

第3章　宁波港域船舶引航风险 ·· 59
3.1　宁波港域航道通航特点 ·· 59
　　3.1.1　甬江航道特点与引航风险 ··· 59

  3.1.2 核心港区航道特点与引航风险 ·················· 60

  3.1.3 象山港区航道特点与引航风险 ·················· 62

3.2 宁波港域船舶特点 ··· 63

  3.2.1 船舶大型化 ······································ 63

  3.2.2 船舶类型多样化 ·································· 64

3.3 宁波港域恶劣天气概况 ····································· 65

  3.3.1 能见度不良 ······································ 65

  3.3.2 大风浪作业 ······································ 67

  3.3.3 灾害性天气 ······································ 68

3.4 复杂潮流对船舶航行和靠离泊的影响 ························· 69

  3.4.1 岬角水域 ·· 69

  3.4.2 潮流切变线 ······································ 70

  3.4.3 外涨里落与外落里涨 ······························ 73

3.5 交通流密集水域的引航作业风险 ····························· 79

  3.5.1 引航员登离船的风险 ······························ 79

  3.5.2 密集水域的航行风险 ······························ 79

3.6 主要港区的引航作业风险 ··································· 84

  3.6.1 北仑港区的锚泊和靠离泊风险 ······················ 84

  3.6.2 大榭港区的靠离泊风险 ···························· 85

  3.6.3 穿山港区的靠离泊风险 ···························· 86

  3.6.4 梅山港区的靠离泊风险 ···························· 86

引航技术篇

第4章 航道航行技术 ·· 89

4.1 核心港区南航道的航法 ····································· 89

  4.1.1 深水航槽外至虾峙门东口和条帚门东口 ·············· 89

  4.1.2 虾峙门东口至镇海港区 ··· 91

  4.1.3 条帚门东口至 1 号警戒区 ··· 96

  4.1.4 7 号警戒区至梅山港区 ··· 98

 4.2 核心港区北航道的航法 ··· 100

  4.2.1 金塘大桥北至镇海港区 ·· 100

  4.2.2 招宝山大桥至宁波三江口 ··· 103

 4.3 象山港区航道的航法 ·· 105

第 5 章 船舶靠离泊技术 ·· 109

 5.1 杨东晓平行靠泊操作法 ··· 109

  5.1.1 操作要领 ·· 109

  5.1.2 基本操作思路及要点分析 ··· 111

 5.2 小型船舶靠离泊技术 ·· 115

  5.2.1 单拖协助万吨级化工船靠泊镇海 16#泊位 ···················· 115

  5.2.2 单拖协助小型化工船靠泊利万聚酯码头 ······················· 118

  5.2.3 单拖协助小型杂货船离镇海港区 6#泊位 ······················ 120

  5.2.4 "前驾驶"集装箱船离镇海港区 7#泊位 ······················· 123

  5.2.5 单拖协助小型化工船涨流离台塑 1–2 码头 ··················· 126

  5.2.6 单拖协助小型化工船离大榭万华化工码头 ···················· 128

 5.3 中型船舶靠泊技术 ··· 130

  5.3.1 中型集装箱船掉头靠信业码头 ··································· 130

  5.3.2 5 万吨级散货船急落流靠泊乌沙山码头 ························ 134

  5.3.3 5 万吨级散货船靠泊国华电厂码头 ······························ 136

  5.3.4 巴拿马型散货船靠北仑矿石码头里当 ·························· 139

  5.3.5 巴拿马型油船直靠和掉头靠泊信源码头 ······················· 141

  5.3.6 巴拿马型油船靠北仑 9#锚位 VLCC 外当 ····················· 147

 5.4 大型船舶靠泊技术 ··· 150

	5.4.1	大型 LPG 船掉头靠泊百地年码头	150
	5.4.2	大型 LPG 船靠泊戚家山化工码头	155
	5.4.3	大型集装箱船掉头左舷靠梅山码头 1#泊位	158
	5.4.4	大型集装箱船舶外落里涨时段靠泊北三集司 2#泊位	161
	5.4.5	8 万吨级散货船靠泊镇海 21#泊位	168
	5.4.6	10 万吨级散货船靠穿山光明码头	170
5.5	超大型船舶靠泊技术		175
	5.5.1	海岬型矿砂船低平潮靠中宅 1#泊位	175
	5.5.2	海岬型矿砂船低平潮靠北仑矿石码头 1#泊位	181
	5.5.3	VLCC 高潮后 1 h 靠算山油码头 1#泊位	185
	5.5.4	VLCC 靠泊大榭中油码头	189
	5.5.5	VLCC 初涨向左掉头靠大榭实华码头 1#泊位	192
5.6	中型船舶离泊技术		195
	5.6.1	3 万吨级化工船离泊台塑里当码头	195
	5.6.2	5 万吨级散货船急涨流离乌沙山码头 2#泊位	198
	5.6.3	巴拿马型散货船离光明码头 3#泊位	200
5.7	大型船舶离泊技术		205
	5.7.1	大型集装箱船急顺流离北仑二期码头 5#泊位	205
	5.7.2	大型集装箱船掉头离梅山码头 1#泊位	208
	5.7.3	大型集装箱船吹拢风离招商 3#泊位	212
	5.7.4	大型集装箱船复杂潮流离北三集司 1#泊位	219
5.8	超大型船舶离泊技术		224
	5.8.1	15 万吨级集装箱船初涨离北二集司 4#泊位	224
	5.8.2	2 万 TEU 集装箱船急顺流离远东 9#泊位	227
	5.8.3	2.4 万 TEU 级集装箱船顺流离梅山码头 4#泊位	229
	5.8.4	2 万 TEU 集装箱落流离招商码头 3#泊位	232

5.8.5　VLCC 涨流急顺流离大榭实华码头 1#泊位 ·················· 235

第 6 章　船舶锚泊技术 ·················· 239

6.1　小型船定点抛七里锚地 22#锚位 ·················· 239
6.1.1　作业概况 ·················· 239
6.1.2　抛锚操纵 ·················· 240

6.2　海岬型散货船抛北仑 6#锚位 ·················· 242
6.2.1　初落时段抛锚 ·················· 242
6.2.2　涨流时段掉头抛北仑 6#锚位 ·················· 245

6.3　海岬型散货船自码头至北仑锚位的移泊 ·················· 247
6.3.1　作业概况 ·················· 247
6.3.2　落流时段的移泊操纵 ·················· 249
6.3.3　涨流时段的移泊操纵 ·················· 250

6.4　重载 VLCC 抛北仑 9#锚位 ·················· 252
6.4.1　作业概况 ·················· 252
6.4.2　引航操纵 ·················· 253

第 7 章　特殊船舶的引航技术 ·················· 256

7.1　无动力驳船在极有限水域操纵的方法 ·················· 256
7.1.1　码头、船舶及引航条件 ·················· 256
7.1.2　操纵方法与注意事项 ·················· 257

7.2　海工驳船靠离甬江内东方电缆码头 ·················· 259
7.2.1　背景及难点分析 ·················· 259
7.2.2　拖带方式及带缆 ·················· 260
7.2.3　引航靠离泊操纵 ·················· 261

7.3　大型 LNG 船进出港操纵 ·················· 264
7.3.1　LNG 船舶特性 ·················· 264

- 7.3.2 进出港方案 265
- 7.3.3 引航计划与实施 265
- 7.3.4 不同潮流条件下的引航操纵 268

7.4 "荣晶"轮应急拖带作业

- 7.4.1 引航背景 271
- 7.4.2 当时环境与作业条件 271
- 7.4.3 主要风险 273
- 7.4.4 拖船配置与相关计算 273
- 7.4.5 引航方案与过程 276

引航创新篇

第 8 章 引航创新技术 281

8.1 2 万吨级煤船靠镇海 2#泊位 281

- 8.1.1 引航背景 281
- 8.1.2 引航主要难点、创新点及限制条件 281
- 8.1.3 引航方案制定 282
- 8.1.4 引航实操过程 283

8.2 镇海港区极有限水域船舶原地掉头技术 285

- 8.2.1 掉头区宽度计算 285
- 8.2.2 引航实操过程 285

8.3 镇海港区大型船舶倒航出口 287

- 8.3.1 引航背景 287
- 8.3.2 引航创新点及要求 288
- 8.3.3 引航实施过程 289

8.4 虾峙门口外 VLCC 在航中船靠离船技术 290

- 8.4.1 引航背景、创新点和难点 290

8.4.2 主要安全措施 ·· 291
8.4.3 引航实施过程 ·· 292
8.5 25万吨散货船"威射"轮应急抢险 ·· 295
8.5.1 抢险进港的风险点 ·· 295
8.5.2 引航方案制定 ·· 296
8.5.3 作业条件和引航心得 ·· 297
8.6 大型集装箱船靠梅山1#、2#泊位 ·· 298
8.6.1 背景介绍 ··· 298
8.6.2 引航创新点及难点 ·· 298
8.6.3 引航方法 ··· 299
8.6.4 引航过程 ··· 301
8.7 宁波引航与平地造船 ··· 303
8.7.1 引航背景、创新点与困难 ·· 303
8.7.2 "长宏山"轮海上拖带的计算 ··· 304
8.7.3 "长宏山"轮自金塘大桥北口引领至金塘锚地系浮筒 ···························· 307
8.7.4 "长宏山"轮金塘锚地解浮筒后靠三星U型港池 ··································· 309
8.7.5 新建船MRPC与"长宏山"轮分离后回靠三星码头3#泊位 ···················· 312
8.8 大型船舶微顺流靠泊技术 ·· 316
8.8.1 大型集装箱船微顺流靠泊 ·· 316
8.8.2 海岬型散货船高平潮微顺流靠北仑矿石码头2#泊位 ······························ 320
8.9 45万t油船"泰欧"轮进港靠泊 ··· 324
8.9.1 主要创新点和引航限制条件 ··· 324
8.9.2 引航方案的制定 ··· 324
8.9.3 引航实施过程 ·· 327
8.10 大型客滚船尾部"丁靠"技术 ·· 330
8.10.1 引航创新点及难点 ·· 330

	8.10.2 引航相关计算	330
	8.10.3 引航实施过程	333

第9章 引航应急技术 ……… 336

9.1 引航中的异常情况处置技术 …… 336
- 9.1.1 起锚时的难题 …… 336
- 9.1.2 航行中的紧迫局面处理 …… 337
- 9.1.3 航行中主机或舵机失灵 …… 340
- 9.1.4 靠离泊中的紧迫局面处置 …… 341
- 9.1.5 海事发生后的应急措施 …… 342

9.2 超大型油船"IRAN NOAH"走锚后的抢险 …… 345
- 9.2.1 引航背景 …… 345
- 9.2.2 主要风险与应对措施 …… 346
- 9.2.3 引航抢险经过与心得 …… 347

9.3 失控船"东成山"轮的应急拖带抢险 …… 349
- 9.3.1 引航背景与环境条件 …… 349
- 9.3.2 引航风险点与应对方案 …… 350
- 9.3.3 引航应急拖带过程 …… 353

引航文化篇

第10章 宁波引航企业文化建设 …… 357

10.1 引航企业文化建设 …… 357
- 10.1.1 引航企业文化概述 …… 357
- 10.1.2 引航企业文化建设的主要内容 …… 358

10.2 宁波引航企业文化实践 …… 359
- 10.2.1 宁波引航文化 …… 359

  10.2.2 安全引航思维 ·· 365

  10.2.3 引航隐患管理 ·· 367

 10.3 引航资源管理 ··· 371

  10.3.1 引航的权利与义务 ·· 371

  10.3.2 引航资源管理 ·· 374

 10.4 引航安全制度建设 ·· 377

参考文献 ··· 386

引航基础篇

第1章　宁波港域引航发展

1.1　宁波舟山港的发展

宁波舟山港是我国海岸线中部的一颗明珠,也是古代海上丝绸之路的始发港之一。7 000年前,河姆渡先民就划桨行舟,宁波开始有了港口的雏形。唐开元二十六年(公元738年),宁波正式开港。1973年,国务院建港领导小组组长粟裕到镇海实地视察,同年成立浙江省宁波港建设领导小组,并组建浙江省宁波港建设指挥部。1974年2月,宁波作业区扩建和镇海港区的建设开始动工。1978年10月1日,镇海港区煤码头主体工程竣工,标志着宁波港从内河港向河口港转变。1979年1月1日,中央批准宁波港恢复对外开放,由宁波作业区、镇海煤码头和北仑矿石中转码头3家单位组成宁波港务管理局,隶属交通部和浙江省双重领导;同年9月26日,张锁珍引领日本籍"湖山丸"(Kozan)轮靠泊,这是宁波港开放后第一艘真正意义上的来港作业外轮。1980年12月27日,"六五"期间国家重点工程之一的宁波港北仑港区10万吨级矿石中转码头通过国家验收,宁波港完成了从河口港向海港的历史性跨越。1984年宁波列为全国14个沿海开放城市之一。1987年10月10日,宁波港务局下放给宁波市,实行以宁波市管理为主,交通部管理为辅的新的管理体制。1988年4月,北仑港区被列为我国四大深水港之一。1990年11月29日,宁波港完成国际集装箱吞吐量20 012 TEU,首次跨入中国沿海十大国际集装箱运输港口的行列。1991年11月19日,宁波港货物吞吐量突破3 000万t大关,成为中国沿海第五大港。1997年12月31日,宁波港货物吞吐量达8 220万t,仅次于上海港,居中国港口第二位。2000年11月8日,宁波港货物吞吐量达1.004 8亿t,跻身世界亿吨大港行列。2005年12月20日,在时任浙江省委书记习近平力主推进宁波、舟山两港一体化下,宁波舟山港管委会挂牌。2006年1月1日,"宁波舟山港"名称启用。2008年11月21日,宁波舟山港集装箱运输吞吐量达1 100万TEU,同比增长17%,跻身世界集装箱港口前十强。

2015年5月,习近平总书记在浙江考察时提出了"干在实处永无止境,走在前列要谋新篇"的新要求。根据时任浙江省委书记习近平同志的战略规划与设想,2015年8月7日,浙江省委、省政府作出了"整合统一全省沿海港口及有关涉海涉港资源和平台"的决策部署。2015年8月,浙江省海港集团、宁波舟山港集团组建成立,对浙江更好地参与"一带一路"倡议和长江经济带等国家战略,加快建成港航强省和海洋经济强省具有重大意义。随后,在实现宁波舟山港一体化运营基础上,嘉兴港、温州港、台州港和义乌国际陆港等相关港口资产的整合也相继完成,形成了以宁波舟山港为主体、浙东南沿海港口和浙北环杭州湾港口为两翼、联动发展义乌港及其他内河港口的"一体两翼多联"的港口发展格局。

宁波舟山港港域宽阔,海岸线绵长,南北长220 km左右,由19个港区组成,拥有万吨级以上大型深水泊位170多座,5万吨级以上大型、特大型深水泊位100多座,是中国大型和特大型深水泊位最多的港口。

2021年,宁波舟山港完成货物吞吐量12.24亿t,连续13年位居全球第一;完成集装箱吞吐量3 107.9万TEU,继续位居全球第三。

1.2 宁波引航概况

引航是一项高难度的技术性工作。引航员必须具备扎实的专业知识,丰富的引航经验和坚毅果断、临危不乱、胆大心细的优秀素养,具有良好的沟通能力和熟练操纵各类船舶的航海技术。

1) 引航员

引航是指在港口、海峡、江河入海口、运河或内河等水域内,就船舶在该特定水域内航行、移泊、靠离泊等相关安全问题,为船长提供建议和忠告,并且在不解除船长负责全船安全责任的情况下,代替船长实际操纵船舶的一项技术性、服务性工作。从事这项工作的专业人员,就是引航员(英文为pilot)。

2) 引航员职责

一方面,引航维护国家的主权和国防安全,是国家港口门户的"守门人";另一方面,引航对于保证船舶安全、提升港口服务功能、保护港口水域环境和促进航海技术发展等具有重要作用。

3) 宁波引航体制沿革

宁波引航站(宁波大港引航有限公司)是统一实施宁波港域船舶引航的机构,对外代表国家行使主权,对进出宁波港域的外国籍船舶实行强制引航,对内为进出宁波港域的中国籍船舶提供引航服务。宁波引航站(宁波大港引航有限公司)前身是宁波港务监督引航科,1987年的机构改革把宁波港务监督从宁波港务局中分离出来由交通部直属领导,引航科从港务监督中分离出来归属宁波港务局,于1988年1月成立宁波港引航管理站,成为宁波港务局的一个基层单位。

2002年宁波港引航管理站更名为宁波引航站。2004年因宁波港务局改制为宁波港集团有限公司,宁波引航站相应地改制为宁波大港引航有限公司。2007年在全国性的引航管理体制改革中,同时成立宁波引航站和宁波大港引航有限公司,实行一套班子两块牌子管理模式,是一个具有独立法人资格的相当于正处级的企事业单位。行业隶属于宁波市交通委员会(宁波市港口管理局)管理,资产属于宁波市人民政府国有资产监督管理委员会(以下简称"宁波市国资委")管理,党工团关系及日常管理由宁波市国资委委托宁波港集团管理。2015年5月,宁波市国资委将宁波大港引航有限公司(以下简称"宁波引航站")所有资产划转给宁波港集团,除行业隶属于宁波市交通委员会管理外,其余全部归宁波港集团管理。2015年8月28日,浙江省海港投资运营集团有限公司揭牌成立,同年9月29日宁波舟山港集团有限公司揭牌成立,宁波舟山港迈出实质性一体化的重要一步,宁波引航站(宁波大港引航有限公司)除行业管理属于宁波市交通运输局管理外,其余全部由浙江省海港投资运营集团有限公司、宁波舟山港集团有限公司管理,相应成为浙江省海港投资运营集团有限公司(宁波舟山港集团有限公司)下属二级子公司。

4)宁波引航机构规模、引航员数量等基本情况

(1)机构规模

目前,全国共有46家引航机构,约2 500名引航员,年总引艘次约40万艘次。宁波引航站共有引航员176名,占全国引航员总人数的7%,2021年共引领中外船舶29 952艘次,占全国引领总艘次的7.5%。在机构规模上,宁波引航站基本处于全国引航机构第三位。近5年宁波引航站引领船舶艘次情况见表1-1。

表1-1 近5年宁波引航站引领船舶艘次情况 艘

引航项目	2017年	2018年	2019年	2020年	2021年
引航船舶总艘次	28 609	28 787	28 280	28 411	29 952
外贸船	25 526	25 408	24 478	23 638	23 791
内贸船	3 083	3 379	3 802	4 773	6 161

表1-1(续表)

引航项目	2017年	2018年	2019年	2020年	2021年
危险品船	3 543	3 739	3 457	3 503	3 736
大型矿船(船长≥250 m)	1 443	1 479	1 439	1 575	1 617
大型集装箱船(船长≥250 m)	14 034	14 307	13 676	13 264	12 744
VLCC	480	522	509	514	512

(2)引航员数量

截至2022年3月24日,宁波引航站现有引航员176名。其中,正高级引航员3名,高级引航员92名,一级引航员38名,二级引航员22名,三级引航员10名,实习引航员11名。

(3)设备设施情况

宁波引航站设有镇海、大榭、桃花、象山、梅山、条帚门(海钓休闲项目,待建设)6个引航基地;配置水上交通用途的引航艇16艘。

5)取得的成绩

科技是第一生产力,创新驱动发展。一直以来,宁波引航致力于技术攻关和技术创新,秉持"小投入、大产出"的创新理念,不断提升服务港航与社会的能力,为港口的持续发展和地方经济建设提供坚实保障。

(1)创新攻坚求突破

"极受限水域靠大船技术"获评中国引航科研创新十大新成果;"船舶载质量最大记录、最大油轮记录"获评中国引航十大新纪录。

(2)课题攻关出成效

多次携科研创新论文应邀参加国际引航员大会、世界交通运输大会、中国航海日等并作主题演讲及专场访谈;先后有数百篇科技论文荣获国家、省、市航海学会奖项;两项QC成果分别荣获亚洲质量改进优秀案例二等奖和第六届亚洲质量功能展开与创新研讨会三等奖。

(3)牢记使命勇担当

开发虾峙门口外超大型油船在航中原油过驳技术,积极参与"威射""IRAN NOAH""弗朗特佩奇""达飞梅鲁""荣晶"等船舶海上抢险救助,4次引领世界最大在航船"泰欧"轮靠泊大榭实华原油码头,助力港航企业的发展;历时近16个月,高效完成宁波市人民政府"项目争速"重大工程"宁波中兴大桥、三官堂大桥

建设项目"中超高、超宽、超长船舶的42艘次引航任务;历时6年完成三星重工(宁波)有限公司20艘新造船整船下水工程;在潮流湍急的梅山港区多次完成大型客滚船的尾部垂直丁靠;多次引领当时全球最大集装箱船首靠宁波。

(4) 典型选树求传承

宁波引航站先后涌现出全国劳模1人,交通运输部劳模2人、金锚奖1人,全国十佳引航员4人,全国优秀引航员7人,浙江省省级优秀共产党员1人,宁波市市级劳模1人,宁波市十大杰出青年1人,宁波舟山港集团劳模2人。

宁波引航站连续6年被评为全国交通运输文化建设卓越单位,"引航防疫专班临时党支部"荣获浙江省先进基层党组织、浙江省抗击新冠肺炎疫情先进集体。

第 2 章　宁波港域引航环境

2.1　宁波港域航路

2.1.1　航路概述

宁波港域的船舶进出港共有三条航路,即宁波舟山港核心港区航路、象山港区航路、石浦港区航路。其中,宁波舟山港核心港区航路有南(虾峙门、条帚门)、北(金塘大桥北)两个方向,三个进出口;象山港区航路自铁礁经象山港跨海大桥至象山乌沙山电厂、宁海国华电厂;石浦港区目前仅指檀头山锚地经铜瓦门大桥至石浦镇的航路。宁波舟山港核心港区航路中,自虾峙门、条帚门至北仑、镇海称为南航路;自东霍山至镇海、北仑称为北航路;具体见示意图 2-1。

为维护水上交通秩序,规范船舶航行行为,改善通航环境,保障船舶、设施和人命财产的安全,促进航运安全发展,宁波舟山港核心港区自 2010 年 8 月 1 日开始实施船舶定线制。经过 6 年的实践和经验积累,2016 年 8 月 1 日开始实施新版《宁波舟山港核心港区深水航路船舶定线制》(中华人民共和国海事局公告 2016 年第 2 号)。

2.1.2　核心港区南航路

核心港区南航路主要由深水航槽外至虾峙门东口和条帚门东口、虾峙门东口至大黄蟒北、条帚门东口至 1 号警戒区、7 号警戒区至梅山港区四条主要的航路构成具体见图 2-2。

1) 深水航槽外至虾峙门东口和条帚门东口

虾峙门口外深水航槽主要用于保障大型重载矿油船的安全进出港,船舶由口外矿油锚地起锚,以口外大型灯船浮作为引导标志进入深水航槽,再通过 0 号警戒区进入虾峙门。一般地,普通船舶进入虾峙门则沿深水航槽北侧依次排序进港即可。具体航路信息见表 2-1、图 2-3。

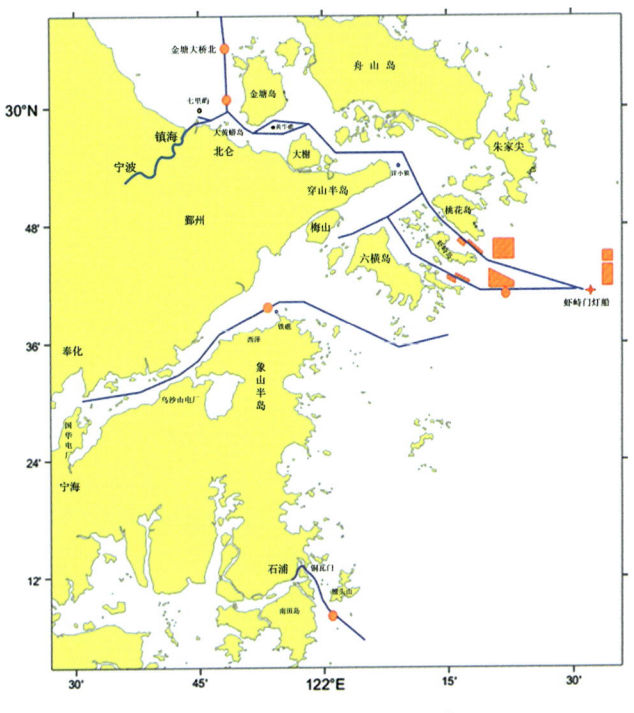

图 2－1　宁波港域航路示意

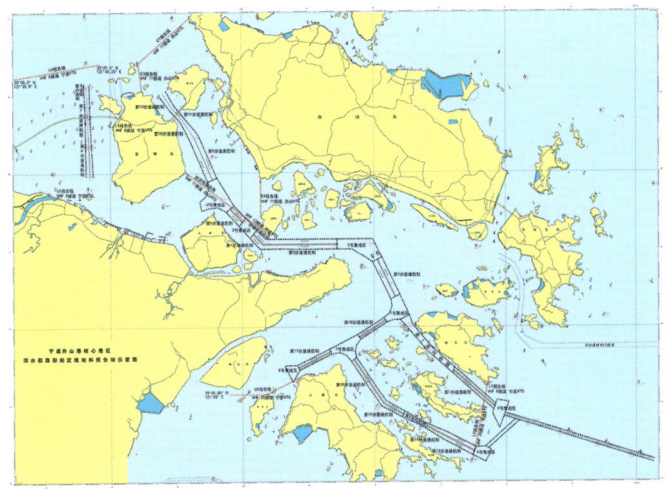

图 2－2　宁波舟山港核心港区航路

表2-1 深水航槽外至虾峙门东口和条帚门东口航路信息

航段名称	区域	航程/n mile	航道宽度	主交通流向	助航设施	水深条件
虾峙门口外深水航道	航槽1#、2#灯浮起止至0号警戒区东边界	10.50	440 m	287°/107°	口外大型灯浮（雷康X）；航槽1#~8#灯浮，航槽7#灯浮为虚拟灯浮	通航底标高-23.1 m
条帚门口外推荐航线	虾峙门口外大型灯浮西侧起至5号警戒区西边界	10.40	扫海宽度1 000 m	270°/090°	口外大型灯浮（雷康X）；外礁灯桩（雷康N）	航道水深18.2~24.0 m
条帚门支线航道	深水航槽西侧至5号警戒区西边界	3.60	500 m	238°/058°	航槽7#灯浮；外礁灯桩（雷康N）	最浅水深20.2 m

20万吨级满载散货船或同等吃水船舶，如进入条帚门航道靠泊武钢码头，需先进入虾峙门口外深水航槽，再由深水航槽（过6#或者8#浮筒后）向左转向至南支线航道。支线航道最浅水深20.2 m，能够满足25万吨级船舶满载乘潮单向通航，船舶抵至5号警戒区后转向进入条帚门。

同样地，普通船舶也可进入条帚门，一般地，沿虾峙门南锚地南侧的条帚门口外推荐航线进港。由于该航线需通过南锚地南侧小于20 m水深的浅段（最浅水深18.2 m），故15万吨级船舶进港需乘潮通行。

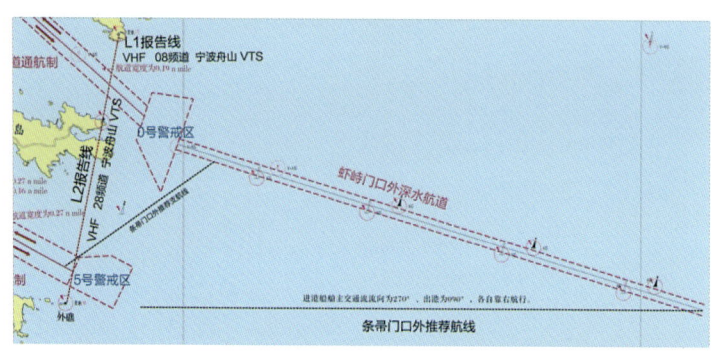

图2-3 深水航槽外至虾峙门东口和条帚门东口航路

2）虾峙门东口至大黄蟒北

虾峙门东口至大黄蟒北的航路，是宁波舟山港核心港区定线制中的重点部分，包含5个分道通航制、1个双向航路、5个警戒区等12个航段，具体航路信息见表2-2、图2-4。

表 2-2 虾峙门东口至大黄蟒北具体航路信息

航段编号	名称	区域	航程/n mile	单向航道宽度/n mile	分隔带宽度/m	主交通流向
1	0号警戒区	虾峙门东口	梯形,上底1 730 m,下底3 400 m,高1 430 m			
2	第1分道通航制	0号警戒区西边界至下栏山灯桩东南	3.62	0.19	0	310°/130°
3	第1双向航路	下栏山灯桩东南至上溜网重岛	4.08	从0.38增加到0.64		310°/130°~320°/140°
4	1号警戒区	虾峙门西口	多点构成的不规则的几何图形			
5	第2分道通航制	1号警戒区西边界至洋小猫岛2号警戒区东边界	2.70	0.29	200	333°/153°
6	2号警戒区	洋小猫岛北	多点构成的不规则的几何图形			
7	第3分道通航制	2号警戒区西边界至凉帽山	4.70	0.27	200	270°/090°
8	第4分道通航制	凉帽山至3号警戒区东边界线	0.86	0.27	200	316°/136°
9	3号警戒区	大榭岛与大猫岛之间	长边为1.08 n mile、短边为0.65 n mile的长方形			
10	第5分道通航制	3号警戒区西边界线至4号警戒区东边界线	1.12	0.27	200	316°/136°
11	4号警戒区	涂泥嘴北	多点构成的不规则的几何图形			
12	涂泥嘴北至大黄蟒北		约9.0	此航段涉及北仑港区靠离码头较多,故未制订具体定线制,船舶视具体情况制订航行方案。		

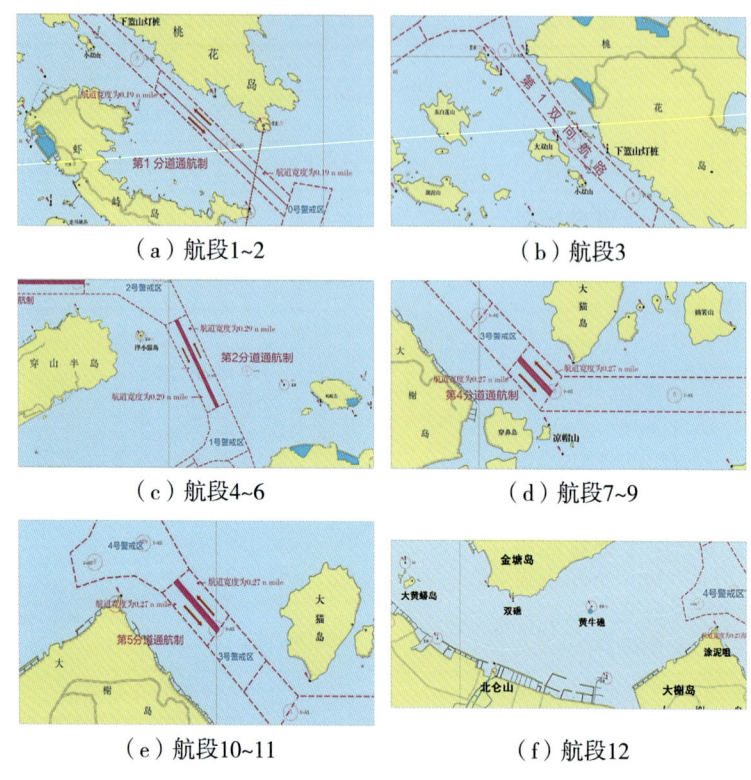

（a）航段1~2　　　　　　　　（b）航段3

（c）航段4~6　　　　　　　　（d）航段7~9

（e）航段10~11　　　　　　　（f）航段12

图2-4　虾峙门东口至大黄蟒北

虾峙门东口至大黄蟒北航路上相关助航设施、水上水下障碍物及浅点见表2-3。

表2-3　虾峙门东口至大黄蟒北相关助航设施、水上水下障碍物及浅点

助航设施	水上水下障碍物及浅点
①桃花岛灯塔（雷康Z）； ②老虎礁灯浮； ③桃花岛西南灯桩； ④小双山灯浮； ⑤大双山灯桩； ⑥下栏山灯桩； ⑦上溜网重岛灯桩（雷康T）； ⑧点灯山灯桩 ⑨洋小猫岛灯塔（雷康C）；	①桃花岛米鱼洋与虾峙岛河泥漕2条海底光缆；舟山电信桃花岛至虾峙岛1条海底光缆；舟山电力公司桃花西嘴山至虾峙石子岙1条电力海缆； ②小双山灯桩东北面有一暗礁（-10.4 m）； ③大双山北侧有一干出礁（双东礁，4.2 m）； ④老虎嘴头东北2链处有一适淹礁（豹礁）； ⑤桃花岛西端50 m处有一小干出礁； ⑥上溜网重岛东北有一浅点（-20.0 m）； ⑦白鸭岛（凉帽山）东北方向400 m处有一暗礁（棺外礁，-7.4 m）

表 2-3（续表）

助航设施	水上水下障碍物及浅点
⑩长柄子头灯桩； ⑪螺头角灯桩； ⑫涂泥嘴灯桩； ⑬黄牛礁灯桩(雷康 G)； ⑭双礁灯桩； ⑮鹅礁灯桩； ⑯大黄蟒灯桩	⑧穿鼻山北 0.3 n mile 有一暗礁(-18.8 m)； ⑨黄牛礁正东 1.8 n mile 有一暗礁(-14.8 m)；黄牛礁正东 1.7 n mile 有一浅点(-12.7 m)；黄牛礁正南 200~300 m 处有暗礁； ⑩宫山东南方向距岸 200 m 有一干出礁(7.8 m)及浅滩,浅滩伸出 400 m； ⑪双尖礁离开金塘山岸 500 m； ⑫三期集装箱码头和金塘山正中有一浅点,深度基准面下 17.6 m； ⑬凉帽山至大猫山架空电缆(净空高度 81.7 m)； ⑭大黄蟒岛与杨公山嘴之间有架空电缆,通航高度 26.0 m； ⑮大黄蟒岛至金塘双礁村有数条海底电缆

3）条帚门东口至 1 号警戒区

条帚门航道位于虾峙岛与六横岛之间,航道东口外与东航路相接,口内向北可与佛渡水道、螺头水道相连进入宁波舟山港,向西南可与双屿门、青龙门、汀子门水道相接,地理位置优越。本航路包含条帚门航道和佛渡水道 7 号警戒区至 1 号警戒区水域,2016 年新版《宁波舟山港核心港区深水航路船舶定线制》已对本航路划定定线制航路,随着港口的不断发展,虾峙门船舶交通流量趋于饱和,该航路已成为船舶进出宁波舟山港核心港区的另一条重要航路。具体航路信息见表 2-4、图 2-5。

表 2-4 条帚门东口至 1 号警戒区具体航路信息

航段编号	名称	区域	航程/n mile	单向航道宽度/n mile	主交通流向
1	5 号警戒区	外礁灯桩东 1.5 n mile 处	多点构成的不规则的几何图形		
2	第 13 分道通航制	外礁灯桩东至狭口横山岛东 2 000 m 处	2.15	0.27	297°/117°
3	第 14 分道通航制	横山岛向东 2 000 m 处至条帚门狭口东边界	1.42	从 0.27 n mile 线性过渡至 0.16 n mile	295°/120°
4	第 2 双向航路	条帚门狭口段	1.68	0.31	297°/117°

表 2-4(续表)

航段编号	名称	区域	航程/n mile	单向航道宽度/n mile	主交通流向
5	第15分道通航制	金钵盂岛南侧至狭口马足山向西2 000 m处	1.50	0.21	298°/118°
6	第16分道通航制	金钵盂岛南侧至六横岛六横岬北侧	3.45	0.21	325°/145°
7	7号警戒区	条帚门航道北端	多点构成的不规则的几何图形		
8	第18通航分道制	7号警戒区东边界至1号警戒区西边界	2.06	0.18	238°/058°
9	1号警戒区	虾峙门西口	多点构成的不规则的几何图形		

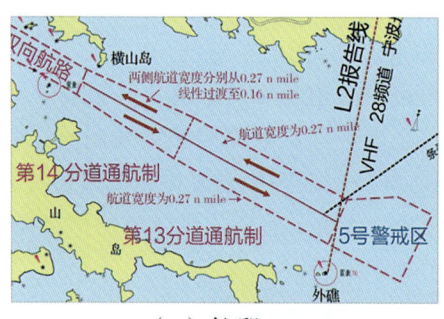

（a）航段1~3

（b）航段4~6

（c）航段7~9

图 2-5　条帚门东口至 1 号警戒区

条帚门航道按 15 万吨级满载散货船或同等吃水船舶乘潮通航设计,狭口以东段水域宽阔,水深条件较好,但掩护条件差,潮流和航道夹角较大;狭口段受两侧山体、礁石的限制,航道宽度取 540 m;狭口西侧航道位于狭口内侧、掩护条件较口外好,并且航道走向和潮流较一致。

条帚门东口至 1 号警戒区相关助航设施、水上水下障碍物及浅点见表 2-5。

表 2-5　条帚门东口至 1 号警戒区相关助航设施、水上水下障碍物及浅点

助航设施	水上水下障碍物及浅点
①外礁灯桩(雷康 N); ②横山岛灯标; ③走马塘灯标; ④马足山灯标; ⑤黄礁头灯标; ⑥小黄礁灯标; ⑦金钵盂岛南灯桩; ⑧武港 1#灯浮; ⑨7 号警戒区东南侧西方位标; ⑩大前门灯桩(雷康 X); ⑪佛渡 1#灯浮	①第二双向航路南边线上有一暗礁(小黄礁,底标高-20.2 m); ②第二双向航路南边线南侧有一干出礁(黄礁头); ③武港 1#浮至凉潭岛之间水浅(水深<10.0 m); ④夫人山和对卵山之间有一浅段(长 2 km),最浅水深为 17.0 m; ⑤六横岬东北侧 4 链范围内水浅(水深<10.0 m); ⑥佛渡 1#灯浮以南至西白莲山水域水浅,最浅处水深 8.8 m; ⑦7 号警戒区内最浅水深 15.3 m,警戒区以北水域水浅; ⑧走马塘岛和凉潭岛之间有一架空线(净空高度 80.4 m)

4) 7 号警戒区至梅山港区

本航路主要用于船舶进出梅山港区,部分水域(7 号、6 号警戒区和第 17 分道通航制)实施了定线制。6 号警戒区至梅山港区目前没有制定定线制。具体航路信息见表 2-6、图 2-6,船舶可根据自身航行条件和靠泊方案,设计航线并合理控制船位。

表 2-6　7 号警戒区至梅山港区

航段名称	区域	航程/n mile	航道宽度/m	主交通流向	助航设施	障碍物及浅点
7 号警戒区	条帚门航道北端	多点构成的不规则的几何图形			东南侧有一西方位标	警戒区内水深条件一般,最浅水深 15.3 m,警戒区以北水域水浅,西方位标东南侧水域水浅

表 2-6(续表)

航段名称	区域	航程/n mile	航道宽度/m	主交通流向	助航设施	障碍物及浅点
第 17 分道通航制	6 号警戒区东边界至 7 号警戒区西边界	2.37	0.18	244°/064°		分道通航制内东部水域水深条件一般,最浅水深 16.6 m
6 号警戒区	双屿门响水礁以北	两底边长分别为 1.17 n mile 和 0.35 n mile,腰长为 0.81 n mile 与 0.88 n mile 的近似梯形				警戒区外南侧响水礁附近水域水浅
6 号警戒区至梅山港区		航程约 2.5 n mile,梅山码头前沿 20.0 m 等深线自 1#泊位沿 060°方向向东北延伸			牛山北有一北方位标	梅山码头 10#泊位东北侧水深逐渐变浅

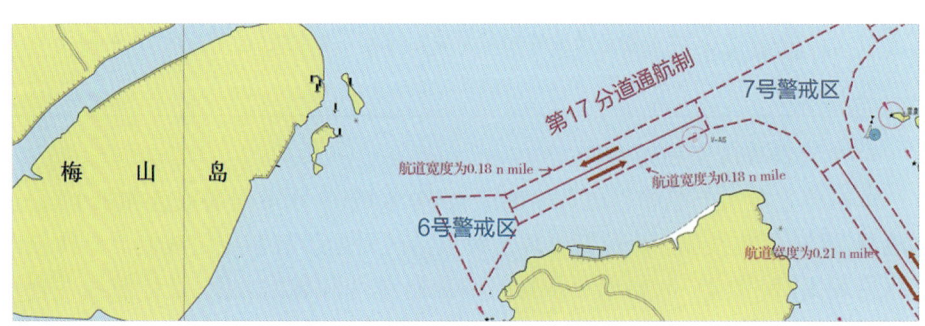

图 2-6　7 号警戒区至梅山港区航路

2.1.3　核心港区北航路

核心港区北航路主要由金塘大桥北口至镇海港区、甬江港区(招宝山大桥至宁波三江口)和北仑、大榭两条航道等多个部分构成。

1) 金塘大桥北口至镇海港区

该航路前段有两段,一段是从金塘大桥北口至大黄蟒岛北,此段航道已经划定分道通航制(含第 6、7、8 分道通航制);另一段是从大黄蟒岛北至甬江口附近(航段 4),此段航道目前没有划定分道通航制。七里锚地东南、正南、西南方向水深有限,重载船涨末进口靠初落选择靠近左边大黄蟒岛和岸线航行以抵消左侧的流压。该航段后段(甬江口附近航道)也分两路(航段 5 和 6),一路向右指向甬江口北侧码头,一路在长跳嘴附近对准虎蹲山导标进甬江口前往镇海内港区和甬江港区。具体航路信息见表 2-7、图 2-7。

表 2-7　金塘大桥北口至镇海港区具体航路信息

航段编号	名称	区域	航程/n mile	单向航道宽度/n mile	主交通流向
1	第 8 分道通航制	金塘大桥主通航孔北至本分道通航制北端	0.46	0.15	178°/358°
2	第 7 分道通航制	金塘大桥主通航孔南至金塘大桥主通航孔北	2.70	0.15	178°/358°
3	第 6 分道通航制	鹅礁北至金塘大桥主通航孔南	2.60	从 0.20 线性过渡到 0.18	178°/358°
4		大黄蟒岛 1 n mile 北至青峙码头北侧	航程约 1.6 n mile,未划定定线制,水深条件尚可,鹅礁正西 5.2 链处略浅(最浅水深 13.2 m),满足 7 万吨级船舶乘潮通过进入镇海港区		
5		青峙码头北侧至甬江口或甬江口外北岸码头群	航程约 1.2~2.5 n mile,未划定定线制,青峙码头以西航路水深逐渐变浅,甬江口外西侧泊位群以北航路-10 m 等深线处设置有一个东方位标和三个专用浮标,提示方位标及浮筒连线以北水域水浅,连线距岸线约 4 链		
6		甬江口至招宝山大桥	航程约 2 n mile,未划定定线制,甬江 1#浮至 2#浮航段航道中心线走向 260°,镇海 10#泊位处设有该走向的导标助航,全航段航道宽度 80~90 m,航道疏浚水深不低于 7 m,具体水深需查阅实时蓝图		

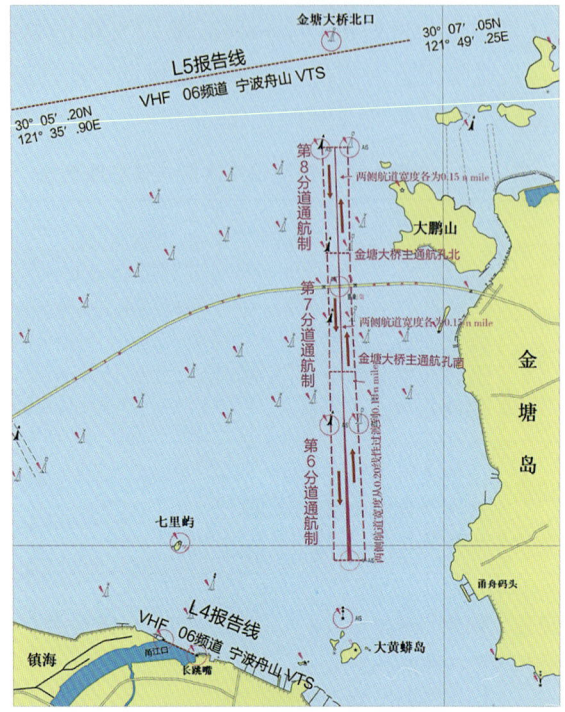

（a）航段1~3

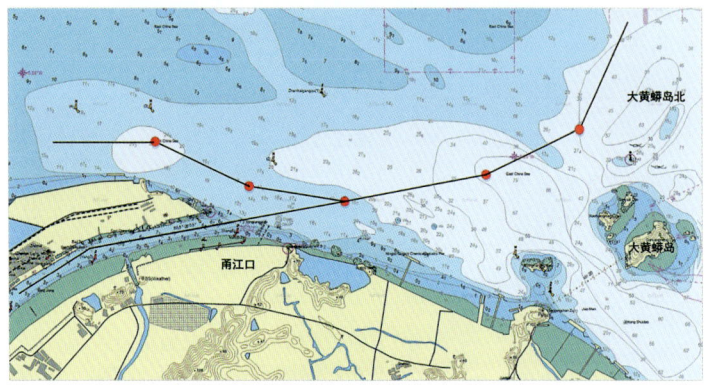

（b）航段4~6

图 2-7　金塘大桥北口至镇海港区

金塘大桥北口至镇海港区相关助航设施、水上水下障碍物及浅点见表 2-8。

表 2-8 金塘大桥北口至镇海港区相关助航设施、水上水下障碍物及浅点

助航设施	水上水下障碍物及浅点
①金塘大桥北口灯浮(雷康 K); ②金塘大桥 1#灯浮、3#灯浮、5#浮、7#浮、9#浮、11#浮(右侧标,闪绿); ③金塘大桥 2#灯浮、4#灯浮、6#浮、8#浮、10#浮、12#浮(左侧标,闪红); ④金塘大桥主通航孔(雷康 Q); ⑤大黄蟒岛灯桩; ⑥鹅礁灯桩; ⑦长跳嘴灯桩; ⑧七里屿灯塔(雷康 B); ⑨北导堤头灯桩; ⑩甬江口北侧 2#～4#专用浮标; ⑪七里屿东方位标; ⑫中柱门西侧专用浮标; ⑬甬江虎蹲山进口导标; ⑭甬江内 1#～3#浮(左侧标,闪红)	①金塘大桥主通航孔的通航高度为 51.0 m,通航宽度 544 m;主通航孔及其对应的桥区航道允许载质量 50 000 t 及以下船舶双向通行;拖带长度≤250 m; ②大黄蟒岛北侧有一干出礁(鹅礁);鹅礁正西 5.2 链处有-13.2 m 浅点; ③七里屿岛西南、南至东南侧 1 n mile 范围内有多处浅点和浅区,水深 3.0～10.0 m 不等; ④甬江口至招宝山大桥的航道水深条件不良,南浅北深,且易淤积,需长年疏浚,主航道水深保持 7.0 m 左右,具体深水需查验实时蓝图

2)招宝山大桥至宁波三江口

随着 20 世纪 90 年代上海、舟山、温州等沿海客班船的退出、甬江内多座桥梁相继建成对通航净高的限制以及其他港区深水泊位的相继投产和城市对"三江六岸"的景观改造,进出该航道的船舶尺度不断下降,航道疏浚量也逐年减少,航道吨级下降为 1 000 吨级。目前除东方电缆等极少数码头外,甬江港区已基本没有引航作业的需求。

招宝山大桥至三江口航道属典型内河航道,长约 10 n mile,宽 60 m,原疏浚水深约 4 m,主要分为招宝山大桥至明州大桥航段和明州大桥至三江口航段。

招宝山大桥至明州大桥航段长约 5.4 n mile,为 3 000 吨级航道;明州大桥至三江口航段长约 4.6 n mile,为 1 000 吨级航道。

本航道需经过江南道头、张鉴碶、王家洋、清水浦、梅墟、李家庵 6 个主要湾头,需经过招宝山大桥、清水浦大桥、明州大桥、三官堂大桥、中兴大桥、庆丰桥、外滩大桥、甬江大桥 8 座大桥。在张鉴碶、王家洋水域设有架空电缆,在江南道头、

30万吨级油码头、北仑电厂5万～7万吨级煤码头以及金光、正大、台塑、埃索和协和等货主码头的建设,金塘水道南岸的深水岸线至20世纪末已充分开发利用。北仑港区泊位示意及码头信息见图2-22、表2-18。

金塘水道为舟山群岛内紧临大陆的一条深水潮流通道,西通杭州湾,东、北面有一系列的大小岛屿为天然屏障,构成了一个掩护条件好的深水港址。金塘水道南岸的深水岸线为北仑深水港的建设提供了得天独厚的条件。

图2-22 北仑港区泊位示意

表2-18 北仑港区主要码头信息

码头名称	船舶类型	泊位数量/个	码头等级/吨级	码头特点
北仑矿石码头	矿砂船	6	2万～5万	1#泊位为15万吨级,2#泊位为20万吨级,泊位走向为108°～288°
算山原油码头	油船	6	1万～30万	1#、2#泊位为30万吨级原油码头,1#泊位走向为123°～303°;2#泊位走向为132°～312°
北仑第一集装箱码头	集装箱船	7	5万～10万	高桩梁板式,7#泊位距矿石码头引桥较近,1#、2#泊位为5万吨级泊位(水工结构12万吨级);泊位走向为111°～291°

金塘大桥北口至镇海港区相关助航设施、水上水下障碍物及浅点见表2-8。

表2-8 金塘大桥北口至镇海港区相关助航设施、水上水下障碍物及浅点

助航设施	水上水下障碍物及浅点
①金塘大桥北口灯浮(雷康K); ②金塘大桥1#灯浮、3#灯浮、5#浮、7#浮、9#浮、11#浮(右侧标,闪绿); ③金塘大桥2#灯浮、4#灯浮、6#浮、8#浮、10#浮、12#浮(左侧标,闪红); ④金塘大桥主通航孔(雷康Q); ⑤大黄蟒岛灯桩; ⑥鹅礁灯桩; ⑦长跳嘴灯桩; ⑧七里屿灯塔(雷康B); ⑨北导堤头灯桩; ⑩甬江口北侧2#~4#专用浮标; ⑪七里屿东方位标; ⑫中柱门西侧专用浮标; ⑬甬江虎蹲山进口导标; ⑭甬江内1#~3#浮(左侧标,闪红)	①金塘大桥主通航孔的通航高度为51.0 m,通航宽度544 m;主通航孔及其对应的桥区航道允许载质量50 000 t及以下船舶双向通行;拖带长度≤250 m; ②大黄蟒岛北侧有一干出礁(鹅礁);鹅礁正西5.2链处有-13.2 m浅点; ③七里屿岛西南、南至东南侧1 n mile范围内有多处浅点和浅区,水深3.0~10.0 m不等; ④甬江口至招宝山大桥的航道水深条件不良,南浅北深,且易淤积,需长年疏浚,主航道水深保持7.0 m左右,具体深水需查验实时蓝图

2) 招宝山大桥至宁波三江口

随着20世纪90年代上海、舟山、温州等沿海客班船的退出、甬江内多座桥梁相继建成对通航净高的限制以及其他港区深水泊位的相继投产和城市对"三江六岸"的景观改造,进出该航道的船舶尺度不断下降,航道疏浚量也逐年减少,航道吨级下降为1 000吨级。目前除东方电缆等极少数码头外,甬江港区已基本没有引航作业的需求。

招宝山大桥至三江口航道属典型内河航道,长约10 n mile,宽60 m,原疏浚水深约4 m,主要分为招宝山大桥至明州大桥航段和明州大桥至三江口航段。

招宝山大桥至明州大桥航段长约5.4 n mile,为3 000吨级航道;明州大桥至三江口航段长约4.6 n mile,为1 000吨级航道。

本航道需经过江南道头、张鉴锹、王家洋、清水浦、梅墟、李家庵6个主要湾头,需经过招宝山大桥、清水浦大桥、明州大桥、三官堂大桥、中兴大桥、庆丰桥、外滩大桥、甬江大桥8座大桥。在张鉴锹、王家洋水域设有架空电缆,在江南道头、

张鉴锲、梅墟湾、常洪等水域有多处水下管线和隧道。具体航道信息见表2-9、图2-8和表2-10、图2-9。

表2-9 招宝山大桥至明州大桥航段航道信息

主要助航设施	桥梁和架空线	隧道和重要水下管线
①江南道头灯桩；②张鉴锲引导灯桩；③甬江4#灯浮；④王家洋灯桩；⑤清水浦灯桩	①招宝山大桥（通航3 000吨级海船，通航净宽200 m，通航净高32.0 m）；②清水浦大桥（通航3 000吨级海船，通航净宽200 m，通航净高28.0 m）；③明州大桥（通航1 000吨级海船，通航净宽180 m，通航净高24.0 m）。	①甬江镇海张鉴锲至江南衙前村1条隧道（甬江隧道）；②甬江北仑佐餐冷冻厂码头上游至宁波航标处码头下游1条过江水管，敷设电缆7根；③甬江镇海水产公司东首码头至北仑水产公司围墙东侧1条过江水管，敷设光缆2根、电缆1根；④甬江镇海水产公司码头上游至北仑水产公司码头上游1条通信光缆；⑤甬东江南道头灯桩下游25 m处至镇海水产公司码头上游170 m处1条过江水管；⑥甬江北仑联运码头上游至镇海港航管理处码头上游1条过江水管；⑦甬江镇海张鉴锲弯道3组油管

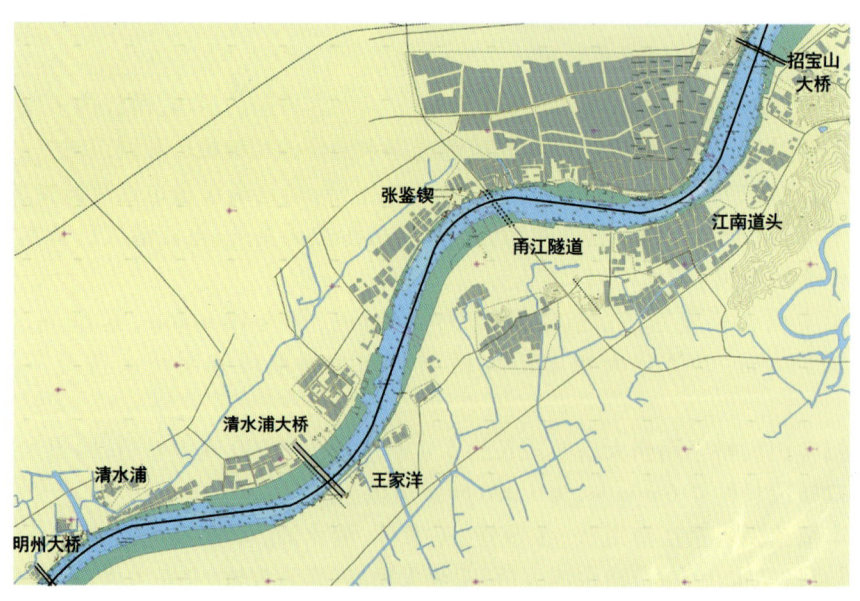

图2-8 招宝山大桥至明州大桥航段

表 2-10 明州大桥至三江口航段航道信息

主要助航设施	桥梁和架空线	隧道和重要水下管线
①墟灯桩； ②甬江 6#灯浮； ③李家庵灯桩； ④甬江 8#灯浮	①三官堂大桥(通航等级 1 000 吨级，净空宽度 135 m，净空高度 21.1 m)； ②中兴大桥(通航等级 1 000 吨级，净空宽度 135 m，净空高度 21.0 m)； ③庆丰桥(通航等级 1 000 吨级，净空宽度 180 m，净空高度 20.0 m)	①甬江旧杨木碶水闸上游 380 m 至对岸 1 条隧道(常洪隧道)； ②甬江五里牌大件码头下游至江对岸 2 组油管、2 条过江水管； ③甬江梅墟丁坝下游 250 m 处至镇海半路涨水厂 1 条过江水管

图 2-9 明州大桥至三江口航段

2.1.4 象山港区航路

象山港区是传统的渔港，一年四季都有捕鱼船在航道附近进行捕捞作业，特别是每年的 4~5 月马鲛鱼捕捞季节，整个象山港区小渔船及渔网众多，引航风险激增。象山港区也是传统的军港，港内经常有军舰进出、锚泊、集结、训练。

象山港区位于宁波市东南部，北接梅山和六横岛，南邻三门湾，东侧为舟山群岛，是一个由东北向西南深入内陆的狭长型半封闭型海湾，通过双屿门、青龙门、汀子门和牛鼻山水道与外海相连，三面群山环绕，避风条件良好，建有宽度为 300 m 的 3.5 万吨级双向航道，主要服务国华电厂和乌沙山电厂的煤船进出口。其中，港外的外干门浅滩水深约 7.8 m，港内的白石山浅滩水深约 9.6 m，历试山浅滩水深约 9.8 m；其余航段水深都在 10.0 m 以上。航路示意见图 2-10。

目前 3.5 万吨级散货船采取乘潮进港方式，在象山港口外开辟了东磨盘礁候潮锚地，满足电厂船舶候潮要求。进港航道自港外候潮锚地至国华宁海电厂码头,全程约 45 n mile,以铁礁为界,分为象山外航道和象山内航道。引航员的登离船区在象山港大桥外 3 n mile 处水域。登船点至大唐乌沙山电厂航程约 16 n mile,至国华宁海电厂航程约 24 n mile。

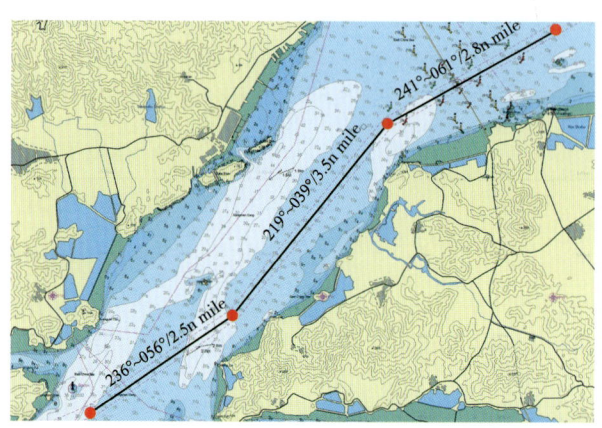

(a)航段1~3

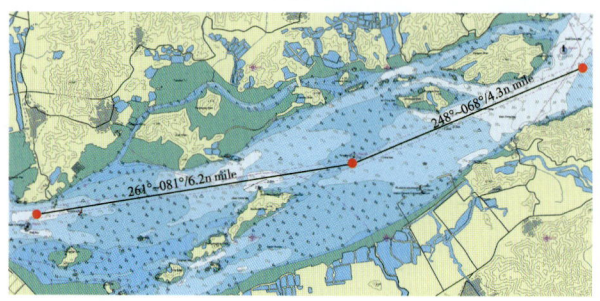

(b)航段4~5

图 2-10　象山港区航路示意

象山港区具体航道信息见表 2-11。

表 2-11　象山港区航路具体航道信息

航段编号	区域	航程/n mile	航道宽度/m	主交通流向
1	万礁北至象山角	2.80	300	241°/061°
2	象山角至乌龟山	3.50	300	219°/039°
3	乌龟山至大猪娘礁	2.50	300	236°/056°
4	大猪娘礁至宁电 2#浮	4.30	300	248°/068°
5	宁电 2#浮至分水礁	6.20	300	261°/081°

象山港区航路相关助航设施、障碍物及浅点见表 2-12。

表 2-12　象山港区航路相关助航设施、障碍物及浅点

助航设施	障碍物及浅点
①万礁灯桩； ②象山港大桥 1#、3#、5#、7#灯浮（右侧标,闪绿）； ③象山港大桥 2#、4#、6#、8#灯浮（左侧标,闪红）； ④象山角灯桩； ⑤乌龟山灯桩； ⑥大猪娘礁灯桩； ⑦宁电 2#灯浮； ⑧宁电 4#灯浮； ⑨宁电 3#灯浮； ⑩宁电 5#灯浮； ⑪狮子口分水礁灯桩	①象山港大桥主通航孔单孔双向通航,净空宽度 448 m,净空高度 53 m,可满足 5 万吨级散装船和集装箱船的通航要求。载质量 20 000 t 及以上的船舶、型宽超过 32.3 m 的船舶、长度超过 250 m 的拖带船组禁止夜间通过大桥； ②宁电 2#浮南侧设有大量的系船浮筒,航道上常有船舰抛锚； ③白石山浅段,自宁电 2#浮向西长约 0.75 n mile 浅区,水深约 9.6 m； ④历试山浅段,自宁电 3#浮东北方向西有一长约 0.2 n mile 浅区,经疏浚后最浅水深约 9.8 m； ⑤宁电 3#浮南侧约 100 m 处有最浅水深 2.0 m 的黄泥礁浅区； ⑥禁渔期内,在宁电 3#浮至分水礁一段航道上常有渔船锚泊阻塞航道

2.1.5　石浦港区航路

石浦港区介于象山半岛和东门岛、对面山、牛头山、尖洋岛、白玉湾岛之间,长约 11 n mile,宽约 1 n mile。最窄处在石浦镇与东门岛之间,宽仅 3 链左右。港内除大毛屿附近水深 10 m 以上外,其余均在 5~10 m。

石浦港区以煤炭、矿建材料、小批量短途物资运输以及陆岛交通和沿海客运为主,有多座 500 吨级以上泊位。

铜瓦门是目前外籍船舶进出石浦港区的唯一通道,檀头山东侧和南侧锚地已规划为正规引航锚地,考虑到从半洋礁自东往西进铜瓦门的航路风浪较大,目前引航作业基本选择从引航锚地起锚后自檀头山自南往北进铜瓦门,出口时过铜瓦门南下,至下湾门东离船。具体航路信息见表 2-13、图 2-11。

表 2-13　石浦港区航路具体航道信息

航段编号	区域	航程/n mile	主交通流向	助航设施	障碍物及浅点
1	石浦港外引航锚地至檀头山西	约 1.50	332°/152°	下湾门金龙礁灯桩	水深条件:5.0~9.0 m

表2-13(续表)

航段编号	区域	航程/n mile	主交通流向	助航设施	障碍物及浅点
2	檀头山西至东门	2.40	342°/162°	礁尾岛灯桩	铜瓦门外铜板礁以西有一段水深不足4.0 m的浅滩,吃水超过4.0 m的船舶需乘潮进港
3	东门至铜瓦门	1.80	314°/134°	铜瓦门东灯桩;铜瓦门西灯桩	铜瓦门大桥位于石浦港铜瓦门东门岛与点灯山岗之间,通航3 000吨级海船,通航净高23.6 m,通航净宽125 m

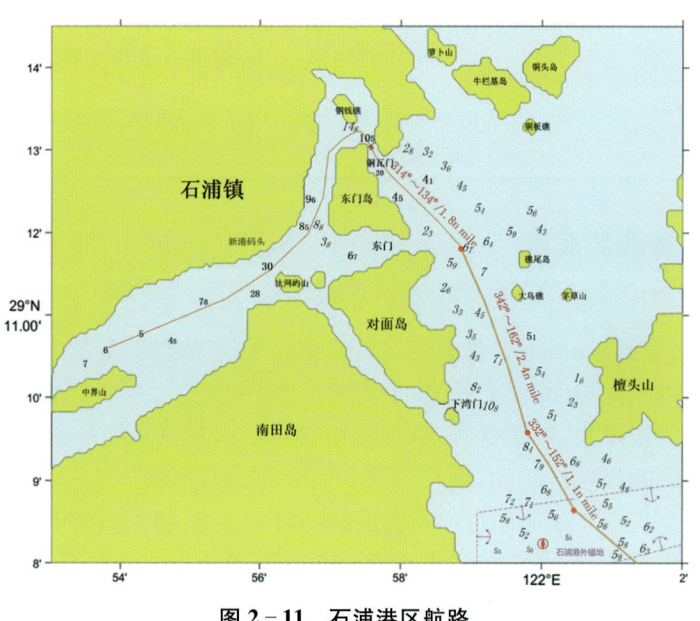

图2-11 石浦港区航路

2.2 宁波港域锚地

宁波港域核心港区的待泊锚地分布较广,主要是虾峙门口外矿船锚地、虾峙门口外油船锚地、虾峙门北锚地、虾峙门南锚地、北仑锚泊点和金塘锚地、七里锚地等。

2.2.1 虾峙门口外矿船锚地

虾峙门口外矿船锚地(见图2-12)位于以下4点连线水域范围内：(1)29°45′.3N/122°33′.6E；(2)29°45′.3N/122°34′.9E；(3)29°44′.2N/122°34′.9E；(4)29°44′.2N/122°33′.6E。锚地面积4.12 km²，为引航、待泊锚地。底质为泥底，水深28~30 m。潮流以回转流为主，最大流速约2 kn。锚地避风条件较差，东、东南风时风浪较大，常有涌浪侵入。

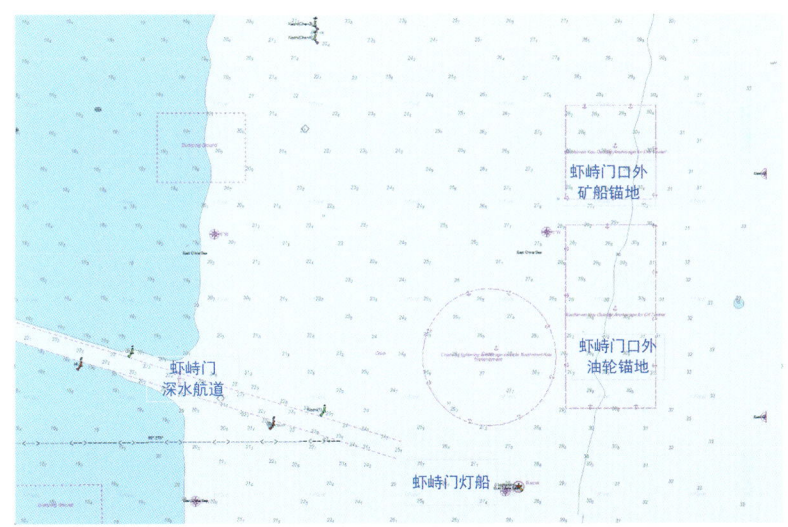

图2-12 虾峙门口外矿船和油船锚地

2.2.2 虾峙门口外油船锚地

虾峙门口外油船锚地(见图2-12)位于以下4点连线水域范围内：(1)29°43′.9N/122°33′.6E；(2)29°43′.9N/122°34′.9E；(3)29°41′.8N/122°34′.9E；(4)29°41′.8N/122°33′.6E。锚地面积7.89 km²，为引航、待泊锚地，底质为泥底，水深28~30 m，潮流以回转流为主，最大流速约2 kn，锚地避风条件较差，东、东南风时风浪较大，常有涌浪侵入。

2.2.3 虾峙门北锚地

虾峙门北锚地(见图2-13)位于桃花岛东南、以下4点连线水域范围内：(1)29°46′.5N/122°20′.5E；(2)29°46′.5N/122°23′.0E；(3)29°44′.5N/

122°23′.0E;(4)29°44′.5N/122°20′.5E。锚地面积 15 km²,为引航、待泊锚地,底质为泥底,水深 16~26 m,潮流以往复流为主,涨潮西北,落潮东南,流速 2~4 kn,锚地避风条件较差,东、东南风时风浪较大,常有涌浪侵入。

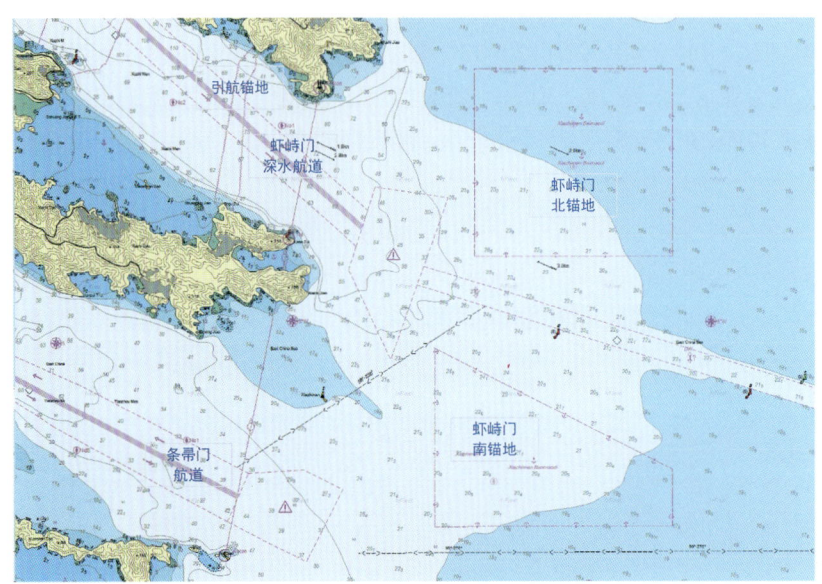

图 2-13 虾峙门南锚地、北锚地

2.2.4 虾峙门南锚地

虾峙门南锚地(见图 2-13)位于虾峙岛东南、以下 4 点连线水域范围内:(1)29°43′.5N/122°20′.0E;(2)29°42′.2N/122°23′.0E;(3)29°41′.60N/122°23′.00E;(4)29°41′.6N/122°20′.0E。锚地面积 11.3 km²,为引航、待泊锚地,底质为泥底,水深 19~24 m,潮流以往复流为主,涨潮西北,落潮东南,流速 2~4 kn,锚地避风条件较差,东、东南风时风浪较大,常有涌浪侵入,西北风与急落潮流叠加时更容易走锚。

2.2.5 北仑锚泊点

北仑、大榭港区与金塘岛之间的水域共有 8 个锚泊点供船舶检疫、候潮待泊、过驳等作业,具体锚位、用途见表 2-14、图 2-14。

表 2-14 北仑锚泊点具体数据

锚泊点	中心位置	锚泊点参数		锚泊点等级/吨级	可接纳船舶尺度上限(船长/吃水)/m	适用船型及吨位（箱位）上限	备注
		半径/m	水深/m				
1#	29°56′50″N/121°51′55″E	560	约50	10万	300/14.50	10万吨级散货船；7万吨级集装箱船	非危险品锚泊点
2#	29°57′00″N/121°53′08″E	805	约45	30万	460/23	30万吨级散货船；2.2万TEU集装箱船	非危险品锚泊点
3#	29°57′07″N/121°52′40″E	755	约60	30万	370/23	30万吨级散货船；15万吨级集装箱船	非危险品锚泊点
4#	29°56′50″N/121°53′28″E	635	约30	30万	370/20.45	30万吨级散货船(减载)；15万吨级集装箱	非危险品锚泊点
6#	29°57″09″N/121°54′19″E	665	约25	30万	400/20	10万吨级化学品船；20万吨级集装箱船；30万吨级散货船/油船(减载)	危险品锚泊点
7#	29°57′15″N/121°55′07″E	595	约23	10万	350/14.90	10万吨级化学品船；10万吨级集装箱船；10万吨级散货船/油船	危险品锚泊点
8#	29°58′12″N/121°54′52″E	635	约25	15万	370/17.90	10万吨级化学品船；15万吨级集装箱船；15万吨级散货船/油船	危险品锚泊点
9#	29°58′31″N/121°55′43″E	736	约45	45万	400/24.50	10万吨级化学品船；20万吨级集装箱船；45万吨级油船；30万吨级散货船	危险品锚泊点

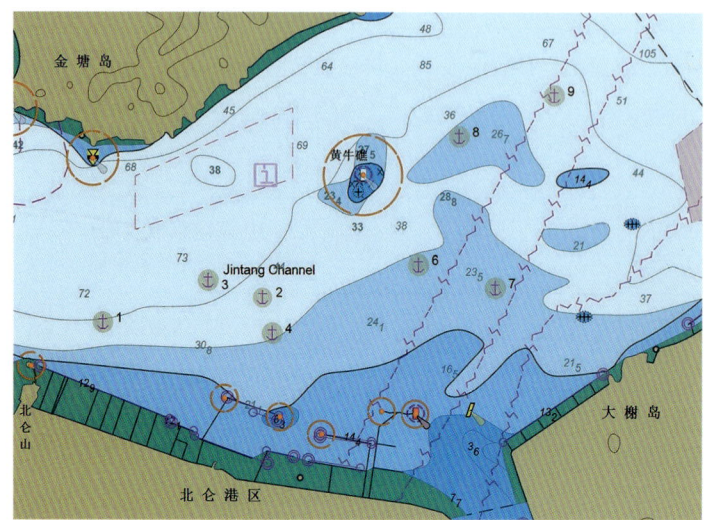

图 2‑14 北仑锚泊点位置

2.2.6 七里金塘锚地

七里锚地位于七里峙灯塔东侧、以下 6 点连线水域范围内：(1) 29°59′.5N/121°46′.5E；(2) 29°59′.5N/121°47′.5E；(3) 30°02′.0N/121°47′.5E；(4) 30°01′.3N/121°45′.6E；(5) 30°00′.5N/121°45′.6E；(6) 30°00′.5N/121°46′.5E。为引航、待泊、避风锚地，锚地面积 13.7 km²，底质为泥底及泥沙，水深 6~10 m，潮流往复流，涨潮西北，落潮东南，流速 2~4 kn，大潮汛时可达 5 kn，西北至东北风 6~7 级时涌浪较大，锚地内设置 15 个锚泊点(部分已作废)，具体经纬度见《宁波金塘七里锚地定点锚泊管理规定》。

金塘锚地位于金塘岛西面、以下 7 点连线水域范围内：(1) 30°00′.0N/121°49′.1E；(2) 30°00′.0N/121°49′.5E；(3) 30°00′.5N/121°50′.0E；(4) 30°02′.0N/121°50′.0E；(5) 30°02′.5N/121°49′.5E；(6) 30°02′.5N/121°48′.6E；(7) 30°00′.5N/121°48′.6E。为引航、待泊、避风锚地，锚地面积 5 km²，底质为泥底，水深 15~23 m，潮流呈往复流，涨潮流向北北西，落潮流向南南东，流速 4~6 kn，水流外急里缓，能遮东北、东、东南诸方向大风，北、西北、西风时有涌浪侵入，风涌浪较大，锚地内设置 9 个锚泊点(J1、J2 已作废)，具体经纬度见《宁波金塘七里锚地定点锚泊管理规定》。

七里金塘锚地具体锚位参数见表 2‑15、图 2‑15。

表 2-15 七里金塘锚地具体锚位参数

锚地名称	锚位名称	锚位纬度	锚位经度	备注
七里锚地	Q9	30°01′27″N	121°46′14″E	载质量小于 4 500 t
	Q10	30°01′27″N	121°46′49″E	
	Q11	30°01′27″N	121°47′17″E	
	Q12	30°01′03″N	121°45′46″E	载质量小于 4 500 t
	Q13	30°01′03″N	121°46′14″E	
	Q14	30°01′03″N	121°46′49″E	
	Q15	30°01′03″N	121°47′17″E	
	Q16	30°00′39″N	121°45′46″E	载质量小于 4 500 t
	Q17	30°00′39″N	121°46′14″E	
	Q18	30°00′39″N	121°46′49″E	
	Q19	30°00′39″N	121°47′17″E	
	Q20	30°00′15″N	121°46′49″E	载质量 4 500~7 500 t
	Q21	30°00′15″N	121°47′17″E	
	Q22	29°59′45″N	121°46′49″E	载质量 4 500~7 500 t
	Q23	29°59′45″N	121°47′17″E	
金塘锚地	J3	30°01′36″N	121°48′53″E	载质量 7 500~15 000 t
	J4	30°01′36″N	121°49′24″E	
	J5	30°01′36″N	121°49′55″E	
	J6	30°01′06″N	121°48′53″E	载质量 7 500~15 000 t
	J7	30°01′06″N	121°49′24″E	
	J8	30°01′06″N	121°49′55″E	
	J9	30°00′33″N	121°48′53″E	载质量 15 000~25 000 t
	J10	30°00′33″N	121°49′49″E	
	J11	30°00′06″N	121°49′21″E	载质量 15 000~25 000 t

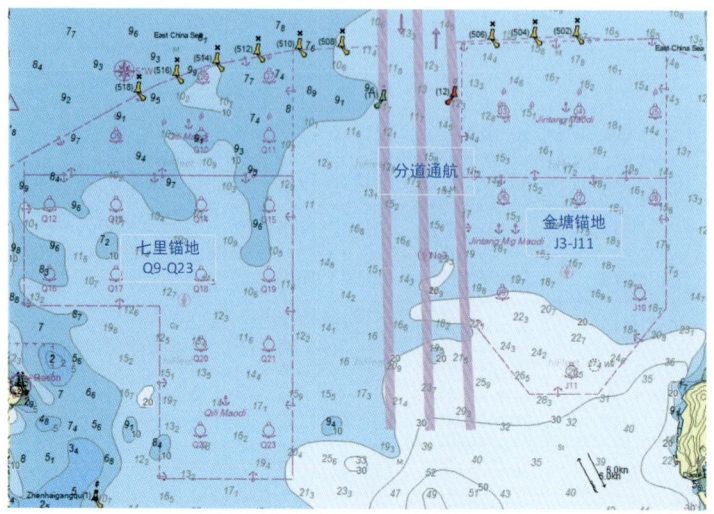

图 2-15　七里锚地、金塘锚地

2.2.7　佛渡水道锚泊点

佛渡临时锚位位于佛渡水道定线制第 18 分道通航制北部，主要为进出核心港区的船舶应急锚泊或临时候泊使用，海事部门要求定点锚泊，其中 2#和 3#锚位不能同时使用，使用条件为：≤7 级风且 $H_{4\%}$≤2 m，具体锚位信息见表 2-16、图 2-16。

表 2-16　佛渡水道锚泊点具体锚位参数

锚位名称	锚位中心点	锚位最浅水深/下锚区水深	回旋半径/下锚点底质	可锚泊船舶条件上限（船长/吃水/货种）
佛临 1#	29°51′12.1″N/122°10′18.0″E	21 m/31～32 m	580 m/砂砾石	370.0 m/17.5 m/非危险品（25 万吨级散货船、15 万吨级集装箱船）
佛临 2#	29°50′48.2″N/122°09′24.4″E	33 m/51 m	580 m/砂砾石	32.0 m/23.0 m/非危险品（25 万吨级散货船、船长≤325 m 集装箱船）
佛临 3#	29°50′53.6″N/122°09′30.0″E	24.4 m/51～53 m	680 m/砂砾石	400.0 m/20.3 m/不限（40 万吨级散货船、20 万吨级集装箱船/30 万吨级油船）

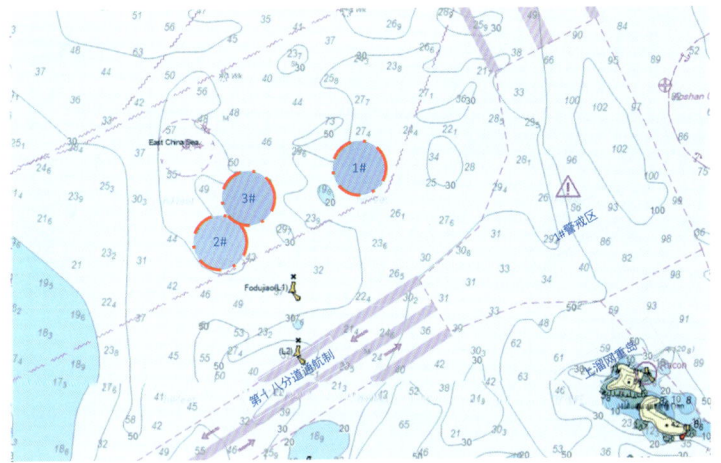

图 2-16　佛渡临时锚位

2.2.8　马峙锚地

马峙 1#锚地(见图 2-17)为以下 4 点连线范围内的水域,主要用于船舶联检、待泊、过驳。(1) 29°55′.5N/122°12′.7E;(2) 29°55′.5N/122°16′.5E;(3) 29°54′.0N/122°16′.5E;(4) 29°54′.0N/122°12′.7E。

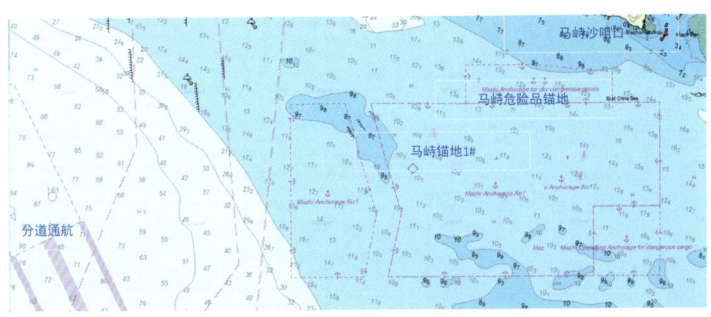

图 2-17　马峙 1#锚地

马峙 1#锚地水深 10~15 m;底质为泥底,锚抓力较好,是各类船舶优良的避风锚地;该锚地涨流流向西北西,初涨始于沈家门港低潮后 2.0~2.5 h,最大流速约 2~3 kn,落流流向东南东,初落始于沈家门港高潮后 2.0~2.5 h,最大流速约 3 kn。

马峙 2#锚地(见图 2-18)为以下 4 点连线范围内的水域,主要用于船舶联检、待泊。(1)29°53′3N/122°12′.5E;(2)29°53′.3N/122°13′.3E;(3)29°52′.5N/122°13′.4E;(4)29°52′.5N/122°12′.2E。

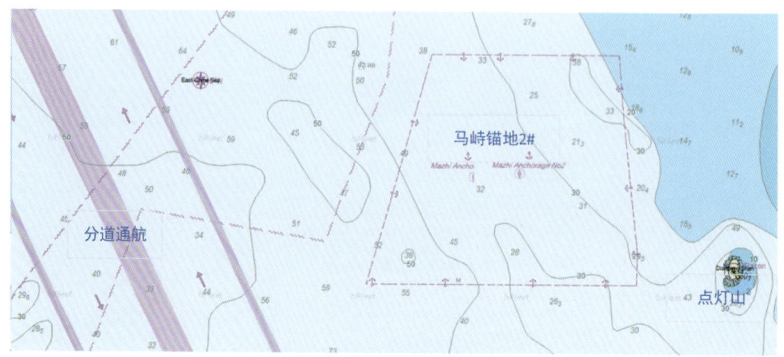

图 2－18　马峙 2#锚地

马峙 2#锚地水深 20~40 m;底质为泥底,锚抓力较好,适合大型船舶锚泊;因受地形影响,该锚地涨流流向多变。锚地东北部涨流流向基本上和 1#锚地类似为西北西,而西南部涨流流向则偏向东南,初涨一般始于沈家门港低潮后 2.5~3.0 h。落流流向东南,初落始于沈家门港高潮后 2.5~3.0 h,最大流速约 3 kn。

峹山联检锚地(见图 2－19)为以 29°51′36″N/122°12′58″E 为圆心,800 m 为半径形成的水域,主要作联检和临时锚泊使用。锚地水深 33~54 m;底质为泥底。锚地基本流向东南南-西北北流向,最大流速 3 kn 左右,但受水下地形及周围岛屿地形影响,50 m 等深线两侧的潮流流向会不一样。

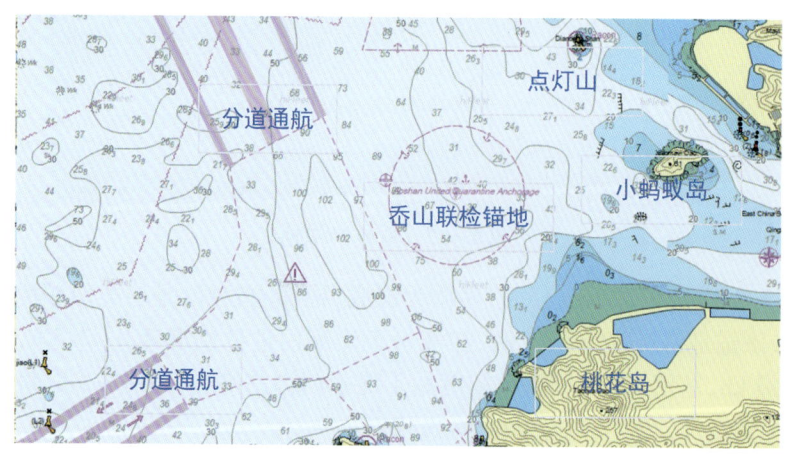

图 2－19　峹山联检锚地

2.3 宁波各港区主要码头

宁波港域在习惯上已经确立甬江港区、镇海港区、北仑港区、穿山港区、大榭港区、梅山港区、象山港区和石浦港区等 8 个港区。这些港区拥有万吨级以上大型深水泊位 170 多座,5 万吨级以上大型、特大型深水泊位 100 多座,是中国大型和特大型深水泊位最多的港口。由此说明,码头泊位配置不同,靠泊船舶的种类大小也有较大差异。

2.3.1 甬江港区

甬江港区,泛指招宝山大桥至宁波作业区(下白沙)沿岸码头,本港区涉及原宁波作业区码头和部分货主码头。随着上海客班船退出和其他港区深水泊位相继建成,甬江港区日趋萎缩,随着甬江内多个桥梁限高和航道疏浚量每年减少,航道吨级下降为 1 000 吨级,一区、三区均停止港口作业并改为城市景观。目前除东方电缆等极少数码头,甬江港区已基本没有引航作业的需求。

甬江港区全长 11 n mile,江面宽度 120~180 m 不等,最窄在江南道头,有大小弯头 8 处,最大在梅墟和李家庵;主航道宽度 60 m,水深 3.6~4.0 m。甬江内主要靠目测定位,沿途助航设施较齐全,基本满足船舶昼夜航行要求。

招宝山大桥通航高度 32 m,清水浦大桥 28 m,明州大桥 24 m,三官堂大桥 21.1 m,中兴路大桥 21.0 m,庆丰桥 20 m;明州大桥至宁波作业区航道长 4.6 n mile,通航 1 000 吨级船舶,明州大桥至招宝山大桥航道长 5.4 n mile,通航 3 000 吨级船舶。

宁波作业区又分一区、二区和三区,一区原是宁波客运站码头,主要停靠 3 000 吨级上海客班轮和中小型舟山、温州沿海客班轮;二区原是卸煤为主,均是 1 000 吨级码头,20 世纪 80 年代开始陆续改为城市景观;三区以装卸件杂货集装箱为主,有 4 个 3 000~5 000 吨级码头。甬江港区泊位示意见图 2-20。

2.3.2 镇海港区

镇海港区,1983 年正式开港营业。目前,甬江口东、西两侧已建多个 5 万吨级泊位,港区泊位功能配套齐全,能适应煤炭、液体化工、散杂货、件杂货、集装箱、石油等多种货物装卸、贮存服务需要,是综合性现代化港区。

镇海港区具有典型河口港的特点,泊位从招宝山往甬江下游的北岸依次布置

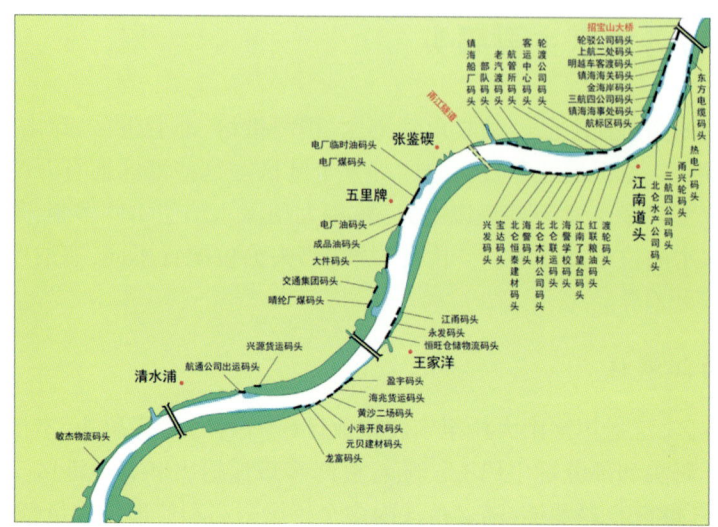

（a）航段1

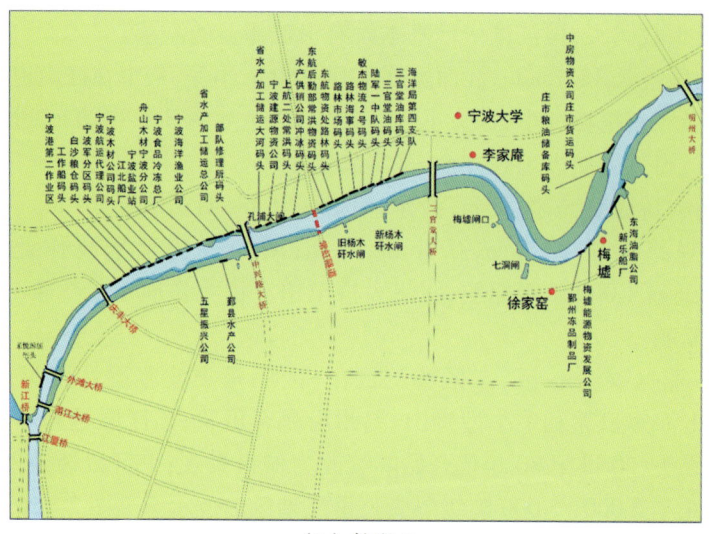

（b）航段2

图 2-20　甬江港区泊位示意

（见表 2-17、图 2-21）。一般初落或低潮进口后右靠,高潮前利用潮高掉头出口。航道狭窄,无专门的掉头区,难度尤以 2#~3# 泊位 2 万吨级煤船掉头离泊为甚。

表 2-17 镇海港区主要码头信息

码头名称	船舶类型	泊位数量/个	码头等级/吨级	码头特点
镇司散杂货码头	散杂货船	13	5 000~5 万	重力式或高桩梁板式,甬江内掉头水域狭窄
镇司化工码头	化工品船	9	2 000~5 万	蝶型或高桩梁板式,甬江内掉头水域狭窄
青峙码头	化工品船	2	4 万~5 万	高桩梁板式,冬季北风天码头边风浪较大
戚家山码头	化工品船	2	2 万~5 万	高桩梁板式,冬季北风天码头边风浪较大
冠保码头	散杂货船	1	5 万	高桩梁板式,冬季北风天码头边风浪较大

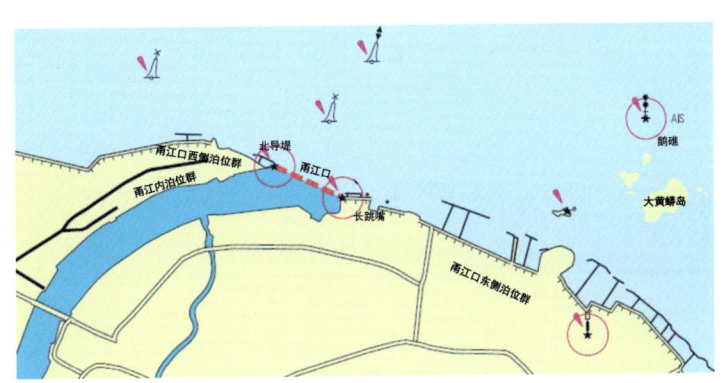

图 2-21 镇海港区泊位示意

2.3.3 北仑港区

北仑港区,位于舟山群岛西南侧金塘水道南岸。作为宁波舟山港早期最主要的港区,北仑港区从 1978 年开始进行大规模建设,由于优越的建港条件和区位优势,北仑港区经历了蓬勃发展的历程。1982 年底建成 10 万吨级矿石卸船泊位 1 个,1991—1992 年又陆续建成北仑港区集装箱一期、多用途、杂货和木材等 3 万~5 万吨级泊位 6 个。以后又相继建成 20 万吨级矿石卸船泊位 1 个和国际集装箱二期(泊位 4 个)。加之 1977 年以来开始建设的镇海石化总厂

30万吨级油码头、北仑电厂5万~7万吨级煤码头以及金光、正大、台塑、埃索和协和等货主码头的建设,金塘水道南岸的深水岸线至20世纪末已充分开发利用。北仑港区泊位示意及码头信息见图2-22、表2-18。

金塘水道为舟山群岛内紧临大陆的一条深水潮流通道,西通杭州湾,东、北面有一系列的大小岛屿为天然屏障,构成了一个掩护条件好的深水港址。金塘水道南岸的深水岸线为北仑深水港的建设提供了得天独厚的条件。

图2-22 北仑港区泊位示意

表2-18 北仑港区主要码头信息

码头名称	船舶类型	泊位数量/个	码头等级/吨级	码头特点
北仑矿石码头	矿砂船	6	2万~5万	1#泊位为15万吨级,2#泊位为20万吨级,泊位走向为108°~288°
算山原油码头	油船	6	1万~30万	1#、2#泊位为30万吨级原油码头,1#泊位走向为123°~303°;2#泊位走向为132°~312°
北仑第一集装箱码头	集装箱船	7	5万~10万	高桩梁板式,7#泊位距矿石码头引桥较近,1#、2#泊位为5万吨级泊位(水工结构12万吨级);泊位走向为111°~291°

表 2-18(续表)

码头名称	船舶类型	泊位数量/个	码头等级/吨级	码头特点
北仑第二集装箱码头	集装箱船	4	10万~15万(减载)	高桩梁板式,泊位走向为113°~293°;码头边落流湍急且北风时伴有大浪,1#~4#泊位可纳15万吨级船舶减载靠泊,实际载质量≤11.5万吨
台塑化工码头	化工船	7	3万~5万	二线码头南北侧各两个泊位,三线码头三个泊位
甬舟码头	集装箱船	2	10万	高桩梁板式,位于金塘岛西南侧

2.3.4 穿山港区

穿山港区,位于北仑区穿山外峙岛牛轭江东侧,直至崎头角,西侧为大榭岛、外神马岛、穿鼻岛、凉帽山、白鸭山等岛屿,北隔螺头水道与舟山市摘箬山、大猫岛、小猫山、峿山等相望,东部接峙头洋弯道。穿山港区泊位示意见图2-23。

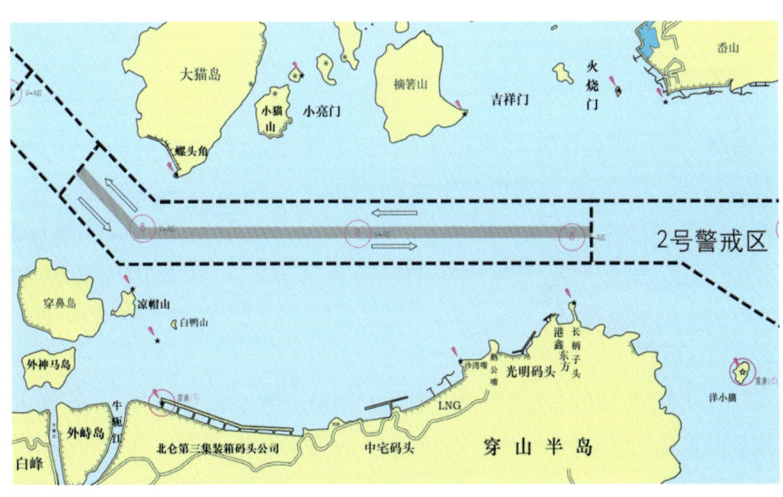

图 2-23 穿山港区泊位示意

穿山港区功能定位以集装箱、大宗散货运输为主,兼顾 LNG、油品运输和临港工业配套服务功能,目前已成为宁波舟山港的主要港区。穿山港区主要码头信息见表 2-19。

表 2-19 穿山港区主要码头信息

码头名称	船舶类型	泊位数量/个	码头等级	码头特点
北仑第三集装箱码头	集装箱船	11	10 万吨级（水工结构 15 万吨级）	可减载靠泊 20 万吨级集装箱船舶（除 1#、2#泊位外），2#~6#泊位走向为 109°~289°，7#~9#泊位走向为 92.5°~272.5°，10#~11#泊位走向为 76.5°~256.5°
中宅码头	矿砂船	5	3.5 万~30 万吨级	1#泊位为 20 万吨级卸船泊位；2#泊位西为 5 万吨级；2#泊位东为 3.5 万吨级；30 万吨级散货卸船泊位尚未投产（水工结构按照 40 万吨建造），1#泊位走向为 075°~255°
浙江 LNG 码头	LNG 船	1	8 万~26.6 万 m³	蝶型开敞式墩式码头，泊位走向 51.33°~231.33°
光明码头	矿煤船	3	1 万~10 万吨级	高桩梁板结构，呈 L 形布置，码头前沿回旋水域狭窄
港鑫东方码头	化工船	1	5 万吨级	可兼靠两艘 5 000 吨级，码头东侧前沿水域底质为基岩

2.3.5 大榭港区

大榭港区，位于北仑区东北部的大榭岛，有金塘岛和舟山群岛作为天然屏障，正好处于螺头、册子、金塘三水道交汇处的南部。大榭岛有丰富的港口水域资源，全岛海岸线总长 26.14 km，其中深水岸线约 10 km，由于大榭岛周围群岛环绕，波浪较小，不冻不淤，是建造超大型深水泊位的首选之地。实华 1#和实华 3#泊位均 2 次靠泊 45 万 t 的"泰欧"轮，是国内最大吨级的油品码头。大榭港区泊位示意见图 2-24。

大榭岛的西侧水域处于金塘水道末端，东侧水域受册子水道和金塘水道共同作用进入螺头水道；西南部分码头在黄蛳江内，招商集装箱码头和烟台万华码头与北仑港区隔江相连，东侧码头与舟山定海及大猫岛隔海相望，南连穿鼻道、凉帽山等与穿山港区相依。大榭港区主要码头信息见表 2-20。

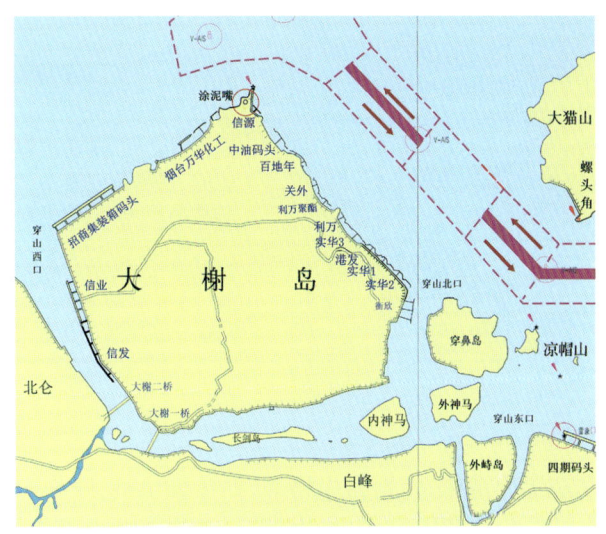

图 2‑24 大榭港区泊位示意

表 2‑20 大榭港区主要码头信息

码头名称	船舶类型	泊位数量/个	码头等级/吨级	码头特点
招商国际集装箱码头	集装箱船	4	10万~15万	高桩梁板式4#泊位10万吨级,其余为15万吨级,码头西南侧水浅,泊位走向为056°~236°
烟台万华码头	煤船和化工船	3	2万~5万	煤盐泊位为5万吨级,化工泊位分别为5万吨级和2万吨级,自西向东依次排列
大榭中油码头	油船	1	30万	蝶型,码头水深25 m以上,最大可兼靠泊45万吨油船,泊位走向为146°~326°
大榭实华原油码头	油船	4	2万~45万	1#、3#泊位为30万吨级,2#泊位为2万吨级,港发码头为7.5万吨级,1#泊位东侧4~5链处有−18.8 m浅点,1#泊位走向133°~313°,3#泊位走向为129°~309°,港发码头走向为129°~309°
百地年码头	化工船	2	0.5万~5万	1#泊位为5万吨级,2#泊位为5 000吨级,均为蝶型码头,泊位走向为119°~299°

表 2-20(续表)

码头名称	船舶类型	泊位数量/个	码头等级/吨级	码头特点
关外码头	化工船	1	5万	高桩梁板式,码头可停靠一艘5万吨级船舶,也满足两艘1万吨级以下船舶同时靠泊作业,泊位走向为162°~342°
信业码头	多用途船	2	2万	高桩梁板式,杂货船和集装箱船均可接纳,码头对开掉头水域400 m~450 m(10 m等深线),泊位走向为160°~340°

2.3.6 梅山港区

梅山港区,北靠穿山港区,南连舟山诸岛,西接象山港,东临佛渡水道,港区前沿为汀子门水道,汀子门水道隔汀子山、大馒头、小馒头及山礁头等岛礁与青龙门水道相邻,是佛渡水道与象山港海域相连的主要潮流通道之一。梅山港区1#~10#泊位均为集装箱船泊位,截至2022年4月,1#~8#泊位已建成投产。2008年2月,国务院批准设立宁波梅山保税港区。作为国内第5个保税港区,梅山保税港区的建设对促进我国港口和口岸对外开放,对加快提升宁波舟山港口岸和港口整体服务功能具有重要战略意义。

梅山港区1#~2#泊位于2010年最先投产运营,6#~7#泊位为20万吨级集装箱船泊位,2021年开始接纳20万吨级集装箱船的靠离泊。紧邻1#码头西侧为梅山滚装及杂货码头(梅西码头),最大靠泊船型为7万吨级滚装船,于2016年正式投产运营。梅山港区泊位示意及主要码头信息见图2-25、表2-21。

2.3.7 象山港区

象山港区位于宁波的鄞州、奉化、宁海与象山半岛之间,东侧有梅山、六横等岛遮掩,通过汀子门、青龙门、双屿门和牛鼻山水道与外海相连,是一个由东北向西南深入内陆的狭长型半封闭型海湾,港区内水域比较宽敞、宽窄不等,避风条件良好,水深条件不错。

象山港区长期以来有海军基地,随着我国经济建设的快速发展,于2003年开始在港区内建设国华、乌沙山两座大型火力发电厂及码头配套设施,2006年底前全部完工并投入生产。每年的3~5月份是象山港马鲛鱼捕捞季节,渔网占用航道现象严重。象山港区泊位示意及主要码头信息见图2-26、表2-22。

图 2-25 梅山港区泊位示意

表 2-21 梅山港区主要码头信息

码头名称	船舶类型	泊位数量/个	码头级别/吨级	码头特点
梅山国际集装箱码头	集装箱船	10	7万~20万	1#~10#泊位自西南向东北依次排列,6#~10#泊位可接纳20万吨级集装箱船,9#~10#泊位暂未投产,码头东北侧水浅,1#~4#对开回旋水域狭窄,泊位走向为050°~230°;5#~7#泊位走向为048°~228°,8#~10#泊位走向为046°~226°
梅西滚装杂货码头	滚装船和杂货船	1	7万	码头东侧紧邻集装箱码头1#泊位,码头对开回旋水域狭窄,泊位走向为056°~236°

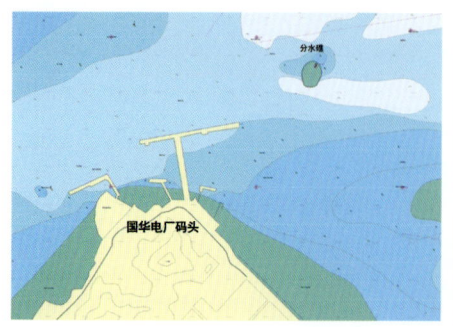 

图 2-26 象山港区泊位示意

表 2-22 象山港区主要码头信息

码头名称	船舶类型	泊位数量/个	码头级别/吨级	码头特点
国华电厂码头	煤船	3	3.5 万	可兼靠 5 万吨级船舶,码头东北侧有一干出礁即分水礁,泊位走向为 080°~260°
乌沙山电厂码头	煤船	2	3.5 万	可兼靠 5 万吨级船舶,1#泊位落流推开明显,泊位走向为 073°~253°

2.3.8 石浦港区

石浦港区介于象山半岛和东门岛、对面山、南田岛、高塘岛之间,通过铜瓦门、东门、下湾门、三门水道与外海相通。港内航道呈东西走向,长约 11 n mile,宽度 0.2~1.0 n mile,最窄处在石浦镇与东门岛之间的铜瓦门大桥(净空高度 23.6 m,通航净空宽度 125 m),宽仅 0.1 n mile 左右。

除大毛屿附近水深 10 m 以上外,其余水深一般在 5~10 m;港外水域宽敞但铜瓦门至檀头山部分水深仅 4 m,重载船须候潮进出港。

石浦港区以煤炭、件杂货、新船交付及陆岛交通、沿海客运为主,共有 500 吨级以上泊位 20 余个。新港码头位于象山石浦镇东南端的东门、下湾门交会处,为 3 000 吨级码头,是目前石浦港区唯一对外开放码头;从檀头山引航锚地经铜瓦门大桥至石浦港内是外国籍船舶进出口的唯一通道。

目前,该港区的引航作业量少。

2.4 宁波港域水文气象

宁波属亚热带季风气候,东临太平洋,背靠欧亚大陆,全年气候温和,四季分明,雨量充沛,冬春、春夏季节交替时多海雾,夏秋多台风,冬春季频繁受冷空气和寒潮的侵扰。

2.4.1 风

宁波港域风速随季节变化较大,冬春季多偏北风,夏季多偏南风,春、秋季为两种季风过渡期。冬春季风速较大,常见偏北风达6~8级;夏季风速较小,除台风外,一般3~5级,但常有强对流天气发生,局部地区短时间会有暴风骤雨,能见度急剧下降,风力可达10~12级以上;其中,北仑二、三期码头和大榭招商码头受冬季冷空气影响最大,梅山港区受影响最小;穿山港区夏季午后全上半夜,受南部山形和岛礁间地形影响,易产生较大落山南风。2021年,海事部门在宁波港域实施区域性大风靠离泊管制34次,共计约357 h。由于地形影响,各港区风况差异较大。

2.4.2 雾

宁波港域冬天、初春季节的雾,通常晚上生成,随着气温升高一般于上午10时前消散;4~6月盛行平流雾,则很难消散,尤以虾峙门口外水域为甚,口门内能见度2~5 n mile,口门外能见度只有几百米。能见度≤1 000 m的雾日多年平均为:北仑28.7 d、梅山17.2 d、石浦55.0 d。各港区雾的持续时间一般为3~5 h,最长连续雾日数为10 d。近4年因大风、浓雾引起的交通管制见表2-23。

表2-23 近4年交通管制时间统计(2017—2021年)　　　　　　h

年份	大雾管制时长	危险品大风管制时长		散杂货大风管制时长		集装箱大风管制时长		
		涂泥嘴以东	涂泥嘴以西	涂泥嘴以东	涂泥嘴以西	涂泥嘴以东	涂泥嘴以西	梅山港区
2017年	205.84	477.92	498.50	0	263.50	0	0	0
2018年	206.84	548.32	557.32	214.83	248.32	99.75	115.42	87.08
2019年	207.84	463.99	469.07	152.25	178.41	101.75	138.00	37.25

表 2-23(续表)

年份	大雾管制时长	危险品大风管制时长		散杂货大风管制时长		集装箱大风管制时长		
		涂泥嘴以东	涂泥嘴以西	涂泥嘴以东	涂泥嘴以西	涂泥嘴以东	涂泥嘴以西	梅山港区
2020年	208.84	528.43	585.34	265.33	286.66	138.99	137.49	83.58
2021年	209.84	539.16	646.99	264.83	318.92	155.84	177.34	59.42

2.4.3 潮汐

1) 潮汐概况

宁波外海驻潮波自东海经浙江东南部沿海诸岛礁、航门向西传入本港水域，每天有 2 次高潮、2 次低潮，并且 2 次高、低潮潮高各不相同，大潮在初三、十八，小潮在初九、二十五，呈不正规半日浅海潮特征。潮汛大、流速快是主要特点。

潮汛的传播速度约 15 kn,虾岖门口外比梅山早 1 h,梅山比北仑早 1 h,北仑比镇海早 1 h,镇海比宁波早 1 h;潮高自南往北逐渐减小,石浦港区大潮潮高 5.0 m 多,象山港区 4.5 m 左右,镇海港区 4.0 m 左右;每年 6~10 月份潮位较高 (8 月份最高),12 月到翌年 4 月较低(1 月最低);冬天日潮高,夏天夜潮大。涨流漫滩流速则慢,落流归槽流速则大,正常情况下最大流速 2~3 kn,受地形影响特别是狭管效应作用,局部流速可达 4~6 kn。

穿山、大榭等港区的潮流受岛礁阻挡或者岬角地形的挑流作用,流向流速发生很大变化,导致局部水域潮流复杂;急流经过岛礁和岬角地形时,在其下游、背面、突出山脚附近产生较大范围的回流和漩涡,范围与强度与潮汐大小(潮高、流速)、流向变化量、岛礁面积等有关;既有岛礁或者岬角两侧流速流向不一,又有码头对开大范围流场与码头前沿较小水域内的流速流向不同,主航道径流与回流相互作用发生潮流切变现象,引起的涡流范围时大时小、时有时无并且随着潮时变化向左右、前后移动;这种外涨里落或者外落里涨现象最显著的特点是局部有涨流但潮位下落,有落流但潮位反而上升,充分说明了涨潮流与涨流、落潮流与落流的区别。船舶航行至岬角水域时,受两股甚至多股不同流速流向潮流的作用,首尾、左右两舷受流方向不一致,产生的转船力矩对船舶操纵带来巨大困难。

招商码头位于大榭岛西侧,螺头水道和定海南侧诸航门过来的涨流被大榭岛阻挡、遮掩,使得大榭岛西侧的涨潮流流速很小,当金塘水道急涨时,在大榭岛西侧形成落流状回流,码头前沿部分涨流来自穿山西口,所以选择左舷靠泊,加上落潮流时也是左靠,变成"常落流"现象;北仑9#锚泊点呈环流状,涨流时受定海、螺头水道潮流作用,船首以东向为主;落流时受金塘岛遮掩,金塘水道和册子水道两股潮流使其左右舷受流不一样,船首向往往对着金塘岛或者朝向涂泥嘴,抛起锚作业时要特别注意。

台风、寒潮等产生的强风对潮位有一定影响,甬江口内尤甚,东北、东南风时水位最大可壅高达 0.87 m,西北风时则可降低 0.5 m 左右。

潮汐、海图基准面(镇海站)见表 2-24、图 2-27、图 2-28。

表 2-24 深度基准面   cm

站名	平均海面		理论深度基准面		潮高基准面	
	平均海面上	吴淞零点上	平均海面下	吴淞零点上	平均海面下	吴淞零点上
镇海	23 ± 3	234	210	24	207	27
宁波	23 ± 3	233	200	33	180	53

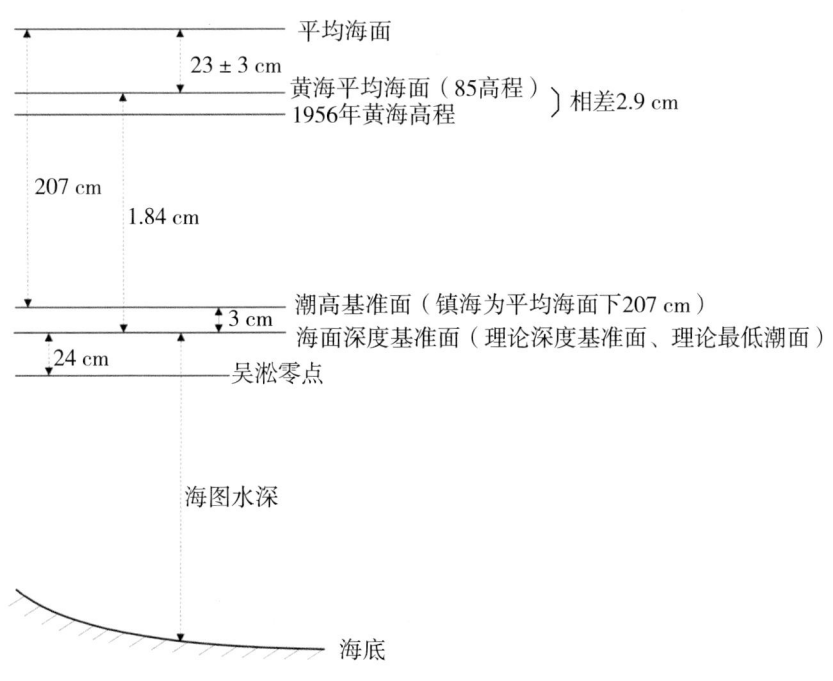

图 2-27 镇海站各种基准面关系示意

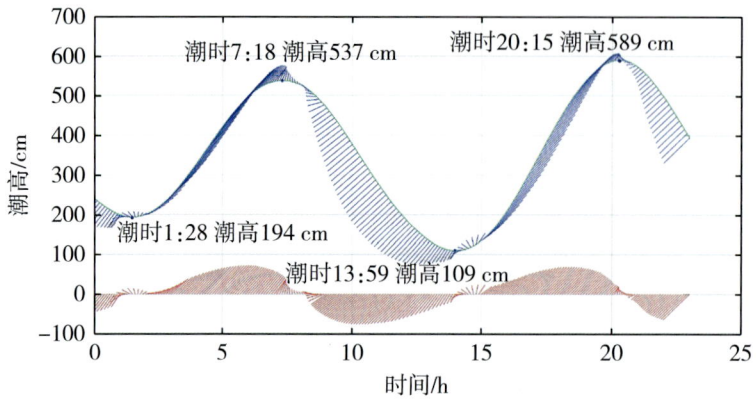

图 2-28　码头前沿测潮信息(潮高、流向、流速)

2)民间潮汐谚语

春潮五更改,夏潮黄昏送,秋潮两头大,冬潮平阳红,十二、二十七鸡鸣涨,潮到江夏无天亮,二十五、二十六无涨无落,十一、二十七潮汐起,初八、二十三早夜平,十五、十六大潮汛,十八潮水大到顶,东北风吹潮大,西北风潮刹掉,遇到天亮突然变,勿死勿活还魂潮。

2.4.4　其他水文气象条件

1)潮流

宁波港域的潮流多为往复流,涨落潮主流向与海图等深线走向基本一致,局部海区潮流略带旋转,流速垂线分布以次表层流速较大。宁波舟山海域潮流特征值见表 2-25。

甬江河口内潮流沿江而流,最大流速 1~2 kn,落流大于涨流,如遇上游排洪时,落潮流增强,最大流速可达 2.5 kn。姚江 36 孔放水时,小潮汛日,镇海基本无涨流。

北仑港区涨潮流由东向西,落潮流由西向东,冬天小潮汛日,落潮约 8~9 h,涨潮约 2~3 h,以落潮流为主;如遇西北风健,可能终日无涨流;夏天落潮约 7~8 h,涨潮 3~4 h。北仑港区所在的金塘水道为强流水道,平均流速 3 kn,最大流速达 6 kn。涨潮时,外海的重盐度水与来自杭州湾、甬江的低盐度水相遇,锲入下层,形成下层强流,表层缓流的现象,有时表层无流而底层流已有力。一般以 10 m 为分隔层,落潮平均流速为 10 m 之内 3 kn,20 m 之内 4 kn,落潮流流速大于涨潮流流速。

穿山港区受地理形态影响,流态流况复杂,强潮流受到岛屿的阻挡、岬角的挑流等影响后在码头前沿易形成反向回流,港区大范围流场存在涡流和潮流切变线,潮流切变线随潮流强度和潮时的变化会出现迁移现象。

虾峙门南北锚地的潮流涨潮西北,落潮东南,流速2~4 kn。

表2-25 宁波舟山海域潮流特征值　　　　　　　　cm/s

地区	落潮最大流速	涨潮最大流速
定海	80	100
岱山	150	182
蛇移门	140	170
马迹山	180	180
洋山	170~270	200~290
北仑	125	84
大榭东	164	88
大榭西	169	67
穿山	158	94
梅山东	270	142
梅山西	75	140

2) 波浪

镇海港区甬江口内,基本无浪。甬江口外偏北风健时,有涌浪侵入,波浪大,金塘大桥北面尤甚,引航员登离船易受困。落潮时,风、浪叠加,波浪增大;涨潮时,风、浪部分抵消,波浪减小。

北仑港区冬、春季盛行西北风,吹拢风较大,虽然金塘岛、大榭穿山岛、黄蟒山等是港区的天然屏障,但其西北方向海面没有很大的岛屿作遮掩,在落潮时段很容易起浪。6级风时浪高可达1.5 m以上,对港作拖船的操纵影响较大,大大增加了船舶的操纵难度。由于涨、落潮流方向与码头基本平行,因此涨潮流对涌浪有很强的抑制作用,但落潮时流和浪、涌相叠加,对船舶的靠离泊作业影响极大。

虾峙门航道下栏山到虾峙锚地一带以及条帚门小黄礁以南一带,夏天常有东南涌浪侵入,引航员登离船易受困,做下风、正确放置引航员登离船装置、选派合

适的引航艇特别重要。

3）台风

宁波港域每年 7~9 月易受热带风暴影响，最早的台风曾经 5 月来临，最迟的台风出现在 10 月，平均每年 3.9 次，其中强台风占 82%。热带风暴出现的风向以 NNW~NNE 向和 ENE 向为多，一次热带风暴影响最长持续时间约 2~3 d，台风过境引起强风和增水。影响最严重的台风路径主要有两类：一类是登陆型，在浙江沿海登陆后转向东北出海或转向西北内陆消亡；另一类是掠过型，台风中心贴近本海域北上。

2.5 宁波港域引航服务能力

2.5.1 引航登离船区域

根据交通运输部 2021 年 2 月的最新规定，宁波港域内的引航员登离船水域主要包含：虾峙门口外锚、油船锚地、虾峙门 L1 报告线附近水域、条帚门 L2 报告线附近水域、大黄蟒北水域、金塘大桥北 L5 报告线附近水域、象山港万礁北水域、石浦港区引航登离船水域。受海况影响，部分登离船水域需要区分登船与离船水域，部分登离船水域需区分正常海况和恶劣海况。具体信息见表 2-26。

表 2-26 引航登离船区域

登离船区域名称	登/离船水域	船舶限制要求	天气限制要求	吃水或船长限制要求/m	特殊要求	备注
虾峙门口外矿石船引航	29°45′.30N/122°33′.60E；29°45′.30N/122°34′.85E；29°44′.20N/122°34′.85E；29°44′.20N/122°33′.60E	散货船		吃水≥17	超大型矿石船通过深水航槽引领	

表 2－26(续表)

登离船区域名称	登/离船水域	船舶限制要求	天气限制要求	吃水或船长限制要求/m	特殊要求	备注
虾峙门口外油船引航	29°43′.90N/122°33′.60E；29°43′.90N/122°34′.85E；29°41′.75N/122°34′.85E；29°41′.75N/122°33′.60E	超大型油船		吃水≥19	超大型油船通过深水航槽引领	
虾峙门北引航	29°46′.50N/122°20′.50E；29°46′.50N/122°23′.00E；29°44′.50N/122°23′.00E；29°44′.50N/122°20′.50E	普通货船、油船、集装箱船		吃水<14		
虾峙门南引航	29°43′.50N/122°20′.00E；29°42′.20N/122°23′.00E；29°41′.60N/122°23′.00E；29°41′.60N/122°20′.00E	普通货船、油船、集装箱船		吃水<17		
宁波舟山港核心港区 1#	29°46′.40N/122°17′.60E；29°46′.26N/122°17′.44E；29°44′.93N/122°19′.18E；29°45′.15N/122°19′.27E	普通货船、油船、集装箱船			引航员登船	虾峙门登船区域

表 2－26(续表)

登离船区域名称	登/离船水域	船舶限制要求	天气限制要求	吃水或船长限制要求/m	特殊要求	备注
宁波舟山港核心港区 2#	29°46′.63N/122°16′.51E；29°46′.32N/122°16′.19E；29°45′.71N/122°16′.99E；29°46′.03N/122°17′.31E	普通货船、油船、集装箱船			引航员离船	虾峙门离船区域
宁波舟山港核心港区 3#	30°00′.80N/121°48′.40E；半径 0.5 n mile	普通货船、散货船、油船		吃水<13.0	《金塘大桥、西堠门大桥通航安全管理规定》需强制引航的船舶	鹅礁北登离船区域
宁波舟山港核心港区 4#	30°06′.00N/121°48′.20E；半径 0.5 n mile	普通货船、散货船、油船		吃水<13.0	《金塘大桥、西堠门大桥通航安全管理规定》需强制引航的船舶	金塘大桥北登离船区域
宁波舟山港条帚门 1#	29°42′.32N/122°17′.67E；29°42′.10N/122°17′.67E；29°43′.05N/122°16′.00E；29°42′.83N/122°16′.00E	普通货船、油船、集装箱船、危险品船	条帚门口外浪高>1.5 m，风力>6级		引航员登船	恶劣天气条件下条帚门登船区域
宁波舟山港条帚门 2#	29°42′.44N/122°16′.00E；29°42′.03N/122°16′.00E；29°42′.88N/122°15′.00E；29°42′.49N/122°15′.00E	普通货船、油船、集装箱船、危险品船	条帚门口外浪高>1.5 m，风力>6级		引航员离船	恶劣天气条件下条帚门离船区域

表 2-26(续表)

登离船区域名称	登/离船水域	船舶限制要求	天气限制要求	吃水或船长限制要求/m	特殊要求	备注
宁波舟山港条帚门3#	29°41′.00N/122°22′.00E;半径0.5 n mile	普通货船、油船、集装箱船	一般气象海况		引航员登/离船	正常天气条件下条帚门登离船区域
宁波舟山港象山港大桥引航作业区	29°39′.00N/121°51′.90E;半径0.5 n mile	普通货船、油船、集装箱船	能见距离>3 000 m		引航员登/离船	万礁北登离船区域
宁波舟山港石浦港区登离船点	29°08′.00N/122°01′.00E;半径0.5 n mile		风力<7级	港内段吃水<6.2;口外段吃<6.9	铜瓦门航道架空电缆净空高度23.6 m	

2.5.2 引航员引领权限

引航员各级权限及能力要求见表 2-27。

表 2-27 宁波大港引航有限公司引航员各级权限及能力要求

引航级别	甬江内船舶	其他港域船舶			备注
		化工船、油船	散、杂货船	集装箱船	
三级 B	100 m 以下	不能引领	150 m 以下	180 m 以下	客船和载运散装一级危险货物的船舶除外
三级 A	120 m 以下	不能引领	180 m 以下	180 m 以下	
二级 B	130 m 以下	180 m 以下	200 m 以下	250 m 以下	总长≥180 m 的客船除外
二级 A	140 m 以下	250 m 以下	250 m 以下	250 m 以下	
一级 B	150 m 以下	280 m 以下	300 m 以下	370 m 以下	具备较强的处理复杂引航工作的能力
一级 A	全能	全能	全能	全能	积极参与课题的研究,提出建设性建议。参与急、难、险、重的引航任务和抢险救助等工作
高级	全能	全能	全能	全能	

2.5.3 使用拖船艘数配备标准

宁波港域拖船配备使用标准执行浙江省交通厅2017年9月《宁波港域船舶靠离泊和引航或移泊使用拖轮艘数配备标准》。

1) 配备原则

（1）安全原则，拖船数量和马力配置应符合海港总体设计规范对拖船配置的基本要求，充分考虑宁波港域的特点，满足船舶作业的安全需要。

（2）经济适用原则，在保证安全的前提下，考虑拖船使用的经济性。小于150 m 的自引船舶拖船使用艘数由船方和相关方协商确定；引航船舶和超过150 m（含）的自引船舶，参照本标准，遵循安全、经济原则，根据实际情况，合理配置拖船数量。

（3）考虑不同港区的潮流以及船舶操纵难度的区别。

2) 拖船的配备数量

拖船的配备数量应综合考虑气象水文条件、船舶状况、码头特点、主管机关相关要求、码头公司规定等因素，拖船公司应根据船舶的尺度、吨位、吃水、受风面积、港区潮流、天气状况等因素，指派相应马力的拖船。正常情况下所需辅助拖船的配备标准如表2-28。

表2-28 正常情况下所需辅助拖船的配备标准

港区	船型	船长/m	靠泊/艘	离泊/艘	备注
镇海	所有	90≤总长<120	1	1	化工船<90 m 但载质量≥3 000 t 的船舶配置1艘拖船
		120≤总长<220	2	2	
		总长 220	3	2	
北仑	集装箱船、滚装船、客船	90≤总长<120	1	1	
		120≤总长<350	2	2	
		350≤总长<390	3	3	其中载质量≤13.5万t的船舶采用靠泊配置3艘拖船、离泊配置2艘拖船
		总长≥390	4	4	其中载质量≤17.5万t的船舶采用靠泊配置3艘拖船、离泊配置3艘拖船

表 2－28(续表)

港区	船型	船长/m	靠泊/艘	离泊/艘	备注
北仑	油船、化学品船(化工船)、液化气体船	90≤总长<120	1	1	也适用于台塑码头靠泊、离泊 80 m<总长≤10 m 的船舶
		120≤总长<220	2	2	也适用于台塑码头靠泊、离泊 100 m<总长<220 m 的船舶
		220≤总长<260	3	2	
		260≤总长<300	3	3	
		总长≥300	4	4	
	散货船、杂货船及其他	90≤总长<120	1	1	
		120≤总长<220	2	2	
		220≤总长<260	3	2	220 m≤总长<240 m 船舶在正常情况下靠泊、离泊码头均配置 2 艘拖船
		260≤总长<300	3	3	
		总长≥300	4	4	
大榭	集装箱船、滚装船、客船	90≤总长<120	1	1	
		120≤总长<350	2	2	
		350≤总长<390	3	3	其中载质量≤13.5 万 t 的船舶采用靠泊配置 3 艘拖船、离泊配置 2 艘拖船
		总长≥390	4	4	其中载质量≤17.5 万 t 的船舶采用靠泊配置 3 艘拖船、离泊配置 3 艘拖船
	油船、化学品船(化工船)、液化气体船	80<总长<120	1	1	万华码头 2 万吨级码头受潮流影响,100 m≤总长<120 m 的船舶靠泊、离泊均配置 2 艘拖船
		120≤总长<220	2	2	
		220≤总长<260	3	2	
		260≤总长<300	4	3	
		总长≥300	5	4	

表 2-28(续表)

港区	船型	船长/m	靠泊/艘	离泊/艘	备注
大榭	散货船、杂货船及其他	90≤总长<120	1	1	
		120≤总长<220	2	2	
		220≤总长<260	3	2	220 m≤总长<240 m 船舶在正常情况下靠泊、离泊码头均配置 2 条艘拖船
		260≤总长<300	4	3	
		总长≥300	5	4	
穿山	集装箱船、滚装船、客船	90≤总长<120	1	1	
		120≤总长<350	2	2	
		350≤总长<390	3	3	其中载质量≤13.5 万 t 的船舶采用靠泊配置 3 艘拖船、离泊配置 2 艘拖船
		总长≥390	4	4	其中载质量≤17.5 万 t 的船舶采用靠泊配置 3 艘拖船、离泊配置 3 艘拖船
	油船、化学品船(化工船)、液化气体船	80<总长<120	1	1	港鑫东方码头受潮流影响，100 m≤总长<120 m 的船舶靠泊、离泊均配置用 2 艘拖船
		120≤总长<220	2	2	
		220≤总长<260	3	2	
		260≤总长<300	4	3	
		总长≥300	5	4	
	LNG 船舶按海事进港保障方案要求执行				
	散货船、杂货船及其他船舶	80<总长<120	1	1	
		120≤总长<220	2	2	
		220≤总长<260	3	2	光明散杂货码头受潮流影响，240 m≤总长<260 m 的船舶采用靠泊配置 4 艘拖船、离泊配置 3 艘拖船

表 2-28(续表)

港区	船型	船长/m	靠泊/艘	离泊/艘	备注
穿山	散货船、杂货船及其他船舶	260≤总长<300	4	3	
		总长≥300	5	4	
梅山	集装箱船、滚装船、客船	90≤总长<120	1	1	不在镇海高潮前 3 h 至高潮后 2 h 时段的,梅山集装箱码头 1# 泊位靠泊、离泊总长≥260 m 的船舶,各需增配 1 艘拖船;2#泊位靠泊、离泊总长≥300 m 的船舶各需增配 1 艘拖船
		120≤总长<350	2	2	
		350≤总长<390	3	3	其中载质量≤13.5 万 t 的船舶采用靠泊配置 3 艘拖船、离泊配置 2 艘拖船
		总长≥390	4	4	其中载质量≤17.5 万 t 的船舶采用靠泊配置 3 艘拖船、离泊配置 3 艘拖船
	散货船、杂货船及其他船舶	90≤总长<120	1	1	
		120≤总长<220	2	2	
		220≤总长<260	3	3	
象山	散货船、杂货船及其他船舶	90≤总长<120	1	1	
		120≤总长<220	3	2	120 m≤总长<200 m 的船舶在正常情况下靠泊、离泊码头均配置 2 艘拖船
		总长≥220	3	3	

拖船配置具体按实际发生数计算。有以下情况时,配备数不限于上表规定的标准。

(1)码头方因特殊地理条件、码头结构及其他特殊原因要求增配的。

(2)船方因船舶操纵性能异常、设备故障等特殊情况出于安全考虑需要增配的。

(3)季风、台风、强对流天气等特殊气象条件下,船方根据安全需要申请增加拖船。

（4）大型拖驳、桥吊船、装载超高超限等特殊船舶和海上过驳、拖带、抢险等特殊作业。

（5）因港区水域有限,遇上游排水、船舶操纵性差、交通流复杂等情况,船长小于 90 m 或干舷特别低的船,为确保安全,可考虑使用相应的小型拖船助泊。

（6）宁波港域内新建泊位船舶的拖船配置待试运行后再另行确定。

（7）为特殊区域的特定客户服务的拖船配备方案,以双方协商方式另行确定。

（8）其他出于安全考虑确实需要变更的情况。

2.6　船舶通航管理

2.6.1　深水航路船舶定线制

为进一步改善优化通航环境和通航秩序,实现核心港区船舶定线制与现有交通流的合理对接,新版《宁波舟山港核心港区深水航路船舶定线制》《宁波舟山港核心港区深水航路船舶报告制》（两制）和《宁波舟山港核心港区船舶交通管理系统安全监督管理规则》《宁波舟山港核心港区深水航路船舶定线制管理规定》（两规）于 2016 年 8 月 1 日起正式实施生效。凡航行于适用水域的船舶必须严格遵守《宁波舟山港核心港区深水航路船舶定线制》《宁波舟山港核心港区深水航路船舶报告制》以及相应的航行管理规定,并服从当地海事管理机构的监督管理。

宁波舟山港核心港区深水航路船舶定线制的目的和原则是：

（1）分隔相反方向的船舶交通流,减少对遇并实施大小船舶分流;

（2）减少横穿船舶与通航分道内航行船舶之间发生碰撞的危险;

（3）简化该区域交通流模式,改变现有船舶航行的无序状态;

（4）对航行在该区域的所有船舶实施交通流的组织和管理。

本定线制东起虾峙门口外深水航道东端虾峙 1#、2#灯浮,止于金塘大桥主通航孔北和西堠门大桥通航孔北;南起外礁灯桩东 1.50 n mile 处,贯穿条帚门航道和梅山进港航道。由 18 个分道通航制、2 个双向航路、1 个深水航道、8 个警戒区和若干沿岸通航带组成,全长 71.96 n mile。其中,虾峙门深水航道东端至 0 号警戒区东边界为 10.50 n mile;虾峙门东口 0 号警戒区东边界至第 4 号警戒区为 25.50 n mile;从第 4 号警戒区至金塘大桥主通航孔北分道通航制长为

6.22 n mile；从第 4 号警戒区至西堠门大桥通航孔北为 7.92 n mile；条帚门水道部分长为 13.26 n mile；佛渡水道部分长为 8.09 n mile。

2.6.2 船舶交通组织

为构建宁波舟山港核心港区统一报告、统一组织、统一公布、统一执行的交通组织一体化新格局，宁波舟山港核心港区船舶交通组织一体化于 2019 年 12 月 1 日正式实施，在两个相邻港域实施统一的交通组织，这在全国尚属首例。

浙江海事局在广泛深入调研的基础上，依据有关法律法规，先后出台《宁波舟山港核心港区交通组织一体化实施方案》和《宁波舟山港核心港区船舶交通组织实施暂行办法》，积极打造"船舶交通组织服务管理平台"等信息化系统，确保国内首例相邻港域的船舶交通组织一体化项目得以顺利展开。

船舶交通组织一体化机制的启动，将极大地提升宁波舟山港核心港区一体化水平，实现"六个一体化"：船舶进出港一体化组织；船舶交通组织、引航、调度计划三方信息一体化整合；引航计划一体化公布实施；船舶进出港信息、靠离泊信息、引航信息一个平台查询；锚地和航道一体化使用；海上应急力量一体化调派。

船舶交通组织一体化机制启动后，充分体现了港口资源的集约化利用，显著提升了船舶进出港的航行秩序和航行效率，进一步保障了船舶的航行安全，为船舶低碳化营运和海洋绿色环保创造了良好的条件。

经过两年多的实践和经验积累，《宁波舟山港核心港区船舶交通组织实施办法》于 2022 年 2 月 7 日开始实施，共分四个章节，第一章为总则，第二章为一般性规定，第三章为虾峙门、条帚门航道特殊规定，第四章为附则。其中第十条指出：引航部门应按平台发布的船舶进出港交通组织信息安排相关引航作业。引航员应按计划时间、地点开展引航作业。其第三章中有关虾峙门条帚门航道的特殊规定，也是宁波港域船舶交通组织最为核心的部分。

（1）船舶通过虾峙门、条帚门航道时应与前船保持安全距离，其中船长 200 m 以上的船舶应与前船保持 1 n mile 以上的距离。超大型油船应与前船保持 1.5 n mile 以上距离。

（2）虾峙门、条帚门航道在以下时段实施重点疏导：①每日（白天）镇海高潮前 4 h 至镇海高潮前 1 h；②大雾、大风等恶劣天气影响后，船舶集中进出港期间；③水上交通管制解除后船舶集中进出港期间；④应急抢险等其他特殊时段。航速低于 7 kn 的船舶原则上应避开重点疏导时段通过虾峙门航道。

（3）对进港船舶的交通组织的要求：①通过虾峙门航道的进港船舶，应沿深水航槽及北侧进港,按平台发布的进港顺序航行,依次通过 L1 报告线;通过条帚门航道的进港船舶,应沿条帚门口外推荐航线北侧进港,按平台发布的进港顺序航行,依次通过 L2 报告线;通过条帚门的深吃水进港船可沿深水航槽及北侧航行,并转入条帚门口外推荐支航线,依次通过 L2 报告线;②进港船舶应在东经 122°24′ 至 L1/L2 报告线之间保持航行间距,避免并行或追越;未通过平台报告动态的船舶,不应在重点疏导时段进入虾峙门、条帚门航道。

(4) 对出港船舶的交通组织的要求：①船舶抵达 1 号、7 号警戒区前,应与前船保持安全距离;②从锚地起锚的出港船舶不应妨碍在定线制水域航行的出港船;③第 2 分道通航的出港船舶不应妨碍第 18 分道通航的出港船;④通过虾峙门的出港船舶应沿深水航槽南侧航行;通过条帚门的出港船舶应沿条帚门口外推荐航线南侧航行或通过条帚门口外支线航线沿深水航槽南侧航行。

(5) 宁波舟山 VTS 可根据航道饱和度、交通管制、突发事件等情况,合理引导船舶通过虾峙门或条帚门航道进出港。

2.6.3　护航要求

1) LNG 船舶进出港护航要求

LNG 船进港安排 3 艘拖船成品字形排列护航,1 艘海巡指挥船(位置机动)负责在船头方向领路,3 艘警戒船(拖船或海事巡逻艇)分别负责螺头角、马峙锚地、佛渡水道三个方向的交通流警戒,一般情况下,警戒船里的 1 艘拖船会同护航的 3 艘拖船一起负责靠泊的助泊任务。

出港时,护航、警戒安排与进港一致,离泊助泊拖船中的 3 艘负责后续出港的护航任务。

2) 其他船舶的护航要求

根据目前的惯例,海事要求重载 VLCC 过虾峙门航槽进口至码头边需配备一艘拖船护航,另外需要护航的情形包括：事故船舶、操限船、超规范船舶、故障船舶等,具体护航方案由海事协同引航、港口调度、船公司等共同商定。

第 3 章　宁波港域船舶引航风险

3.1　宁波港域航道通航特点

宁波港域是一个集内河港（甬江港区）、河口港（镇海港区）和海港于一体，大、中、小泊位配套的多功能、综合性的现代化大港，是中国超大型船舶最多的集散港和全球为数不多的远洋运输节点港、天然的深水良港。本港域是典型的岛礁区引航，航门众多、潮流湍急，除虾峙门深水航槽外，其他均为天然航道，虾峙门口外深水航槽已疏浚水深至 23.1 m 以上。因此，具有进出港船舶种类多，通航密度大，潮流复杂多变，通航风险高等特点。

3.1.1　甬江航道特点与引航风险

1）甬江航道特点

甬江航道是典型的河港航道，凸岸浅、弯底深，转向角大于 30°的弯道有 8 处，尤以梅墟湾弯曲度最大，故称拗艒港。甬江口呈喇叭形，与入海处潮流方向存在一定夹角。口子内的港区有防浪堤遮挡，减小了偏北向风浪对船舶航行、靠离泊的影响，东南方向的风产生的波浪较小，是天然的避风场所，波浪主要为船行波。

甬江为感潮河段，河口内潮流沿江而上，呈不正规半日潮特征，潮流为往复流。涨潮时水流漫滩，流速缓慢，落潮时水流归槽，流速增大。落流大于涨流，最大流速约 2 kn，如遇上游姚江大闸排水泄洪，落流流速增强，最大可达 2.5 kn；大闸 36 孔排水时，甬江内基本上无涨流。镇海高潮前后 2 h，甬江进出口船舶众多，交通流量大，有大小船并行、追越等情况，局面比较复杂，航行风险较大。随着港口和海事主管部门多年协调、组织和整治，目前通航环境大为改善。

2）甬江航道引航风险

（1）甬江航道弯道多，转向角大，航向变化频繁；凹岸水深，凸岸有浅滩。船舶过弯道时须认真瞭望，严格控制航速（顺流 8 kn，顶流 6 kn），避免在弯顶流急处交会或追越。

（2）甬江航道沿岸码头众多，船舶靠离泊作业频繁，进出口船舶须提早联系，协调避让。控制航速以免对附近码头、船舶和设施造成浪损。

（3）夜间、能见度不良、风大流急时进甬江口难度大。必须利用虎蹲山前后导标识别船位，结合正确使用引航员 PPU 和船方雷达、ECDIS 等精确定位，防止出现船舶碰撞、搁浅或者触碰防波堤的风险。

（4）镇海港区靠离泊船舶多，需要排队进出甬江，往往有个别小船喜欢抢道插队，航行风险变大。

（5）甬江航道狭窄，如遇船舶车、舵等机器故障，应急余地小，搁浅或触碰周围船舶、设施风险很大。

（6）靠落水头的船舶，不宜过早抵达码头，防止落流没来在江中打横而堵塞航道。

（7）江内航行的小型国轮，多数船况不佳、部分船员业务技能不熟练、航行设备故障率高，增加了航行、交会的风险。

（8）甬江及相邻水域高频呼叫繁忙，声音嘈杂，船间联系比较困难，增加了船间误联系风险。

（9）由于甬沪、甬舟、甬温等沿海客船航线停止，部分甬江港区已作为"三江六岸"进行城市景观改造，三官堂大桥、中兴路大桥的高度进一步限制了船舶的吨级。目前，招宝山大桥至明州大桥为 3 000 吨级航道，明州大桥至甬江港区降为 1 000 吨级航道。随着甬江航道的航运量逐年萎缩，招宝山大桥以内航道得不到及时疏浚，李家庵、梅墟等弯头没有定期切滩，航道水深逐年变浅，部分航道的走向也发生变化，部分岸上导航叠标失效；部分岸上导标被建筑物遮挡，个别灯标、灯桩、灯浮的灯质失效，均增加了船舶航行特别是夜航的风险。

3.1.2 核心港区航道特点与引航风险

从虾峙门和条帚门至宁波港域各大港区，码头沿着海岸线建造，水深条件优越，属于典型的岛礁区航行和靠离泊作业，航道和码头附近受风流影响大。核心港区有相应的定线制和船位报告制，水域通航环境相对有序但依旧复杂。

1）核心港区航道特点

（1）航路复杂。虾峙门、条帚门航道为典型狭水道，地形地貌复杂，水流狭管效应明显，风流压差大；航道端口处多股潮流相互作用，潮流湍急且流向复杂,多船会遇时操纵余地小;各个警戒区水域船舶间航向频繁交叉,直航与让路、权力和义务并存;转向点多、转向角大,重载、舵效差的船舶往往短时间难以把定航向。

(2) 典型的岛礁区航行。航道弯曲多变、航门众多,潮流湍急,受岛屿山体遮掩,瞭望受居间障碍物影响。长柄子头、螺头角、涂泥嘴、大黄蟒岛等地的岬角处流态复杂,存在挑流、回流、涡流和切变流等现象。汀子门内可航水域狭窄,旋回余地小,港鑫东方、光明码头等部分码头离主航道很近,加大航行、靠离泊风险。

(3) 交通流密度大。港内航行和停泊船舶众多,通航密度大,大小船舶吨位相差悬殊、操纵性能差异大,交通流在航道口门、警戒区呈集中或发散,运砂船、渣土船等乘潮而动,借流行驶,前后间距小,穿越困难,大型船舶不得不追越时,须承担更大的避让责任和风险。

(4) 灾害性天气频发。冬春、春夏、秋冬等季节交替时,港区能见度受限的年天数居高不下,局部大雾、隔山(岛)有雾、海平面有雾等情况时有发生。夏季穿山、大榭有落山风现象,伴有突发强对流天气,常有瞬间致能见度不良、狂风暴雨致雷达屏幕一片空白等情况。台风期间经常出现大风、暴雨、潮汐"三碰头",引航操纵和登离船的风险激增。

(5) 港区光污染现象较为明显。受港口作业照明、锚泊船灯光和码头附近城市灯光等的影响,夜间的港口水域背景灯光明亮,造成局部海域光污染严重,不能有效识别相关船舶动态。

(6) 海上设施设备对航行的影响。跨海桥梁、架空电缆、海底电缆、油管等设施影响航行,而众多禁止抛锚区域的存在,增加航行、锚泊风险。

(7) 渔船的影响。渔汛、台风和寒潮大风期间以及禁渔期前后往往会有大量渔船活动,严重影响商船正常进出港。

(8) 船行波的影响。高速航行中的船舶近距离通过客渡船码头、油品码头、低干舷小船时,小型船舶易受大船船行波的影响,发生浪损甚至危及人命安全和海洋绿色环保。

2) 核心港区的引航风险

(1) 随着船舶大型化趋势的迅猛发展,主力船型的航行、避让、制动、掉头靠离泊作业、停泊所需的水域越来越大,操纵容错率越低,风险越来越高。

(2) 核心港区可航水域宽度有限,近距离会遇成为常态,碰撞危险一旦形成,采取避让措施的时间和空间十分有限。

（3）多船会遇局面为常态,小船往往在近距离才采取措施。单凭一船的行动往往无法导致在安全距离上通过,各方均应遵守规则及早协同避让。

（4）在狭水道、岛礁区附近水域航行时要特别谨慎,复杂潮流使船舶出现短时间操纵失控的风险增加。

（5）核心港区有大量小型船舶航行,部分船舶主机马力偏小,满载甚至超载航行,干舷低,极易受到浪损,受急流和涡旋作用丧失舵效现象明显,对大型商船的进出港造成一定风险。

（6）注意核实跨海架空电缆、桥梁通航高度和宽度,以及它们在雷达上产生的回波图像给船舶避碰带来的影响和干扰。

（7）港内锚泊船数量众多、锚地回旋余地较小,船舶进出锚地的可航水域受限,特别是大潮汛期间,与锚泊船的碰撞风险高。

（8）引航员登离船点附近交通流密度大、受风浪影响较大,容易与前后船舶形成碰撞危险。

（9）港区船舶 AIS 信息众多,容易造成 AIS 信息识别偏差。部分小型船舶、军舰等没有安装 AIS 设备,增加了预判的风险。

3.1.3 象山港区航道特点与引航风险

象山港区是传统的渔港,象山港区航道主要是为宁海电厂和乌沙山电厂开辟的宽度为 300 m 的 3.5 万吨级双向航道。引航区域自铁礁起始,至宁海电厂航程约为 24 n mile,至乌沙山电厂航程约为 16 n mile。

1）象山港区航道特点

（1）每年 3~5 月是象山港马鲛鱼捕捞季节。渔船经常穿越航道,或在航道内作业,因为受地方风俗影响,它们往往喜欢抢越大船船头航行。

（2）部分航段渔具密布,一年四季都有捕鱼船在港内进行捕捞、锚泊作业。

（3）机动渔船的汽笛多采用压缩空气,在能见度不良时为保存压缩空气以便必要时动车,几乎不按规定鸣放雾号。

（4）在晨昏蒙影期间往往有不点灯、不规范显示号灯的渔船在港区航道附近活动。

2）象山港区的引航风险

经有关部门统计:商船和渔船碰撞事故是造成本水域事故人员死亡失踪的最大危险源。主要的引航风险有以下几点。

（1）大量渔船不按规定区域捕鱼和抛锚,对只能在航道内安全航行的进出口船舶造成严重威胁,尤其在能见度不良时引航风险更高。

（2）大量渔船在宁电2#浮附近作业,能见度不良时很难识别,增加避让风险。

（3）在分水礁至宁电3#浮区域常有大量渔船锚泊,进出口航道经常被严重堵塞,增加了安全通航风险。

（4）从乌沙山到强蛟航段,水域相对狭小,小船和渔船密度增多,航行风险高。

（5）每年的休渔期、开渔期、春节、国庆、台风、寒潮大风等期间,会有大量渔船进出象山港区水域,对商船航行造成很大影响。

（6）渔船一般设施陈旧,船名模糊,不规范显示AIS,少数不想让他船识别。多数渔船船员的航海技能参差不齐,对《规则》的理解不够全面,难以用VHF协调避让。

3.2 宁波港域船舶特点

3.2.1 船舶大型化

1）集装箱船舶的大型化

宁波舟山港船舶大型化日益凸显,交通流量逐年上升,呈现常态化趋势。大型油矿船、特别是大型集装箱船舶来港数量持续保持在高位运行。表3-1为宁波港域近3年的大型船舶引航艘次统计表。

表3-1 宁波港域近3年的大型船舶引航艘次统计表　　　　艘次

合计艘次年度	2019年	2020年	2021年
总长≥300 m船舶	7 069	6 858	6 216
总长≥300 m集装箱船	6 395	6 239	5 624
总长≥350 m集装箱船	3 234	3 258	2 969
10万吨级以上散杂船/油船	2 070	2 188	2 172
大型矿船(Capesize)	1 419	1 562	1 602
超大型油船(VLCC)	522	509	512
年度合计	28 278	28 411	29 951

由表 3-1 可见,引航船舶大型化现象显著,大型油船年引领艘次稳定,近 3 年日均引领 1.5 艘次,大型矿砂船日均引领 4.4 艘次,350 m 以上集装箱日均引领 8.6 艘次,300 m 以上集装箱日均引领 16.7 艘次,300 m 以上船舶日均引领 18.4 艘次,10 万吨级以上散杂船/油船日均引领 5.9 艘次。

2) 船舶大型化的风险

(1) 大型船舶尺度大、启动慢、惯性大、制动难,前后盲区大等给航行、锚泊、靠离泊安全带来不利因素。

(2) 大型集装箱船驾驶台不断前移,驾引人员站立位置接近船舶转心,对船舶纵横移、旋转的判断反应能力下降。

(3) 船艏、船艉处船体削进幅度大,对拖船带缆位置的要求越来越高,带缆难度显著增加。

(4) 船舶大型化对航道、码头护舷、桥吊离海侧距离、摆放位置等提出了更高的要求,船舶航行、稳泊、作业安全风险大大增加。

(5) 大型船舶受风流作用巨大,航行过程中一旦发生机械故障,往往应急余地较小,引发的船舶碰撞风险极大。

3.2.2 船舶类型多样化

1) 宁波港域的船舶类型多样化

近年以来,宁波引航引领船舶多样化明显,几乎涵盖了当今世界所有主流船舶类型,其中还有各类"急、难、险、重"的特殊引航任务,如主机、舵机故障后的无动力拖带,严重海损船舶应急抢险,LNG 液化天然气船舶常态化进出港,三星公司无动力新造船下水作业,超高、超宽的振华桥吊运输船等。

2) 船舶类型多样化的风险

(1) 船舶类型多样化对引航工作提出了更高的要求,需要引航员对所有类型船舶的操纵性能做好技能储备,引航风险越来越复杂。

(2) 各类"急、难、险、重"的特殊引航作业,对引航技能、登离船设备、港口通航条件、助航设施、应急预案等有较高的要求,引航风险显著激增。

(3) 老旧船舶机械可靠性降低,遭遇恶劣天气和海况时发生险情事故风险大。

3.3 宁波港域恶劣天气概况

3.3.1 能见度不良

1）宁波港域的能见度不良概况

长期以来，宁波舟山港域是中国沿海雾霾相对较多的海域之一。雾对港区生产的影响大，持续时间长，给船舶航行安全造成极大威胁，海雾已经成为除大风之外对港口作业时长影响最大的灾害性天气。图3-1为宁波港域穿山港区能见度不良情况。

图3-1 宁波港域穿山港区能见度不良情况

2）海事管理

浙江省海事局根据专业的海上雾情预测和实时变化情况，对能见度不良的水域实施精准局部管控和疏导组织。

由于宁波港域港区众多，东西南北跨度大，不宜实行"一刀切"雾航交通管制。宁波海事局将港口区域进行了合理划分，根据不同区域的能见度情况进行相应的管控，进一步规范了船舶在相应水域的航行及靠离泊要求。主要区域可划分成7片，自西向东分别为：①金塘大桥水域；②大黄蟒以西水域；③涂泥嘴以西水域;④峙头(一般以长柄子头为标志)至涂泥嘴水域;⑤佛渡、梅山、双屿门航道水域;⑥虾峙门、条帚门航道;⑦象山跨海大桥水域。图3-2中按顺序编为①到⑦区。

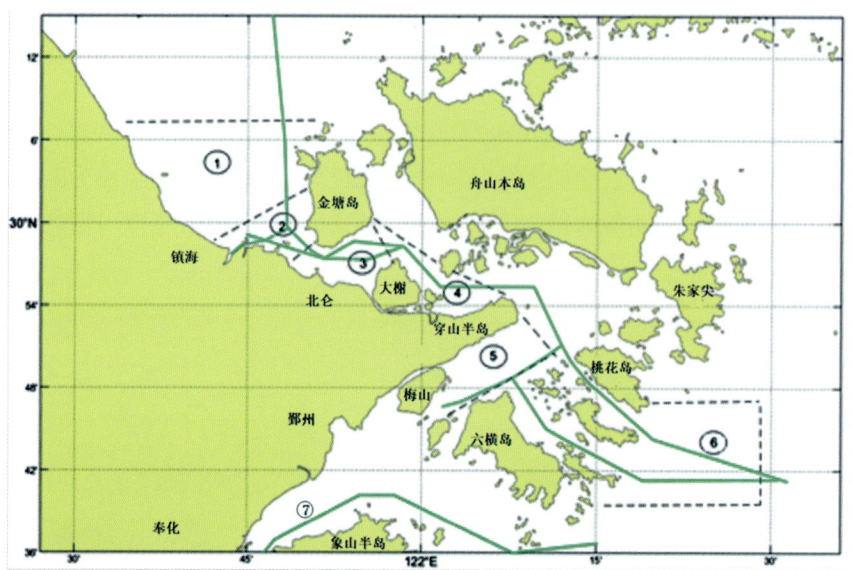

图3-2 雾航管制区域划分

3) 宁波港域能见度不良的引航风险

(1) 宁波港域港区众多,各港区受雾影响程度差异较大,增加了船舶航行和靠离泊风险。

(2) 航行期间时常遭遇团雾、阵雾或其他能见度骤降等异常情况,增加了船舶航行、避让的安全风险。

(3) 在通航密集区航行遭遇能见度不良需择地抛锚时,大型集装箱船舶、大型油矿船、危险品船舶等对锚地要求较高,应急锚泊风险大。

(4) 小型海船几乎不鸣放相关雾航声号,航行灯辨识度低,不利于被来船发现,增加了相互间的碰撞危险。

(5) 在众多航门附近,雾航、多船会遇和居间障碍物遮蔽等复杂局面叠加,导致无法在足够的安全距离上准确辨识周围船舶,增加协调避让风险。

(6) 雾航管制解除以后,各大港区众多船舶同时进出港,容易导致相关航道交通流密度剧增,安全航行风险增加。

(7) 雾的快速变化增加靠离泊过程中的不确定性风险,可能被迫中止正在进行的靠离泊作业,增加船舶安全风险。

(8)部分船舶的雷达设备陈旧,性能不佳甚至故障,雾中航行不能有效识别物标。

3.3.2 大风浪作业

1)大风浪作业概况

宁波港域大风浪作业,广义是指所有船舶的大风浪作业,狭义上主要体现在集装箱船舶靠离泊作业,其中以抗季风靠离泊作业尤为特殊。每年抗季风作业时间为本年度10月至翌年5月。该作业主要针对总长370 m以下的集装箱船舶,当指定观测点10分钟平均风速位于13.8 m/s≤10分钟平均风速<15.5 m/s时实施。10分钟平均风速≥15.5 m/s时,根据现场情况决定是否继续作业。

大风浪作业的主要特征:

(1)该作业为非正规作业,各方面操作风险较高,必须要求相关单位密切配合,通力合作,保障安全。

(2)大风浪期间船舶靠离泊作业,码头应按船舶长度130%留出富余位置,并将桥吊按照4-3-3摆放;码头与引航员及拖船应保持紧密联系,并制定相关的应急预案。

2)宁波港域大风浪作业的引航风险

(1)大风浪作业始终是一项特殊作业和系统工程,引航风险较大,现场引航员应秉承"科学严谨的态度、积极进取的精神"这一指导思想。

(2)作业过程对车、舵、锚、缆、侧推器的要求比较高,要求船舶必须使其处于良好状态,一些老旧船舶的抗风浪作业风险较高。

(3)靠离泊作业窗口期短。一般应尽量选择缓流时段进行,充分利用潮时有利、涌浪较小的时段实施靠离泊作业必要时增加拖船等安全措施。

(4)大风浪作业对拖船要求较高,艏艉处要求悬空带缆,优先选择抗风浪型拖船助泊。拖船在大风浪作业中带缆难度大,所需时间长,助泊难度大,拖船实际提供的马力将打折扣。大风浪会导致拖船上下颠簸,缆绳受顿力断缆风险增加。

(5)靠离泊过程中,风速剧增的情况时有发生,采取应急措施的余地比较有限,风险明显增大。

(6)大风浪对引航员的登离船造成很大困难,上下船时机稍纵即逝,人身安全风险增加。

（7）大风管制解除后，相关航道进出口船舶大量汇聚，通航密度过大，航行安全风险高。

（8）在6级风临界状态下，特别是风流压叠加时，船舶操作难度明显加大，风险增加。

（9）梅山港区强南风（吹拢）及西北风（吹开）对靠离泊和稳泊影响大，穿山、大榭港区的落山风对靠离泊、稳泊构成威胁，增加断缆风险。

3.3.3 灾害性天气

1）宁波港域的灾害性天气概况

宁波港域的灾害性天气主要有：冬季的强冷空气、夏天的台风、落山风和强对流天气。

（1）强冷空气。影响本港域的强冷空气时间为11月至翌年4月，经常每3~4 d有一个冷空气南下。当强冷空气来临时，24 h内降温7~9 ℃，寒潮时达12~14 ℃。强冷空气影响时多出现8~10级偏北大风，大风和涌浪让拖船带缆异常困难，拖力明显下降，给引航作业安全带来很大风险。

（2）台风。本地区处于东南沿海，经常受到台风影响，台风来临前疏港过程中，船舶操作难度大，虾峙门、条帚门涌浪大；台风警报解除后往往有大量船舶同时进港，交通流密度大，短时阵风仍旧较大。

（3）落山风。穿山半岛的北部，当日夜温差较大时，如果正好遇到风力和风速合适的偏南风，海上温暖的空气经过半岛中部山体抬升后，在山顶得到冷却，密度变大，和半岛北部的海面暖空气形成明显的密度差，山顶上的冷空气携势能沿山坡北下，和原有的南风叠加后，形成强劲的所谓"落山风"，曾经观测到最大风力达到11级。远东码头正好处在落山风的路径上，受其影响，即使增加拖船仍长时间靠不拢码头。

（4）强对流天气。强对流天气也称雷暴天气，一般在每年的3~10月出现，多年平均雷暴天气数为19 d，盛夏季节尤其常见。其危害性体现在短时间内出现狂风暴雨、能见度骤降，雷达图像模糊，船舶保向困难，航行、靠离泊和稳泊困难。

2）宁波港域灾害性天气的引航风险

（1）灾害性天气期间海况恶劣，增加了大型船舶的靠离泊和稳泊风险。

（2）强冷空气、台风期间的恶劣海况，引航艇靠离大船困难，引航员的上下船人身安全风险增加。

（3）航行期间遭遇强对流天气，视觉瞭望严重受限，雷达屏幕一片模糊，无法正常观测物标，瞭望受到严重限制。

（4）灾害天气影响消除后，往往有大量船舶进出港，交通流密度大，通航安全风险高。

（5）大风和涌浪让拖船带缆异常困难，实际助泊拖力输出明显下降，给引航作业安全带来很大风险。

3.4 复杂潮流对船舶航行和靠离泊的影响

宁波港域地理位置特殊，在群岛的岛架和海底地形影响下，涨落潮流运动比较复杂，属于不正规半日浅海潮港类型。潮汐主要受东海前进驻潮波控制，潮汐以半日潮为主，具有岛屿之间水道地形所构成的潮汐特征。复杂潮流主要表现在岬角水域、航道的潮流切变、码头与航道潮流不一致等方面。

3.4.1 岬角水域

1）岬角水域的潮流特点

岬角水域的潮流因受岬角地形的挑流，流速流向发生变化，极其容易产生涡旋、回流。涂泥嘴、螺头角、峙头角、长柄子头等区域乱流尤为明显，往往主航道流速越大，涡旋、回流的范围、强度越大。岬角水域往往是船舶的转向点，紧邻警戒区和分道通航制，是交通流密集区域。建造在岬角附近的码头，潮流往往比较复杂，短时间内流向流速多变。

涂泥嘴附近潮流特点。落潮时，金塘水道自西向东的水流在大榭岛西侧分流，一部分进入穿山西口，主流偏北与北侧的册子水道的落流在大榭岛北侧汇合一同进入螺头水道。受涂泥嘴的挑流和册子水道落潮流的挤压，在大榭岛东北侧出现大范围顺时针方向的回流区，东端约在 100 m 等深线附近，随回流强弱位置变化不定，该回流区向东南可影响至港发码头附近，落流越急，挑流作用越明显，回流越强，涨流向的回流流速增强后，又会在沿岸一些区域形成二次回流。

涨潮时，当来自定海、螺头水道的涨潮流在涂泥嘴北部汇合后，主流被分为两股，一股北上向西堠门方向，另外一股则沿金塘水道进入北仑港区，由于金塘水道大榭岛沿岸以落流为主,该股落流与进入金塘水道的涨流相互作用,在大榭岛西北侧水域形成一逆时针的大回流区,使大榭岛西北侧在涨潮时也基本保持"落水"状态,即所为的"常落水"。

2)岬湾水域

甬舟码头处于典型的岬湾地形水域,镇海高潮后1.5 h初落,镇海低潮后1.5 h初涨。涨潮时外海潮流经螺头水道进入金塘水道,流路分散,涨流流势趋缓,落潮流势则强大。潮流基本以东南~西北往复流形式出现。该码头容易出现回流,特别是在急流时段,随着涨落流流速逐渐变急,在码头对开约80 m左右会产生反向回流,基本与码头前沿的-30 m等深线平行。

3)岬角水域潮流的引航风险

(1)岬角水域的两侧流速流向不一致,船舶转向过程中受流影响较大,流压力产生的巨大转船力矩严重影响船舶操控,可能出现短时间难以把定甚至失控局面,安全风险较大。

(2)船舶在转向的同时受潮流影响产生的漂移量较大,船首向与航迹向相差甚多,容易导致船舶被迫占用中央分隔带甚至驶入对向航道。

(3)岬角附近的码头,船舶操纵余地有限,各方面安全余量较小,会增加靠离泊作业风险。

3.4.2 潮流切变线

1)潮流切变线特点

潮流切变线是由风场切变线延伸而来的,风场切变线指的是风速、风向不连续线,简而言之,就是两种对立气流的交界线。潮流切变线指的是特定水域范围同时存在涨流和落流,由于二者方向不同,交汇后在海面形成两边水流矢量方向相反的交界线。研究表明,影响潮流切变线主要因素是地形、潮流强度、涨落潮的时长,该现象在海面广阔、岛屿较多的水域较为常见。

2)潮流切变线的引航风险

大型船舶受水动力影响大,当船首和船尾受到不同水动力力矩影响时,加上船舶本身需要大幅度转向,在两股转船力矩的叠加下,船舶容易发生大幅度转动,严重时即使短时间全速进车满舵也无法抑制偏转,船舶被迫处于失控状态。短暂的失控状况会给船舶自身操作带了巨大的风险,同时影响与进出口船的正常交会,给驾引人员带来巨大的心理压力,风险极大。

潮流切变线对船舶驶进驶出定线时的船位控制造成困难,增加了操船风险。

比如大吃水的矿船在靠泊中宅码头过程中,必须穿越相应的切变水域,不同程度地受到潮流切变线的影响,可能出现航向很难把定而产生紧迫局面、紧迫危险等情况。

3) 穿山半岛的潮流切变线

穿山港区为非正规半日浅海潮,码头附近水域受岛屿、岬角的挑流作用回流较明显,存在明显的流场切变线。落流时,螺头水道流向向东,由于受到西面螺头角和白鸭山岛等的挑流作用,和东面长柄子头的阻挡,在穿山港区对开水域形成大面积的回流区,主航道落流(向东)越急形成的回流(向西)越急;涨流时,螺头水道流向向西,由于受到东端长柄子头的挑流作用,在急涨时穿山水域的东端,从长柄子头到远东码头一带又会形成一定范围的回流区(流向向东),中宅码头附近以及光明码头前沿存在涡流影响。

四期码头前沿小潮汛镇海高潮后 0.5 h 左右初落,镇海低潮前约 2.0 h 开始出现涨流向回流。大潮汛镇海高潮前 0.5 h 初落,镇海低潮前 2.5~3.0 h 涨流向回流。涨流强,历时长,落流弱,历时短,平均涨流历时约 9 h,平均落流历时 3 h。涨流初期推开明显,流向 300°~330°,与码头夹角达 10°~30°,推开范围在泊位对开 50~100 m 外,码头边推开流不强。镇海低潮后 2.0 h 左右初涨,镇海低潮后 3.0 h 左右涨流最急,可达 3 kn;镇海高潮后 1.5~2.0 h 落流较急。涨落流向基本与码头平行。

远东码头前沿涨潮流流速和历时均大于落潮流。远东 7#、8#、9#泊位,涨潮流历时 8.0~8.5 h,落潮流历时 4.0~4.5 h。远东 10~11 泊位涨潮流历时 7.5~8.0 h,落潮流历时 3.5~4.0 h。落流历时相比四期码头稍长一些。镇海低潮时涨流较急,最大可达 2~3 kn。初落时间早于四期码头,最大流速可达 2~3 kn。

落流时,在镇海低潮附近会形成两条切变线。第一条切变线是螺头水道主落流和与竹湾附近形成的顺时针主回流交汇形成的切变线,在四期 3#、4#泊位对开时,该切变线位置基本上是在 30 m 等深线与 50 m 等深线之间,切变线以北为落流区,以南为涨流区。第二条切变线是竹湾附近形成的回流沿着码头前沿向西的分流与穿山东口出来的落流交汇于四期 2#泊位和 3#泊位连接处附近形成的第二条切变线,切变线西面是落流,切变线东面是涨流,涨流较强且向西北方向推开,形成三角冲顶汇流。

急涨流时,潮流由东往西进入螺头水道,由于峙头角以及长柄子头的挑流作用,在其西侧生成潮流切变线,即总体流态为切变线东北部为涨流,切变线西南部为落流或缓流。长柄子头西面,能明显看到有一个潮流的逆时针回流区域,在回流区域里容易形成潮流切变线,该处海图上标有潮水湍急标志。潮流切变线位置会随着潮时的变化而变化。待潮流趋缓后,长柄子头的挑流影响逐渐消失,潮流切变线也随之消失。

4)大榭岛的潮流切变线

大榭岛的潮流切变线在涂泥嘴附近以涨潮流时段最为显著,位于4号警戒区的西南面,大榭岛的北端。大榭岛北部水域由于受到涂泥嘴尖角的挑流以及金塘岛宫山角的分流影响,造成该区域流态复杂多变。当来自定海、螺头水道的涨潮流在涂泥嘴北部汇合后,主流被分为两股,一股沿金塘水道进入北仑港区,另外一股则北上向西堠门方向,主航道上流越大,则这个回流区域越大越明显,主航道上流变缓,这个回流区域缩小甚至消失。回流区域会形成潮流切变线,切变线的位置会随着涨水强弱发生变化,涨潮流强时更靠向西面。穿山半岛的潮流切变线见图3-3。

同时,经穿山水道从穿山西口进入的涨潮流及受金塘岛阻挡后冲向穿山口方向的潮流加强了该水域的回流。沿岸从西南向东北,涨潮流历时逐渐缩短,出现的涨流流速亦逐渐减小。几股流向各异强弱不同的流相互作用,致使涂泥嘴及穿山西口等附近水域形成变化不定的流场切变线,特别是涂泥嘴附近水域形成的流场切变效应较强。

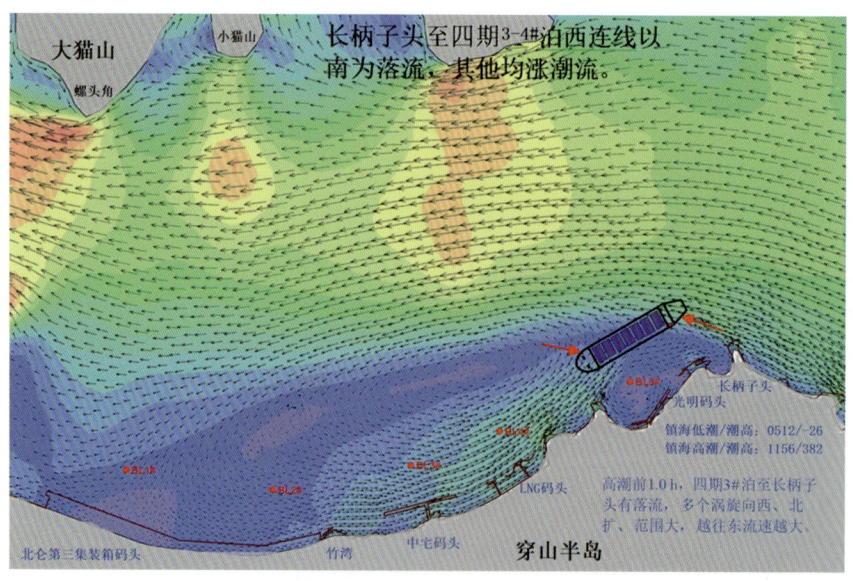

图3-3 ULOC镇海高潮前1.0 h通过长柄子头附近的潮流切变线

3.4.3 外涨里落与外落里涨

1) 外涨里落与外落里涨潮流的特点

宁波港域的外涨里落与外落里涨潮流主要在穿山港区北部海域。螺头水道主槽水深在 100 m 以上,水深流急。受岛礁地形制约,螺头水道内涨落潮流以往复流为主。涨潮流向主要为偏西向,落潮流为东向。

穿山北侧水域的潮流在涨、落的过程中,受多个大小水道的分流及汇合的耦合作用,使该水域不同位置的潮流呈现各不相同的特征,又受岛屿、岬角和凹凸海岸线的影响,使得螺头水道潮流在涨、落过程中,与近岸水域潮流存在较大的差异。

近岸水域的潮流受地形影响较大,潮流方向接近该区域的岸线走向;狭窄地段的潮流受狭管效应的作用,流速比较大;岛礁的航门两端潮流呈发散和约束状,受多股潮流影响,流速和流向比较复杂;岛礁的背部和岬角两侧均存在涡旋,流速越大涡旋越强。局部涡旋汇总情况见图 3-4。

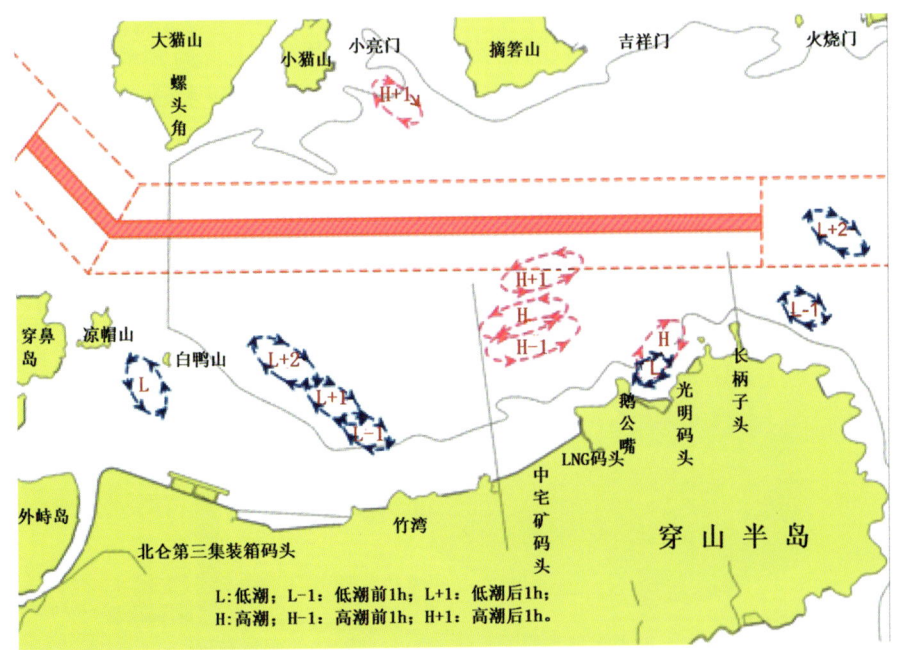

图 3-4 局部涡旋汇总

（1）外涨里落

该时段螺头水道主流涨潮流向西,码头边落流向东。

①初涨时的外涨里落

初涨时,涨潮流自峙头洋进入螺头水道,经长柄子头挑流后略向北偏,水道北侧和竹湾以西码头率先有涨潮流,由于螺头水道主落流的惯性作用,水道中部形成椭圆形顺时针回流,水道南侧东部即中宅码头、LNG码头以东的岸线附近仍然表现为落流,直至镇海低潮后1.5~2.0 h之后。

随着落潮径流的减弱、消亡和涨潮流逐渐加强,水道中偏南椭圆型顺时针回流逐渐演变为S形,镇海低潮后2.0~2.5 h消失。至此,整个螺头水道的水流变成单一的西流,历时大约2.0 h。

整个水道呈涨潮流后,受长柄子头、穿山北部一系列凸出山体的影响,在长柄子头西侧逐渐形成逆时针回流区。光明码头因为对面公鹅嘴的挑流作用,在码头前沿有小范围的逆时针方向的涡旋。

②急涨时段的外涨里落

图3-5为某一大潮汛日镇海高高潮前2.0 h至高潮后1.0 h 螺头水道的潮流数模,比较真实地反映了该水域的潮流特征。如图所示,镇海高潮前2.0 h 主航道仍然急涨,但主航道南侧的长柄子头西部至LNG码头对开水域出现一个小范围的椭圆形逆时针涡旋状回流区,北侧是涨流南侧是落流,形成潮流切边,白天可见两股颜色不一样潮流对遇汇合后产生的明显水纹,即潮流切变线。

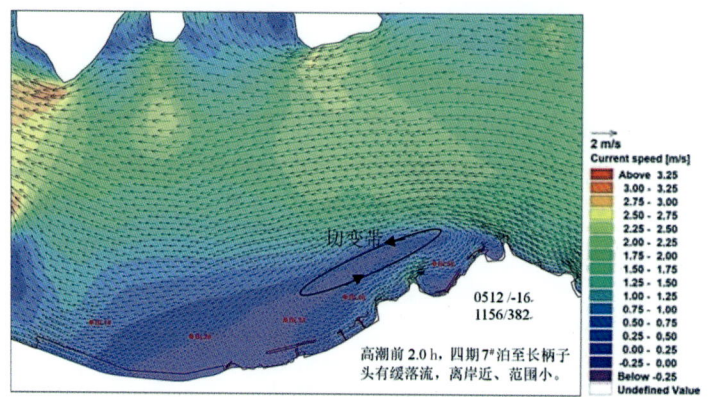

(a)大潮汛日高高潮,镇海高潮前2.0 h的潮流数模

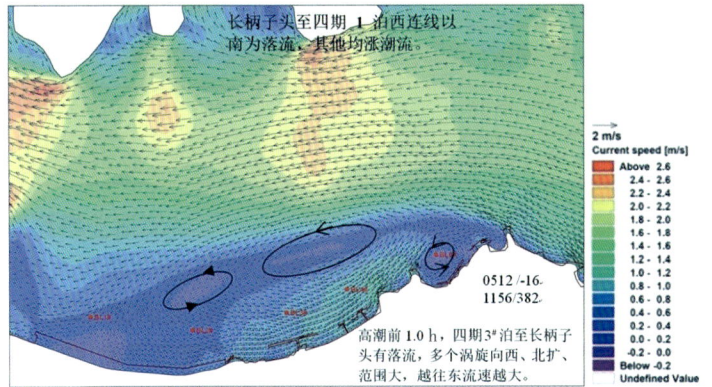

（b）大潮汛日高高潮，镇海高潮前1.0 h的潮流数模

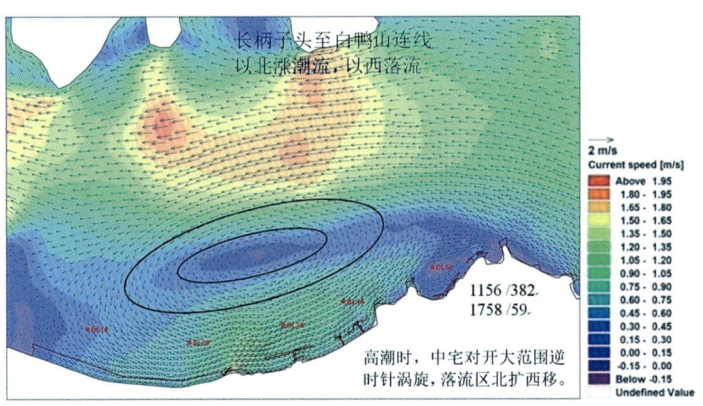

（c）大潮汛日高高潮，镇海高潮时的潮流数模

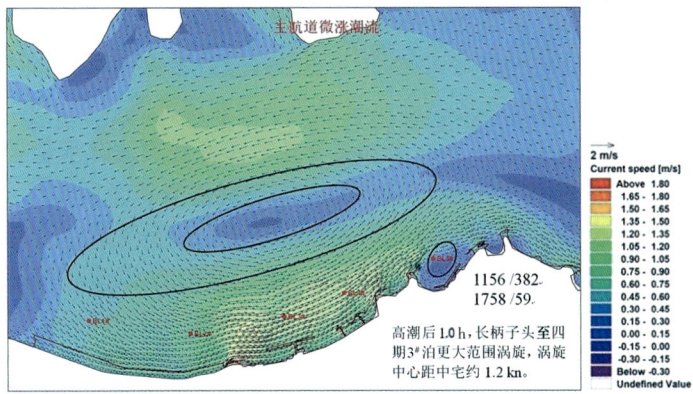

（d）大潮汛日高高潮，镇海高潮后1.0 h的潮流数模

图3－5　镇海高高潮前2.0 h至高潮后1.0 h螺头水道的潮流数模

涡旋随潮时逐渐向四周扩展,东西向长、南北向短;随着涨潮流趋缓,涡旋中心向西移动、扩大慢慢"丰满",至竹湾北部水域变成较大的椭圆形。涨停前,椭圆形涡旋向西抵达四期2#泊位对开,向东伸向长柄子头方向,这种现象一直到镇海高潮后1.0 h,之后螺头水道整体表现为落潮流。

(2) 外落里涨

该时段螺头水道主流落流,码头边涨流。

①初落时的潮流变化

穿山半岛北侧近岸水域的水流较螺头水道的主流率先转落,竹湾以东的落流又早于竹湾以西。随着主航道涨潮流逐渐变弱、停息,穿山东口、穿鼻岛与外神马岛之间以及穿鼻岛与凉帽山间各有一股水流在四期对开汇合经竹湾沿岸向东,此时落潮流离岸较近、流向平顺但持续时间较短,约1.0~2.0 h。初落时的潮流变化数模见图3-6。

②急落流时的外落里涨

随着主航道东流的增强,螺头水道的落流受大榭岛东部穿鼻岛、凉帽山、螺头角的地形收束后,流速加快直冲穿山半岛北部水域,受穿山半岛阻挡近岸出现涨流向回流,受长柄子头、鹅公嘴、沙湾嘴、竹湾等多个凸出山岬挑流,逐渐在竹湾对开水域形成一椭圆形顺时针回流圈,开始回流流速和范围较小。随着主航道落潮流的增强,范围逐渐扩大并向西扩大,流速也有所增加,该回流圈从镇海低潮前3.0 h开始产生,但大小潮汛略有差异。

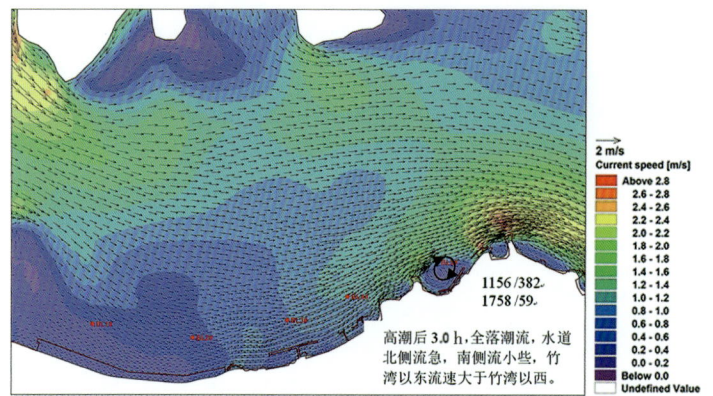

(a)大潮汛日镇海低潮前3.0 h潮流数模

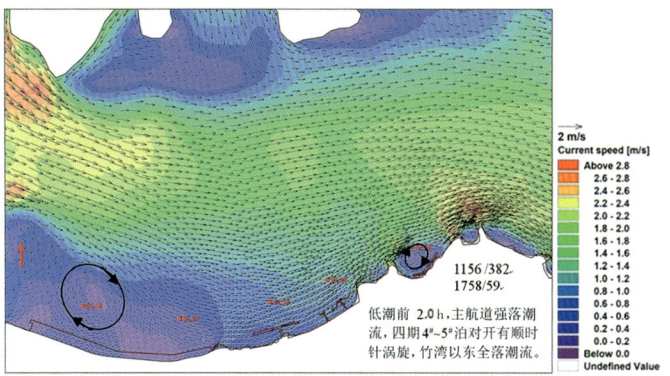

(b）大潮汛日镇海低潮前2.0 h潮流数模

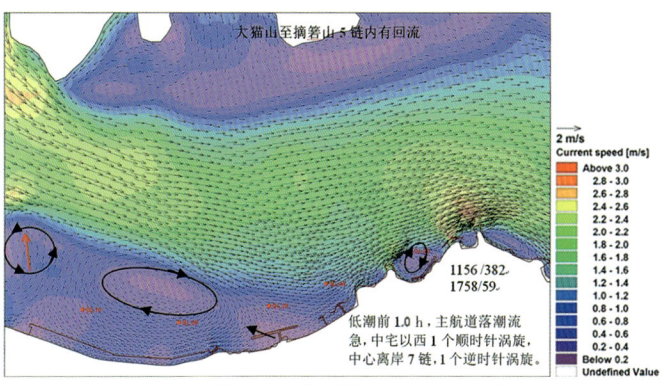

(c）大潮汛日镇海低潮前1.0 h潮流数模

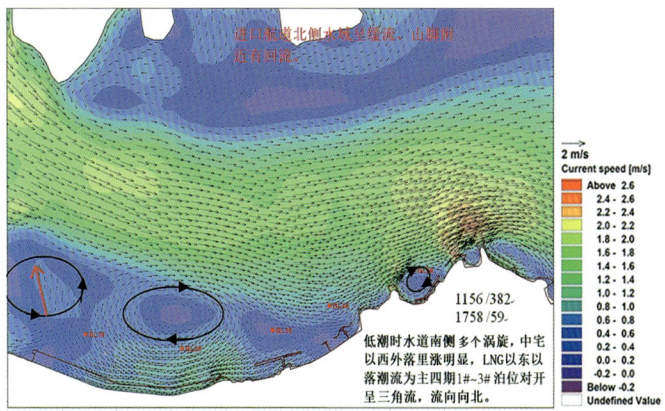

(d）大潮汛日镇海低潮时潮流数模

图3-6　大潮汛日低低潮前3.0 h至低潮时的螺头水道潮流数模

随着近岸涨流的范围一直往西和往北扩大,流经四期前沿的西流与穿山东口的东流在四期2#泊位对开相遇,对碰后合力朝向西北,形成一个三角形汇流区,随着回流流速的增强、范围扩大并同步西移,并且三角形逐步变为圆圈,往西北向移动。圆形涡旋的直径流大约2 500 m,受白鸭山东侧浅滩的影响,其南侧的水流继续西行,流向基本与岸边四期码头走向平行,流速稍微减小,与西侧的东流一起维持三角回流区的存在。

两股水流交汇后从凉帽山与白鸭山间的深槽向北再次汇入螺头水道主流。三角汇流区的中心距牛轭江东口大约500 m左右。

穿山港区北岸西侧存在顺时针涡旋,北岸东侧存在逆时针涡旋。因受这些涡旋影响,港区西侧表现为涨流历时长于落流,主流为涨流方向;港区东侧表现为涨流历时短于落流历时,主流为落流方向。

其中,低潮前1 h的回流最为强劲,该回流主要发生在北三集司码头前沿至-50 m等深线处(-50 m等深线距码头0.3~0.7 n mile不等),主要表现为-50 m等深线内有强劲的涨流向回流,50 m等深线以北是明显的落流。越往东面等深线离码头越近,涨流向回流离码头也越近。

③落流减缓时的潮流变化

随着流速减缓,水动力下降,回流圈又逐渐变成椭圆形,范围也在缩小,三角回流区继续西移。沿岸西行的水流渐缓,在神马岛东侧的浅滩分为两段,北股进入神马岛与凉帽山之间,形成一个小范围的顺时针回流,南股随着三角汇流区移向穿山东口。

2)外涨里落与外落里涨潮流的引航风险

(1)外落里涨阶段,码头边的涨流向回流很急,且涨流区域狭窄(离四期码头约3~7链),大型船舶如果需要掉头靠泊,掉头时受到风、流的合压力影响情况复杂,通过切变线时首尾的转船力矩不一致,增加掉头风险,如果不掉头靠泊,必须面临顺流靠泊,淌航减速难、各方面风险大。

(2)强涨流向回流流速可达2~3 kn,拖船在强流中的助泊效果会大打折扣,导致靠离泊时间增长,风险增加。

(3)大型船舶宜顶流靠泊。当被迫顺流靠泊时,对船舶机械保障度要求较高,一旦发生机械故障,引航风险急剧增加。

(4)远东10#~11#泊位,在外落里涨阶段潮流异常复杂,东端压拢、西端推开,存在较大的靠离泊和泊稳风险。

3.5 交通流密集水域的引航作业风险

3.5.1 引航员登离船的风险

这里主要对虾峙门和条帚门航道登离船点的风险进行分析。

（1）虾峙门引航员登离船点易受风浪、涌浪影响。条帚门航道开口朝东,常年风浪较大,东南风时有叠加浪。尤其台风期间、季风季节等恶劣海况严重威胁引航员登离船安全。

（2）该区域进出口船舶众多,船行波会对引航艇靠离大船造成一定影响,威胁引航员登离船安全。

（3）登离船点附近船舶密集,流态复杂多变,被引船登离船时段的低速淌航,会使大船受风流影响更加显著,增加与航道附近的进出口船舶形成急迫局面的风险。

（4）引航梯不规范放置、质量不达标、保护措施不到位等情况时有发生,容易造成错失最佳登离船时机,增加船舶航行及人身安全风险。

3.5.2 密集水域的航行风险

1）宁波港域密集水域的交通流量

宁波港域的密集水域主要分布在深水航槽、警戒区、大黄蟒附近水域和甬江口附近等航道、码头水域。金塘水道具体的交通流量见图3-7所示。

2）深水航槽的航行风险

（1）航槽水深宽度有限,超大型船舶乘潮航行期间不能出槽航行,避让过程中存在搁浅风险。

航道设计作业条件为正横风≤7级,横流≤2 kn。经过相关计算,当风流合压角≥10°时,满载30万吨级油船和矿船所需航道单向通航有效宽度大于390 m。为适应船舶大型化、巨型化发展的需要,港航部门已经完成虾峙门口外深水航槽拓宽拓深的疏浚,航槽底宽440 m,航槽通航水深23.1 m,轴向线不变。

（2）航速控制严格。下沉量与航速的平方成正比,富余水深的不足会严重影响船舶的操纵性能,增加航行风险。

（3）船舶间距≥2 n mile。过槽船舶前后要求保持一定安全距离,万一前船因故减速,后船不至于大幅度降速导致风流压差过大而偏离航道,发生搁浅。

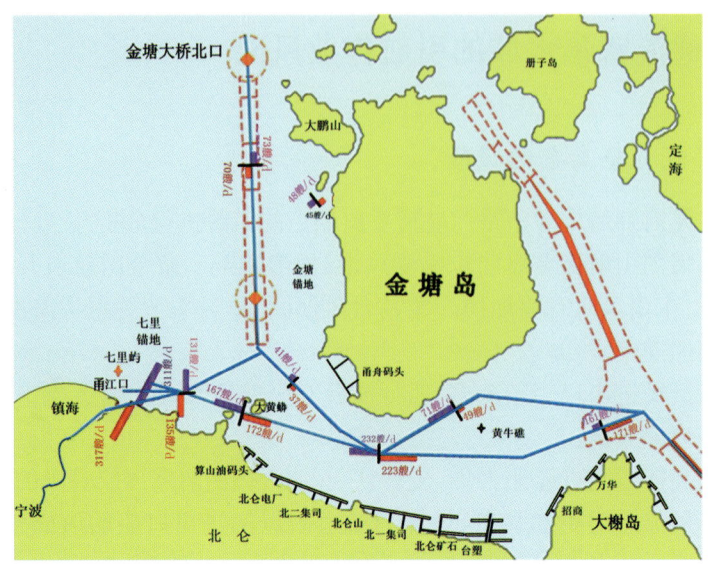

图 3-7　宁波港域密集水域的交通流量

（4）深水航槽东西走向和南北交通流接近垂直，与南北船舶大角度交会局面较多，风险大。必须保持正规瞭望、利用护航拖船、车舵结合、VTS 协同实现安全避让。

（5）冬季及台风季节，航槽外登船点风浪大，引航员登船风险高。冬春及春夏之交，该处能见度差，风险激增。

（6）涨落潮流流压角不同，风险表现差异大。虾峙门低潮时段过槽，风流压差角更大，船位的控制风险大。

（7）尽管交管中心有计划地控制船舶进口交通流排序，仍有部分船舶可能迟到或早到，造成交通流堵塞，增加航行风险。

3）警戒区的航行风险

（1）0 号警戒区

①该警戒区风大浪高流急。急涨流时段潮流压向桃花岛，落流时段压向虾峙南锚地。重载船舶急流时段进口，减速淌航阶段很容易受潮流影响，易与他船形成碰撞危险。

②该水域交通流密度大，同一时段进口船舶多，其中等待引航的船舶与小型船、军舰等并行和相互追越局面时有发生。

③其他复杂会遇情况众多。南北方向来往的小型加油船都是国轮，与引航员

不在船的外轮在英语沟通方面有一定障碍,增加了与外轮交会时的风险。

④该警戒区西面是引航员登离船点,引航员登离大船时操纵受到限制,协调避让能力下降。

(2) 1号警戒区

①该警戒区是宁波舟山港海域的一个事故高发区域,需要极其谨慎驾驶。交通流密度较大,经常有多船大角度交会现象,通航环境异常复杂。经常有成群结队的渔船东西方向穿越或与大船同向而行,妨碍进出口商船的航行。

②急落流时段潮流往右向上溜网重岛压拢明显,大型船舶出口需走准自己航道,一旦偏离航道风险剧增。

③入该警戒区前,来往船舶高频值守频道存在不同,容易造成船舶间协调避让障碍。佛渡水道值守(VHF 28)、马峙锚地(VHF 71)与进出港主航道(VHF 14)值守交管频道不一。

④船舶自佛渡水道大幅度转向出虾峙门时,从宽阔的水域往狭窄口门航行,受横流的时间比较长,易受急流影响而出现短时间操纵困难的情况。

⑤桃花岛西北咀、上溜网重岛就是典型的居间障碍物,影响过往船舶的瞭望,不利于对会遇局面的预判。

(3) 2号警戒区

①2号警戒区是典型的航路汇聚点,大量船舶在此交会,会遇局面和避让关系非常复杂。

②东行出口船在行至长柄子头前,因穿山半岛山体的遮蔽,无法提前发现洋小猫岛西面的北上船舶。

③该水域大小船舶易产生碰撞危险,小型船舶往往近距离才肯采取避让措施,大船操纵极为被动。

(4) 3号警戒区

①重载船舶涨流时段进口,受岬角地形影响,容易出现船首右难以抑制,或延迟转向而被迫进入分隔带甚至出口航道等危险局面。

②白峰到鸭蛋山的车客渡在3号警戒区南北方向穿越,进出口船舶须及时联系加强沟通。

③该处有很多军舰进出通航分道,商船应当主动避让,加强在VHF 14/16频道联系。

④警戒区西面大榭港区码头众多,众多船舶需要减速穿越该警戒区进行靠泊作业。

(5) 4号警戒区

①进出北仑港区、半洋礁锚地、西堠门大桥方向的船舶在此交会、交通流量大、会遇局面复杂,权利与义务并存。有些小型船不了解大船的操纵特点,借流航行或者抄近路时不肯轻易让路,容易和进出口大船舶造成紧迫局面。

②进入该警戒区前,来往船舶高频存在不同值守频道,容易造成船舶间协调避让障碍。

③重载矿船在此顺流左转进北仑港区抛锚、靠泊时,会受流影响产生左转趋势短时间难以抑制的情况,容易与出口船舶产生紧迫局面。

④大榭岛西北面码头区域夜间背景灯光明亮,附近航行船舶动态不易被识别。

⑤应特别注意被涂泥嘴遮蔽的沿岸航行的小型海船动态,防止不协调避让而造成碰撞危险。

(6) 5号警戒区

①该警戒区一般风浪较大,出口船舶要注意被外礁遮蔽的北上船舶动态。

②落流时段出口不宜与外礁走的太近,潮流有明显压向外礁态势。

③出口船舶有时需要借用进口航道做下风以方便引航员安全离船。

④有大型矿船在此进口靠泊武港码头,需要在航道里面减速淌航,其他船舶要做合理等待。

(7) 6号警戒区

①该警戒区南北方向行驶的国内海船众多,交通流量大。

②靠泊梅山港区的大型船舶吨位大,顺流不容易减速,需要在此提前减速,减速淌航阶段舵效不好,避让他船风险高。

③该区域交管值守为28频道,但该频道不支持船与船之间的联系,16频道应保持值守。

④六横岛船厂背景灯光较亮,对附近航行船舶存在瞭望干扰。

⑤六横至郭巨渡船频繁穿越警戒区,喜欢走大船船头,大船转向避让空间不大。

⑥开渔节或大风过后,6号警戒区是大批渔船从象山港区来往沈家门的重要通道,增加商船航行风险。

⑦航经该警戒区,对双屿门方向来的北上船船会被居间障碍物遮挡,影响对局面的预判。

⑧佛渡临时锚位中有多个在6号警戒区附近,南下小船容易被其遮挡,增加

预判风险。

(8) 7号警戒区

①大型深吃水船进出浅滩时宜慢速行驶,及时核实富余水深。富余水深不足会严重影响船舶操作性能。

②落流出口时要注意控制船位,防止与六横岬走得太近。六横岬4链处为-10 m等深线,有大面积浅滩。

③六横至沈家门、六横至定海新区等渡船航经该警戒区。

④警戒区北面有六横岛船厂专用锚泊点,锚泊点与定线制航道较近,大船抛起锚、掉头作业对航经该处船舶的影响较大。

⑤六横岬东北面至警戒区西北面有海底电缆,应急抛锚时需要避井。

⑥该处交管值守为28频道,不能进行船与船之间的联系,16频道要有效值守,及时发布航行动态。

4) 大黄蟒附近的航行风险

(1) 多条航路在此汇聚,交通流密度大。大量锚地起锚船,进靠甬江港区、镇海港区的船舶在大黄蟒北面、东面编队进港。出口船舶在大黄蟒北或转向南下或北上。

(2) 由于大黄蟒岛的遮挡,交汇双方难以提前发现对方,预判会遇局面的能力受到限制,风险增加。

(3) 进出口船需要大黄蟒岛附近大幅度转向,受流影响,流致漂移量大,大型船舶操纵风险增大。

(4) 该区域是值守频道 VHF 06 和 VHF14 的交换处,高频通话比较繁忙,存在高频的误联系或者联系不畅风险。

(5) 航经该区域的危险品船舶众多,航行风险等级高,相互间安全避让责任风险高。

5) 甬江口附近的航行风险

(1) 甬江口内及其南北两翼码头众多,靠离泊时间相对集中,高潮前后2 h交通流量大,来往船舶类型多样化,交管频道声音嘈杂严重影响船舶间的有效沟通,为高风险水域。

(2) 该区域码头水域比较狭小又紧贴航道,属于受限水域船舶操纵,靠离泊风险高。

(3) 甬江口外北侧码头开航时,由于甬江口北岸的阻挡,无法预判甬江内的出口船舶情况,容易造成紧迫局面。

（4）西北季风期间口外码头群受风浪影响较大，影响助泊拖船正常作业，增加了靠离泊和稳泊风险。

（5）七里锚地南面有大面积浅滩和多个浅点，大吃水船舶避让操纵风险高。

3.6 主要港区的引航作业风险

3.6.1 北仑港区的锚泊和靠离泊风险

1）北仑锚地的锚泊风险

（1）北仑锚地资源有限，为待泊锚位，要求定点锚泊。平时最大流速 3 kn，台风、寒潮期间可达 3~4 kn，船舶走锚风险较高。

（2）锚地设在航道附近，锚泊和航行、靠离泊存在一定影响，安全风险较高。

（3）锚位距码头近，一旦发生走锚，采取应急措施的余地不足，风险较高。

（4）部分锚位水深大于 30 m，必须采用深水顶流抛锚法，对船舶机械和驾引人员的技能要求较高。

2）北仑港区的靠离泊风险

（1）沿岸码头众多，进出港船舶类型复杂，大小船舶穿插并行，靠离泊存在相互影响。

（2）北仑山以西码头群受西北季风影响较大，影响拖船助泊作业效率，对大船靠离泊形成较大风险。

（3）算山原油码头、北电码头和北二集司码头相互临近，靠离泊计划时间相近时，存在靠离泊相互干扰的风险。

（4）北一集司码头东端泊位离北仑矿石大码头引桥较近，西北风急落流时段顺流开航，船舶与引桥的碰撞风险高。

（5）北仑矿石码头 1#泊位西端落潮流时段有较大的推开流，增加了船舶靠泊和稳泊风险。

（6）北仑矿石码头里当港池和台塑化工码头港池共用一个进出口，口门处流压明显，船舶进出口时势必大角度斜航。

（7）船舶进出穿山西口时受横流影响较大，船位控制困难，与他船交会存在风险。

3.6.2 大榭港区的靠离泊风险

1）大榭岛西侧码头的靠离泊风险

（1）相邻码头船舶类型、吨级差别大，内外贸兼具，靠离泊时段存在一定的相互影响。

（2）招商码头西面及西北面水深较浅，超大型集装箱船舶靠离泊可回旋安全余地小，操纵风险较高。

（3）西北风与招商码头走向接近垂直，对招商码头大型集装箱船舶靠离泊压拢影响大，靠离泊操纵风险高。

（4）万华化工码头和煤盐码头潮流复杂，码头边落流湍急压拢明显。急流导致助泊拖船操纵困难，增加船舶靠离泊风险。

2）大榭岛东侧码头靠离泊风险

（1）大榭东岸油品化工品码头众多，相邻码头存在相互靠离泊影响。

（2）码头边潮流复杂，平流时间短，多回流，主航道与边流流向不一致等现象明显，增加了靠离泊风险。

（3）螺头角进口靠泊船，需穿越出口通航分道或 3 号警戒区，与来往船舶交会众多，穿越风险高。

（4）该处有三个 30 万吨级油船码头，重载 VLCC 吃水大、减速困难、舵效差，淌航阶段受流影响大，船位控制比较困难。

（5）中油码头、信源码头靠离泊作业受涂泥嘴的居间障碍遮挡，不能快速预判涂泥嘴西面出口船的交会局面。

（6）利万聚酯码头受南面扫箕山挑流作用，导致码头附近潮流复杂，存在漩涡性质回流，小型船无拖船或者仅 1 艘拖船协助时操纵较难。

（7）实华2#泊位靠近穿山北口，该泊位北端潮流相对平顺，南端较为复杂，涨潮流推开明显，存在入泊角度过大的风险。

（8）实华3#泊位水深流畅，涨落流均表现为压拢，大型船舶横移速度不容易衰减，存在靠拢速度过快的风险。

（9）实华1#、3#泊位 VLCC 涨水头急落流离泊时，因启动慢容易被风流压向东南侧，发生与南面穿鼻山和凉帽山走得过近的风险。

（10）港发码头对开 60 m 以内部分底质为石头，不利于抛锚操纵，如要应急抛锚，只能采用锚机松锚链的方法。

（11）百地年码头附近潮水复杂，码头东南端涨水推开流强大，靠泊和稳泊风险高。

3.6.3 穿山港区的靠离泊风险

（1）该水域潮流湍急，码头前沿有回流，码头对开 0.3~0.7 n mile 内存在涡旋和潮流切变线，增加了该区域船舶的航行、靠离泊作业和稳泊风险。

（2）进出穿山东口的船舶数量逐渐增多，潜艇速度慢、操纵性能受限，对北三集司靠离泊作业存在一定影响。

（3）穿山 1#泊位西面紧邻穿山东口航道，该处低潮前后潮流复杂，大型船舶靠离泊风险较高。

（4）远东码头 10#~11#泊位附近多回流且流速湍急，东端压拢，西端推开，靠离泊和稳泊存在风险。

（5）该港区的强潮流影响拖船助泊效果，实际输出的马力往往大打折扣，增加靠离泊作业风险。

（6）该港区有时受强劲"落山风"影响，使得船舶靠离泊、稳泊作业风险急剧增加。

（7）大型矿船靠泊中宅码头，在穿越 2 号警戒区时受到切变流影响，可能发生船舶大幅度左转无法抑制的紧迫局面。

（8）光明码头离主航道近，码头水域存在回流与涡旋，流速流向复杂，重载船舶靠离泊风险均高。

（9）LNG 船舶航行、靠离泊都有"安全移动区"，对相邻泊位船舶的航行、靠离泊存在一定影响。

3.6.4 梅山港区的靠离泊风险

（1）梅山集装箱码头 1#、2#泊位前沿汀子门水域 -10 m 等深线宽约 600 m，大型船舶掉头靠离泊风险大。

（2）1#~4#泊位前沿没有足够宽敞水域供大型船舶漂航等待，靠泊船与离泊船交会风险较大。

（3）青龙山以南有较大范围浅滩，大吃水船舶靠泊东北端码头时，要注意富余水深情况。

（4）东南季风是正横吹拢风，西北风是正横吹开风。大型集装箱船侧面受风面积大，强大风动压力导致船舶靠离泊操纵风险明显增加。

（5）寒潮、强对流等恶劣天气影响时，船舶存在稳泊风险。

引航技术篇

第4章 航道航行技术

4.1 核心港区南航道的航法

自虾峙门口外矿油锚地经口外航道、虾峙门、条帚门、峙头洋、佛渡水道、螺头水道、金塘水道可分别到达穿山、梅山、大榭、北仑、金塘、镇海等港区。该航道沿途设有 VTS 雷达站,助航设施齐全。

该航道是进入宁波舟山港核心港区最主要的水道,可满足船舶昼夜航行需要,可航水域宽度 700~5 500 m 不等,全长约 45 n mile。

全航道设置定线制。港域为不规则浅海半日潮港,受地形影响各水域潮流流速相差较大,且通航密度大,交通流复杂,情况时刻都在变化,航法需考虑船型、吨位、实际风流、能见度、交通流量等情况并谨慎、灵活地运用。

4.1.1 深水航槽外至虾峙门东口和条帚门东口

1) 虾峙门口外深水航槽至虾峙门东口

(1) 航法

进出虾峙门的船舶可沿深水航槽两侧航行,北进南出。需使用深水航槽引航的船舶主要为限于吃水的超大型油船、大型矿船和 LNG 船舶,引航员引领油船、矿船一般在预定进槽时间提前 30 min,LNG 船提前 15 min,在虾峙门(雷康 X)灯船附近登船。引航员登船后通过 VHF 08 向宁波舟山交管中心报告,根据交通流组织顺序,调整船位,逐级加速,以航向 287°左右沿着航槽中心线的延长线从东端驶入,见图 4-1 中 A、B 点。深吃水油船、矿船进入航槽后,注意控制船速以减少下沉量,但也不宜过慢,一般控制在 8~10 kn,LNG 船一般在 12 kn 以内。

重载矿船、油船受流影响明显,涨流推船向北,落流推船向南,流急时压角 5°~10°。LNG 船受风面积大,6~7 级风时风流合压角可达 10°以上。顺流进口时,船首向可对着航槽南侧下一个红浮或其南侧;顶流进口时,船首向可对着航槽北侧下一个绿浮或其北侧,根据风流压差随时调整航向,利用引航导航仪、电子海图、雷达和目视导航定位,保持船身在航槽中心线附近航行。

（2）注意事项

①航行中注意南北穿插的大小货船和渔船，合理控速，提早联系，及时指挥护航拖船提醒、拦截、阻挡小船令其改向，必要时请 VTS 呼叫他船协调避让。驶出航槽后应向 VTS 报告，按次序航行至 0 号警戒区。

②多艘船舶过槽编队航行时，间距保持 4 n mile 以上。出港船须在航槽南侧航行至虾峙门灯船以东，方可转向北上。

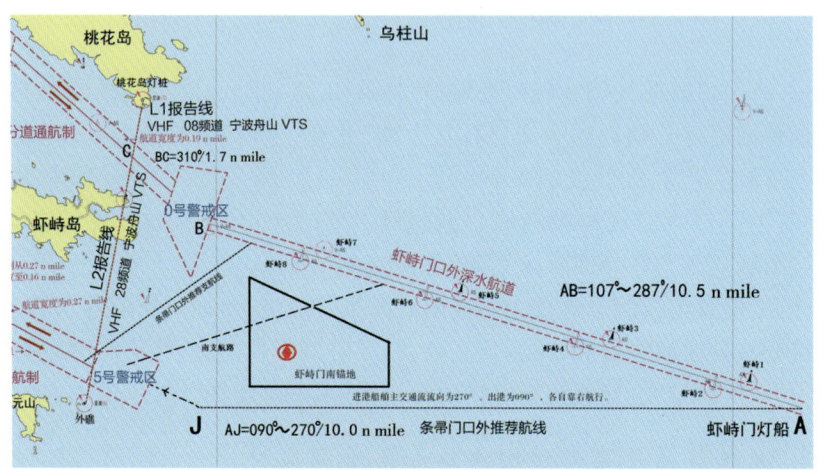

图 4-1　虾峙门口外至虾峙门东口、条帚门东口

2）虾峙门口外至条帚门东口

（1）航法

过条帚门航道的进口船，事先在虾峙门口外大型灯船东侧水域转向，沿条帚门口外推荐航线（29°41′22.6″N/122°31′03.8″E 与 29°41′19.5″N/122°19′05.8″E 连线）北侧航行，以航向 270°对准条帚门口的外礁灯桩进港，见 A、J 两点。海况良好时引航员在虾峙门南锚地附近登船，引航员登船后调整航向、航速，在外礁东 1.5 n mile（J 点）转向至 297°左右，从 5 号警戒区驶入条帚门航道。从南方来的小型船舶欲进入条帚门，可以选择在 29°39′N/122°24′E 转向 297°，或航行至外礁灯桩方位 270°，距离 1.5 n mile 处转向 297°进入条帚门航道。

使用深水航槽进入条帚门的大型重载船顺流进港时，通过深水航槽 6 号浮后，贴着 20 m 等深线向南转向至 230°左右，驶向条帚门方向。涨流始终推船向虾峙岛东南的浅滩，保持航迹向对着 5 号警戒区航行为佳。在 5 号警戒区转向至 297°左右驶入条帚门航道。

(2) 注意事项

①船舶通过航槽 6 号浮前,应与虾峙门出口船取得联系,说明意图,以协调避让。

②涨流急时,如船位偏北,则较难调整到条帚门进口航道上。在 L2 报告线附近以航向 250°左右,甚至与航道更大的夹角向南插时,需提防急涨流推船尾向右,船首大幅左转现象,一旦发现应立即右满舵加车抑制。

③通过虾峙门和条帚门航道的出口船舶,可沿深水航槽南侧或沿着条帚门口外推荐航线南侧航行至 122°34′E 以东,再转向至东航路继续航行,或东行至 122°44′E 以东转向至外航路航行。

4.1.2 虾峙门东口至镇海港区

1) 顺流进口航法

顺流进口特点:乘潮的同向船多,航速快,交通流量大;过螺头角、涂泥嘴和大黄蟒岛比较难。

虾峙门航道顺流限速 12 kn。进口船在桃花岛灯桩以东受涨流推船向北,压向桃花岛。进入虾峙门东口后,船位易被涨流向南推向航道中央。一旦偏向出口航道,应及时右转把船位调整至进口航道。船舶通过下栏山时应保持足够的安全距离(约 150 m),避免过近产生岸推和岸吸现象。大型船舶急涨顺流进口,在下栏山向右转后易被涨流推入对面航道,给出口船舶带来交会上的困难。可根据涨流强弱,下栏山前适当提早转至 313°,下栏山转向点转 323°控制航迹向在 320°左右,沿进口航道中间驶向上溜网重岛水域。桃花引航码头至溜网山之间斜向横穿渔船、渡船较频繁,从北往南的斜插船大都贴着桃花岛北面航行,不易被对方发现。整个虾峙门航道建议以车让为主,舵让为辅。佛渡水道和马峙锚地之间穿插 1 号警戒区的船舶种类多,主要有高速客船、大小货船、六横船厂修造船、工程船和渔船等,进港船航行至虾峙门北口溜网山附近应特别谨慎,加强瞭望,如左转去梅山港区,主动在 VHF 14、16、71 频道发布动态,及时进行沟通,情况不明朗,不轻易加车。

1 号警戒区至 2 号警戒区航段涨潮流呈东北偏东方向,进出马峙锚地的船舶也经常会在此航段穿越或并入通航分道。从 2 号警戒区至螺头角,北侧航门众多,小型船舶往来频繁。从洋小猫西侧去火烧门、小亮门和吉祥门穿越 2 号警戒区的小型船舶较多,靠泊穿山北岸各码头的大型船舶从洋小猫北侧进口后,也多在长柄子头附近大幅左转穿越出口通航分道,此地交通流较为复杂,故船舶航行至此水域应更加谨慎。顺流进港时在 2 号警戒区极易遇到上述航向密集交叉的交通流,进港船舶在进入警戒区前,应仔细观察从洋小猫西乘潮由南向北穿越的船舶,合理控制速度,找准空当,必要时与关键船舶联系争取配合,其尾随的船舶也多会采取相同避让措施。同时也要关注马峙锚地驶向 2 号警戒区的同向船和从长柄子头驶向马峙锚地的东行船舶。进口小型船舶穿过警戒区后,一般会沿着航道北侧航行。摘箬山以西涨流有南压趋势,顺流进口船舶注意前方小船船速、船位及航向,尽量避免在螺头角附近进行追越。虾峙门水道、条帚门水道主要技术数据见图 4－2。

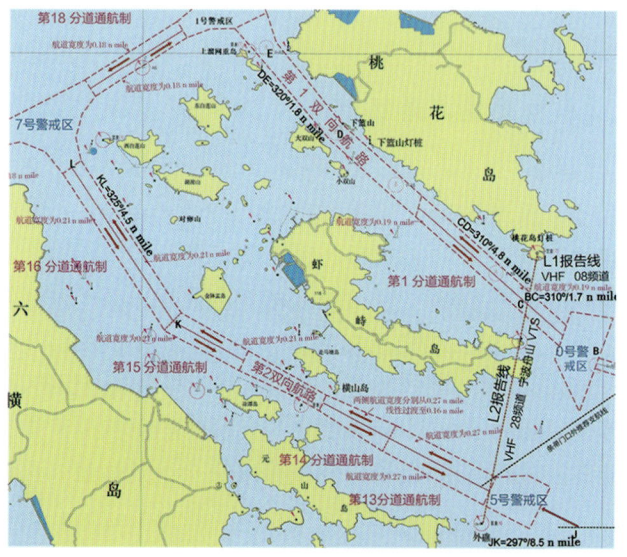

图 4－2　虾峙门水道、条帚门水道主要技术数据

重载船急涨流时段进口过螺头角,船身右舷受急流的推动,易压向航道中央。在摘箬山对开可把船位适当左调至分隔带附近,通过小猫山时开始叫舵令向右调整航向,与螺头角保持横距 3 链以上的安全距离为宜,转向不要过快,随时注意转船角速度,建议以不超过 15（°）/min 的转船角速度连续转向,航向快转到 305°时,提早回舵压舵,把船位控制在进口航道内。如遇转首突然加快,应及时压大舵角,避免船舶陷入北面的强涡流区而失去控制。建议与前方小船保持 5 链以上的安全距离,以防前船在此处因操纵不当而大幅度右转,导致横在我船前方的紧迫局面的发生。

进口船舶航行至涂泥嘴时应注意以下几点:北上西堠门方向的小船往往夹在去北仑的船只中间,到 4 号警戒区后才折向西堠门航行,这些船如位于进口船舶左正横前应特别留意;北仑方向出来的小船大多靠近涂泥嘴航行,大部分在此转向驶往螺头角,也有个别小船不转向前去定海或在4号警戒区左转北上出西堠门,应小心留意。

涂泥嘴附近潮流较急且流态较乱,不宜走得太近。镇海高潮前1h至高潮时,涂泥嘴至黄牛礁有大范围回转流。涂泥嘴内呈落流状,而此时外面还是涨潮流,两股反向流在涂泥嘴一线交汇形成切变线,越靠近涂泥嘴越是明显,这对重载矿船的操纵影响非常大。进口矿船一般在扫箕山对开(即黄牛礁与涂泥嘴一线),可以向左调整航向至295°,船首对着涂泥嘴北5~6链处航行,与涂泥嘴内出口船提早联系好,争取对方配合。在涂泥嘴开始转向前航速不宜过慢,转向不宜过快,大型矿船尺度长、吃水深,遇切变流时右船首受缓落流,船舶左舷是急涨流,招致左转角速度递增较快,应早回舵、早压舵、压大舵角,必要时果断加车增加舵效,以防急速左转出现紧迫局面。同时注意涨流推船向北压向涂泥嘴与黄牛礁之间的 $-14.2\,\mathrm{m}$ 浅点,应与大榭岛保持不大于1 n mile 横距通过。

船舶在4号警戒区转向至黄牛礁北侧航行,船位在涂泥嘴与宫山一线以东时,涨流推船向北,注意与金塘岛的宫山保持1.5 n mile 以上安全距离,航行至连线以西时,涨潮流开始推船向南。顺流进港的大量小型船舶习惯在4号警戒区转向走黄牛礁北侧,贴近双礁对着鹅礁向西北驶向镇海港区。引领进口船过了黄牛礁后应马上控制速度,在北仑山对开寻找小型船队的合适空当穿插至航道东北侧航行,驶向大黄蟒西北。

大黄蟒水域在镇海高潮前后1~2 h船舶密度非常大。进靠镇海港区的船舶航行至此,需密切关注镇海、金塘大桥、北仑三个方向的来往船,提早控速,按次序排队驶向镇海港区。鹅礁位于小黄蟒北面2链处,笠山山顶与长跳嘴灯桩的串视线刚好过鹅礁,保持长跳嘴灯桩与笠山山顶右开视即可避开。重载船舶一般选择镇海高潮后1 h 初落靠泊镇海港区码头,急涨流时在鹅礁附近转向需注意及时向右压舵,防止船首大幅向左偏转现象发生。当笠山与招宝山闭视后逐渐转向到240°对着长跳嘴,保持与黄蟒山 0.5~1.0 n mile 横距驶过。船过黄蟒山后,航道上仍是横向涨流,应注意流压影响,尽量在到达长跳嘴之前对上虎蹲山260°导标驶入甬江,这样既有利于保持船位,也有利于避让进出甬江口的众多船只。或在青峙与三星码头对开转至270°~280°对着外游山驶向甬江外北侧码头。大吃水船进甬江航道需提前核实当月蓝图(甬江口至招宝山航道常年维护水深6.8~7.0 m),重点注意避开七里屿东、南的 $-10\,\mathrm{m}$ 等深线,深吃水船始终与七里屿保持1.2 n mile 以上距离。涂泥嘴至大黄蟒岛水道主要技术数据见图4-3。

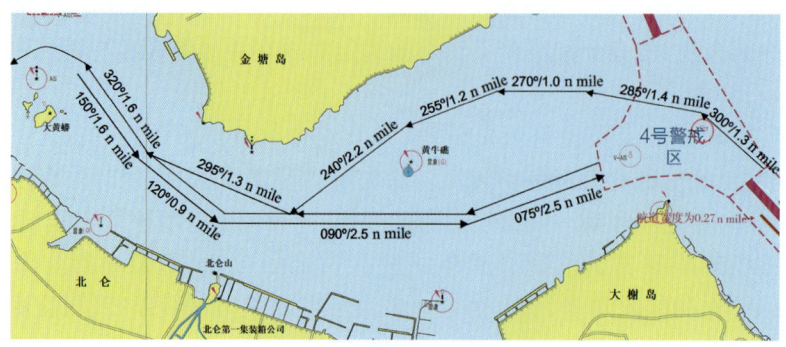

图 4-3 涂泥嘴至大黄蟒岛

2）顶流进口航法

顶流进口特点：与出口船舶交会多、小船习惯抄近路；过螺头角时要防止转不动；本船航速慢，航时长。

虾峙门水道顶流限速 10 kn，溜网山至大黄蟒顶流限速 14 kn。顶流航行船舶舵效较好，较容易把船控制在预定的航线上。过下栏山不要提早转向，避免低速时船位受流后过于靠近山体。下栏山至溜网山，落流推船向南，应尽量靠右航行，给出口船留有足够的操纵空间。溜网山至洋小猫落流推船向东，洋小猫至螺头角则向南。

落流流速会在螺头角和摘箬山之间因岛礁遮蔽而大幅减弱，重载船顶急落流进口，航速会突然增加 2~3 kn，注意与他船的避让关系。摘箬山对开保持船位在进口航道中心偏南为宜，大猫岛与小猫岛开视即可逐步向右转向，船头一探出螺头角便会受到南下的急落流，应持续施舵以保持连续转向至预定航向，切勿过早回舵贻误时机。大型矿船需谨防船首被急落流压住，向左偏转的现象发生。船舶航经此处还应与前船保持足够的安全距离，螺头角急落流时流速可达 4~5 kn，前船过了螺头角吃到落流时航速会突然下降，老旧船舶甚至有后退的情况发生，应提前戒备。

西堠门方向来的落流压船向涂泥嘴，船舶在 4 号警戒区转向应与涂泥嘴保持安全距离。大黄蟒转向同样需谨防落流把船推向鹅礁，船位应尽量往北摆高再左转，至少保持 3 链的安全距离。

3）顺流出口航法

顺流出口特点：乘潮南下船多，进口船较少；航速快，追越频率高，长柄子头有较多进口船。

船舶从镇海港区顺流驶出，需注意落流推船向南，应与长跳嘴、大小黄蟒岛、鹅礁等南侧岛礁保持 3 链以上安全距离。转过大黄蟒一般从黄牛礁南侧驶向 4 号警戒区。船舶在 4 号警戒区绕涂泥嘴向右转向出口时，落流推船向东，转向过晚容易被流压向进口航道，涂泥嘴方位 100°/1 n mile 左右即可以开始向右调整航向，视落流强弱和船位控制转船角速度，涂泥嘴方位 225°/0.5 n mile 时可转至 135°~140°。涂泥嘴出口转向前，应注意 4 号警戒区北侧西堠门方向的南下船，需联系确定好出口先后次序，注意同向船中有涂泥嘴转向去螺头水道南下的，也有向东穿越 4 号警戒区直航去定海方向的，对大榭东岸靠离泊船舶也应关注，急落时金塘水道和西候门水道两股落流在此交汇，形成"夹堰水"，使得大船不易把定，小船也有可能短暂失控，进而增加会船难度，在此交会应特别谨慎。

沿涂泥嘴南下船一般顺流都可以达到 9~10 kn，转过涂泥嘴即需评估能否在螺头角前追上同向船，如若不能则需果断减车，建议过了螺头角再进行追越。船舶顺流出口过螺头角，需提前转向，提防落流推船向南压向凉帽山和棺外礁。急落流时视左侧小猫山在螺头角后面露出，或者凉帽岛灯桩方位 160°/0.70 n mile 处向左转向，落流从螺头角冲向穿山半岛，流急时船身向南压得非常厉害，流压角可达 5°~10°，船舶应及时调整航向，保持航迹向 090°沿着第 3 通航分道东行为佳，过了小猫山后向南的流压开始逐渐减缓直至摘箬山对开消失。摘箬山至长柄子头需注意从小亮门、吉祥门和火烧门乘潮南下穿越通航分道的小型船舶和靠离穿山港区进出通航分道的其他船舶。

长柄子头附近落流会有所增加，注意控制船速，同时注意洋小猫西进口船。洋小猫北急顺流转向，需适当提前，避免落流推船向东冲入进口航道，可先转向至 120°首对点灯山，视穿山半岛最东南山脚慢慢从洋小猫后面露出，即可转向 150°左右。转过洋小猫须对马峙锚地、佛渡水道内准备穿越 1 号警戒区的船舶加以关注、提早联系，根据 1 号警戒区和虾峙门交通流情况及早控速，以车加舵配合避让为主，转动幅度要让他船明显察觉到，直至安全驶过让清。为提防前船在虾峙门水道减速，要保持 1 n mile 以上的安全间距。

1 号警戒区及其附近水域，落流向呈东南偏南，流速可达 3~4 kn，因此，对于出入 1 号警戒区的船舶来说，流压的作用不可忽视，尤其大型重载船顺流出港要提防被流压近溜网山而难以逃出的危险局面。距离溜网山 1 n mile 前应尽可能将船位摆在警戒区中间航行，提早控制好船位，距离溜网山 5~6 链时取航向 140°，溜网山正横时保持 2.5 链转向至 136°左右，尽量保持在航道中央驶入虾峙门第一双向航路出港。上溜网重岛和大双山之间落流流向东南，出港船顺流通过

该水域时向南压较明显,需提前预防,船舶通过桃花引航码头后,落流逐渐转向顺沿航道,流压角消失。下栏山灯桩方位 080°/0.3 n mile 转向 132°,航行 3 n mile 抵达离船区。

4) 顶流出口航法

顶流出口特点:进口船多,交会频率高;船速慢,航时长;被动跟随前船几率高。

出港船顶流航行至大黄蟒转向出口时,鹅礁以东涨流急,前往镇海的小船喜欢贴着鹅礁进口,要提早联系确定哪一舷交会,尽量保持连续转向,密切注意转船角速度,防止船首被涨流压住,向左偏转的现象发生,这和涂泥嘴急涨流顶流出口类似。出港船一般从黄牛礁南侧驶向 4 号警戒区,选择在北仑抛锚船与黄牛礁之间通过,涂泥嘴以东顶流出港小型船舶大多数会贴着大榭岛沿岸缓流带航行。3 号警戒区至螺头角水域涨流达 3~4 kn,一直有渡船往来于北仑白峰和舟山鸭蛋山之间,过往船舶需加倍留意,及早在 VHF 14 频道与之取得联系协调避让。穿鼻岛和凉帽岛之间涨流推船向西,尽量避免在螺头角转向时进行追越。

洋小猫西乘潮由南向北穿越 2 号警戒区的小型船舶,一般顺流航速较快,如能在出口船船首安全距离通过的,可通过 VHF 建议这些船大角度垂直穿越;如有怀疑的,可协调其过大船船尾,一般都可以得到配合。2 号警戒区除南北穿越船外,常有较多进出穿山港区的大型船舶穿越航道,通航密度较大、局面复杂时,建议减车控速,以时间换空间,谨慎驾驶、直至驶过让清为止。

虾峙门航道顶流限速 10 kn,船舶进入虾峙门北口前可先对着大双山航行,防止溜网山至大双山的涨流把船推向进口航道,大双山以东流向基本顺着航道。下栏山灯桩前后 500 m 航段禁止船舶追越,2 万总吨以上船舶航经此段时,应事先向周围船舶通报本船动态,尽量避免在该航段与他船交会,一般顶流让顺流,以车让为主,舵让为辅。

4.1.3 条帚门东口至 1 号警戒区

1) 基本航法

船舶自外礁灯桩东 1.5 n mile 附近按航向 297° 进入条帚门航道,航行约 7.7 n mile,穿过条帚门狭口段后,在金钵盂岛南侧转航向 326°,航行约 4.5 n mile 至 7 号警戒区。在 7 号警戒区抱着大前门岛灯桩向右转至 058°,航行 4.5 n mile 驶向 1 号警戒区。也可绕着六横岬向左转至 244°,驶向 6 号警戒区,前往梅山方向。

2）注意事项

（1）顺流进口

特点：登船点至狭口近，隘口处流向复杂，偶尔会有横越小船；一路顺流，7号警戒区至1号警戒区要控制航速小于12 kn。

条帚门顺流限速16 kn，东口进口时参照物不多，注意走准航道。涨流期间外礁以东流压向北，外礁以西至小黄礁狭以东1 n mile 流压偏南，狭口内马足山灯桩附近有一小股流短暂向北推，驶过后逐渐消失。狭口处流速可达3~5 kn，船舶应保持在航道中央以一定速度通过，提早观察走马塘与凉潭岛之间是否有小渔船或工程船横越航道，避免在狭口附近大幅度转向避让，与右侧岛礁宜保持1.5链以上横距通过。武港码头有船进口靠泊时，过往船需等候；武港有船离泊时，则等候过往船。

走马塘岛与金钵盂岛之间的航道北边线与外侧的-20 m等深线最近约70 m，大吃水进口船舶过了马足山灯标后，须保持在进口通航分道内航行，注意岛礁间横越船和附近抛锚船。

（2）顶流进口

特点：落潮流推船向东南，隘口处注意被流压向出口航道；条帚门西口右转时与西白莲的西方位标保持2链外通过，在佛渡1#灯浮北侧1链外通过。

船舶顶流限速14 kn，舵效相对较好，较易把船位控制在进口航道中央，深吃水船通过夫人山和对卵山之间水深17 m浅段时，建议控制速度以减小下沉量，同时注意浅水效应对操船的影响。船舶在7号警戒区右转驶入第18通航分道时注意落流推船向东南，慢速淌航遇急流时流压角可达10°以上，尽早与洋小猫南下驶向溜网山的出口船和虾峙门航道内的进口船联系，确定交会舷侧，适时在 VHF 14、16频道发布动态，择机驶入1号警戒区后转向北上。

（3）顺流出口

特点：一般沿着第18通航分道的北侧航行，7号警戒区左转时注意六横岬东面伸出的浅滩。

1号警戒区至7号警戒区落流流向东南，顺流限速12 kn。条帚门航道顺流限速16 kn，7号警戒区常有渡船、小型油船、工程船穿插。进入条帚门西口后即应关注条帚门东口的进口船舶情况，尽早协调通过小黄礁的先后次序，避免在狭口处交会。船舶急顺流出港，在金钵盂与凉潭岛之间落流明显推船向南，可适当在金钵盂转向点前提早转向至100°~110°之间，船速不宜过慢，控制船位在航道中央。凉潭岛对开落流渐强，流向趋向于接近航道走向，可调整航向至117°左右，使船顺着航道中心线通过狭口,驶出条帚门东口。

(4) 顶流出口

特点:涨潮流出口,虾峙、六横多家船厂乘潮而动的船舶比较多,防止被他船舶堵住。

条帚门船舶顶流限速14 kn,抵达7号警戒区前需关注自洋小猫南下直插警戒区的小型船舶和岛际渡船,尽量避免追越;梅山方向驶来的船舶既有转向去条帚门,也有去往1号警戒区的,从条帚门进口的船舶既有去梅山港区,也有去船厂或锚地的,还有一部分右转去1号警戒区北上的,航向交叉多,局面比较复杂,可通过VHF 16联系协调避让,顶流船舶应主动等候顺流船通过。出口船舶急涨流通过狭口时,注意岛礁附近多股潮流的作用,与小黄礁保持在0.8链以上横距为宜,不宜过近。

4.1.4 7号警戒区至梅山港区

1) 航法

进口船舶在7号警戒区大前门岛灯桩(雷康X)方位150°/1 n mile处,以航向244°航行4 n mile到达6号警戒区,转向至255°驶出定线制水域,航行2.5 n mile到达梅山码头回旋水域。具体航法见图4-4。

出口船舶离开梅山码头后调整航向065°~075°对着西白莲大前门岛灯桩逐级加车,航行2 n mile驶入6号警戒区,转向至064°沿着第17通航分道航行2 n mile抵达7号警戒区。

图4-4 佛渡水道、条帚门西口至梅山港区

2）注意事项

（1）顺流进口

特点：同一潮时下，如果条帚门东口至西口是顺流，一般地，条帚门西口至梅山港区是顶流，航速控制≤12 kn；反之亦然。

第17分道通航制南侧毗邻六横岛三家船厂，出口通航分道与右侧的3家船厂常用锚位很近，大约2～3链，并且待修船进出坞、锚地与泊位船对拉等移泊作业频繁。分布在佛渡水道定线制航道南北两侧的9个锚位上的锚泊船对航行、瞭望、避让有一定影响。常有修造船在船厂和锚位之间移泊作业，而大多数的修造船都需要依靠拖船提供动力，这些船船况较差、机动性低。船厂驾引人员在指挥修造船靠离时较少关注周围通航情况，因此顺流进口船应在7号警戒区控制好速度，仔细观察船厂和锚泊船的动态，主动联系避让。

6号警戒区处于双屿门北口，连接第17通航分道和沿海小型船舶进出洋小猫的西航路，与双屿门、青龙门、汀子门衔接，郭巨至六横等方向渡船往来频繁，过往船舶较多，交通流复杂。大型船舶航经该水域时，应仔细瞭望，控制速度，在采取避让行动时车舵配合，做到"早、大、宽、清"，使用高频、灯光、汽笛等多种手段提醒小型船舶，也可借助交管平台予以航行秩序的协调，通过该水域时应极其谨慎。

（2）顶流进口

顶流进口船航经六横船厂附近应加强瞭望和注意控速。6号警戒区通常有大量自洋小猫西进出双屿门的小型船舶，她们三五成队，习惯在第17通航分道西端斜穿航道，顶流时航速慢，不情愿主动避让大船。双屿门进口船顺流航速相对较快，喜欢抢进靠梅山大船船头斜穿航道。小型船舶雷达设备差，在能见度不良的情况下往往无法有效判断和大船的会遇态势，而且小船自身的安全领域要远远小于大型集装箱船，这也使双方对安全局势的判断有很大的差异。该区域避让往往涉及多船会遇的局面，即便是在取得协议避让允诺的前提下，也一定要密切关注避让行动的有效性，积极敦促小船采取更早、更大、更有助于避碰的行动，以利碰撞危险及时化解，最大限度减少多船会遇的复杂局面。

（3）顺流出口

特点：同一潮时下，如果梅山码头至条帚门西口是顺流，一般条帚门西口至东口则是顶流，航速控制≤12 kn；反之亦然。

船舶顺流离开梅山码头后驶向6号警戒区过程中，初始航速慢，急涨流时推船向北明显。取航向075°艏对中远船厂，加速进程根据双屿门进出口船舶的多少而定,局面清爽可适时加车,伺机进入 6 号警戒区,尽量与洋小猫西侧南下准备出双屿门的船舶和进靠梅山的西行船红灯交会,协调避让穿插警戒区的渡轮。要注意来自双屿门贴着六横岛准备斜穿航道的进口船,夜间不易被观察到。在 6 号警戒区转向至 065°左右,关注六横三家船厂码头上和锚泊船的动向,必要时加车尽快通过以免堵塞,走准第 17 通航分道驶向 7 号警戒区。受到六横岛的遮蔽影响,涨流推船向北的趋势在六横岛北侧逐渐减缓。在 7 号警戒区附近注意穿插渡轮和小型工程船横越,了解进出条帚门东口的其他船舶动向和实时船位,并协调好避让关系。

(4) 顶流出口

船舶顶流离开梅山码头,注意落流推船向南,牛山岛和野佛渡西北常有渔网设置,不宜过近,保持船位在 20 m 等深线以北驶向 6 号警戒区。自洋小猫西出双屿门的泥驳船往往满载去六横南侧抛泥,顺流可达 8~10 kn,雷达设备较差,能见度不良的时候尤其要保持安全会遇距离。第 17 通航分道流压渐小,直至 7 号警戒区条帚门北口开始渐强,最大流压角可达 5°~10°,注意调整航向,把船位控制在出口航道上。在 7 号警戒区西段最浅水深只有 15.3 m,大吃水船航经此处注意控速,以防下沉量过大引起富余水深不足。自 7 号警戒区转向去条帚门出口船,更要注意六横岬东北 3.5 链范围内水深不足 10 m 的浅水区。

4.2　核心港区北航道的航法

4.2.1　金塘大桥北至镇海港区

1) 航法

进口船自北航路东霍山方向南下,从 0#灯浮西侧开始以航向 178°左右对着大黄蟒岛,沿着金塘大桥桥区第 8、7、6 通航分道,驶入七里金塘水域。距离鹅礁 1.2 n mile 左右,分两步转向至 240°,船首对着长跳嘴灯桩航行约 2 n mile,距离长跳嘴 0.6 n mile 处转航向 260°,对上虎蹲进口导标线进入甬江口。或在三星码头对开水域转向 285°驶向甬江口北侧码头。具体航法见图 4-5。

2) 注意事项

(1) 涨流进口

特点:高潮前后流量大,排队、等候保间距;没有拖船莫争先,鱼贯而入是关键。

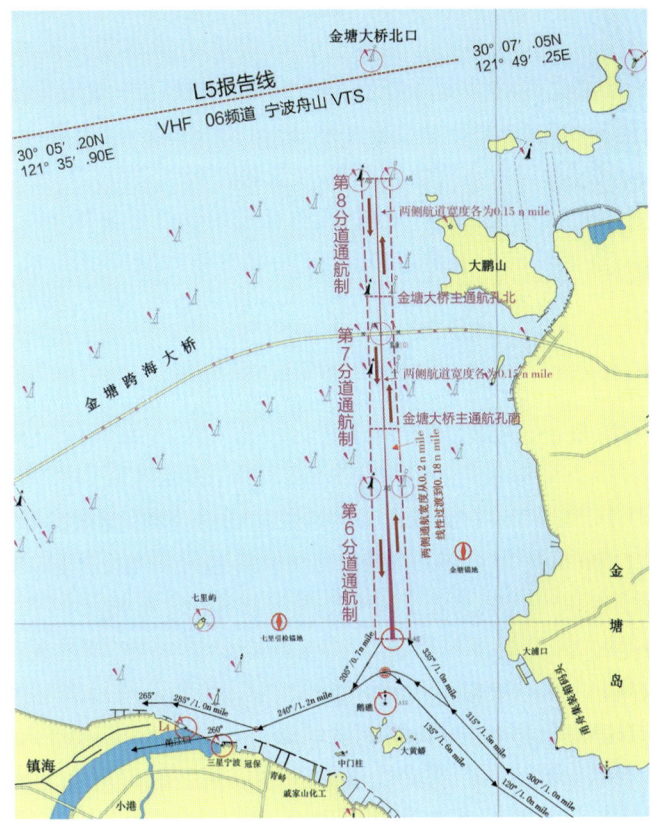

图 4-5　金塘大桥北至甬江口进港航道

船舶自东霍山方向顶流对着金塘大桥北大型引导浮筒(雷康K)向南航行,通过金塘大桥驶入七里、金塘水域。涨流时段流向与主航道存在 5°~10° 夹角,推船向西北。引航员在大桥北 2~3 n mile 处登船,船首对着金塘大桥主通航孔东侧驶向大黄蟒水域,根据靠泊时间控速、排队、紧跟前船。大黄蟒水域是进出镇海、北仑和金塘大桥的交通枢纽,其流量不亚于其他警戒区。通过金塘大桥后继续关注大黄蟒附近其他船舶的动态,让先靠泊的船走在前面,保持 0.8 n mile 间距。进口船沿通航分道航行至大黄蟒北 1.2 n mile,逐渐转向到 240° 对着长跳嘴航行。镇海港区高潮前后 2 h 鹅礁至甬江口流量大,VHF 联系多,避让动作多,应至大黄蟒再次确认进甬江的交通流顺序。控制航速在 8 kn 以下,前后保持 0.5 n mile 间距,小型船舶保持 0.3 n mile 间距,严防其他船闯入后漂航,打乱进口次序妨碍通航。

进口船舶转过大黄蟒,此时航道上仍是涨流。船舶由顶流转为顺流航速增加,涨流推船向西北。大吃水的重载船应注意避让七里锚地南边水深小于 10 m 的浅水区,通航条件允许的情况下控制与黄蟒山、中柱门一线横距小于 6 链通过为宜。笠山与招宝山的闭视线为七里锚地 10 m 等深线的南边切线(该等深线离黄蟒山约 1 n mile),当笠山与招宝山闭视后逐渐转向到 240°,船首对着长跳嘴航行,保持长跳嘴灯桩与笠山山顶右开视,船位在长跳嘴灯桩方位 240°以南,距冠保码头 0.25 n mile 逐渐转向上虎蹲进口导标线,船位略微偏右有利于与甬江出口船红灯交会驶入甬江。或在三星 2#泊位对开 3 链处转向至 280°~285°,船首对准外游山驶向甬江口外北侧码头群。

(2)落流进口

特点:船舶流量小,流压力大,须抢占上风流位置,与涨流进口截然不同。

船舶自东霍山方向顺流航行至大黄蟒过程中,落流推船向东南,流速急时流压角可达 10°以上,如有 6~8 级西北风连续数日影响,海区涌浪会较大,应特别留意。距离鹅礁 1.5 n mile 即可向右转向,首对镇海信号台与七里屿之间航行,注意落流与习惯航线成 30°~60°夹角,落流急时流压很大,推船压向大黄蟒和南岸。冬季西北风强盛时,风流叠加作用下,进口船风流压差可达 20°~30°,鹅礁北进口时应将船位拉高,船首一般对着 18#泊位以北区域,至青峙码头对开船首对着北导堤堤头灯桩或镇海信号台,过长跳嘴后稍微左转取航向 260°进入甬江口,应防止到达长跳嘴前船位被流压到虎蹲山叠标一线以南。进口时由于甬江口外落流流向与甬江航道走向有较大夹角,当船首进入口内,船尾还在口外时,右船尾受横流易致船首突然向右加速转向,需特别提防,必要时左满舵加车抑制。落流急时,若在甬江口外船位已被推压至导标线以南,被迫采取大角度对着七里方向航行的办法进口,势必会在甬江口横着船身堵住航道,给交会带来较大困难,应提早克服这种局面的发生。

(3)涨流出口

特点:甬江口至大黄蟒顶流,流压向左不易察觉;大黄蟒至金塘大桥北一路顺流,流压向左;注意航速的明显变化;大黄蟒北是南、北航路船舶的转向点,需多船协调相互避让。

镇海港区一般安排船舶在高潮前 1~2 h 离泊出口,此时甬江口外航道上涨流流向偏西北。船舶自甬江内以 080°航向驶出,可先对着鹅礁航行,在青峙码头对开 0.4 n mile 左右,调整至 070°驶向鹅礁北,在大黄蟒北转向驶出金塘大桥。自甬江口外北侧码头群离泊后,即应关注甬江内出口船舶动态,尽量避免在甬江口附近与之并行。出口船舶原则上与进口船舶过红灯,出口船舶吃水小则应主动避让大吃水的进口船舶,与之会绿灯以让出南侧深水航路,特殊的会遇策略一定要提前通过高频确认,同时引起周围其他船的注意。大黄蟒附近水域是进出镇海、北仑、金塘大桥航路的交汇处,北上出大桥开往东霍山的船舶,应提前关注三个方向来船并建立联系,协调好避让关系和出港先后次序。抵大黄蟒北时应避免过早转向,涨流容易把船推入金塘大桥进口通航分道,当大黄蟒岛东端与北仑电厂烟囱开视,鹅礁与三块岛成一线或者 GPS 经线 121°48.4′时,大幅度转向至 005°左右,尽量从定线制端部水域驶入航道,沿着出口航道驶出金塘大桥。

(4) 落流出口

特点:进口船舶不多,落流推船向南,出甬江口后走 70°再逐渐向左,保持与南侧岸形、岛礁 3~5 链;冬天金塘风浪大,注意上下船安全。

该航道的落流流向东南,出口船舶应与甬江口东侧码头群保持足够的安全距离,并与靠离泊船提前协调避让,航行至鹅礁附近应特别注意偏北风和落流的影响,与鹅礁、大黄蟒保持 3 链以上的安全距离。当船舶转过大黄蟒驶入金塘大桥航道向北航行时,有明显的向东压的趋势,航行时要注意船位,及时修正风流压角,与大桥桥墩保持 1 链以上的安全距离。金塘大桥主通航孔中心点坐标为 30°03.65′N/121°48.28′E,显示雷康 Q,能见度不良时,可用作定位参考。

4.2.2 招宝山大桥至宁波三江口

1) 航法

特点:甬江口至三江口全程 12 n mile,一般选择高潮时进甬江口,一路顺流,初落靠泊宁波白沙码头。宁波离码头时间选择镇海高潮前 1.0~1.5 h,一路顶流出口。顺流进口航速快、惯性大,注意与常洪锚地打横船的交会;顶流出口舵效好,注意避让重载进口船和镇海离泊船。

进甬江港区的船舶,在长跳嘴外对上虎蹲进口 260°叠标线航行,至镇海 12 泊位对开江礁浮(甬江 2#浮)左转对招宝山鳌柱塔,航行约 0.5 n mile 至镇海 6#泊位向左转向,航行约 0.43 n mile 至镇海 3#泊位西端向左转向,船首对招宝山大桥保持船位在主航道稍右侧,航行约 1.5 n mile 至镇海海事处码头,逐渐右转顺势通过江南道头,转航向 277°船首对张鉴碶引导灯桩叠标线;航行约 0.7 n mile 至镇海张鉴碶船厂对开处,向左转向,保持船位在主航道右侧,经张鉴碶弯道后,转航向 199°,船首对王家洋引导灯桩叠标线和清水浦大桥,船尾对张鉴碶引导灯桩叠标线;镇海至甬江港区航道示意见图 4-6。

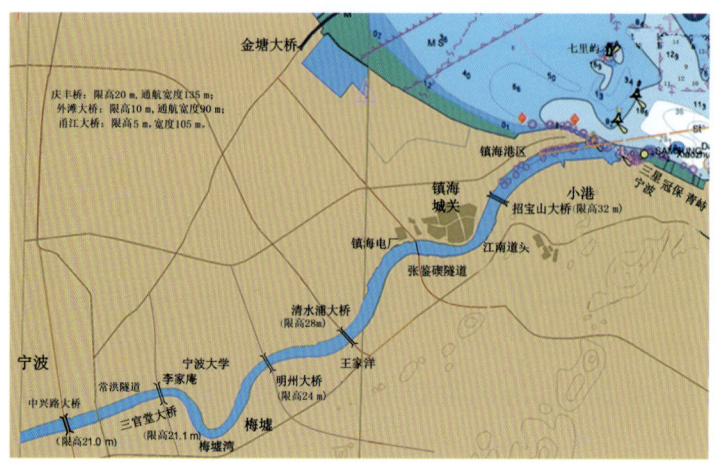

图 4-6 镇海至甬江港区航道

航行约 1.0 n mile 至镇海顺达水产码头向右转向,保持船位在主航道稍微偏左侧,经王家洋弯道后转航向 262°,船首对清水浦引导灯桩,船尾对王家洋引导灯桩叠标线。

航行约 0.9 n mile 距离清水浦上行前灯桩 400 m 处向左转向,船首对明州大桥中心点,保持船位在主航道略右,经清水浦弯道后转航向 201°,船首对梅墟冲冰塔灯桩,船尾对清水浦引导灯桩叠标线。

航行约 0.8 n mile 距离梅墟冲冰塔灯桩约 200 m 处,逐渐向右转向,保持船位在深水航道中心线上,经梅墟湾后转航向 333°,船首对李家庵引导灯桩叠标线。

航行约 0.48 n mile 距离李家庵上行前灯桩 300 m 处,逐渐向左转向,保持船位在主航道,经李家庵弯道后转航向 248°,艏对远处高楼,航行约 2.7 n mile 抵宁波(白沙)作业区。

招宝山以内原来是 3 000 吨级航道,日夜均可通航。自上海、舟山、温州等沿海客班船取消后,航道水深和宽度逐渐萎缩,受新造大桥的高度限制,明州大桥上游现已降为 1 000 吨级航道。甬江口至白沙码头共有 6 个大转弯,船舶需走凹岸湾底 1/3 处顺湾航行,李家庵、梅墟、江南道头大湾处禁止大船交会和追越,航速"顺八顶六",规定顶流船让顺流船。

以往都是利用岸上叠标和转向标导航,由于城市、乡镇的建设,个别导标老化或者被遮掩,部分航道走向变形,老三区大多数码头已经拆除或者改为城市景观,目前仅渔船和小型货船、三江清淤船航行,基本没有引航作业。

2）注意事项

（1）甬江口外的潮流流向与进出口航线有夹角,涨流向北压,落流则向南,急涨急落时非常明显。冬季吹北风、夏季吹南风,注意风对靠离泊和航行的影响。

（2）进甬江口前发现机舱有问题,及时掉头勿进。进口后发现主机失控,抛双锚一节落水可有效控制速度,并寻求拖船协助,必要时主动搁浅有利于减少损失。

（3）船舶在甬江内航行,实际速度顺流不得超过 8 kn,逆流不得超过 6 kn。排队航行时注意和前船保持适当距离,一般大于 5 链。

（4）甬江口至三江口有多座桥梁,注意计算水面以上最大高度,切莫冒险航行。

（5）桥区水域避免交会和追越;大转弯处自己叫舵令控制转向节奏,掌握避让主动权。

（6）宁波潮时比镇海晚 1 h;低潮后 1 h 初涨,高潮后 1 h 初落,小潮汛相应推迟半小时左右。

（7）进入弯道前应及早与他船联系,协调避让行动,避免在湾顶交会或追越。船舶过湾应与湾底保持 30~50 m 以上、与凸岸保持 70 m 以上安全距离。

（8）甬江航道水下有隧道和众多管线,应急抛锚制动时必须避开。

4.3　象山港区航道的航法

1）航法

进港运煤船自港外候潮锚地起锚,航行至 29°36′.7N/122°15′.1E;转航向 258°;航行 5.4 n mile 至 A 点(29°35′.5N/122°09′.1E);转航向 296°,航行 11 n mile 至 B 点(29°40′.2N/121°57′.7E);转航向 270°,航行 2.9 n mile 至 C 点(29°40′.2N/121°54′.7E);转航向 242°,航行 2.5 n mile 距离万礁 2 n mile 处引航员登船。

引航员登船后使用 VHF CH 25 向 VTS 报告,调整航向 242°沿着进口航道航行约 3 n mile 抵达象山大桥,继续航行 1 n mile 至大桥航道西端 D 点(象山角方位 330°、距离 5 链);转向至 219°,航行约 3.5 n mile 至 E 点(乌龟山方位 135°、距离 6 链);转向至 235°,航行约 2.4 n mile 至 F 点(大猪娘礁方位 138°、距离 4 链);转向至 248°,航行约 4.4 n mile 至 G 点(宁电 2#浮);转向至 261°,继续航行约 6.2 n mile 抵达 H 点(分水礁);进入国华码头旋回水域。出港航法参照进口航路,走在设定航道的右侧。象山港区航道示意及具体航法见图 4－7 和表 4－1、4－2。

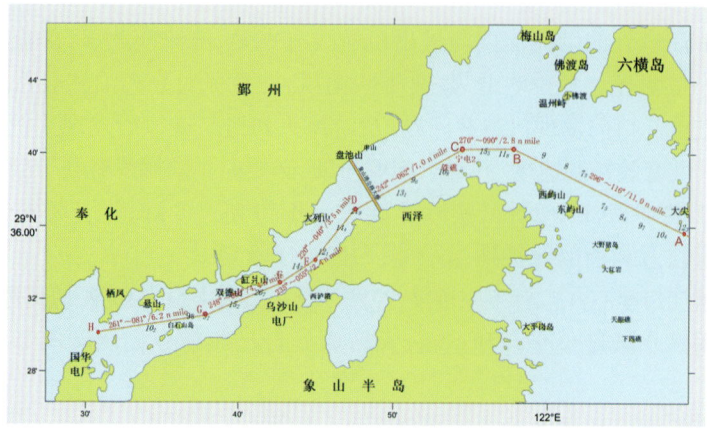

图 4-7　象山港航道

表 4-1　象山港进港航法

参考物标	方位/距离	航法	航程/n mile
鞋楦头岛	310°/0.9 n mile	转向 296°	11.0
外干门岛	185°/2.0 n mile	转向 270°	2.8
鹊礁石	180°/0.5 n mile	转向 242°	7.0
象山角	150°/0.5 n mile	转向 220°	3.5
乌龟山	135°/0.6 n mile	转向至 235°	2.4
大猪娘礁	138°/0.4 n mile	转向至 248°	4.4
宁电 2#浮	340°/0.1 n mile	转向至 261°	6.2
分水礁	170°/0.2 n mile	驶入国华码头旋回水域	

表 4-2　象山港出港航法

参考物标	方位/距离	航法	航程/n mile
分水礁	110°/0.3 n mile	转向至 081°	6.0
宁电 2#浮	000°/0.15 n mile	转向 067°	4.0
大猪娘礁灯桩	340°/0.4 n mile	转向 057°	3.0
乌龟山灯桩方	315°/0.65 n mile	转向 040°	3.5
象山角灯桩	155°/0.4 n mile	转向 062°	7.0

表 4-2（续表）

参考物标	方位/距离	航法	航程/n mile
鹊礁	180°/0.4 n mile	转向 270°	2.8
外干门岛	180°/1.9 n mile	转向 116°	11.0

2）注意事项

船舶进入大桥水域前,应对主辅机、舵、锚、通信导航等重要设备进行再检查,确认处于良好的工作状态,落实相关安全措施。船舶通过大桥水域时,应备车、备锚航行,加强瞭望;提前与过往船舶取得联系,相互通报动态,协调通过顺序;顺流航行不得超过 12 kn,逆流航行不得超过 10 kn,桥区禁止追越、掉头。

进港航道存在 3 处水深不足 10 m 的浅段,外干门浅段水深约 7.8 m,白石山浅段水深约为 9.6 m,历试山浅段约为 9.8 m。船舶应精确计算航经各浅段的时间和富余水深,通航的富余水深一般按实际吃水的 10% 控制。候潮主要应考虑的因素是既要最大程度利用外干门潮高,又要能安全通过白石山和历试山浅段。宜在外干门高潮时到达鹊礁,尤其在大潮汛期间,如果进得晚,或船速慢,有可能赶不上过历试山浅段。引航前应核查船舶吃水,查阅强蛟潮汐表,计算能否安全通过历试山浅段。过浅段时,应走准航道,以免发生搁浅触礁事故。

象山港区是传统的渔港,一年四季都有渔船在港内进行捕捞作业,对安全航行存在一定威胁,尤其在能见度不良时。从乌沙山到强蛟航段,水域相对狭小,船舶应谨慎小心,加强瞭望,减速航行。奉化县的桐照和栖凤乡是著名的渔村,每当渔船集中回港时,习惯在宁电 3#浮至分水礁一带水域锚泊,常无人值守,造成航道封堵。因此,在每年的休渔、开渔、春节、国庆、台风、寒潮等期间,船舶进港前要提前了解航道情况,不要盲目进入白石山以西水域,避免出现被动局面。节假日需注意桐照渔村和翡翠湾渔家乐小船载客在海上游玩,基本无法正常通过高频联络,可用汽笛警示其远离航道。

每年的 3~5 月为马鲛鱼捕捞季节,小渔船在整个港内不分航道散布渔具、渔网进行溜网捕捞,每顶渔网长达 2 000 m 以上,两端设有相同旗标。乌沙山电厂码头至宁电 2#浮之间水域渔网尤为密集,当大船通过时,小渔船常向大船船首驶来护网,渔民站在船头挥舞红色或黄色旗子示意大船从其所指方向通过。大船应派人了头,减速避让(能见度不良时尤其要警惕)。进港前应及早联系护航艇,探明小渔船及渔网位置。当遇到小渔船时,一定要先看清其动态然后再采取行动,警惕正在收网的小渔船,其机动性很差,一般不配合避让。重载船低速顺流航行时

舵效差,转向避让时角速度不宜过快,以免航向把不定冲出航道。渔网实在太多,无处避让时,控制好速度,尽可能走在航道上,掌握本船在航道的主动权,不能被小渔船逼到近岸危及航行安全的地方。

象山港区是传统军港,常有军舰锚泊、训练、试航,乌沙山电厂对开水域至国华电厂附近设有多个军用系船浮筒,供军舰寒潮和台风期间系泊。避风后开港的首批进港船舶航经此处,应密切注意锚泊和系浮筒的舰艇动态,主动联系避让。

第 5 章　船舶靠离泊技术

5.1　杨东晓平行靠泊操作法

船舶安全靠泊是保障港口生产顺利进行、保证港口设施和船舶安全的重要环节。随着船舶的大型化,其操纵难度和风险明显增加,而港口相应的配套设施却存在一定的局限性,因而驾引人员所承受的压力越来越大。生产实际中,擦碰桥吊和码头的事故在各个港口时有发生,带来巨大经济损失和负面影响。究其原因,绝大多数没有实现平行靠泊。

平行靠上码头是驾引人员在船舶靠泊操纵中的基本要求。杨东晓在多年的引航实践中不断摸索不断总结,2009 年提出"平行靠泊"的理念、思路以及主要的操作方法并发表论文,同时大力倡导和推广,后又率先启动推行"引航现场教学模式",努力做好技术传承和创新,有效提升靠泊安全系数和码头靠泊效率。在 2019 年至 2020 年的两年期间,杨东晓带领团队逐渐形成了《平行靠泊操作法 1.0 版》。2021 年 7 月,《杨东晓平行靠泊操作法》顺利通过专家评审并获公司命名;同年 11 月,被命名为浙江省海港集团职工先进操作法。下面就其核心部分作介绍。

5.1.1　操作要领

《杨东晓平行靠泊操作法》里的"平行靠泊"是指船舶以一定角度、横距入泊,逐步控速并通过改变或保持力的相对平衡以逐渐减小靠泊角度,使艏艉拢岸速度最后趋于一致且最终同时在横移速度和前后总的偏转力矩以及纵向速度几乎都为零的情况下贴拢码头。

"平行靠泊操作法"主要针对船舶靠泊阶段的"最后一公里"给予指导性建议,通过主动控制(Active control)、逐渐平行(Gradually parallel)、精准操控(Precise maneuvering)、安全着陆(Soft landing),着力安全实现船舶由动态到静态的最后一个环节:能量的逐级衰减和角度、速度的逐渐减小。本操作法充分利用流场中阻力和水动力相互作用的原理,注重外界各种力量的平衡和利用,注重附加质量和附加惯矩的自然衰减,注重确保靠泊"全过程安全"的至高理念,追求"稳、准、好"与"快"的完美结合,注重引航操纵"行云流水"的艺术呈现,既最大化地保障靠泊操纵安全和港口生产效率,又有效提升港口与引航的软实力和美誉度。

1) 靠泊前要取得船方充分的信任以获得最佳的配合

引航员登船后应主动跟船方进行良好的沟通,了解被引船的船况及操纵特性,介绍此次引航的相关情况,向船长交代引航方案并征求意见,努力使自己尽早融入驾驶团队中。引航中要进一步掌握该船的各种操纵性能和特点,为后期靠泊做好准备,如船舶惯性与停船性能、保向和变向性能、舵效情况、最小操控速度、主机马力大小及工况、车钟响应快慢、舵工操舵快慢;等等。引航员熟悉港口、气象水文、航道、拖船等情况,有着娴熟的船舶操纵技术,而船长对本船的操纵性能及其局限性较为了解,因此引航员与船长应该相互尊重密切配合,充分发挥各自的长处以确保船舶安全。

引航员作为"现场风险控制师",要有良好的心理素质、识别风险能力和应变能力。引航时保持良好的心态,排除一切干扰、专心致志。要胆大心细、谨慎操作,判断精准、果断自信,口令清晰响亮。应通过前期的走航道和几次老练到位的避让操纵以及全程有效的沟通,给船长及其他驾驶人员留下良好的印象并获得应有的信任。这对于最后的靠泊操纵很重要:不仅可以最大化避免由于船方的不理解、不信任和不配合而造成的人为失误,还可以在关键时候得到船方善意、积极的提醒和及时、到位的配合。

2) 入泊前要作好靠泊力学分析和充分的准备

入泊前,应科学合理主动用好一个"淌"字。船到码头边,要细心观察现场的风和流,确认泊位情况和拖船马力等相关情况,据此进行靠泊力学分析,并对之前的初步靠泊方案进行优化,如有大的变化应知会船长。借助力学分析,认清靠泊难点,对可能出现的困难局面和存在的风险要做到心中有数,并有相应的应急预案。

拖船的配备要考虑风流的综合影响,考虑船舶的吃水和受风面及侧推器的马力。原则上,拖船不带好不入泊,尤其是大风天。须备锚,根据风流和泊位情况,合理控制入泊横距、入泊速度和入泊角度。

对风、流方向不一致的要特别引起注意。如"前八字"吹拢风顺流靠泊,风、流的力学分析见图 5-1。

(1) 指导思想

可以预见此次靠泊船首将被强拢风压住,而船尾将受流被推开,很明显存在较强的逆时针偏转力矩。因此,稳艉拢艉成了关键所在。随着靠泊角度的不断减小,受流中心从左侧船尾转移到正船尾,流对船的偏转力矩最终减弱为零,而强拢风继续将船尾加速压向码头,因此在贴拢码头的最后一刻同样要利用拖船稳艉。

(2) 靠泊思路

如两艘拖船助泊,则艏艉各一,配置在右船首和右船尾。船首备右锚应急,拖船早些送缆拖稳艏,利用风压和适当使用侧推器来拢泊,必要时艏侧推器右打以助拖船稳艏,紧急情况下还可下锚控制;船尾拖船一开始适当顶推入泊,随着泊位越来越接近和靠泊角度逐渐调整接近于零,适时送缆拖,慢慢克服拢泊的惯性和风压,最终在即将贴靠码头时将船尾完全稳住。如 3 艘拖船助泊,则除上述两个位置外,另一艘可配置在船尾近驾驶台处主顶,此时船尾另一艘拖船则可以主拖了。

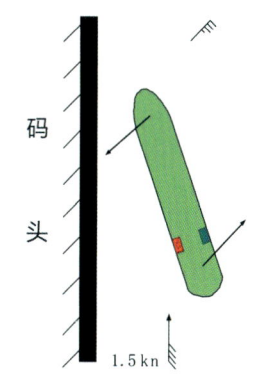

图 5-1 风、流作用示意

5.1.2 基本操作思路及要点分析

1) 基本操作思路

这里暂时不考虑使用一艘或没有拖船助泊的情况,以顶流两艘拖船助泊为基本例子,其他可以类推,见图 5-2。

被引船以一定的角度入泊,随着泊位的接近,适时停车、倒车,逐渐控制前冲速度至对上泊位时基本为零,逐渐减缓船首的拢岸速度,并适当使船体产生偏转以减少入泊角度。适时减缓船尾拢岸速度,使艏艉拢岸速度最后趋于一致,且最终艏艉同时在横移速度和前后总的偏转力矩以及纵向速度几乎都为零的情况下贴拢码头,指挥前后拖船同时均衡地顶住稳泊。这就是平行靠泊的最高境界。

由于环境变化、操作延时和不到位以及人的判断误差等,实际操纵中很难完全同时做到在艏艉横移速度和前后总的偏转力矩以及纵向速度几

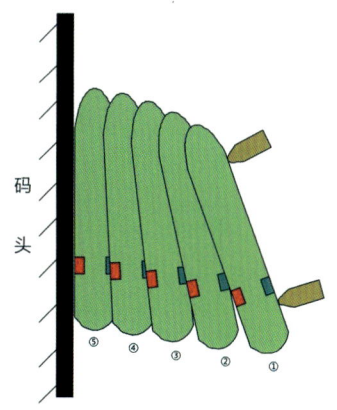

图 5-2 平行靠泊示意

乎都为零的情况下贴拢码头。我们要做到的是尽可能平行靠泊，操控时以速度接近于零要求自己，这样才能使我们的技艺不断提升并更好地保障船舶、码头及其设施的安全。

2）要点分析

（1）拖船和侧推器的使用

拖船是靠泊作业中最重要的辅助外力，如何使用好拖船是一个关键点。要根据实际情况合理配置拖船，注意保证拖船最佳的带缆位置。要了解拖船全回旋的灵活性，更要充分认识到拖船的局限性：①因摆位置和送缆、收缆造成的操纵延时；②大风、急流中，控制船位存在较大困难并会引起有效功率的损失；③大风浪作业中拖缆易受顿力而发生断裂；④拖船驾驶员操作水平的高低直接决定着配合能否及时到位；⑤大船船速过快，拖船不能作业或效果大打折扣，还可能引起危险的横拖、倒拖；⑥机械发生故障而引起各种意外，如溜缆、卡缆等。

对此，一定要心中有数，始终与拖船保持良好的沟通，操作中留有余地，要使用好拖船但不过分依赖拖船。

要根据被引船大小、受载情况以及拖船马力大小，给出合适的口令。拖船力量要逐步增加或减少，尽量使被引船受力缓而均衡。大风浪作业中更要注意不要使拖缆受到顿力。从下口令开始到拖船真正发挥作用需要一定时间，因此下口令要有一定的提前量。操纵中不可太心急，不要因为短时间内得不到效果而马上给出新的口令来加力致使操纵过头而破坏应有的力矩平衡。所以，在实际操纵中有时让拖船最慢顶或使缆绳得力，并不是为了取得相应的效果，而是让它提前摆好船位，以保证下一个口令时拖船能在最短的时间内发挥作用。

大船在即将贴拢碰垫时令拖船开始顶或加速顶，目的是使大船在靠上碰垫时拖船正好发挥出顶的效果，能最有效地稳泊和抑制反弹。同样，为控制拢岸速度，令拖船送缆起拖，从一开始得力到接近一定距离时，逐渐加大马力，而后又逐级减小马力，在衰减拢岸速度的同时，又要使大船保持适当的漂移拢岸速度。在即将靠拢前，留出一定的横距和自身可接受的贴拢速度让大船惯性漂移，同时令拖船停车收缆准备顶，这样在大船贴上碰垫时速度几乎衰减为零，此时拖船已经到位、处于待命状态，视情况可以最慢顶，适时加车顶住稳泊。当然具体情况具体分析，我们只是要尽量达到这样一种效果。

侧推器位置固定，马力也不小，往往能起到比拖船更好的效果。船速 5 kn 以下时方可使用侧推器，以大船略有退速时效果最佳，但不宜长时间使用，否则侧推器容易罢工。侧推器的使用要和拖船相配合，不同的风流，配合情况应有所区别。

为方便起见,一般都让拖船顶,到最后再利用侧推器向外打来控制入泊速度。但在有较强吹拢风或压拢流时应该转变思路,离泊位一定距离时调整为拖船主拖,侧推器向内打来帮助拢岸。

同理,船尾有两艘拖船时,可令远端拖船主拖而近端拖船主顶,见图5-3。这样更易于控制,能更好地保障靠泊安全。之前提到的大风天"前八字"吹拢风顺流靠泊就可采用此办法。大型矿船、油船的靠泊时一般配备3~4艘拖船,船首带两艘,最后控速贴拢时可以让远端拖船主拖,近端拖船主顶。当然视情况而为,以能稳住为前提。这里的远端、近端是指离转心的远、近。

(2) 锚的运用

锚的作用有操纵用锚和应急用锚之分,拖船马力足够的情况下较少使用,但在大风浪等特殊作业中经常用到。由于急流和风浪的存在,拖船作业效率明显下降,关键时候很可能稳不住大船,

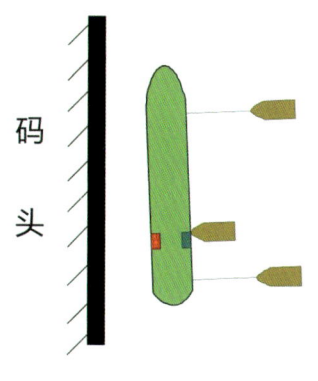

图5-3 拖船使用示意

甚至有时候还会因为受到顿力或缆绳在出缆口处长时间摩擦而发生断缆现象。船舶要克服强拢风的影响,为保持合适的船速、船位和入泊角度,需要不断用车用舵。为避免过快的拢岸速度和因动车造成不利的前冲以及过于频繁的用车,可以采用拖锚靠泊或是紧急抛锚以摆脱险情。

注意落锚点要合适,以"后八字"为宜,不应过分朝后。抛锚时机视当位大小和风流强弱而定。根据不同水深和离泊位的横距,出链长度要以在风流作用下能拖动为宜,不宜过长。可先抛(松)1节入水,然后视情况适当再松出,一般为2.5倍水深左右,以能控制船首和拢岸趋势为度,避免出现锚链拉住船首致使船尾压碰码头的现象。一般普通操纵用锚1.0~1.5节入水即可,大风浪应急用锚可2~3节。大型船舶锚重达十几吨,拖锚时可产生30 t左右的拉力,相当于多了艘效果很不错的拖船。在很多紧急情况下,只要使用得当,锚都会帮你成功脱离险境,最终助你顺利完成平行靠泊。

(3) 车、舵的运用

车和舵对于船舶来说是最主要的控制手段。该用车舵的时候不能犹豫,不可消极等待,关键时候能发挥重要作用,尤其是满舵短暂进车更是效果好、见效快。不过,从下口令到见效果也是需要一定时间,操作时要留有余地,要有一定的提前

量。由于非常接近泊位,用车舵一定要谨慎,下令后一定要进行核对,确保没有给错,并注意适时早停车早回舵,不可操作过头。用倒车时还要注意船舶的偏转效应,应及早控制,避免产生危险的偏转。

船舶在满舵短暂进车时产生的舵力是巨大的,相当于1~2艘港作拖船的马力,因此用的舵角千万不可死板,尤其是最后一车,应根据实际情况合理选用,使产生的偏转和前冲正好为平行靠泊和对上位置所用。这也意味着在用这一车之前,最好先留好余地,包括前冲和偏转的余地。大风浪时,当拖船全速拖仍不能抑制船尾的拢岸速度时,用好这一车将成为"救命车"。

平行靠泊要求的是精益求精。不要觉得贴拢速度还不算太快,懒得或不好意思让拖船去拖,或者已经叫拖船送缆准备拖了就干等着。一旦发现可能有问题,就应该积极主动地用自己的车舵去克服或预先减缓。千万注意不可带着角度又带着速度去贴靠码头,特别是既有一定的横向压拢速度又带着前冲速度,这将可能对先接触挤压到的碰垫造成致命的剪切力。麻痹大意往往容易出事,更谈不上平行靠泊。

(4) 注意附加质量和附加惯矩

船舶在水中运动必将同时带动其周围部分的水一起运动,这种相当于增加了的质量部分和惯矩部分,称为附加质量和附加惯矩。深水中的船舶横向附加质量可达到船舶质量的 0.75~1.00 倍,绕 Z 轴的附加惯矩则为船体惯矩的 1 倍。随着 H/d 相对水深的变浅,二者增加的倍数越加显著,当 $H/d \leqslant 1.5$ 时更是急剧增大。码头前沿水深往往有限,船舶在靠泊时,其附加质量和附加惯矩带来的影响是巨大的。

靠泊时,应科学合理地用好一个"漂"字,给大船一个惯性漂移的过程。不仅是让大船有个惯性衰减的过程,也是让其附加质量有个能量衰减的过程。可以发现一些深吃水的船舶如果一开始有较快的横移速度,通过拖船快速拖停或几乎拖停,一旦停拖,马上又开始增速漂移。不排除有风流的影响,更重要的是其附加质量和附加惯矩的水动力作用。也就是说船舶以同样的速度接触碰垫时,碰垫所要吸收的能量可能不一样。实操中我们要充分引起重视,合理利用惯性,避开其不利影响,做到早控制早衰减,最终以几乎为零的速度平行贴靠码头。

(5) 注意偏转惯性,注重力学平衡

靠泊其实就是一个力学平衡过程。船舶在风、流、车、舵、侧推器、拖船、锚等各种力量的综合作用下,产生运动和偏转,我们要找到相对的平衡来入泊,并通过不断改变其中的某些力来达到最终平行靠泊的目的。任何时候都要密切关注大船的偏转惯性,及早控制。

这里要强调的是不能一味追求所谓的"平靠",不能为了让船首和船尾同时贴靠码头而盲目使用外力。若如此,船首、船尾表面上是同时靠上了,但由于还存在着较大的偏转力矩,势必会出现其中一端拢岸速度过快而产生可怕的偏转和反弹,往往容易出事。我们认为,这也不是平行靠泊。艏艉贴拢速度均要为零或几乎为零,是其要点所在。

由于码头结构各不相同,如安全可行,有时候宁可让大船一端先贴拢碰垫并稳住,再慢慢贴拢另一端,即采用分步贴拢法见图5-4。尤其在许多化工船和油船的靠泊中,这未尝不可,关键是贴靠的速度要尽可能接近于零。在船首贴拢稳住之后,反而可以大胆利用满舵进车来控制船尾的拢岸速度,以达到安全靠泊的目的。

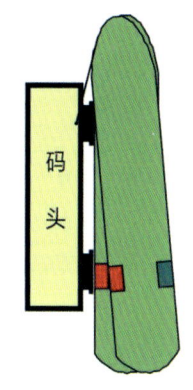

图5-4 分步贴拢法

5.2 小型船舶靠离泊技术

5.2.1 单拖协助万吨级化工船靠泊镇海16#泊位

1)泊位简介

镇海16#泊位位于甬江北岸,是距离甬江口最近的万吨级化工泊位,码头走向为082°~262°,前沿水深8.4 m;主泊位距离进口导标线100 m,距离甬江南岸-5.0 m等深线约168 m。

2)技术要点

(1)灵活使用1艘拖船,利用抛外当锚、结合车舵控制靠泊角和拢泊速度。

(2)由于泊位距离甬江口较近,船舶停车淌航减速距离短,且甬江口内外潮流流向和流速存在差异,控制好船位和船速是关键。

3)限制条件

(1)靠泊速度≤15 cm/s,角度≤5°。

(2)码头前沿-5.0 m等深线宽度约168 m,一般选择右舷靠初落;若高平潮时掉头左舷靠泊,船长≤120 m、船舶吃水≤6.5 m。

(3) 船舶进靠甬江需满足富余水深≥0.5 m。

4) 船舶资料及风流信息

某日农历初五，B 轮船长 119.7 m，宽 18.6 m，前吃水 7 m，尾吃水 8 m，计划 0945 金塘东靠泊镇海 16#泊位；当日镇海高潮时 0845，潮高 316 cm，偏北风 5 m/s。

5) 引航实例

（1）登船前

根据 VTS 规定，进靠甬江船舶需依次排队进口，除非他船无法在规定时间赶到，靠泊 16#泊位的船一般排最后。引航员应通过各种途径关注被引船的船位和速度，提前告知其所要跟随的船舶船名，必要时建议其停车溜航，切勿过早进入登船区。

在引航艇上查看前后实际吃水是否与计划数据相符，根据当日潮高计算富余水深，若不满足≥0.5 m 要求，应暂缓进口，并告知引航站；观察船首是否备有侧推器，大致判断船舶整体保养情况。

（2）登船后

向交管中心报告引航员登船及航行计划等信息。查看高频是否在规定的频道守听，雷达和电子海图是否显示正常。督促船方挂引航旗，根据能见度情况判断是否需要船首派瞭头。观测潮流流向及流速、风向及风力。和船长交流靠泊方案，必要时让大副和二副参与交流，如果缆绳数量不足，及早让船方备好备用缆绳。注意高频守听，不定时发布本船动态，关注周围相关在航及锚泊船。要求驾驶台人员保持安静，引航员指令必须大声复述。

（3）引航操纵

0845 引航员登船，登船点位于鹅礁北约 2.5 n mile 处，取航向 180°，航速 6~7 kn，并根据前后船舶实际速度进行适当调整，距大黄蟒 1.2 n mile 转向至 215°，视大黄蟒岛左正横转向至 240°。（位①）

0915 保持船舶和小黄蟒岛、中柱门一线横距小于 6 链通过，防止被涨流压向西面浅滩。黄蟒山转向后逐渐顺流，减车控速小于 6 kn，通知拖船在冠保码头附近带缆。（位②）

0920 通知船方前后准备，备好双锚，告知泊位指导员约 20 min 后带缆人员就位。与前船保持 5 链以上纵距，根据流压情况适当微调航向，长跳嘴附近走 260° 对上叠标。（位③）

0940 甬江口进口（位④），速度 3.5 kn，进口前若速度过快，可适时停车溜航。进口时由于甬江内外流速流向改变，不易保向，宜进车用舵保持好船位。进口后再次停车淌航,紧盯船首,自己叫舵角把定。同时观察浮筒处水花,判断潮流大小及方向。通知船方收起右锚,左锚保持随时可抛状态。(位⑤)

0945 船首距泊位后端 1 倍船长,速度 3 kn,横距 3~4 倍船宽,开始倒车。船首抵泊位中部横距约 40~50 m 处,抛左锚 1 节入水刹住。(位⑥)

为抑制倒车船首右偏幅度过大,在倒车前施左满舵。若右偏过大,可让船首拖船朝后 45°微速拖,拖力纵向分力有利于减速,横向分力有助于抑制右偏。入泊过程中,不要轻易松锚链,要充分利用锚的抓力,通过短时间左满舵、微速进甩尾拢泊。要控首抑尾,调节拖船的顶推力度并适时车舵配合,使船平行靠拢码头。

前后倒缆先上,缆绳带 3+2,靠拢前应先对靠把位置,防止船体触碰靠船墩,再对装卸管口位置。横距约 5~10 m 时也可通过绞缆方式自行靠拢。通过绞前后倒缆的方式对位置快捷高效,位置对上后收紧缆绳,最后带头缆和尾缆。具体引航操纵见图 5-5。

图 5-5 船舶进靠镇海 16#泊位概况

6)注意事项

(1)进入甬江口之前应带好拖船,以备不时之需。同时观察船尾方向的追越船,条件允许的情况下让其从本船左舷追越。

(2)船位控制在甬江口叠标线稍微右侧,既容易与出口船交会,又能够走在深水区。

(3)由于船尾没有拖船协助,一般需要在贴拢前施右满舵进车以控制横移速度,此过程应特别注意核实车舵,以防操反舵而触碰码头。

(4) 靠泊过程中一旦发现拢泊困难,顺流或开风导致打横,应果断改变靠泊思路,解掉船首拖船到船尾顶;或者顺势掉头,待转过 90°后解左船首拖船到右船首带缆,改左舷靠泊。

(5) 能不能确定潮流方向对该类船舶的靠泊起到至关重要的作用。可以通过比照车钟表船速和实际航速,观察浮筒边水流方向及在泊船排出流判断是否有落流,或者询问拖船、前面靠泊船的同事,观察他船的靠泊姿态等进行判断。

5.2.2　单拖协助小型化工船靠泊利万聚酯码头

1) 码头概况

利万聚酯码头位于大榭岛东北岸扫箕山与狗头颈之间,设计为 5 万吨级化工码头,地理坐标为 29°56′.18N/121°58′.80E,泊位走向为 133°~313°。

码头采用"蝶"形布置,泊位长度 330 m,工作平台长 82 m、宽 20 m,顶标高 5.5 m,设有 4 组靠把,组距 16 m,间距 8 m。

码头设计水深 14.13 m,实际水深在 15.1~17.1 m 之间。

2) 潮流特点

该水域潮流属非正规半日浅海潮,基本沿等深线方向运动,主要呈西北—东南向的往复流。平均急涨潮流速 124 cm/s、流向 316°;平均急落潮流速 130 cm/s、流向 136°。码头区域处在岸形的凹进位置,对开 200 m~300 m 左右是回流区,但流速较小,码头前沿 30~50 m 存在压拢流。主航道潮流越急,码头边回流或倒流越明显;潮流流向同时还受到潮汛大小,潮差大小及风的影响,诸多因素使得泊位对开不同距离处的潮流态势较难预测。

3) 操作难点

(1) 码头东端扫箕山外侧-10 m 等深线上设有黄色警戒灯浮,导致船舶左舷靠泊前入泊角度一般较大,受流压影响明显;右舷靠泊时黄浮阻挡了应急逃离路线。

(2) 110 m 化工船配备 1 艘拖船助泊,过顺流区保持良好船位是难点。此过程船舶舵效变差,首尾受流不一致而在码头边短时间内发生大幅度偏转,利用船舶自身的车舵难以抑制;进车则余速增加,倒车则船位破坏,出现打横现象。

(3) 泊位对开等深线密集,海底坡度大,近泊位时才能抛锚,对操纵用锚的要求较高。

4) 限制条件

(1) 实测风力≤10.7 m/s 以下;

(2) 能见度≥1 000 m;

(3) 仅限白天靠泊。

5) 引航实例

(1) 任务简介

S 轮船长 110 m,船宽 18 m,最大吃水 7 m,当日镇海低潮 0804,潮高 70 cm;高潮 1428,潮高 330 cm。计划靠泊时间 1600,即镇海高潮后 1.5 h,1 艘拖船助泊,风向 NW、风速 5 m/s。

(2) 引航操纵

1440 金塘大桥附近登船,和船长进行靠泊前交流,查看引航卡,Dead slow ahead:3.5 kn,Slow ahead:5.5 kn,Half ahead:7.5 kn,Full ahead:10.5 kn,船首无侧推器。

1600 抵涂泥嘴,航速 11.5 kn,转向至 140°后进入定线制航道西侧沿岸通航带,距岸线 0.3 n mile 左右。主航道上落流明显,为了减少顺流对船舶的影响,立刻减速,通知船长左舷靠泊,船首备妥双锚。拖船带右舷船尾,调整航向保持与码头横距 0.2~0.3 n mile。

1615 距码头 0.5 n mile 时速度 4.2 kn,横距 0.2 n mile 左右,停车(位①)。淌航至码头最西端时令右满舵掉头(位②),掉头过程中适时减小舵角至正舵,后右转过快立即左满舵进车,控制右转速率,船首稳住后立即停车,当时靠泊角度接近垂直,船位在码头中间位置对开,速度约 2.0 kn,距码头 0.15 n mile(位③)。

1622 距码头大概 1 倍船长时,先倒车至 Slow astern,效果不明显加至 Half astern,同时用拖船顶推减小靠拢的角度,速度衰减至 1.0 kn 左右停车,让船缓慢入泊并调整位置。船首距码头 50 m 时抛右锚 2 节入水控制船首(位④),锚链吃力后慢慢松,控制好入泊横移速度及角度,通知船首大副收起左锚,以防船锚碰触码头。

1630 船首距码头横距约 1.5 倍船宽以内时,整个船身向码头压拢明显(位⑤),船首依靠拖锚控制横移速度并及时带上首倒缆,船尾令拖船得力至码头 5 m 左右基本拖停并带上尾倒缆,贴拢码头后令拖船微速顶住。(位⑥)

具体引航操纵见图 5-6。

6) 注意事项

(1) 决定哪一舷靠泊主要参照主航道流向。主航道落流则左靠,主航道涨流则右靠,变被动为主动。

(2) 一般情况下顶流靠泊拖船带在船首位置,但考虑到利万聚酯码头潮流复杂多变,靠泊过程很大概率会遇到顺流,故将拖船带船尾。若遇到顶流,船首依靠

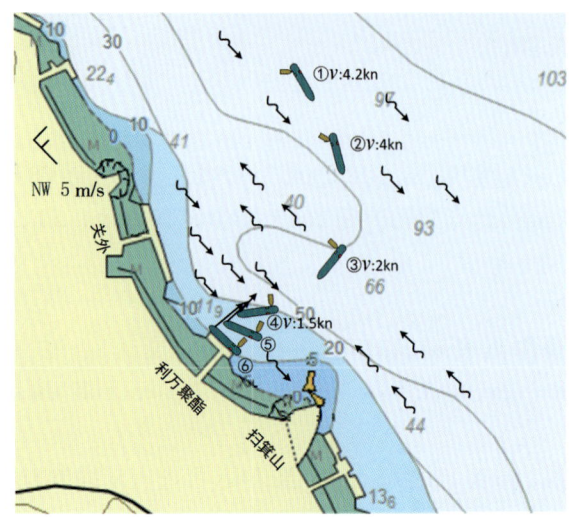

图 5‑6 单拖协助 110 m 化工船靠泊利万聚酯码头示意

锚的松紧控制横移速度,拖船协助调整角度;若遇到顺流,船尾拖船可以协助减速,同时可减少甩尾时反复进车用舵再倒车拉停的次数,防止出现压缩空气气压不足而无法用车的不利局面。

(3)掉头时机不宜早也不宜晚。过早则船首进入回流区后受其影响压向上游,本船错开泊位的距离太远,这样不得不再次掉头重新靠泊;过晚则掉头过程中船位容易压向黄色灯浮而处于被动。最好控制在当船舶掉转 90°左右时,船位在泊位中间位置对开。

(4)靠拢过程中角度的调整。由于靠泊过程中码头边回流的影响,刚开始时角度宜大,最好垂直于码头走向附近,随着与码头距离减小用拖船逐渐调小角度。在此过程中要靠肉眼依据岸上物标来判断纵向速度及横移速度,果断用车用舵。

(5)船首的控制。经验表明无论靠涨流还是落流,接近到横距两倍船宽以内时,船舶压拢速度明显。鉴于船首无拖船完全依靠锚链的力量,靠泊前应备双锚,若外舷锚抛不下或拉不住船首,可抛内侧锚协助。建议抛 3 节甲板左右长锚并松至泊位边,较长锚链有利于离泊。

5.2.3　单拖协助小型杂货船离镇海港区 6#泊位

1)泊位简介

镇海 6#泊位为万吨级散杂货码头,接卸总长 160 m 及以下船舶,泊位走向

054°~234°。

2）潮流与离泊窗口确定

根据常规引航操作方法,镇海港区右舷在泊船通常于镇海高潮前 1.0~1.5 h 涨流时段向右掉头出口。但在台风影响期或梅雨汛期,上游水位暴涨,姚江大闸 36 孔排水,导致甬江口内长时间处于"落流"状态。为了保障港口生产,驾引人员需根据现场情况综合判断,打破常规模式,确保船舶离泊安全。

3）技术要点

（1）潮流的态势是制定引航操作方案的重要考虑因素之一,当甬江口外涨流和上游排水在镇海港区汇遇,导致码头前沿表层流和底层流流向流速不一致,因此驾引人员对现场流速流向的掌握至关重要。

（2）船舶向左掉头转到 90°前后,因水下横向受流面积增大,水动力作用中心从船首附近移至船中,转头速率下降明显,甚至出现只横移不左转的情况,驾引人员应及时调整拖力方向和大小,结合左满舵进车,必要时拖锚掉头,确保掉头过程平顺连贯。

4）引航操作创新点

一改拖尾顶头的常规模式,采用拖锚向左掉头的方法离泊。特点是不仅减小了旋回半径,而且保证了掉头过程的连贯性,为船舶在非常规潮流下的离泊开辟了新途径。

5）限制条件

（1）能见距离≥1 n mile,实测风力≤13.8 m/s;

（2）富余水深≥0.5 m,-3 m 等深线距泊位约 190 m。

6）引航实例

某日,镇海高潮潮时 1215,潮高 267 cm,偏北风 4 级。A 轮船长 115 m,吃水 6.5 m,计划 1115 镇海 6#泊位离泊金塘,单拖船助泊。

引航员上船前,查看前后吃水,尾缆缆桩与船尾距离,岸上吊机与艄艉的距离。

1100 上船后观测尾缆缆桩与船体的交点,用于估计船尾与码头距离;升引航旗、挂掉头球;如发现吊机碍航,通知码头调度移到泊位外或者船中;和船长交流离泊方案,如果尾倒缆过短可令其向前移动一个缆桩或者解掉 1 根外舷尾缆,往前移动带到尾倒缆位置,提早告诉二副船尾最后留的倒缆需在缆车上,以方便解缆。注意报告船尾与码头的距离,要求驾驶台人员注意守听 VHF 06 频道,引航员指令必须大声复述,同时要求船长帮助核对车舵令。

正确掌握流速情况至关重要,可以通过水面漂浮物或拖船排出流判断潮流大小及方向。当日落流明显,流速 1~1.5 kn,拖船带在左舷船首。

1110 报告交管中心,申请离泊,发布航行动态。船首拖船带妥后微速顶住,左锚 1.5 节入水保持垂直状态,头缆和尾缆同时解掉,随后解掉首倒缆,观察甬江上下游在航船舶动态,等待离泊时机。

1120 船首拖船松缆,开始绞锚,报告锚链方向 8 点。保持右满舵状态,紧盯船尾与码头的距离,时刻准备进车甩尾,以防触碰。锚链朝后分力使尾倒缆开始吃力,令拖船朝前 30°方向微速拖(位①)。

1123 左转 45°左右,受内当落流推开影响,船尾离开码头,回正舵,令船首左锚绞至 1 节甲板刹住。解掉尾倒缆,本船左舵进车抑制退速,根据船尾与码头距离及前进速度,及时调整拖船向后拖的角度及力度(位②)。船舶向下游横移的同时,使船首连续左转,尽可能利用拖船抑制前冲幅度,以防倒车破坏左转节奏,始终保持本船船尾与泊位在 20 m 距离范围内。

1126 船舶掉头过 90°后,将左锚全部绞起(位③),若锚链过于吃力,可等掉头完成后再重新起锚,以防倒车调整船位时受风流压而打横。

1127 完成掉头后,降下掉头球,船首转至甬江 2#浮开始压舵把定,此时船舶速度较低,航行状态尚未稳定,让拖船跟随一段距离后再离开。

1135 船舶顺流出口应控制好与 2#浮距离,也要防止受急落流影响压向凹岸,导致与进口船会遇横距过近。具体引航操纵见图 5-7。

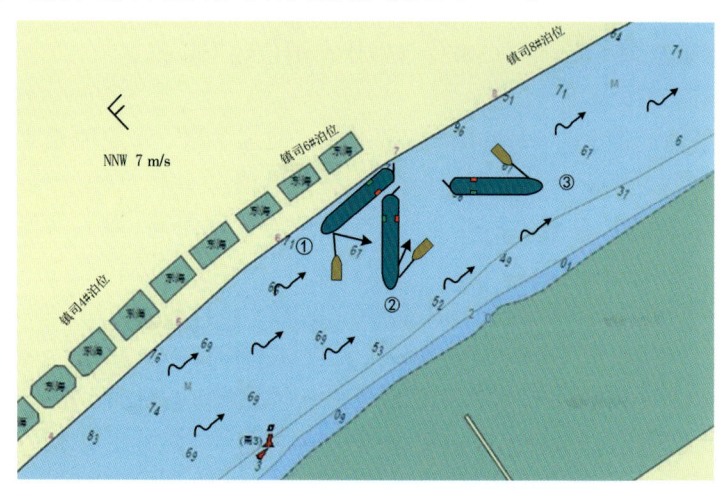

图 5-7 单拖协助小型杂货船离镇海 6#泊位

7）注意事项

（1）一般来说，姚江 36 孔排水甬江无涨流，驾引人员应随机而变，时刻关注潮水变化，及时调整离泊方案。

（2）涨流时段遇到姚江排水，甬江内水位上涨，空载在泊船转动时船尾易"骑"到码头平面上方，开航前一定要移清船尾附近吊机，另一种方法是不留尾倒缆而是留头缆及首倒缆，通过甩尾先让艉部清爽，然后解掉船首缆绳利用绞锚和拖船实施向左掉头。

（3）充分利用主航道流速大于泊位边流速的特点，使船首部分尽可能处于急落流区域，增加转头力矩。

（4）开航前备好右锚，为防止部分船舶微速进力度过大，必要时抛下右锚 1 节甲板，能有效减小船舶向江南前冲的幅度。

（5）拖船带缆位置和落流缓急有关，落流缓宜拖左船首，落流急宜顶左船尾。

（6）注意拖船在急流中操作的灵活性将受到影响，使用上要多留余量。

（7）上游排水时段，离泊船应充分考虑到招宝山方向出口船顺流而下，速度较快的特点，耐心等待离泊时机，切不可急躁冒进。

5.2.4 "前驾驶"集装箱船离镇海港区 7# 泊位

1）泊位简介

镇海港埠公司 7# 泊位原为简易浮码头，后经升级改造为高桩梁板式码头，可接靠 1 万吨级集装箱船，泊位走向为 234°~054°，码头前沿距离甬江南岸－5 m 等深线 188 m，距离甬江口 1.35 n mile。

"前驾驶"集装箱船结构特殊，驾驶台紧挨船舶艉楼，后端为装货区域，驾引人员的操纵方式和传统类型船舶有较大区别。

2）操作难点

（1）前驾驶船舶驾驶台所处的位置位于转心附近，相比传统尾机型船舶，驾引人员转向时对转头速率不敏感，视觉上相差 7~8 倍，而船尾方向摆幅大，视觉冲击强烈。

（2）当装载多层集装箱时，驾驶台后方瞭望盲区大，对判断船尾与其他物标间距离影响较大。

（3）驾引人员瞭望所处位置靠前，对判断船身是否与航道平行、船首是否指向某一特定物标的视觉误差较大。

3）限制条件

能见距离≥1 n mile，实测风力≤13.8 m/s，富余水深≥0.5 m。

4）掉头区宽度的计算

依据《海港总体设计规范》（JTS 165—2013）的要求，允许借助码头或者转头墩协助转头的水域，回旋直径≥1.5L。

F轮总长134 m，宽24 m，前后吃水5.0 m/7.4 m，码头对开-5 m等深线距离188 m，若加上潮高2.9 m，回旋水域直径为1.4L，介于设计规范1.5L和业内公认的1.2L极小值范围之间。

5）引航实例

某日，F轮计划0730镇海7#泊位离泊金塘，当日镇海高潮潮时0903，潮高290 cm，风向NW，风速7 m/s。

登船前，观察船首到头缆缆桩距离15 m，有球鼻首，艏吃水5 m，艉吃水7.4 m，左锚1.5节入水，前后拖船已到位带妥，岸上吊机已移清。

登船后和船长交流引航方案，确认主机已备妥，挂引航旗、升掉头球；开启雷达，保持高频CH 06、CH 09守听，观察潮流方向及强度、核实风向风速，做好开航前准备工作。

1005 拖船T_1和T_2分别带在左舷驾驶台下方和左后尾甲板；报告VTS、发布船舶动态；令船首单绑，船尾缆绳全部解掉；左锚8点钟方向保持吃力状态。

1012 缆清，令T_1和T_2松缆，T_2保持正横微速拖，T_1保持拖位。在开风作用下，船首头缆和倒缆始终保持吃力状态，船舶围绕艏楼顺时针旋转。

1016 驾驶台处可见船首缆绳受力状态，并根据头缆和首倒缆的松紧状态调整拖船拖力大小及方向，若头缆过紧，说明船舶向后受力较大，可以令T_2方向朝前拖，若船首头缆保持松弛状态，并向泊位压拢，可令T_1得力，控制好与泊位距离；（位①）船舶与码头呈80°时解头缆；90°时解首倒缆，保持船首距离码头15 m左右；随后绞锚，观察正横方向叠标，船舶开始后退，改T_2方向正横朝前30°慢车拖。

1017 船舶受开风影响远离泊位，T_1微速顶，T_2继续朝前30°方向慢车拖，尽可能使船舶处于上风位置。让大副报告锚链长度及方向，控制船首拖船顶推力度，既要防止锚链过于吃力而无法绞动（位②），也要注意不可用力过度导致船位落入下风。

1019 锚出水，右舵10微速进，前后拖船停车。船首转过镇海10#泊位后，下令航向055°把定（位③）。由于船速较低，受风影响明显，航迹向为062°，调整航向至050°把定,随着速度上升,航向逐步调整到060°,风流压差2°向右,航行姿态稳定后解前后拖船,令其在本船左侧跟随护航,降下掉头球。

1023 航行至镇海10#泊位,速度4.6 kn。通过导航仪观测本船船位距离右侧5 m等深线30 m左右。距离2#浮100 m左右下令右舵10,控制转头速率,出驾驶台瞭望船艏艉方向,保持与甬江2#浮横距40 m左右通过,(位④)随后下令080°航向把定,通过导航仪比对航迹向与船首向之差,使船舶航迹向平行于航道走向080°,船位靠航道中心线右侧航行。不间断出驾驶台两侧通过叠标核实船位,做到全方位瞭望。

1032 报告VTS出甬江口,车进三,速度6 kn。

"前驾驶"集装箱船离镇海7#泊位示意见图5-8。

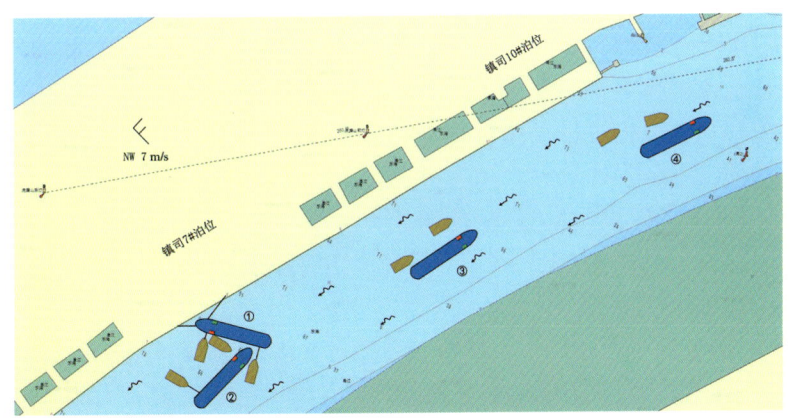

图5-8 "前驾驶"集装箱船离镇海7#泊位示意

6)注意事项

(1)前驾驶船舶结构特殊,对不经常接触该类型船舶的引航员来说,要充分利用驾驶台资源,靠离泊前和船长充分沟通,必要时在船尾安排瞭望人员,要求其对任何有关危及航行安全的情况做到及时提醒。

(2)利用导航仪定位、航迹向与航道走向比对的方法,解决了前驾驶船舶转向时机容易把握不准的难题。故开航前要对其误差和限制有充分了解,切不可过分依赖。

(3)引航员对甬江内各个航段的航道走向要熟记于心,离泊后要完全把船身拎直,使船舶的航迹向顺着航道走向航行。

(4)掉头过程中若后退速度过大,缆机松缆速度小于后退速度,头缆一直处于绷紧状态,或受顿力夹进缆机,都会导致头缆无法顺利解掉。要注意观察船舶横向叠标,控制好后退速度,另外在离泊前和在船首的大副充分沟通,一旦出现以上情况,果断采取相应措施,防止危险局面进一步发展。

(5)掉头完成后速度较低,受风流影响大,会遇态势还不清晰,主机状态还没有稳定,故拖船解掉后,让其跟随本船航行一段距离后再驶离。

5.2.5 单拖协助小型化工船涨流离台塑1-2码头

1)泊位简介

台塑码头(坐标为29°55′57″N/121°53′45″E)位于穿山西口左岸,协和石化码头西侧,码头走向为285°~105°。

二线码头"化1"泊位为南北侧各一个泊位(双靠),南侧泊位设计船型为1 000~3万吨级,泊位长260 m;北侧泊位设计船型为2 000~5万吨级,泊位长310 m。码头由工作平台1座、系缆墩12座组成,为便于船舶系缆,工作平台设有下层系船柱;码头前沿设计水深北泊为13.9 m,南泊为12.1 m。

2)潮流特点

(1)该水域为不规则半日潮,落潮流大于涨潮流;涨流主流向一般在270°~289°之间,落流主流向为091°~110°;落潮流历时一般8 h左右,涨潮流历时一般4.5~5 h。

(2)一般情况下台塑码头水域镇海高潮时初落,镇海低潮后2 h初涨;但该泊位潮流受潮汛大小及风的影响较大,小潮汛加上西北风可能终日无涨流。

3)引航难点

(1)泊位东端引桥距离船首仅180 m左右,港池南北宽度约346 m,旋回空间受限。

(2)在遇到吹开风、平水或落流的情况时,若依旧采用传统向右掉头的方法,船舶在风流共同作用下,向东端引桥压拢,存在较大风险。

4)限制条件

(1)风力≤10.7 m/s;

(2)流速≤1 kn;

(3)能见度≥1 000 m;

(4)涨流靠、涨流离,禁止镇海高潮至镇海低潮时段靠离;

(5)仅限白天靠离泊;

(6)在公共港池内不允许有2艘(包括2艘)以上船舶靠离泊作业;

（7）船长≥100 m 时配备 2 艘拖船，船长为 80～100 m 时配备 1 艘拖船。

5）引航实例

H 轮船长 97 m，宽 16 m，载质量 3 851 t，满载吃水 5.4 m，实际前后吃水 2.6 m/4.4 m；计划 1100 台塑 1-2 码头离泊至金塘北。

水文气象条件：农历初八，镇海高潮时 1405，潮高 215 cm；风向 NW，风速 7～9 m/s。

1045 登船前，观测到头缆缆桩距离船首约 30 m，船尾受风面积大，受吹开风影响，首尾缆绳处于较吃力状态。登船后升引航旗，挂掉头球；风速仪显示左后八字来风，风速 7～9 m/s；目测港池内微涨流，流速 0.2 m/s。

1100 查看引航卡，和船长交流离泊方案；拖船带右船尾，带妥后到驾驶台下方微速顶，计划向左掉头；船长告知右锚 2 节入水，方向 5 点钟。

1105 报告 VTS 申请离泊，发布航向动态；考虑到开风明显，涨流微弱，开始解头缆和尾缆；船首锚链保持得力状态。

1108 解尾倒缆，船首留一根首倒缆在缆车上。

1110 船尾缆清，拖船朝后方向松缆准备拖（位①）。船微速退，一是可以检验倒车的性能，二是能够克服拖船松缆过程中尾八字风对船的影响；车开出后，解首倒缆。

1111 船首清爽后，开始绞锚，提前交待船长右锚绞到 1 节甲板后刹住；船尾拖船方向朝后慢车拖，保持 1～1.5 kn 退速。在锚链横向分力和拖船作用下，船舶平行离开码头，注意尽可能保持船身与码头平行。

1116 船首锚链 1 节甲板刹住，船后退 1 倍船长后停车，退速 1 kn；解去船尾拖船，令其到右船首顶（位②）。左满舵进车，保持连续左转态势。

1118 船首拖船到位慢车顶，继续绞锚（位③）。观察正横方向叠标，判断后退速度大小。控制好船首与码头距离，适时停车。

1120 锚离底；船首双锚应急备便；下令航向 280°把定，降掉头球及锚球；船首拖船解掉后跟随本船右侧出港池（位④）。

1123 驾驶台平台塑 2-2 码头泊位西端（位⑤），速度 5 kn，下令右舵 10，保持本船在 2-2 码头泊位 1.5 链距离外通过（位⑥）。

单拖协助 H 轮涨流期间离泊台塑 1-2 码头示意见图 5-9。

6）注意事项

（1）台塑码头特殊的地理位置导致潮流受潮汐大小影响明显，离泊前应仔细核对现场潮流和预计的差别。

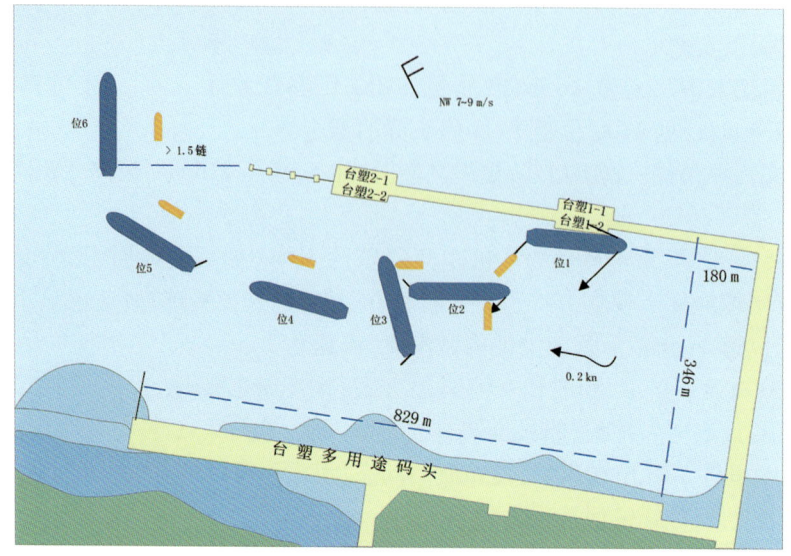

图 5-9　单拖协助 H 轮涨流期间离泊台塑 1-2 码头示意

（2）驾引人员根据现场情况调整引航方案，并将操作思路在开航前告知船方和拖船，以取得对方的有效配合。

（3）尽量使用拖船提供后退速度，少用倒车，减小倒车致偏影响，确保在港池中心线以北位置掉头。

（4）为了与泊位东侧引桥保持足够安全距离，船舶后退足够距离是关键，在船舶后退 1 倍船长之前，若右锚已经绞到 1 节甲板，可先刹住拖锚后退，等待船尾拖船解掉后到右舷船首顶。

（5）综合考虑风、流对本船的主要影响因素，如果涨流明显，建议拖船带在右舷艉部，采用甩尾拉首向右掉头的操纵方法。

5.2.6　单拖协助小型化工船离大榭万华化工码头

1）泊位简介

烟台万华 1#泊位（地理坐标为 29°57′11″N/121°57′06″E）位于大榭岛西北部，西邻万华 5 万吨级煤盐码头，东邻万华 2#液体化工泊位。

码头按 5 万吨级高桩墩式结构设计，长度 330 m，主要由 1 个万吨级工作平台、2 个千吨级工作平台、4 个靠船墩、4 个系缆墩、2 座人行桥墩组成。码头走向为 47.4°~227.4°，码头前沿水深 17.1 m。

2)潮流情况

大潮汛时,镇海高潮前2 h左右码头边初落,镇海低潮前2 h到低潮时流速达到极值,最大流速可达3 kn左右,随后流速逐渐减弱;镇海低潮后2 h左右到镇海高潮前2 h,码头边可能有微涨流。

小潮汛时,镇海低潮前落流较为明显,低潮时码头边可能就已平水;涨流时间类似于大潮汛,流速较小。

3)引航技术要点

(1)由于其特殊的地理位置,泊位边潮流复杂多变,落流时段呈现压拢特点,涨流起止时间和时长受潮汛大小及风的影响,规律较难掌握,对引航员现场应变能力要求高。

(2)靠泊时建议抛3节以上锚链,为吹拢风情况下离泊提供足够的向外拉力。

4)限制条件

(1)实测风力≤10.7 m/s;

(2)能见度≥1 000 m;

(3)仅限白天离泊。

5)引航实例

C轮船长115 m,宽16.8 m,载质量5 694 t,计划1400离万华1#泊位,当日农历初十小潮汛,镇海低潮时1226,潮高169 cm,风向NE,风速8 m/s。

1345登船,和船长进行离泊前交流,查看引航卡,前吃水5 m,尾吃水5.4 m,船首侧推器不可用,右锚3节入水,4点钟方向。观察右后八字来风,风速8 m/s左右,泊位边顺流,流速0.5~1.0 kn。考虑到船舶空载,船尾受风面积大,船首锚链长度较长,决定将拖船带在右船尾。单拖协助C轮离泊大榭万华化工码头示意见图5-10。

1400拖船带妥,保持微速顶,报告VTS申请离泊,同时解头缆和尾缆,交待船长尾缆离桩后迅速绞起,以防缆绳漂进螺旋桨发生绞缠,头缆离桩后船首稍有右偏,船尾拖船即可松缆到拖位。(位①)

1406解尾倒缆,船首缆车上留一首倒缆,锚链始终保持不受力状态。

1409船尾缆绳清爽,拖船朝后45°松缆,拖船到位后船首解首倒缆,随后开始绞锚,控制好船尾拖船的拖拽力度,始终保持内当受流状态。(位②)

1417船舶横距70 m时锚出水,右满舵微速进,航向270°把定后解拖船。(位③和位④)

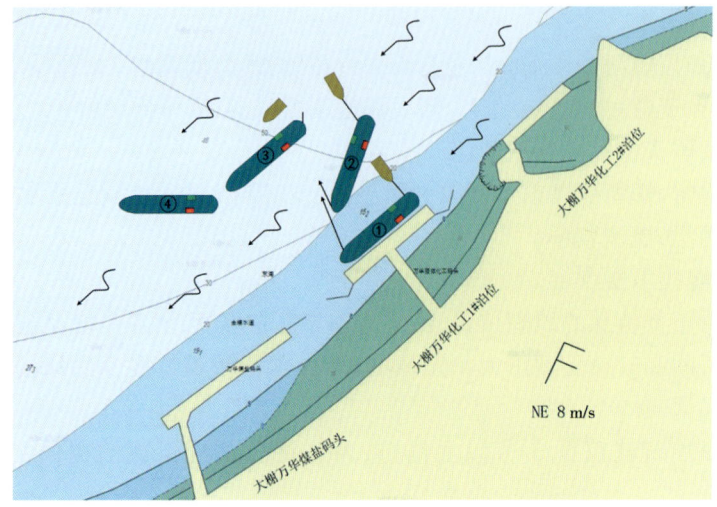

图 5-10　C 轮离泊大榭万华化工码头示意

6) 注意事项

(1) 风流要吃准,把握好潮流方向是成功的第一步,不可一味选择落流靠离方案。一般在登船前会收到烟台万华调度发送的潮流预报短信,可以结合现场情况综合考虑,制定切实可行的引航方案。

(2) 鉴于该码头的结构特点,船舶驾驶台位置一般处于主泊位靠垫后端,船尾拖船顶的位置与靠垫不在同一法向线上,头缆解掉后船首很容易向外撇出,为了防止船尾触碰码头,一方面拖船在头缆离桩后即可松缆;另一方面解首倒缆前右锚应始终保持不吃力状态。

(3) 提前了解船舶装载状态,合理调配拖船类型,以防拖船干舷较高无法带拖缆的情况发生。

5.3　中型船舶靠泊技术

5.3.1　中型集装箱船掉头靠信业码头

1) 泊位简介

信业码头(地理坐标为 29°55′09″N/121°55′27″E)位于大榭岛西南部,穿山水道(黄峙江)西口。为 2 万吨级多用途码头,结构为高桩梁板式。现有两个泊位,每个泊位长 240 m;码头靠把为 1000H(标准型)鼓型橡胶护舷 18 组,平均间距约

14 m,且每组之间有半圆型橡胶护舷;泊位走向 160°~340°,泊位前沿设计水深 12.5 m。

2)潮流特点

码头前沿以往复流为主,属不正规半日浅海潮,涨潮流历时 5.5~6.0 h,流向约 340°,落潮流历时 6.5~7.0 h,流向约 150°,急落流速大于急涨流速,泊位西北端呈压拢状。一般情况下镇海高潮时初落,镇海低潮后 1.5~2.0 h 初涨,受潮汛大小及风的影响,转流时间会提前或推迟。

3)限制条件

(1)能见距离≥1 n mile,实测风力≤13.8 m/s,富余水深≥0.5 m。

(2)靠拢角度≤5°,靠拢速度≤15 cm/s。

4)引航难点

(1)穿山西口航道狭窄,同一时段仅允许船舶单向通行;转向点折角大,船舶短距离内需大角度转向,船位不能有较大偏差。

(2)泊位对开旋回空间受限,特别在强风流作用下,对拖船的协助能力和引航员的操船技能都有较高要求。

(3)防冲撞护舷质量不高,部分靠垫损坏,必须严格控制靠拢速度。

5)相关计算

(1)掉头区宽度的计算

B 轮船长 161 m,船宽 27.4 m,靠泊吃水 10 m,码头对开-10 m 等深线宽度 415 m,利用-10 m 等深线实施掉头,回旋直径约为 2.2L,该数值大于 2.0L 的规范要求。

(2)掉头时机的估算

根据流致漂移距离经验公式估算:

$$D = T \times V \times 80\%$$

式中:D 为漂移距离,m;T 为有流水域中船舶旋回 180°所需时间,s;V 为流速,通常为航道中央的流速,m/s。

B 轮船长 161 m,根据旋回实验数据显示船舶旋回 180°所需时间 T 约等于 300 s,但在拖船协助下掉头时间大为缩短,根据经验可得,掉头时间大约 3 min,按 180 s 计算;观察顺流速 0.2 m/s,一般情况下 5 级风与 1.5 kn 流相当,6 级风与 2 kn 流相当,按照实际风速 10 m/s 计算,约等于流速 0.8 m/s,综合风流速度合计 V 值取 1 m/s,可得:

$$D = (3 \times 60 \text{ s}) \times 1 \times 80\% \text{ m/s} = 144 \text{ m}$$

将拖船反应时间及操纵余量计入，则船舶应在距离泊位 1 倍船长时开始掉头。

6）引航实例

（1）船舶资料

B 轮船长 161 m，船宽 27.4 m，载质量 24 976 t，前后吃水 9.8 m/10 m；倒车功率是前进功率的 60%，侧推器功率为 850 kW（已坏）；计划 2115 靠泊信业 1#泊位。

（2）水文气象情况

农历初三大潮汛；镇海高潮时 2013，潮高 325 cm；风向 NW，风速 10 m/s。

（3）引航操纵

2030，涂泥嘴进口，速度 8.5 kn；开始减车，通知船方前后准备；预计 20 min 后即 2050 带拖船；双锚应急备便。具体操纵见图 5－11。

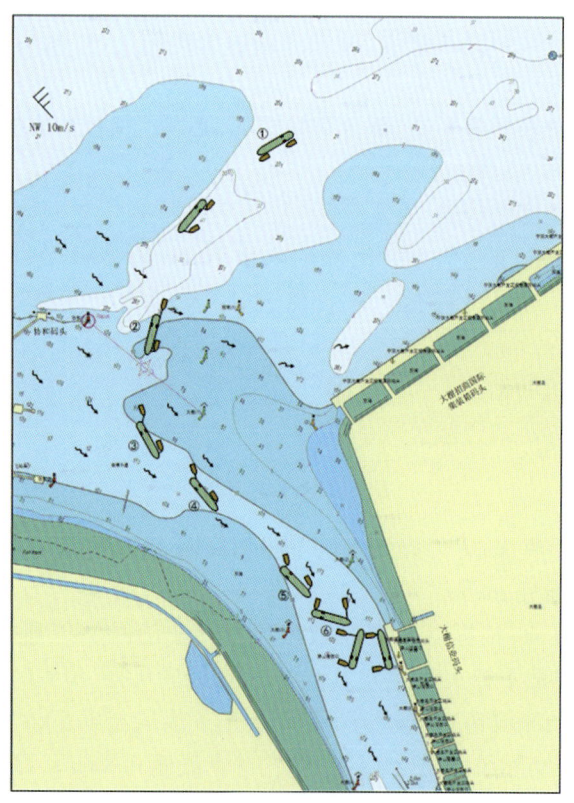

图 5－11　中型船舶靠泊大榭信业码头示意

2045，停车，航向240°，风流压10°向左，速度5 kn，与招商码头横距7.5链，前后拖船到位准备带缆。

2050，拖船带妥，为确保低速时有舵效，船尾拖船带妥后松缆跟随本船；船位尽量拉高，保持在招商1#黄浮北3链外通过。

2100，平招商1#黄浮正北（位①），航向245°，左舵20，微速进，控制ROT左10°左右；密切关注舵角指示器，预配风流压角，保持船位在协和1#红浮与穿山西口1#绿浮中线附近通过。航速5~6 kn，风流压差达10°~15°，适时正舵压舵，保持进车状态，以防失去舵效。

2105，平穿山西口1#绿浮（位②），该处受落流左压明显，很容易与绿浮横距过近，应适当提前压舵，提前拉开距离，平最南侧大榭1#绿浮后采取大幅度转向（位③），避开航道南侧渔区，舵效不好应及时加车，或改变船尾拖船拖拽方向协助转向，船首对准大榭3#红浮把定后停车（位④），航速5 kn，密切观察船舶受风流压情况，紧贴航道右侧-10 m等深线航行。

2112，正平大榭2#绿浮西（位⑤），船舶受风流压向左10°左右，短暂进车用舵，调整航向至160°把定；船位保持在掉头区2/3处，左舷离码头岸线大约280 m。

2115，距离泊位西端1.5倍船长处，航速3 kn，令左满舵。船首开始左转时回正舵。距离泊位西端1倍船长，速度2.5 kn，倒车；船尾拖船正横慢车顶，船首拖船保持正横拖位（位⑥）。由于掉头主要依靠船尾拖船的顶推完成，船舶向下游方向漂移幅度较大，注意观察岸上串视标，及时用舵进车，确保在泊位对开完成掉头。

2122，泊位对开210 m处掉头完毕，横移速度1.5 kn，保持入泊角30°，拖船适时停车，在拖船和风流压共同作用下，入泊角度逐渐减小，2倍船宽时横移速度保持0.5 kn左右，靠泊过程"控首抑尾"，于2135贴拢。

7）注意事项

（1）船舶进入穿山西口前，助泊拖船应准时在口外就位，备好双锚，以备不时之需；为减小风流压影响，进口航速保持6~7 kn为宜；穿山西口外宽里窄，呈喇叭口状，流速由外向内逐渐增强，若车速较快，可令船尾拖船向后拖帮助减速。

（2）船舶掉头前应先倒车，以防失控冲向码头；若倒车无法翻出，应暂缓靠泊，第一时间利用拖船控制好船位，适时抛锚刹速。

（3）狭窄水域转向时，容错空间小，应注意核对车舵令执行情况；一旦受风流作用导致转向困难应果断采取应对措施。

（4）航道比较窄，尽量避免两船在转向航段交会，深吃水船避免急涨急落时刻进出。

（5）设置灯浮时按照穿山东口为进口航道,从西口进口时,左绿右红,应注意辨别,不要混淆,以免走错航道。

5.3.2 5万吨级散货船急落流靠泊乌沙山码头

1）码头概况

乌沙山电厂位于象山西周镇境内,建设规模为4×600 MW,年需燃煤600万t;码头建设规模为3.5万吨级兼靠5万t船舶;码头结构为高桩梁板式,设计高程5.6 m;码头长460 m,另建有3 000吨级综合码头一座,共分为两个泊位自西向东分别为乌沙山1#泊位、乌沙山2#泊位,码头走向073°~253°,前沿水深13.5 m。

2）潮流情况

乌沙山高潮时码头边初落,乌沙山低潮时码头边初涨,大潮汛略早。主航道的初落和初涨时间比码头边晚0.5 h,即乌沙山高潮后0.5 h开始初落,乌沙山低潮后0.5 h开始初涨。

3）限制条件

（1）风力≤6级,能见度≥1 000 m,马鲛鱼捕捞季节能见度应大于1 n mile;

（2）乌沙山码头走向和流向有夹角,落潮时推开流比较大,1#泊位推开流强于2#泊位;

（3）乌沙山电厂码头第二靠泊窗口选择乌沙山低潮前1.5 h入泊,低潮前1 h靠好为宜,靠落末相较于初落更有利于稳泊;

（4）富余水深取船舶吃水的10%且不小于1 m。

4）典型船型

典型船舶资料见表5-1。

表5-1 典型船舶资料

船名	总长/m	船宽/m	吃水/m	总吨	净吨	载质量/t
N轮	199.99	32.26	10.70	28 757	16 104	44 069

5）5万吨级散货船急落流靠泊操纵

以重载煤船N轮为例：当日农历十六大潮汛,乌沙山高潮时间0906,潮高499 cm;低潮时间1427,潮高12 cm;东南风4~5级,计划1300靠泊乌沙山2#泊位。象山港大桥至码头前沿水深均在12 m以上,万礁至鹊礁之间有约长

2.5 n mile 海图最小水深为 10.8 m,考虑到该水域风浪很小,海床、水深比较稳定,富余水深可按下式计算:

$$富余水深 = (海图水深 + 潮高) - (船舶吃水 + 船体下沉量)$$

富余水深为船舶吃水的 10%且不小于 1 m,船体下沉量根据《英版航海手册》经验公式下沉量 $= C_b V^2/100$ m,顶流进港航速取 7 kn,方形系数 C_b 取 0.68,下沉量为 0.33 m,船舶吃水 10.7 m,若满足富余水深为 1.07 m 前提下,潮高须在 1.3 m 以上。船舶航经该水域时约 1115 左右,当日高潮时 0906,潮高 499 cm,低潮时 1427,潮高 12 cm,通过逐时潮汐表查得当时该水域潮高约 340 cm,满足富余水深要求。

位①:1200 过大猪娘礁开始控制航速,船首向对着码头航行,航向 230°左右,纵距 1 n mile 速度控制在 5~6 kn;

位②:1220 在 4819 船厂码头对开带妥拖船,航速 5 kn 左右,航向 235°左右,初期用船尾拖船朝后拖来降速;

位③:1235 航速 3~4 kn 保持 2 链通过乌沙礁水域,航向 235°左右,过乌沙礁停车后注意舵效,2#泊位东端至乌沙礁是危险区域,要盯牢船首和船舶矢量线;

位④:1250 距泊位一倍船长余速 2 kn 以下,入泊角不宜太小,航向控制在 235°~238°之间,尽量使船首与 1#泊位西端不要开视,倒车拉停后前拖以顶推为主,一旦出现船首横移偏快可用后拖加车来调整入泊角,时刻注意右前拖船减车后船首横移速度的变化,不宜减车过早,1315 左右贴拢码头为佳。具体操纵过程见图 5-12。

6)注意事项

(1)因码头走向与岸线成 15°~20°夹角,靠泊时码头边有较大推开流,尤其乌沙山 1#泊位最为明显。考虑到泊位对开靠泊横距在 0.9~1.0 链,靠泊时即使前面的拖船全速顶推,船首也很难顶进,还需大船用车舵配合。靠泊时入泊角虽不宜太小但最好不大于 20°,否则一旦被流压住再加上拖船的顶推,容易造成船首急速转向码头造成危险(船首拖船松缆都来不及)。

(2)假如入泊前余速过快,可用尾拖向后拖来刹减船速(既有利于控速,又不会因倒车而破坏船位),根据潮流、余速、船况、大船主机倒车功率等来选择拖力大小,要逐级增加拖力,防止拖船主机负荷过大或断缆;也可在入泊前将船倒停或略有退速,再重新进车靠泊,既可以重摆船位又不会产生较快前冲速度。

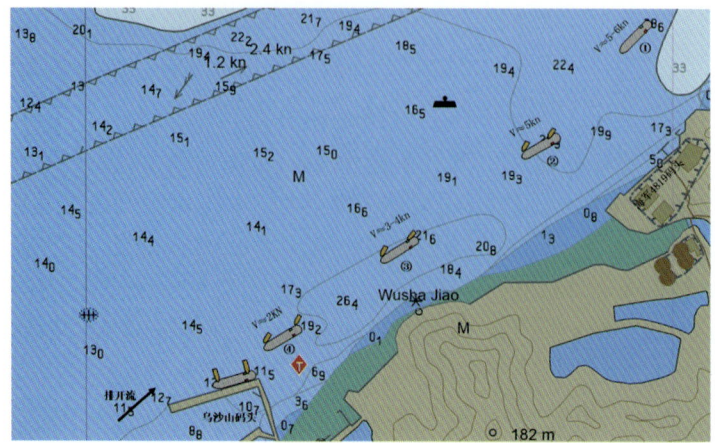

图 5－12　5 万吨级散货船靠 2#泊位操纵过程

（3）靠泊乌沙山电厂码头对潮时要求较高,急落流或涨流都不宜靠泊。接到任务后建议核对被引船船位,如果被引船舶在东磨盘礁港外候潮锚地抛锚,建议发车时就通过话台联系船舶,防止船舶不能及时抵达登船点而错过靠泊潮时。

（4）靠泊乌沙山电厂码头时,建议乌龟山对开就联系拖船,告知对方确切带缆时间。

（5）1#泊位带缆时前后最好多加一根横缆(由 4－2－2 改为 5－2－2 或 4－3－2)。

5.3.3　5 万吨级散货船靠泊国华电厂码头

1）码头概况

国华宁海电厂位于象山港顶部宁海县桥头胡区强蛟镇境内,一期工程装机容量为 4×600 MW,年需燃煤 600 万 t,建有 2 座 3.5 万吨级卸煤码头和 1 座 3 000 吨级综合码头。二期工程建设规模为 2×1 000 MW,年需燃煤 410 万 t,建有 5 万吨级卸煤码头 1 座和 3 000 吨级综合码头 1 座,一期码头总长 489 m,二期码头建在一期的向西延伸线上,长度 273 m,宽 28 m;泊位从西向东分别为 3#、1#、2#布置。国华电厂 1、2 泊位布置见图 5－13。

码头结构为高桩梁板式,设计高程 6.2 m;码头走向 080°～260°;码头前沿水深 13.5 m;作业标准为风力≤6 级,能见度≥1 000 m,马鲛鱼捕捞季节能见度应大于 1 n mile。

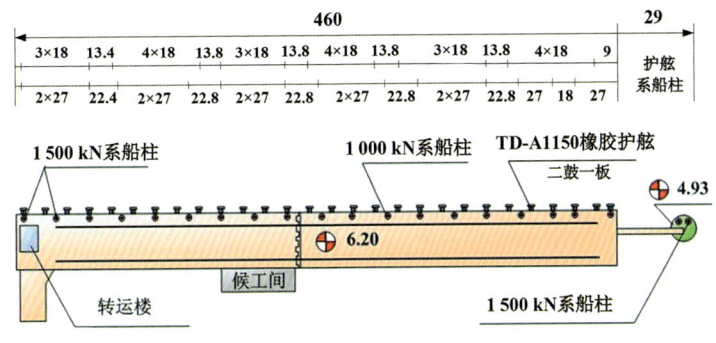

图 5-13 宁波国华电厂 1、2 泊位布置

2)潮流情况

大潮汛期间强蛟高潮时码头前沿开始转流,中潮汛期间强蛟高潮后 0.5 h 码头前沿开始转流,小潮汛期间高潮后 1 h 码头前沿开始转流;强蛟低潮后 1 h 左右初涨,大潮汛略早。

(1) 1#泊位码头边流向比较平顺。

(2) 2#泊位靠近分水礁,落流船尾压拢,涨流船尾推开。

(3) 3#泊位(也称二期一泊),落流船首推开但是流速不大,大潮汛时船首比平时多带一根横缆,即船首 4-1-2,船尾 4-2。

3) 富余水深计算

进出港船舶主要利用自然水深,3.5 万吨级船舶采取候潮进港的方式,主要控制点为港外的外干门浅段和港内的白石山浅段和历试山浅段。

外干门浅滩由船长自引通过,一般算好潮时、潮高并提早一天在高潮位时通过,然后在铁礁外抛锚等待进港,也有候潮直接进来的。

港内建有宽度为 300 m 的 3.5 万吨级双向航道,水深大部分都在 10~12 m 以上,但存在两处浅段:

第一段:位于白石山浅段,自宁电 2#浮向西长约 0.75 n mile,水深约 9.6 m;

第二段:位于历试山浅段,宁电 3#浮东北侧 0.2~0.4 n mile 的水滴状浅区,最浅水深约 9.8 m。

考虑到该水域风浪很小,海床、水深比较稳定,富余水深可按下式计算:

富余水深 =(海图水深 + 潮高)-(船舶吃水 + 船体下沉量)

以通过白石山浅段为例,富余水深为船舶吃水的 10% 且不小于 1 m,船体下沉量根据《英版航海手册》经验公式下沉量 $= C_b V^2/100\,(\mathrm{m})$，顺流进港航速取 10 kn，方形系数 C_b 取 0.68，下沉量为 0.68 m，若船舶吃水取 10 m，则得出安全通过浅段潮高为 2.08 m。

因此，在进港船晚到或进港过程中由于其他原因不能准时靠泊时，引航员要提前判断是否有足够富余水深通过上述浅段。

4）引航操纵

以重载煤船 M 轮为例：船长 189.99 m，船宽 32.26 m，载质量 44 849 t，前后吃水 10 m，当日农历十六大潮汛，强蛟高潮时 0908，潮高 543，东南风 4~5 级，计划 1000 靠泊国华 2#泊位，引水登船时间为 0730。

位①：0915 宁电 3#浮对开航向 280°，航速 6 kn 左右，拖船就位开始带拖船，此时距泊位 1.2 n mile 左右，停车淌航并密切注意船首偏转趋势和船舶矢量线变化；

位②：0925 航向 280°，航速 5 kn 左右，此时拖船已带妥，因航道上仍有较弱涨流余速下降缓慢，可令船尾拖船朝后拖来刹减余速；

位③：0935 船尾清爽分水礁，航向 270°，航速 3 kn，左满舵进车拉近与码头的距离，此时船尾拖船回到顶位随时准备加车顶推抑制船首左偏态势；

位④：0940 航速 3 kn 左右，此时船舶处于大幅左转状态，当船首转至 1#泊位前端时回舵，并操右满舵抑制船首左偏趋势，若船首偏转下降缓慢应果断加车并让船尾拖船加车顶推；

位⑤：0945 此时船首已稳住，余速 3 kn 以下，关注矢量角度和整体压拢速度，可用尾拖顶推来减小入泊角，使船首有向外偏转趋势即可；

位⑥~位⑦：码头前沿落流明显，此时须提防船尾快速压拢，抓头防尾，控制横移速度，鉴于拖船马力较小起拖时间不宜太迟，1000 左右贴拢码头。

5 万吨级散货船靠泊宁海国华电厂码头操纵过程见图 5-14。

5）注意事项

（1）引航员登离船区域在象山港跨海大桥外 2.8~3.8 n mile。

（2）象山港大桥区域（两侧各 3 000 m）限速顺流 12 kn，顶流 10 kn。

（3）万礁西侧有一汽车轮渡横越航道，航行到此应控制好船速，加强瞭望和通讯联络。

（4）由于各种客观原因迟到，此时落流较急通过分水礁余速不宜太慢，一般控制在 4 kn 左右，控制船位靠近航道北侧，防止通过分水礁时大角度向左压拢。

（5）位③~位⑤转向角度多达 30°，此时外侧落潮尚不明显而码头前沿已有

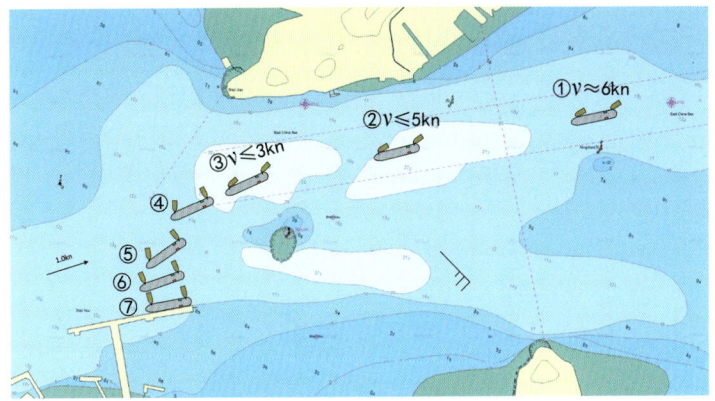

图 5-14　5万吨级散货船靠泊宁海国华电厂码头过程

落流,须提防因入泊角度太大时船舶在首尾受流不一致的情况下加速左转。

(6) 每年 4~5 月马鲛鱼捕捞季节、开渔期前后、夏季台风、冬季大风来临及一些大的节日期间大量渔船集中回港时,在宁电 3#浮至分水礁一段航道上会有渔船锚泊阻塞航道。通航环境复杂时唯一的办法是减速航行,船速控制在 5 kn 左右,加强瞭望,增派了头备锚航行。上船前要了解航道情况,若非常复杂或视线很差,不宜贸然进口。

(7) 渔船的动态要看清、判断正确,应走准航道,避免偏离航道发生法律责任事故。渔网一般 50 m×30 m,连在一起,长度 500~1 000 m,两头有小旗作标记,一头有小船管理,一头漂移;一种网在水上,一种网在水下(水深 3 m 以下);渔网分布最多在鹁礁附近。进出港船舶应尽量保持在经海事公布的航道上航行,若在航道上遭遇渔网和渔船,应停车淌航通过,保障大船和渔船渔民的安全。

5.3.4　巴拿马型散货船靠北仑矿石码头里当

1) 码头概况

1982 年北仑港区 10 万吨级矿石中转码头建成,宁波港实现了从河口港到海港的第二次跨越,自此北仑矿石码头就成为华东沿海最重要的矿石中转码头之一。北仑矿石码头有两个卸船泊位,四个装船泊位,其中 1#泊位是 10 万吨级卸船码头,2#泊位是 20 万吨级卸船码头,3#、4#、5#泊位是 2.5 万吨级装船码头,6#泊位(2#泊位里当)是 5 万吨级装船码头,其中 6#泊位距 4#、5#泊位一线仅 585 m。

6#泊位码头走向为 108°~288°,码头水深为 13.5 m。

2）潮流情况

北仑矿石码头水域镇海高潮时初落,镇海低潮后 2 h 初涨,北仑矿石码头 6#泊位允许船舶在镇海高潮至镇海低潮时段靠、离泊。

3）操纵难点

（1）港池口子宽度只有 600 m,6#泊位里当距南侧建龙钢厂码头仅 420 m,船舶操纵空间有限。

（2）进港池时船舶会受到横流影响,急流时要在近距离内完成大角度转向存在困难。

（3）港池口子转进来就是泊位,淌航水域极小。

（4）靠泊船都是空载,特别是船首吃水更小,对拖船响应过于明显,不易控制。

4）引航实例

某日为天文大潮,镇海低潮时 1700,潮高 8 cm,某巴拿马型散货船 A 轮计划 1700 靠泊一期 6#泊位。A 轮船长 225 m,船宽 32.26 m,艏吃水 3.5 m,艉吃水 5.0 m,总吨 41 779,净吨 25 944,载质量 76 413 t。

（1）靠泊前准备

引航员 1600 在涂泥嘴附近登船,登船前要查看船舶吃水情况。

登船后,引航员查看引航卡、船舶资料,跟船长交代引航方案,带拖船的时间以及带拖位置等。引航员向交管中心报告动态,询问港池是否有其他相关船舶靠离泊,同时询问拖船调度,了解拖船有关情况。

逐级减车,1630 在距港池口子 1 n mile 时,速度控制在 5~6 kn,准备带拖船。

（2）操纵要点

巴拿马型散货船靠泊北仑矿石码头里当装船码头船位见图 5-15 所示：

位①：距港池口子 0.5 n mile,航向 240°,速度 4~5 kn,左舷首尾带好拖船,船尾拖船带好后,可适当松缆跟随,便于把定。因正值镇海低潮时,金塘水道落流较为强劲,船首可暂时对着一期 2#泊位西端航行。

位②：1640 船首平港池口子,速度 4 kn 左右,操右舵转向,此时要密切注意船首转头率变化,如果出现转向困难,船首拖船要及时顶推。右转时也要避免转向过快,很容易造成入泊横距过小,未到位置就被潮流压上码头。

位③：转向基本完成,船首平泊位西端,距码头横距 1 链左右,速度 3 kn 以下,适时倒车。此时要注意控制船首向右的转头率,保持合适入泊角度,避免流压过大。如果余速过快,要及早倒车,倒车过程中要提防倒车偏转效应。

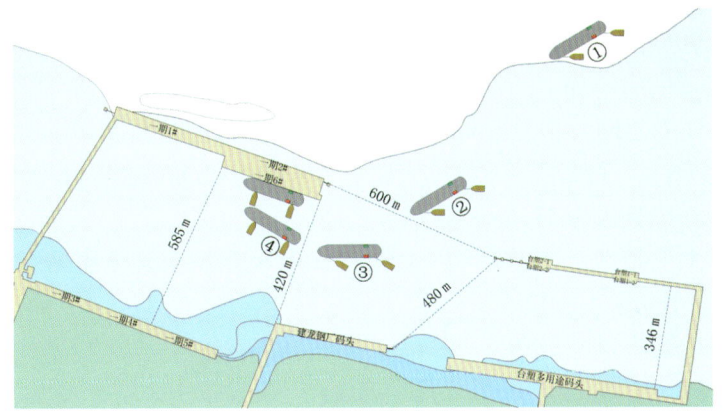

图 5-15　巴拿马型散货船靠泊北仑矿石码头里当装船码头示意

位④：泊位对开,拉倒车基本倒停船舶,因落流较急可保持适当进速,调整拖船顶推,"抓头防尾",做到平行靠泊,1700贴拢码头。

5）注意事项

（1）登船要准时,登船后要及时了解港池相关船舶动态,进港池口子之前必须带好拖船,备妥双锚。

（2）因靠泊船都为空船,盲区较大,船舶进港池时给驾引人员的视觉冲击较大,要克服思想上的恐惧,注意控制进港池速度,不要过快,必要时用船尾拖船协助减速。

（3）进口子前注意流压影响,及时核对船位,避免在进口子时停车,避免与东边台塑码头过近,防止落流把船舶压向台塑码头西端。

（4）进口子转向可采取分步转向完成,避免直接垂直港池口子进口。如果出现转向困难时,要及时使用拖船。

（5）因船舶空载,干舷较高,受风影响较大,夏季东南风大时要注意,拖船松缆起拖需一定的时间。

（6）如果船舶对拖船响应过于明显,当横距为1~2倍船宽时,可以考虑抛左锚1节入水,用拖锚靠泊有利于安全。

5.3.5　巴拿马型油船直靠和掉头靠泊信源码头

1）码头概况

信源码头2#泊位位于大榭岛北端,位于已建中油30万吨级码头西北侧、涂泥嘴东南侧岸线附近。泊位总长度为 325 m,其中平台长 210 m、宽 22 m,平面布置采用"一大兼二小"的大平台方案,即当不靠泊大船(5 万吨级)时可以满足 2 艘 5 千吨级船舶同时靠泊作业。码头前沿线方向角 152.75°~332.75°,码头 VHF 联系方式为 CH 73。码头前沿为泥沙底质,但水深变化梯度大,距离码头 200 m 处的水深约为 70 m。码头前沿水深均大于设计水深 15.5 m(85 高程二期),回旋水域水深均大于设计水深 17.5 m(85 高程二期)。

由于该码头地理位置特殊,码头附近潮流十分复杂,交通流密集,交通态势复杂,船舶的靠泊操纵难度较大。

2) 潮流情况

2018 年 10 月 24 日至 11 月 3 日宁波海洋环境监测中心站在码头前沿共设置了 5 个定点潮流观测点分别对大、中、小潮的潮流观测,其中码头前沿水域约 50 m 处分别布设了 4 个测站,为 S_1、S_2、S_3、S_4,在码头中前方约 150 m 处设置一个测站 S_5,见图 5－16 所示。

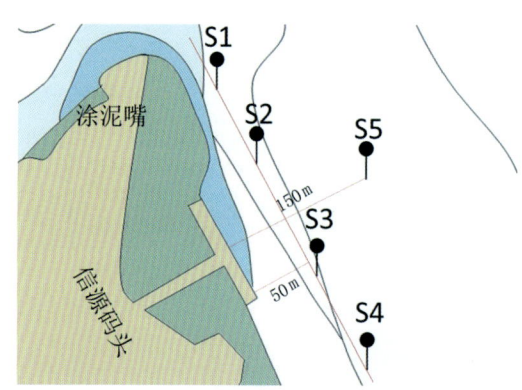

图 5－16　信源码头潮流定点观测站点

测站 S_5 离泊位有一定距离,因此选取泊位附近的 S_1、S_2、S_3、S_4 等 4 个测站的潮流数据进行分析。经测算模型分析,该水域潮流性质为不规则半日潮类型,往复流特征明显,而涨潮流历时明显长于落潮流历时,尤其是码头西北侧水域在大、中潮汛期间历时差异尤为明显。各测站的最大涨潮流流速均大于最大落潮流流速,南侧 S_3、S_4 站的落流流速多数小于 2.0 kn(103 cm/s),北侧 S_1、S_2 站落潮流流速小于 2.0 kn;而涨潮流明显要大,垂向平均流速大于 2.0 kn 出现场合有 15.7%~31.6% 的比率,且 S_2 站有出现 4 kn 以上流速(中潮汛时达 5.4 kn)。

根据现场观测,潮流初步总结如下:

(1) 码头边涨流和落流均为压拢流,涨流时间明显长于落流时间,涨流流速大于落流流速。由于其特殊的地理位置,受涂泥嘴挑流和螺头水道往复流的共同作用,泊位对开 1~3 链水域涡流区变化很快,经常出现涨落涨和落涨落的现象。

(2) 根据潮汐表比对,镇海潮时较该码头大约晚 45 min 到 1 h,大潮汛时提前、小潮汛时推迟。以镇海潮汐为基准,镇海高潮前 1 h 左右码头边开始产生较明显的回流形成的落流,且压拢,高潮前 0.5 h 附近曾观测到最大落流流速 1.5 kn,高潮时流速趋缓。高潮后 0.5 h 码头边落流又开始逐渐增强,码头对开 80~100 m 落流最大可至 1.5~2.0 kn。由于地理位置的原因,该码头前沿的表层流在夏季容易受连续偏南风影响而可能不会出现落流,甚至表现为涨流,但涨流流速较缓。镇海高潮后 1.5 h,码头至中油大码头一带水域观测到 60°左右近 1 kn 压拢流。高潮后 2 h 左右由于回流原因码头边出现涨流,高潮后 3.5 h 左右达到最大值,码头边南端 1 kn、北端 0.5 kn,后开始趋缓至低潮前 1 h 码头前沿基本平流,随后微涨。

(3) 低潮前 0.5 h 至低潮后 0.5 h,总体"南涨北平",码头边中部至南端涨流明显,最大近 1 kn,码头对开涡流区向北推移,对开 0.2 n mile 落流近 1 kn。低潮后 1 h 主流场落流总体趋缓,码头边涨回流减缓。低潮后 1 h 至 1.5 h,涨流开始增强,S_5 测站附近一带涨流较急,码头边涨流相对较小。低潮后 1.5 h 主流场开始转涨流,码头前沿水域已整体涨潮流。随后一直到高潮前 1 h 码头边均为压拢涨流,高潮前 3 h 码头边涨流 2 kn 左右,压拢角度为最大。

3) 最佳靠泊窗口

建议镇海高潮后 0.5 h 左舷靠泊为主,镇海低潮后 1.5 h 右舷靠泊为辅。如遇连续偏南风影响,镇海高潮后 0.5 h 的左舷靠泊可以推迟 0.5 h 左右。

4) 面临的困难

(1) 大榭东岸码头群潮流本就复杂多变,该码头又紧邻涂泥嘴,地理位置特殊,潮流变化更加复杂。

(2) 该码头投产不久,引航员对该水域附近的潮汐特点、潮流规律不太了解,在靠泊操纵时可能会存在误判。

(3) 码头附近交通流密度大、通航态势复杂,不论左靠还是右靠,靠泊过程都会与相关船舶产生影响,操纵上存在较大的难度。

(4) 靠泊船多为空船,5 万吨级的重载靠泊船较少,引航员操纵经验的积累有限,且多数引航员没有该码头的引航经历。

5) 巴拿马型油船左舷直靠大榭中油信源码头

以某中国籍 D 轮为例,该轮船长 224.9 m,船宽 35 m,吃水 11.9 m,总吨 39 828,净吨 18 901,计划 1430 靠泊,当日镇海高潮时 1355,潮高 373 cm,3 艘港作拖船协助左舷靠泊。具体靠泊操纵见图 5-17。

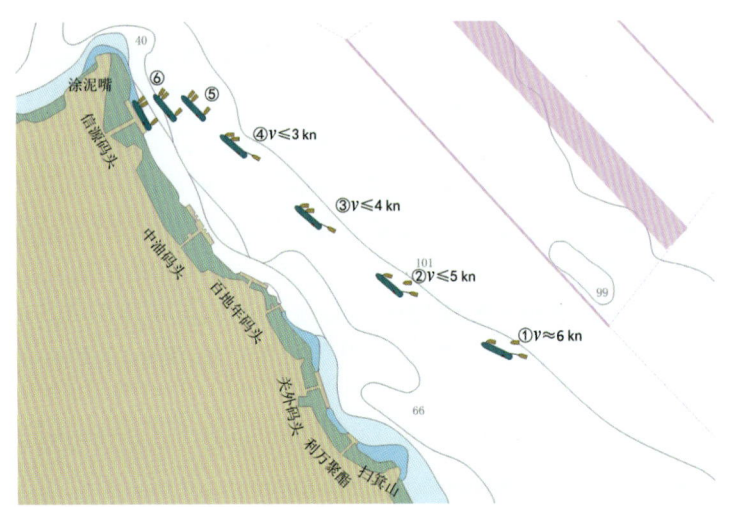

图 5-17　D 轮左舷靠大榭中油信源码头示意

(1) 靠泊前的准备

外轮一般在虾峙门东口登船,国轮可选择在摘箬山南为佳。引航员上船前,注意查看船舶吃水情况。

引航员上船后,查看引航卡、船舶资料,与船长交流船舶操纵性能,向船长介绍引航方案,交代拖船带缆时间和地点、拖船带缆位置等。提早联系拖船调度确认助泊拖船以及带缆时间、位置等。

(2) 操纵要点

船位过了 2 号警戒区之后逐步减速,在靠泊前三刻钟即 1345 左右到达螺头角,速度 7~8 kn。提前报告交管、发布动态,争取出口船配合,尽量及早穿越航道,进入沿岸通航带,以利于控制船位,准备右舷首尾带拖船。过实华 1#泊位,距泊位 2 n mile,横距 4~5 链,速度 7 kn 左右。此时,艏、艉拖船须带好,右尾拖船可朝后松缆跟着,必要时协助减速。第 3 艘拖船可暂时跟着机动,过实华 3#泊位后适时停车淌航。

具体靠泊操纵见图 5-17 所示。

位①：扫箕山对开控制横距 3~3.5 链，速度 6 kn 左右。

位②：关外码头对开，距泊位 1 n mile，速度 5 kn 左右。

位③：百地年码头对开，距泊位 8 链，控制横距 2.5 链左右，速度 4 kn 以下，此时可把第 3 艘拖船带在右首第二个位置。如此时速度依然较快，应让船尾拖船及时起拖。

位④：过中油码头，横距 2.0~2.5 链，速度 3 kn 以下。如果速度过快，过中油码头后可适时拉倒车，余速得到有效控制后让船尾拖船回到顶位。

位⑤：接近泊位对开，横距 2 链左右，拉倒车基本倒停船舶，可保持略微进速。

位⑥：横距 1 链，基本对好位置，运用首尾拖船控制横移速度和靠泊角度，做到平行靠泊，1430 左右贴拢码头。

（3）左舷直靠注意事项

①顺流进口，靠泊前主航道依然是涨流，重载船顺流减速困难，注意要及早减车控速。

②提前联系拖船，通常到 3 号警戒区时拖船要到位，特别是船尾拖船要早带，可协助减速，拖船未带妥切勿入泊。

③3 号警戒区附近过往船舶较多，应尽快择机穿越，但航速不宜过快，尽量与出口船会绿灯，必要时寻求交管协助。如果螺头角进口时速度依然过快，可以先转向进口至 3 号警戒区后再大角度穿越，这样既利于航行避让，又多了两个大角度转向，利于控速。

④重载船舶进入沿岸通航带淌航过程中易受不均匀流场影响，这个过程中流压忽左忽右，船首不易把定，当出现明显偏转时应及时用车舵抑制，必要时用拖船协助，让船尾拖船向后起拖，以抵消进车时的增速。同时注意进入沿岸通航带后，流压变化较大，应及时应对，要控制合适横距，避免过开，也不能太近，中油码头对开时控制 2~3 链为宜。

⑤小潮汛时，落流来得晚，整个淌航过程都可能是顺流，重载船减速很慢，可用船尾拖船向后拖以协助减速。码头对开还可能会遇到顺流，要根据流况控制入泊角度，正常拢泊困难时要及时改成负角度入泊。

⑥码头两端消防炮位置离船首尾很近，稍有角度即有触碰危险，要做到平行靠泊。

6）巴拿马型油船右舷掉头靠大榭中油信源码头

以某国轮为例，该轮船长 230 m，船宽 38 m，吃水 8 m，总吨 39 291，净吨

22 002,计划 1715 靠泊,当日镇海低潮时 1542,潮高 90 cm,镇海高潮时 2143,潮高 313 cm,使用 3 艘拖船协助掉头右舷靠泊,具体靠泊操纵见图 5－18。

（1）靠泊前的准备

外轮一般在虾峙门东口登船,国轮可选择在摘箬山南为佳。引航员上船前,注意查看船舶吃水情况。

引航员上船后,查看引航卡、船舶资料,与船长交流船舶操纵性能,向船长介绍引航方案,交代拖船带缆时间和地点、拖船带缆位置等。提早联系拖船调度确认助泊拖船以及带缆时间、位置等。

（2）操纵要点

螺头角转向后开始减车,以靠泊前三刻钟到达位 3 号警戒区南端为宜,速度 8～9 kn,发布船舶动态,此时拖船应到位。

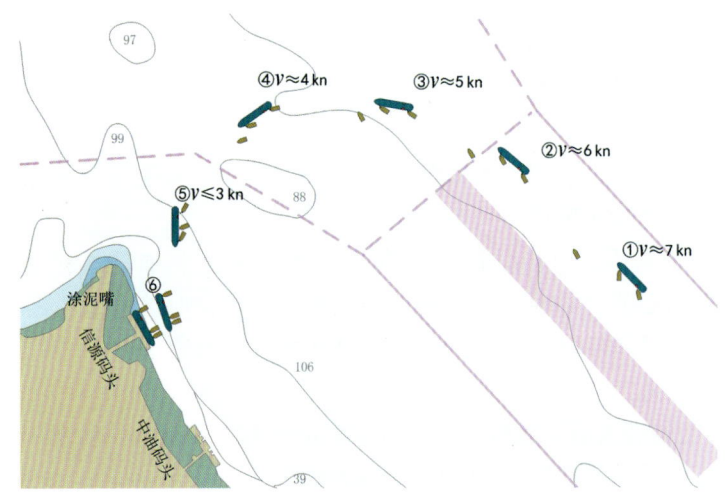

图 5－18　巴拿马型油船右舷靠大榭中油信源码头示意

位①：驶过 3 号警戒区,航向 315°、速度 7 kn 左右,左舷艏艉带妥拖船,第 3 艘拖船可暂时跟随护航。联系西堠门、半洋礁、北仑港区等方向出口船舶以及后方进口船舶,协调避让。

位②：1645 接近 4 号警戒区,速度 6 kn 左右,微速进车,跟相关船舶协调好,开始转向掉头。此时距泊位横距大概 1.2 n mile,控制转头角速度不要太快。

位③：转向 40°～50°,速度 5 kn 左右。

位④：转向 90°左右,速度 4 kn 左右,根据速度及转头率情况,可适时停车淌航。

位⑤：1655 距码头 4 链、速度 3 kn 左右，在接近泊位过程中，此处等深线较为密集，水深变化较大，潮流变化也大，船舶会出现较大的偏转，要及时用车舵克服。

位 6：接近泊位对开，横距 1.5 链左右，第 3 艘拖船可带到船首第 2 个位置，拉倒车基本倒停船舶，运用首尾拖船控制船舶横移速度和靠泊角度，做到平行靠泊，1715 左右贴拢码头。

（3）右舷掉头靠泊注意事项

①提早落实拖船，3 号警戒区要开始带拖船。因 4 号警戒区交通流过于密集复杂，避免在此带拖船。第 3 艘拖船起护航作用，可暂时不带。

②螺头角转向后就要及早关注涂泥嘴以西、以北交通流情况，到 3 号警戒区要及早发布船舶动态，协调相关船舶，做到早发现、早联系、早避让，必要时寻求交管中心帮助。

③掉头前主流场还是落流，要注意掌握掉头时机，特别是小潮汛时，宁可晚一些掉头。掉头过程中，船舶会进入顺流状态，需控制好掉头前速度。

④切变线距码头岸线较近，基本在 100 m 等深线附近，入泊过程中须密切关注转头率的变化，及时用车舵抑制，必要时使用拖船协助。涨流区南大北小，且受南风影响比较大，涨流压拢明显，要控制好横距，如横距过大则船位始终在落流区，速度衰减慢；如横距过小，则船位容易压至码头和涂泥嘴之间，产生被动局面。

⑤码头两端消防炮位置离船首尾很近，稍有角度即有触碰危险，做到平行靠泊。

5.3.6　巴拿马型油船靠北仑 9# 锚位 VLCC 外当

为了满足港口生产的需求，北仑港区临时锚泊点的数量、位置和功能几经变化，现北仑 9# 临时锚泊点位于黄牛礁东北（黄牛礁方位 068°，距离 1.57 n mile），是大型深吃水船舶候潮锚泊点、海上减载过驳点，专门为 45 万吨超级油船应急等配套而设置。

1）锚地位置及潮流特点

北仑 9# 锚泊点在金塘岛的南侧，距黄牛礁 1.57 n mile，距东南侧水深 14 m 浅滩约 0.6 n mile，距涂泥嘴灯桩约 2.2 n mile，距金塘岛的宫山约 1.5 n mile，水深约 35 m，底质泥沙，抓着力较好，与大型船舶进港航线较近。

外海进来的涨潮流在涂泥嘴北侧主要分为两股，一股经册子等水道继续北上,一股经北仑港区进入金塘水道,锚泊点涨潮流流向不稳定,涨流主流向为255°~320°,最大流速约 3 kn;杭州湾南下的落潮流受金塘岛阻挡,同样分成两股,锚泊点离金塘岛较近,与强潮流通道有一定距离,流速相对较缓、流向也不稳定,落流主流向为 040°~085°,最大流速约 2 kn。锚泊点水域的潮流呈不规则半日潮的特点,流向以往复流为主但有环流的特征。

2) 船舶资料

(1) 一程船 S 轮

船长 333 m,船宽 58 m,前后吃水皆为 20.2 m,一般抛左锚 10~11 节入水,进口检疫结束后由轮司过驳队在其左舷安装 4 个大型靠泊球准备过驳作业。

(2) 二程船 M 轮

船长 230 m,船宽 32.2 m,前、后吃水分别为 7.0 m、8.0 m,从虾峙门进口经螺头水道接近涂泥嘴,采用船靠船(Ship To Ship)的方式靠 9#锚泊点 VLCC 左舷进行原油过驳。

3) 限制条件

(1) 风力≤13.8 m/s,能见度≥1 000 m;

(2) 使用 2 艘全回转拖船协助。

4) 引航实例

二程船计划某日 0800 靠泊一程船,2 艘拖船协助。当日西北风 3~4 级,能见度较好,大于 2 n mile;镇海第一高潮潮时 0123,潮高 367 cm,低潮潮时 0732,潮高 110 cm;设一程船航向基本稳定在 270°,二程船 0700 抵达涂泥嘴。具体靠泊操纵见图 5-19。

位①:0700 引航员在涂泥嘴附近登 M 轮,航向 310°、航速 4.0~5.0 kn。核实船舶资料、了解航行状况、开始引航操纵,及时与船方交流靠泊方案,包括哪一舷靠泊、拖船带缆时间和位置、系缆计划等;与一程船上过驳队联系 S 轮商联检是否结束,靠球是否装妥,能不能进行靠泊作业、确定 VHF 联系频道等。

位②:0715 距一程船约 2 n mile,航向 290°、航速≤6kn,此时船位在 4 号警戒区内,应尽可能走航道的右侧,该水域船舶众多又是转向点,要及早联系周围他船并发布航行动态,注意与进出口船的交会,伺机向左转向再从一程船左后方接近,令 2 艘助泊拖船在左舷前后带缆。

位③:0730 距一程船 1 n mile,横距 0.3~0.4 n mile,航速≤4 kn,航向约 280°,前后拖船已经带妥,确定 VHF 频道与过驳队指泊员的一致,告诉一、二程船前后先带倒缆,再横缆和首尾缆,缆绳数量为 4-2-2。

位④：0740 距一程船 0.5 n mile，横距 0.2 n mile，航速≤3.5 kn，此时临近镇海低潮时，流速减弱，视压拢趋势左右调整航向，保持船位在 280°串视线上，通过一程船烟囱等建筑物与金塘岛山形变化判断纵横向速度，停车淌航后如无舵效可"点车"或者令左前拖船肩顶防止左转。

位⑤：0750 二程船首进入一程船投影范围内，横距约 0.1 n mile，航速<3 kn，令主机倒车刹速利用后面拖船抑制船首右转调整航向与一程船基本一致，倒车水花至驾驶台航速基本为零，尽可能让两船的输油臂对齐。

位⑥：0800 进入靠拢程序。M 轮空载时船体较轻，甲板高度与满载的 S 轮差不多，拖船顶推力不宜过大，只要保持船体连续向右横移即可；靠泊角要小，如整体压拢较快，令拖船松缆拖拉，应充分利用短时间的车舵效应尽可能让船体同时平稳接触 4 个靠球，横移速度≤10 cm/s，防止靠球受力过大使船体多次反弹，前后拖船顶住船身后再对位置，避免较大幅度的纵向移动而伤及靠球的连接钢缆。一时对不准位置没有关系，待前后倒缆带上再调节，调整船位时须令前后拖船减速顶，位置对好后再加车顶牢。

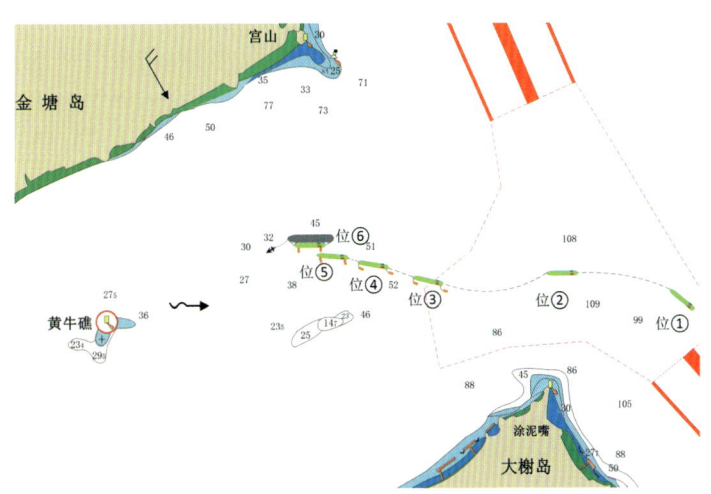

图 5‑19　二程船 M 轮靠泊北仑 9#锚泊点 S 轮的船位示意

5）注意事项

（1）船靠船（STS）时两船都处于动态之中，与船靠静态的码头不一样，但靠泊操纵的三要素（余速、横距、入泊角）并没有变。要考虑一程船左舷锚链对操船的影响，余速不能太快以免刹不住；开敞水域的风力、流速往往比码头边大，拖船摆位难、拖拉时间变长，横距不能太小，特别是急流拢风时；码头面高度远小于一程船水面以上的高度,必须实施平行靠泊。

（2）两船靠拢后再带前后倒缆防止缆绳钻入靠球下面,再横缆和首尾缆。

（3）如果风流较大、二程船缆绳数量有限或者未来有强对流天气等,可要求一程船前后各出 2 根缆绳,以防不测。

（4）如果一程船的航向转动不停,二程船也要随机应变,必要时外面等候暂停靠泊,待航向稳定时再实施靠泊。

（5）靠泊前让船方检查右舷有无突出物,防止触碰他船。

5.4 大型船舶靠泊技术

5.4.1 大型 LPG 船掉头靠泊百地年码头

1）码头概况

百地年化工码头位于大榭港区大榭岛东北岸（29°56′.69N/121°58′.43E）,西侧为中海燃料油 30 万吨级码头,东邻关外化工码头。

百地年 1#泊位设计等级为 5 万吨级,按照蝶形布置,高桩梁板式与重力式相结合;泊位全长 320 m,其中连续部分 183 m;走向为 119°～299°,由于与主航道的夹角达到 17°,推开流特点显著,大型船舶缆绳要求为 2-4-2;码头设计水深 15.0 m,设计靠泊速度≤10 cm/s,靠泊角度≤5°,工作频道 CH 64;5 万吨级 LPG 船拖船配置为靠泊 3 艘、离泊 2 艘。

2）潮流及靠泊窗口

该水域潮流属于非正规半日浅海潮,潮流基本沿等深线方向运动,主要为西北方向和东南方向的往复流。初落始于镇海高潮后约 1 h,初涨始于镇海低潮后 1.5 h 左右;镇海低潮前后码头边开始出现涨流向回流,大潮汛时涨流向回流更早。大潮汛转涨流后,流速增加很快,低潮后 2~3 h 涨流流速达最大,可达 2~3 kn。

该码头位于凹槽内,受山嘴挑流作用,当主航道急涨和急落时均有回流出现,码头边涨落流呈不规则变化。在码头附近的大田湾和狗头颈北侧会形成两个逆时针回流区域,且随着主航道流速流向的变化而变化;码头东南端突出岸线,处于涨流急流区,码头西北端处于湾内,涨落流常变化不定,泊位两端经常出现涨落不一致的流态。主航道的涨落流都与码头走向有较大的夹角,特别是急涨流时,流向与码头走向有 30°左右的夹角,码头东南端推开流很强,涨流流速大于落流流速。从潮流预报表可知,大潮汛镇海低潮后1 h,推开流与码头夹角约10°;镇海低潮后2 h,推开流与码头夹角约30°。

最佳靠泊窗口为镇海高潮后1 h左舷靠泊,其次为低潮后1.5 h右舷靠泊。

3) 船舶资料

(1) 以P轮为研究对象,船舶资料如表5-2。

表5-2 船舶资料

船长/m	226.05	船宽/m	36.6
总吨	48 419	净吨	17 391
载质量/t	54 747	最大吃水/m	11.7
主机功率	12 420 kW/92.3 r/min	型深/m	22.2
车钟	转速/(r/min)	速度/kn	
		重载	空载
DEAD SLOW AHEAD	26.1	3.1	3.5
SLOW AHEAD	33	5.5	6.2
HALF AHEAD	46.2	8.5	9.2
FULL AHEAD	60	11.3	12.0

(2) P轮流压力的计算

公式和数据参照《船舶操纵》教材,力的转化:1千克力(kgf)= 9.81牛(N)

$$Y_w = \frac{1}{2}\rho_w \cdot C_{wy} \cdot V_w^2 \cdot L \cdot d$$

式中:Y_w为流压力横向分力;ρ_w为水的密度(宁波港域1 018 kg/m³);C_{wy}为流压力横向分力系数;V_w为相对流速;L为两柱间长度;d为吃水。

P轮吃水11.7 m,当横距2.0 B时,码头边水深约20 m,H/d取值约1.5;相对流向角10°时,C_{wy}取值0.3。假设码头边船舶对地速度为0,推开流流速为2.0 kn时,则流压力Y_w为

$$Y_w = \frac{1}{2}\rho_w C_{wy} V_w^2 \cdot L \cdot d = 0.5 \times 1\,018 \times 0.3 \times 1.029^2 \times 226 \times 11.7$$

$$\approx 428.4 \text{ kN} \approx 43.7 \text{ t}$$

其他相对流向角(漂角)和流速时的推开流大小和作用中心如表 5-3，越接近泊位，水深越小，流压力越大。

表 5-3　维度数值

相对流向	C_{wy} 取值	流速/(m/s)	流压力/t	作用中心
10°	0.30	0.514	10.9	0.20 L
10°	0.30	1.029	43.7	0.20 L
20°	0.45	0.514	16.4	0.25 L
20°	0.45	1.029	65.5	0.25 L
30°	0.60	0.514	21.8	0.30 L
30°	0.60	1.029	87.3	0.30 L
40°	1.0	0.514	36.4	0.35 L
40°	1.0	1.029	145.6	0.35 L

由上表可知，当推开流流速 2.0 kn、相对流向角 30°时，船舶受到的推开流压力约 87.3 t，作用点在 0.3 L 处；4 800 HP 港作拖船实际顶推力约 50 t，即使两艘 4 800 HP 拖船很难抑制。

4）靠泊过程

(1) 时间节点。涨流时刻码头边潮水变化快，低潮后 1 h 左右码头边涨流缓和，推开角度不大，等到了低潮后 2 h，推开角度和流速都明显增加。靠泊的时间点控制在低潮后 0.5 h 到螺头角附近，低潮后 1 h 船舶要到码头边开始掉头，低潮后 1.5 h 贴拢。具体靠泊示意见图 5-20。

(2) 靠泊风险点。整个航道交通量大，穿越航道过程中与进出船协调避让存在一定困难；码头边涨流较早，而主航道依然落流，复杂流场下对掉头时机的控制要求更高；码头东侧存在强涨流推开，小角度入泊船首很难靠拢甚至被推开，大角度入泊平衡点很难掌握，操作失误船首容易擦碰码头。

(3) 靠泊方案。方案 A：沿定线制进口，在 4 号警戒区南边界穿越航道并向左掉头靠泊。这种方法船舶余速快，横越航道时间短，对进出船舶影响小；横距大，用车、舵空间大，不需要拖船协助既可完成掉头。方案 B：从 3 号警戒区穿越航道进入沿岸通航带，利用拖船在泊位对开进行掉头；操作要点是余速要慢，充分利用拖船协助。

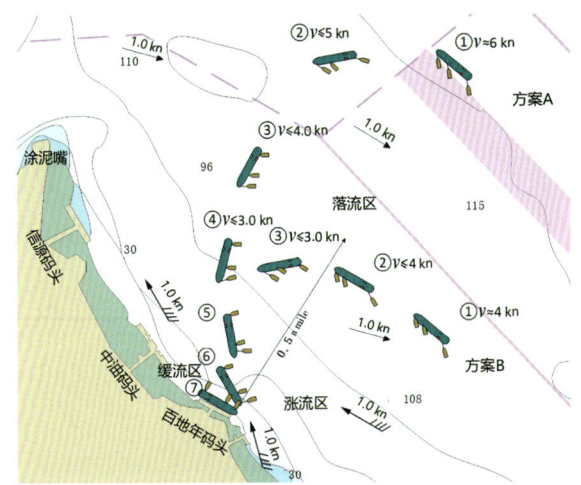

图 5-20　225 m LPG 船掉头靠泊百地年码头示意

【方案 A】

位①：4 号警戒区南边界与分隔带交汇处，此时船首刚好进入码头垂向投影范围内，横距 1.1 n mile，速度控制在 5~6 kn，航向 300°左右，拖船到位，开始带拖船，最大马力拖船带船首，最小马力拖船带第二个位置。

位②：拖船全部带妥，船尾拖船可松缆到拖位用来控制大船速度。因与码头横距足够，用车舵完全可以自力掉头。船首逐渐调整到对着涂泥嘴方向，速度控制在 4~5 kn；由于船位尚在落流区，可以适当停车漂航，防止掉头后船舶出现增速；另外观察船舶 ROT 和矢量情况，控制掉头节奏。

位③：距大榭岛约 0.5 n mile；船首向对着中油码头，速度 4 kn 左右，船位慢慢向 100 m 等深线接近；时刻关注 ROT，防止受流场切变线影响船首右偏；必要时左满舵进车。

位④：船首向对着百地年码头，速度 3 kn 左右，距泊位直线距离约 0.4 n mile。

位⑤：整个船舶已进入 100 m 等深线，注意流的变化。船首进入泊位后端，船首向对着泊位西端，与码头横距 1.5 链之内，速度 2 kn 左右。

位⑥：横距 2B 之内，横移速度 0.5 kn 之内，靠泊角度 10°左右，尽量减小流压角；关注船首偏转趋势，感知船首推开流的情况；可以让船首第二艘拖船到拖位，第一艘拖船用来顶推，这样既可以更好的抑制船首向外，又能严防船首进去过快大角度靠泊。利用拖船"抓头防尾"，在贴拢前进一步减缓横移速度和靠泊角度，平行靠泊。

位⑦：贴拢码头，带好倒缆；并利用倒缆、主机、拖船协助调整位置，按码头要求对上输油管线，然后再带其他缆绳。

【方案 B】

位①：拖船到位，开始带缆，航向 310°，速度控制在 4 kn 以内，与岸线横距保持在 0.5 n mile 以内。

位②：拖船带妥，首拖松缆跟着，尾拖到顶位；船首进入泊位垂直投影范围内，横距 0.4 n mile 左右，速度控制在 3 kn 以内，满舵进车并配合船尾拖船顶推，开始掉头。

位③：船首向逐渐对着中油码头，速度 3 kn 左右，根据船舶真矢量大小、方向和船首转船速率，来调整拖船顶推马力大力。

后续操作，与【方案 A】相同。

(4) 强推开流的处理方法

当推开流角度 30°、流速 2.0 kn 时，水动力接近 90 t，船首两艘拖船很难克服；此时可用大角度靠泊法或者进靠法；但这两种方法操作难度高，风险大。

大角度入泊：关键是控制好船舶入泊角度，但平衡点难把握；入泊角度过大会导致船首右转触碰码头；入泊角度过小，流推开力大，拖船顶不进去。大角度靠泊时，一定要控制好横移速度，时刻关注船首偏转趋势；找到平衡点，让船首在距码头 0.5 B 时基本定住不动或微微向外旋转，船尾在拖船的顶推下靠近码头。在拖船的使用上，可让船首第二艘拖船松缆到拖位，第一艘拖船在顶位，必要时再配合车舵。

进靠法：靠的过程中船位往后缩，利用泊位西端外侧缓流区接近泊位；当横距约 1.0 B 时，采用进车配合舵角的方法让船舶进入到推开流强势区，同时合理地利用拖船安全地将船舶靠拢码头。这种靠泊方法的船尾距离中油码头较近，感官上很别扭；另外向前移的过程中，当船首进入强推开流区时，前后拖船顶推不平衡，船尾会快速甩向码头，容易触碰码头。

5) 注意事项

(1) 穿越警戒区或通航分道前发布动态，注意涂泥嘴附近的出口船舶、穿山北口的汽渡和同向进口船舶，及早联系、避让；码头边掉头时注意使用沿岸通航带的出口小船。靠初涨时，主航道仍然是落流，速度和船位容易控制，不要急于与出口船舶过绿灯。

(2) 该码头位于凹槽内，受山嘴挑流作用，流态复杂，急涨、急落时均有回流出现。初涨靠泊时码头边 100 m 等深线内流向与主航道流向不一致,掉头过程中注意流场切变线的位置。码头东端受推开流明显,随着时间的推移,推开流角度变大、流速增强。

(3) 化工船的单位主机马力较小,倒车停船效果差,且倒车偏转效应明显,靠泊时应严格控制船速,尤其是在码头边掉头靠泊时一定要慢,速度慢更能充分发挥拖船的作用。

(4) 码头平台两端有消防炮,靠泊过程中需做到平行靠泊。

(5) 码头边水深梯度大,操纵用锚可以先松锚链一节甲板,根据需要再松出适当长度。

5.4.2　大型 LPG 船靠泊戚家山化工码头

1) 码头概况

戚家山化工码头位于甬江口东侧(29°58′N/121°46′E),西接青峙化工码头 2#泊位,东邻科元化工码头。戚家山化工码头于 2017 年建成投产,2017 年 02 月 27 日完成首靠。

码头共两个泊位,总长度 480 m,工作平台 435 m,其中西侧 3#泊位长度 300 m,设计吨位 5 万吨级,设计水深 14.0 m;东侧 3-1#设计吨位 2 万吨级,码头长度 180 m,设计水深 11.0 m。码头走向 113.3°~293.3°,靠拢速度≤12 cm/s,靠泊角度≤5°,工作频道 VHF 10;大型 LPG 船拖船配置为靠 3 艘、开 2 艘;缆绳配置首尾均 4-2-2。

码头可同时靠泊五万吨级和 3 000 吨级船舶各一艘,或 3 万吨级和 5 000 吨级船舶各一艘;通过利用已改造的青峙化工 2#泊位东侧 70 m 岸线是公共系缆区,则可利用岸线总长 550 m,最大可同时靠泊 5 万吨级和 2 万吨级船舶各 1 艘。

2) 潮流及靠离泊窗口

码头边为非正规半日浅海潮,镇海高潮后 1.0 h 初落,镇海低潮后 1.0 h 初涨,大潮汛转流稍早,小潮汛转流稍晚;急涨流时泊位东端受中柱山挑流影响有压拢流,科元码头附近有回流。

最佳靠泊窗口为镇海高潮前 1.0 h 右舷靠涨末或镇海高潮后 1 h 左舷靠初落;次选低平潮左舷靠落末或镇海低潮后 2.0 h 右舷靠初涨。最佳离泊时间为镇海高潮前 1.0 h。

3) 靠泊船型资料

大型 LPG 船船长 225~230 m,船宽 32.0~36.6 m,吃水 11.0~12.0 m;主机马力

1.2万~1.4万kW,载质量在50 000 t左右,主机马力跟船舶排水量比1/5~1/4,具体见表5-4。该类船舶停车冲程较大,主机倒车马力小,需要提早减速来控制速度;方型系数C_b较大,旋回性较好,深水区最大旋回初径在4.0~5.0链。

表5-4 戚家山3#靠泊船型资料

船名	船长/m	船宽/m	吃水/m	总吨	净吨	载质量/t	主机功率/kW
J	229.97	36.6	11.6	53 471	19 923	57 847	14 369
P	226.00	36.6	11.53	46 945	18 825	53 701	12 400
C	225.13	36.6	11.75	48 060	18 641	54 336	12 400

4) 靠泊过程

(1) 靠涨末时间节点:L1报告线距泊位约35.0 n mile,靠泊前3.5 h登船,靠泊前0.5 h到大黄莽以东1.0 n mile,靠泊时间点泊位对开入泊状态,靠泊时间点后0.5 h贴拢。具体靠泊操纵见图5-21。

(2) 靠泊风险点:该时段甬江口至大黄蟒东侧交通流量大,协调避让复杂;船舶受横流影响压向七里浅滩的风险大;受岛礁影响,涨流强弱变化明显,船舶在淌航过程中把定困难。

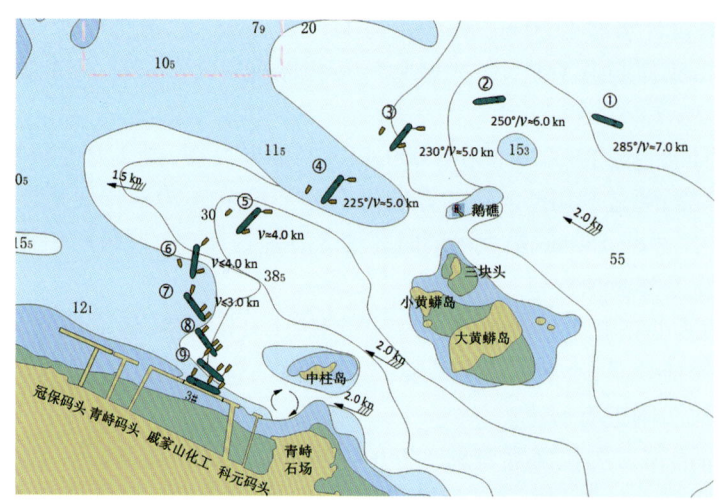

图5-21 230 m LPG船靠泊戚家山化工码头示意

位①:及早控速,过双礁后停车淌航;大黄莽东侧开始向左调整航向;鹅礁灯桩东0.6~0.7 n mile,航速7.0 kn左右,航向285°对准七里屿,航迹向约295°;密切关注 ROT,继续保持 5°向左,当船头进入大黄蟒缓流区域而船尾仍处于涨水区域时会出现船首加速向左偏转的现象,必要时短时加车增加舵效来克服。

位②:航向 250°左右,航迹向 265°,与鹅礁保持在 0.5 n mile 之内(若无其他船影响控制在 3.0 链左右),大角度转向后速度降到 6.0 kn 左右,拖船到位,准备带拖船。

位③:艏、艉拖船带妥,船尾拖船松缆到拖位,第三艘拖船先在右船头机动用来警戒中柱门出口小船和码头边右船头顶推协助掉头;船首对着青峙 2#泊位,航向约 230°,航迹向 240°;与鹅礁保持在 0.5 n mile 之内,速度 5.0 kn 左右;停车淌航,进一步控速。

位④:航向对着青峙 1#~2#之间,航向 225°,与鹅礁保持 0.5 n mile 之内,速度 5.0 kn 左右。密切注意 ROT,过中柱门 50 m 等深线时,船首受中柱门急涨水横流作用,船头右偏明显;左满舵进车,若速度增加过快,可让艉拖船向后拖协助控速。

位⑤:在横流的作用下,整个船位向西;利用车舵控制船首向始终对着青峙码头 1#~2#,速度 4.0 kn 左右。

位⑥:甬江出口小船无影响后,右侧拖船回到左船头顶位并带缆。船过中柱门西侧 50 m 等深线后时,船首进入缓流区,船尾仍在强横流区,船舶会大幅度向左偏转,利用艏艉拖船控制船首左偏;速度 4.0 kn 左右。

位⑦:进入缓流区,码头横距 2.0 链,速度控制在 3.0 kn 之内;船首稳定下来,船首向对着中柱山与杨公山咀之间。

位⑧:进入强横流区,船首对着科元码头,速度 2.0 kn;注意科元码头对开水域有回流,戚家山化工 3#泊位东端有涨水压拢流。

位⑨:横距 2 倍船宽,船速基本拉停,控制横移速度在 0.5 kn 之内,减小靠泊角度;1 倍船宽时横移速度在 0.3 kn 之内,贴拢速度在 0.1 kn 之内,在艏艉拖船的配合下平行贴拢码头。

5) 注意事项

(1) 密切关注甬江口和鹅礁北侧交通流,提早协调避让。海事新规下甬江出口小型船舶走中柱门,对本船码头边向左掉头会有影响;进口小船走大黄莽东侧去甬江或七里锚地锚泊,提早联系从本船右舷追越;另外此时段从镇海港区离泊鹅礁北侧出口的大船及过金塘大桥出口的小船对本船鹅礁转向进口避让浅点均有影响。

(2) 实际靠泊过程中,在鹅礁转向进口时往往需要与出口船舶过红灯,从而导致船位靠北,需要注意鹅礁西侧浅滩;但船位靠北受横流的影响较小,船舶向左旋回的余地大,后续靠泊反而比较流畅;为避开浅滩与出口船会绿灯时,往往离鹅礁和黄蟒岛较近,受强弱变化的横流影响大,船舶把定困难,船舶向左旋回余地小,后续入泊对拖船依赖较强。

(3) 从鹅礁东侧转向开始到码头边,所受涨潮横流为强—弱—强—弱—强,尤其是从鹅礁西 0.5 n mile 处过中柱门东侧 50 m 等深线时,船首受急涨横流影响会大幅右转;当航行到中柱门西侧 30~50 m 等深线处,船首进入缓流区而船尾受到强横流,船头会大幅度向左偏,须密切注意及时用车舵、拖船抑制。

(4) 在鹅礁转向进口过程中受急涨潮横流影响,船舶会有被压上七里浅滩的风险;进口时船位保持在长跳嘴灯桩方位 240°以南、黄蟒山中柱山一线横距小于 6 链通过。

(5) 码头东端水深梯度较大,靠涨流需要拖锚助泊时可提前松锚链一节甲板;另外码头底质为铁板砂,锚泊力较弱,根据需要适当增加锚链长度。

(6) 化工船的单位主机马力较小,倒车停船效果差,倒车偏转效应明显;泊位东端即为礁石区,距中柱山黄灯浮纵向距离 200 m,横向距离 400 m;靠泊时应严格控制船速。

(7) 镇海港区拖船紧张,提早联系拖船,确定带拖时间和地点;另外拖船马力普遍偏小,急涨流码头边压拢明显,提早控制横移速度,以防拖不住。

5.4.3 大型集装箱船掉头左舷靠梅山码头 1#泊位

1) 码头概况

宁波梅山国际集装箱码头($29°57'04''N/121°58'04''E$)位于梅山岛西南端,码头东北临崎头洋,东南与佛渡岛、六横岛隔佛渡水道相望,西南与象山港口门水域毗连。2010 年 8 月梅山码头 1#、2#泊位正式投入试运营,现 3#~8#泊位已投产,9#~10#泊位在建,是宁波舟山港第二个吞吐量超 1 000 万 TEU 的单体集装箱码头公司。码头走向为 050°~230°(1#~4#泊位),码头水深为 17 m。

梅山 1#泊位位于汀子门的北侧,南侧由汀子山、大小馒头山和山礁头等岛链组成,其西南侧水深越来越小,仅能通行一些小型船舶。码头前沿至对面岛礁链的水域总宽度 630~650 m,其中距-10 m 等深线为 600 m。根据研究成果,梅山 1#泊位最大可靠泊 310 m 以下的集装箱船舶。由于水域宽度受限,大型船舶在此进行掉头靠泊存在较大的难度和风险。

2) 潮流情况

码头潮流:潮水属于非正规的半日浅海潮,以往复流为主,镇海高潮前 3 h 至镇海低潮后 2 h 呈东北流,宜右舷靠泊;其他时间为西南流,宜掉头左舷靠泊。

3) 面临的困难

(1) 处于受限水域,船舶操纵空间有限,船舶掉头靠泊操纵难度较高,对引航员技术水平要求高。

(2) 大型集装箱船惯性大,前后盲区较大,引航员依靠目测判断距离受限制和影响,特别是装载集装箱较多的情况下,掉头靠泊时视觉冲击较大,对引航员心理素质要求高。

(3) 多数引航员没有在受限水域内操纵大船的经验,有畏难情绪。因是 3 艘拖船助泊,部分引航员图省事,不愿意掉头靠泊,经验积累更加不易。

4) 靠泊前的准备

以某轮为例,该轮总长 304 m,船宽 40 m,最大吃水 12 m,驾驶台到船首距离为 228 m,驾驶台到船尾距离为 76 m,3 艘拖船助泊。某日镇海低潮时 1700,潮高 36 cm,NW 风 4 级,计划 1600 靠泊。时值镇海低潮前 1 h,SW 流正急,准备向右掉头靠泊。

登船后,查看引航卡、船舶资料,了解船舶操纵性能及侧推器工况,与船长交流引航方案,确定带拖船时间及带拖位置,交代需要船方协助的地方。航行过程中,目测船首大概位置,感受潮流强度和风流压差;减车过程中,观察船舶减速性能和舵效。

5) 靠泊关键点

(1) 船位控制

SW 流把船位向南边压,过了 6 号警戒区应尽量把船位控制在 -20 m 等深线附近航行。5#泊位对开时控制横距在 2 链以内,船首向控制在 230°左右,即基本与码头走向平行,以减小流压。2#、3#泊位对开,尽量控制船位在航道中间线稍偏左一些。

(2) 速度控制

镇海低潮前 2 h 至镇海低潮后 1 h 期间,SW 流较急,大潮汛时主航道流速可达 3~4 kn,顺流进港,控制速度比较困难。一般情况下,7 号警戒区即应根据泊位情况开始控速。过了 6 号警戒区,距泊位大概 3 n mile 时,速度为 8~9 kn,对于微速进比较快的船舶,应及早停车淌航。距泊位 2 n mile 时,速度为 7 kn 左右,准备带拖船。6#泊位对开,距泊位大概 1 n mile,速度为 6 kn 左右,右首、右尾拖船带好。2#泊位对开时,速度为 4~5 kn,适时倒车,准备掉头。掉头过程中,根据船舶前冲后缩具体情况,适时用车。

（3）掉头时机

急流时段掉头时机可早一些，船首过 2#泊位后即可开始实施掉头；缓流时段掉头时机应晚一些，船首平泊位后端再开始实施掉头。

（4）雷达的使用

在如此狭窄水域完成掉头需要利用好雷达，掉头前把雷达量程调整到 0.75 n mile。以总长 304 m 的某轮为例，该轮驾驶台到船首距离为 228 m，驾驶台到船尾距离为 76 m，掉头过程中船首预留 120 m 的安全距离，雷达上选取 VRM 为（228+120）m，即约为 0.188 n mile；在掉头过程中，当驾驶台与码头之间距离大于 VRM 所示并在继续增大时，就需要及时进车，当驾驶台与码头之间距离小于 VRM 所示并在继续减小时，就需要及时倒车，这样便于控制船首与码头之间的距离。

6）靠泊操纵

（1）拖船的配置和使用

最大马力拖船带右船尾，在掉头过程中可发挥更大作用；次大马力拖船带右首，在掉头过程中可顶可拉；第 3 艘拖船先在左船首顶推，协助掉头同时可减少船舶向下游的漂移，在基本完成掉头后再到右边驾驶台附近协助靠泊。

（2）操纵要点

向右掉头靠泊示意见图 5-22。

位①：靠泊前 0.5 h，船首过 2#泊位后端，航速 4 kn 左右，开始掉头。右船尾、左船首拖船快车顶，右船首拖船可 45°方向朝后拖，侧推器全速向右打。

位②：船舶在 3 艘拖船和侧推器的作用下快速向右旋转，转头速率快时可达 20°/min 左右，船舶对地速度 2 kn 左右，矢量方向基本平行于码头。

位③：船首转向超过 90°，左首拖船可转到右舷驾驶台附近顶推，右首拖船可收缆到顶位。根据船舶运动态势，微速进车，右满舵甩尾。

位④：船舶掉头基本完成，调整三艘拖船顶推，1 倍船宽时基本对准位置，横移速度小于 0.6 kn，10 m 时小于 0.3 kn，平行贴靠时小于 0.2 kn。

7）注意事项

（1）掉头前如果余速过快，不要贸然开始掉头，应先倒车待速度下降到 4 kn 左右，再开始掉头。

（2）淌航过程中，航向不易把定，引航员应尽量自己叫舵令，如果出现大的偏转时应及时用车舵或者侧推器来克服。

（3）掉头过程中如果拖船足以协助完成掉头，就尽量减少侧推器的使用，防止侧推器用时过久而罢工。

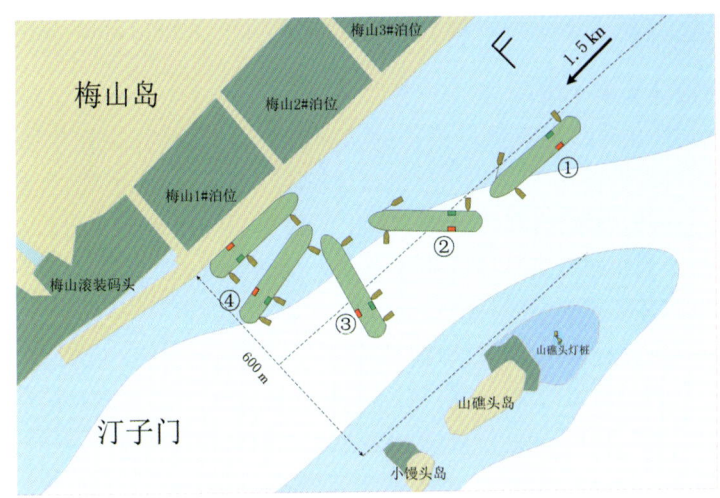

图 5-22 304 m 集装箱船向右掉头靠泊示意

（4）急流掉头时，船舶矢量线基本平行于码头，缓流掉头时，矢量线会较快地跟随船首向指向码头，要密切注意，要及时倒车应对。

（5）掉头前备妥双锚。

（6）东南风较大时不建议掉头靠泊。

5.4.4　大型集装箱船舶外落里涨时段靠泊北三集司 2#泊位

1）泊位简介

北三集司 2#泊位位于穿山东口牛轭江东侧，西邻北三集司 1#泊位，东接北三集司 3#~11#泊位。该泊位于 2008 年 8 月竣工验收，2009 年 08 月建成投产，水工结构按 15 万吨级建造，国家批复为 7 万吨级泊位（靠泊载质量不能超过 11.5 万 t），泊位对开浅滩现已炸礁疏浚到-18.6 m。

泊位走向 109°~289°，长度 300 m，设计水深 16.0 m；靠拢速度 ≤10 cm/s，靠泊角度 ≤5°；码头工作频道 CH 09。系缆配置：4 万~5 万吨级及以上船舶配置 4-2 或以上；1 万~3 万吨级船舶配置 3-2；万吨级以下船舶配置 3-1 或 2-1。

2）潮流情况及靠泊方案

（1）落流时段

大潮汛始于镇海高潮前 0.5 h，持续到镇海高潮后 3 h；小潮汛始于镇海高潮后 0.5~1 h，至镇海高潮后 4 h；落流规律与主航道一致，流向与码头走向相近，近岸流速小于主航道。

（2）涨流时段

涨潮时段分为两个阶段，第一时段的涨流是主航道的落流受穿鼻岛、凉帽山的挑流作用与穿山半岛北侧微凹地形的共同影响而形成的椭圆形顺时针回流所致，始于为镇海低潮前 2.5~3.0 h 至镇海低潮后 0.5~1.0 h 消失，大潮汛较小潮汛早 0.5 h，虽然是涨流但潮位下降。第二时段是镇海低潮后 1.0 h 至镇海高潮时，大潮汛较小潮汛早 0.5 h，这是真正意义上的涨潮流。

第一时段的涨流范围因潮汛大小略有不同，大潮汛时涨流北边界可至 −50 m 等深线附近；而小潮汛时涨流范围较小，初涨时 10#~11#泊位附近涨流边界距码头仅有 200 m 左右，掉头靠泊时需引起注意。另外该时段涨流与穿山东口东行的落流在 4#~2#泊位外侧相遇并自南向北流往穿鼻岛方向，这两股流交汇的地方形成一个三角形汇流区并向外推开，尤其是泊位对开 350~700 m 位置推开明显。

（3）外落里涨时段靠泊方案

大型集装箱船舶外落里涨时段靠泊方案见表 5-4。

表 5-4　外落里涨时段靠泊方案

镇海潮位为基准	码头边流态概况	螺头水道流场	靠泊方式
临界时段，低潮前 2.5~3.0 h 左右	初涨时刻，回流区较小，掉头困难	急落	可左靠，但注意泊位边涨流会越来越急
低潮前 2.5 h 到低潮前 0.5 h	涨流急，回流区变大，逐渐向 50 m 等深线延伸	急落	掉头右靠，注意码头外侧的流场切变线位置
临界时段，低潮前后 0.5 h	2#泊位外侧是涨、落对冲流区，泊位西端有可能是落流	落流变缓	微顺水左靠或掉头右靠
低潮后 0.5 h 到高潮前 1.0 h	急涨流回流区推进到 100 m 等深线，整个流场流向一致	转流和涨流越来越急	掉头右靠

3）300 m 集装箱船资料

长度 300 m 左右集装箱船多为 7 万吨级（见表 5-5），主机马力和侧推器马力较大，操纵性能好，最大旋回初径在 6~8 链左右。需注意巴拿马型船舶宽度达到 48.2 m，满载箱量达到万箱以上，满载时载质量超过 11 万 t。

表 5－5　300 m 集装箱船型资料

船名	W 轮	C 轮	H 轮
船长/m	304.2	299.9	293.2
两柱长/m	292	286	276.7
船宽/m	40	48.2	40
型深/m	24.8	25	24.3
吃水/m	12.7	11.55	10.2
载箱量/TEU	7 241	10 034	6 266
总吨	75 582	94 440	72 597
净吨	48 319	52 015	26 918
载质量/t	93 638	110 568	72 982
主机/kW	60 200	46 480	62 920
侧推器/kW	2 500	3 000	2 200

4）靠泊过程

（1）穿越 2 号警戒区

穿越前提早发布动态。2 号警戒区船舶密度大、交通流复杂,相关船舶要联系好,选择合适的时机穿越,必要时在小洋猫东北侧水域耐心等待或寻求 VTS 协助。镇海低潮前后靠四期码头,主航道急落流;出口小船往往被压到沿岸通航带靠近穿山半岛航行,不要急于在 2 号警戒区转向与出口船会绿灯,过绿灯的话本船船位离穿山半岛太近,反而不利于后续掉头。

（2）穿越切变线

由于外落里涨明显、切变线两侧流向相反,船艏受到向右涨流推力,而船艉受到向左落潮流推力,产生强大的右转力矩;经过切变线、船舶施舵左转时,会出现转向变缓、转不动、甚至向右转的现象。以 C 轮为例,穿越切变线过程中设船速为零,船舶左右两舷受到相反方向的流的影响,且分别作用在首 45°、尾 135°,流速 1 kn;公式和数据参照《船舶操纵》教材,1 千克力（kgf）= 9.81 牛（N）;则一舷所受水动力大小为

$$F_w = \frac{1}{2} \rho_w \cdot C_{wy} \cdot L \cdot d \cdot V_w^2 = \frac{1}{2} \times 1\ 018 \times 0.4 \times 0.515^2 \times 286 \times 11.55$$

$$\approx 178.4\ \text{kN} \approx 18.2\ \text{t}$$

作用在左右两舷流压力合力为 36.4 t,涨、落流水动力转船力矩对船舶转动效果来说是合力矩,将加速船舶逆向(向右)旋转,不利于船舶向左掉头。通常 300 m 左右集装箱船的舵面积在 60 m² 左右,短暂进车产生的舵力在 30~40 t 左右,对偏转的抑制作用有限,需要外力(侧推器、拖船)协助才能安全通过切变线。

穿越过程中要密切注意风力和风向。东南风对船舶掉头有利,尤其对向左掉头时控制船位更有帮助;若是北风则会加剧船舶南压,对掉头前的横距大小要求较高,要及时化解首尾转动慢、风致漂移大等不利局面。

(3) 靠泊过程

①临界时间点顺流左靠

镇海低潮时四期 2#泊位外存在三角形汇流区,泊位西侧处在落流区,有利于左靠(图 5-23)。镇海高潮后 3.0~3.5 h,回流形成的的涨流区较小、掉头右靠比较困难;但要注意随着时间的推移,涨流会越来越急。

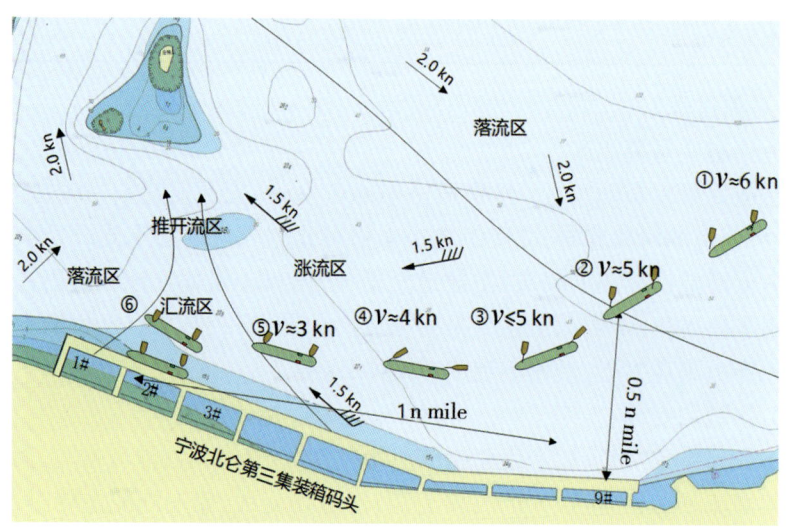

图 5-23 大型集装箱船舶微顺流左靠北三集司 2#泊位船位示意

位①:靠泊前 0.5 h,船舶还处于落流区,控制船位尽量靠近岸形,船速约 6 kn。

位②:在远东 8#泊位对开 0.5 n mile 处,速度尽可能慢,通常在 6 kn 以下,方便带拖船,为后续穿越切变线进车留有余地。

位③:距离泊位 1 n mile,码头横距 4 链,调整航向逐渐减小与码头角度;速度控制在 5 kn 左右,进一步减小与码头的横距;大马力拖船带船尾,拖船带妥后尾拖向后松缆到拖位,必要时用来减速。

位④:横距控制在 2.5 链左右,速度 4 kn 左右,船首向和码头保持很小的正角度,这样做一是可以保证本船受到竹湾形成的回流影响时不会使矢量线朝北而造成横距过大,也不会使外挡受到涨流影响而使本船快速压向远东码头造成被动加车的局面。

位⑤:位于 3#~4#泊位之间,速度控制在 3 kn 左右,若速度过快,可提前倒车减速;速度控制下来后,船尾拖船回到顶位;横距 2 链左右,调整航向;利用拖船侧推器,确保船舶矢量线朝向四期 2#泊位。

位⑥:船舶倒停,横距控制在 1 链之内,航向调平或略带负角度;船位太开会遇到强推开流,很难入泊;船位太拢,横移衰减的空间不足。通过侧推器和拖船的顶推,调整入泊横移速度和入泊角度,贴拢速度控制在 0.2 kn 以下,平行靠泊。

②其他外落里涨时段掉头右靠

除临界时间点外,码头对开回流区大、流速急,应掉头右靠,通常采取以下两种方案(图 5-24);特殊情况下(码头横距过小),也可以选择向右掉头右靠。

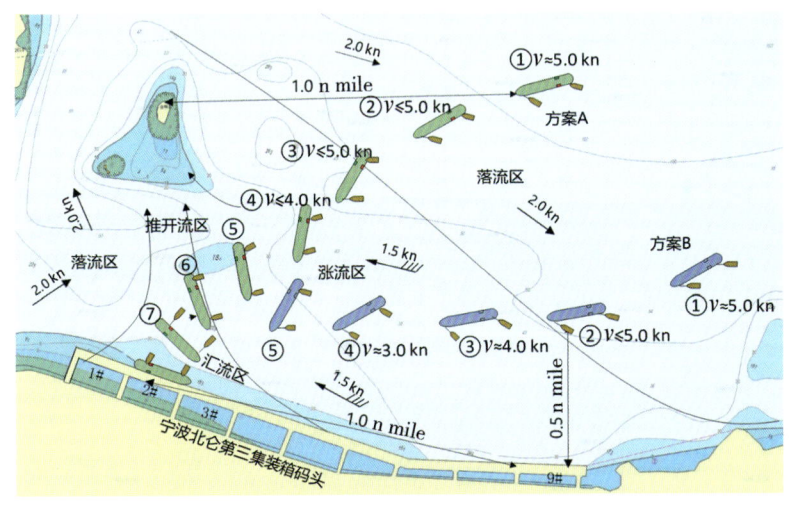

图 5-24 外落里涨掉头右靠轨迹

【方案 A】 外侧高位大角度斜插,向左掉头

位①:靠泊前 0.5 h,船位控制在白鸭山东偏北 1 n mile,距四期码头 1 n mile 以上;太早掉头离泊位太远,太晚容易被压到白鸭礁上。航速 5 kn 左右,船首向 265°左右对准白鸭山;此时船位尚在落水区,船舶矢量向左,在落潮流作用下船首容易右

偏;带妥拖船,船首拖船松缆到拖位,船尾拖船到顶位,开始掉头。

位②:航速 5 kn 以内,观察 ROT 和余速,必要时左满舵进车使船舶保持左转趋势。

位③:关键节点,开始穿越切变线;密切关注 ROT,确保船舶一直保持左转趋势,根据 ROT 大小适时进车增加舵效,必要时用侧推器和拖船配合;若船速增加较快,而左转不明显甚至反转的,则要毫不犹豫地停车、倒车以降低船速,并提高拖船、侧推器效果;必要时利用右转惯性,向右掉头,重新实施靠泊,切忌盲目加车强行向左掉头。

位④:穿过切变线以后,船舶完全进入涨水区,船舶矢量向右明显,利用车舵调整船位让清白鸭礁浅滩,保持 0.5 n mile 左右横距通过。

位⑤~⑥:可以利用拖船和侧推器,调整入泊角度和横移速度;密切注意船位,及时左满舵进车调小入泊角度,防止船位被涨水压到泊位西侧。泊位对开 2 链左右,推开流明显,可能会出现顶不进去的情况。

位⑦:泊位对开,横距 0.1 n mile 之内,基本上无前冲后缩速度,利用侧推器、拖船调整靠泊角度和横移速度;汇流区位置不定,密切注意船头推开流和船尾可能吃到落流形成向左偏转力矩;贴拢速度小于 0.2 kn,实施平行靠泊。

【方案 B】 码头前沿涨流区向左掉头

位①:靠泊前 0.5 h,减速带拖船阶段,航速控制在 5 kn 左右。船位尚处于落流区,降速容易,但注意流压向南,与中宅码头保持一定的距离。

位②:远东 8#对开,距离四期 2 泊位约 1 n mile,码头横距 0.5 n mile,航速控制在 5 kn 以下,拖船带妥后船尾拖船向后松缆控制船速,船首向逐渐向右调整到与码头走向接近平行。此时船位仍旧在落水区,流压向左。

位③:密切关注船速和 ROT,船舶慢慢进入涨流区会出现增速现象,可以用船尾拖船或者短暂倒车进行控制至 4 kn 左右,横距控制在 0.4 n mile 左右,船首向接近与码头平行,矢量线与码头基本平行甚至向外。

位④~⑤:靠泊前 20 min 开始掉头,速度控制在 3 kn 左右,船位在四期 4#泊位外侧,船尾拖船回到顶位;利用侧推器、拖船、车舵控制转头角速度和前进速度,确保掉头完毕后船位落在 2#泊位外侧。

后续入泊靠拢过程同方案 A,利用侧推器、拖船调整靠泊角度和横移速度,平稳入泊。

③推开流的处理

外落里涨时段,四期 2#~4#外存在三角形汇流区,强推开流位置在泊位对开

350~700 m 处。以 C 轮为例,横流 1 kn 时(水深/吃水比为 2,C_{wy} 取值 2.2);流作用于船体的横向力约为 100 t,在拖船和侧推器的作用下,船身很难靠拢码头,并且有压向白鸭礁浅滩的风险。则流压力

$$Y_w = \frac{1}{2}\rho_w \cdot C_{wy} \cdot V_w^2 \cdot L \cdot d$$
$$= 0.5 \times 1018 \times 2.2 \times 0.515^2 \times 286 \times 11.55 \approx 981 \text{ kN} \approx 100 \text{ t}$$

式中:Y_w 为流压力横向分力;ρ_w 为水的密度;C_{wy} 为流压力横向分力系数;V_w 为相对流速;L 为两柱间长度;d 为吃水。

为克服推开流的影响,可采取两种方法:一是调整入泊角度,减小流压角,控制好余速大角度入泊;当船位进入缓流区时,再调小角度,平行顶推入泊;二是进车驶入 3#~4# 泊位全涨流区,缩小与码头横距,倒靠入泊。

(4) 注意事项

①关注天气情况,尤其冬季季风期间,科学评估风、浪、流数据,结合本船装载情况、操纵性能以及拖船配备情况,选择合适的靠泊方案。

②提早关注泊位情况,等泊位要远。若离泊船推迟时间较久,向 VTS 说明情况,及早控速,小洋猫以东水域耐心等待;海事禁止在航道慢速淌航或在码头边待泊。

③穿越 2 号警戒区或螺头水道时,提早 15 min 发布动态,联系相关进出船舶;关注穿山港区其他泊位船舶靠离泊动态及穿山东口交通流。

④接泊位要远,给离泊船舶留足空间。2#泊位操纵空间小,外落里涨时段潮流复杂,大型集装箱船离泊时间长,重载顶流加速慢;离泊船在涨流区船位往北压,接泊船落水区向南压,交会余地更小。另外,泊位清爽、拖船到位,穿越切变线掉头动作要连贯,一气呵成。

⑤高位斜插向左掉头靠泊,应在白鸭山东面 1 n mile 外开始掉头,留足加车的空间,并保持与白鸭礁 0.5 n mile 的安全距离。

⑥穿越切变线前,控制速度是关键,速度要慢,有利于带拖船和后续满舵加车留有余地;另外如果掉头过早或者回流区小,会有增速现象,速度快则用车余地小。

⑦穿越切变线过程中,紧盯 ROT,若进车增速快而左转效果不明显甚至向右偏转时,应立即停车倒车,速度慢下来后可以有效发挥拖船和侧推器的效果;必要时可以向右掉头,重新实施靠泊,切忌强行加车掉头。

⑧顺流左靠时余速控制要慢,横距控制小,吹拢风、负角度靠泊时,防止未到泊位就贴拢;顺流靠泊船舶调平较为困难,对拖船和侧推器的使用技巧要求更高。

5.4.5　8万吨级散货船靠泊镇海21#泊位

1) 泊位简介

镇海21#泊位位于镇海外游山近岸海域,其北面及西北为杭州湾,东面为甬江口,与已建的镇海18#泊位相邻,码头采用高桩梁板式结构,排架间距12 m,上部结构采用现浇横梁、叠合式预应力纵向梁及预制面板,通过现浇面层连成整体;21#~22#泊位前沿护舷采用1250H鼓型橡胶护舷(两鼓一板)和300H改良D型橡胶护舷间隔布置,水平防护护舷采用300H改良D型橡胶护舷;其中21#及22#泊位长度共460 m,码头走向090°~270°;21#泊位水深13.1 m,22#泊位水深13.5 m,前沿掉头水域宽度约580 m(设计水深12.8 m),以蓝图为准。

2) 潮流情况

镇海高潮后1.0~1.5 h初落,镇海低潮后1.5 h初涨,大潮汛略早。

3) 受限条件

(1) 大黄蟒以北水域是进出口(北上、南下、东行)船舶转向点,多股交通流汇合;甬江口狭窄,进出口船舶众多,本船属于限于吃水船舶,避让协调能力受限。

(2) 七里锚地西南、南侧水深有限,受航道宽度和浅水效应影响,航向稳定性较差。

(3) 该类型船舶单位载质量所分配的主机功率小,微顺流进港(靠初落)时船速、船位、船向的控制比较困难。

4) 靠泊操作

考虑到尽可能保留最大的富余水深,重载船最佳靠泊时间通常在镇海高潮后1 h即初落左舷靠泊,3艘拖船助泊。

以重载煤船M轮为例:船长225 m,船宽32 m,载质量76 939 t,满载吃水13 m,当日农历十六大潮汛,镇海高潮时1133,潮高371 cm,西北风4~5级,计划1230靠泊。具体操纵过程见图5-25。

位①:1130大黄蟒岛东面约1 n mile引航员上船。航向300°~315°,航速6~8 kn,注意周围他船动态,适时联系拖船。

位②:1145鹅礁北、距鹅礁距离控制在约3链左右,航速小于10 kn,航向240°,应避免涨流将船舶压向七里锚地。如转向太晚,一方面向左调整航向会导

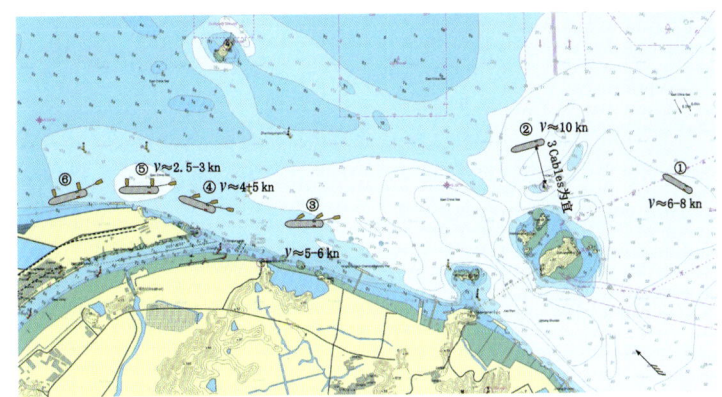

图 5-25　8 万吨级散货船靠泊镇海 21 泊位靠泊操纵过程

致与出口船舶避让困难,另一方面可能与七里锚地的 -10 m 等深线太近而产生搁浅危险。船舶转向后可能会遇到船首突然加速向左旋转的趋势,且存在右满舵压不住的现象,这是由于船首进入大黄蟒西部缓流区而船尾仍处于涨流区,为避免这种情况的发生,可在转向前先减车储备动力,必要时短时间加车增加舵效来克服。

位③:1200 船位到三星 2#泊位对开船首对准虎蹲山进口导标,航速控制在 5~6 kn。因微顺流进口,一般在青峙 2#泊位对开船首对准长跳嘴,把定后视情况可先停车淌航减速,把不定时再短时进车增加舵效,逐渐转向甬江口北侧,密切注意其他船情况,处理好和进出口船舶的关系,长跳嘴正横时人员前后准备开始带拖船、备双锚,右舷艏部带 2 艘拖船、右尾艄部带 1 艘拖船。

位④:1210 抵甬江口北导堤对开,航向 288°、航速 4~5 kn。向右转向前要关注右舷有无追越船进甬江,目测右侧镇海港区 2#和 3#灯浮的开视程度决定转头 ROT,船首右转逐渐对准游山北,船位保持在航道中心线稍右侧。过 17 泊位后可停车淌航,自己喊舵令,掌握主动。

位⑤:1220 外游山对开,离泊位 2 倍船长时航速约 2.5~3.0 kn、航向约 258°。通过车舵效应让航向逐渐转到与镇海 20#和 18#泊位走向平行,横距 1.0~1.5 链,该阶段要通过各种手段控制航速,速度减不下来时,可令右艄部拖船向后拉,或者提前倒车来抑制船舶。

位⑥:1230 至泊位对开,横距 1 链左右。利用主机倒车拉停船身,为避免倒车横向力致船首右转,须提早调整前后拖船的顶推和拖拉的力量,必要时左满舵、进车加以抑制,在 3 艘拖船协助下平行贴靠码头。

4）注意事项

（1）小潮汛期间,码头边落流来的晚,入泊时码头前沿还是涨流,易产生船首偏左冲向码头的危险情况。

（2）大型重载船在余速偏快时船首拖船有时向左顶不住,可先左舵进车待船首向左偏转后再倒车,推荐使用后面拖船向后拉以减速,如果在游山前即令后面拖船松缆向后拉,可微速进车到码头边。

（3）重载船船首倒车偏转效应明显,冲程大,控速是关键。

（4）码头前沿如主机失控,应及时抛双锚,正确使用拖船,控制好船位。

（5）大风浪天气应提前联系拖船,尽量争取在青峙码头对开带妥拖船,一旦拖船带缆困难不能作业,还有掉头余地。

5.4.6　10万吨级散货船靠穿山光明码头

1）码头概况

光明码头地处穿山半岛东北角,位于长柄子头和鹅公嘴之间,东边与港鑫东方码头毗邻。码头的地理坐标为122°06′30″E/29°54′30″N,设计吞吐量为800万t/年。

码头按L型布置,其中海船泊位（2#、3#泊位）按南北向布置在东侧岸线,采用全直桩嵌岩高桩梁板结构,按可靠泊10万吨级散货船舶设计,码头尺度为440 m×30 m,码头走向为034°~214°,码头前沿水深17.1 m,采用1450 H鼓形橡胶护舷（两鼓一板）;江海联运泊位（1#泊位）按东西向布置在南侧岸线上,采取打入桩高桩梁板结构,按可靠泊1万吨级船舶设计,码头尺度为190 m×30 m,码头走向为78°~258°,码头前沿水深13.9 m,泊位采用500 H拱形橡胶护舷。

2）潮流影响

光明码头依岸线而建,由于地理位置的原因,码头前潮流复杂多变,且流速较大。一般情况下,镇海高潮前2~3 h,码头边开始平流并逐渐转为落流,镇海高潮后1.0~1.5 h出现涨流（回流）,特别是在镇海低潮前3 h至镇海低潮后1 h期间,这4 h主航道为急落流时段,由于地形原因码头附近形成强烈回流性质的涨流,码头附近潮流呈顺时针的涡旋状态,最大流速接近6~7 kn,对船舶影响巨大。

3）靠泊窗口

目前,光明码头有两个靠泊时间窗口：镇海高潮前45 min左舷靠泊;镇海低潮后2 h左、右舷靠泊均可。镇海低潮后2 h船舶靠泊难度和风险相对较小,故这里只讨论镇海高潮前45 min船舶左舷靠泊操纵。

4) 靠泊实例

某日,农历十六,镇海高潮时 1045,潮高 368 cm,G 轮计划 1000 靠泊光明码头 3#泊位。G 轮船舶资料见表 5-6。

表 5-6 G 轮船舶资料

船长/m	254	船宽/m	43
总吨	64 769	净吨	36 935
载质量/t	115 430	最大吃水/m	14.52
主机功率/kW	13 080/105 r/s	型深/m	20.8
车钟	转速/(r/min)	速度/kn	
		重载	空载
DEAD SLOW AHEAD	36	4.48	6.01
SLOW AHEAD	44	5.94	7.27
HALF AHEAD	57	8.71	9.77
FULL AHEAD	72	10.69	11.36

此类型船舶到港吃水一般在 14.50 m 左右,单位载质量所分配的主机功率比较小,舵效较差,操纵相对困难。

0800 虾峙门 L_1 准时登船,登船后查看引航卡、船舶资料,告知船长引航方案。虾峙门航行保持 10~12 kn 速度,0845 出虾峙门西口,过 1 号警戒区逐步减车,0910 到洋小猫东,速度 8 kn。具体靠泊操纵见图 5-26 所示。

位①:0930 洋小猫正北,船位走在出口航道南边界线延长线上,速度 7 kn,准备带拖船。

位②:洋小猫和长柄子头之间,速度 6~7 kn,拖船带好,正船尾拖船松缆到拖位跟着。

位③:0945 接近长柄子头对开,速度 5 kn 左右,正船尾拖船向后起拖。

位④:0950 港鑫东方码头东端对开,船首遇到切变线,开始大幅度左转。右满舵进车,必要时果断加车,正船尾拖船向后拖的同时,可让右船尾拖船快车顶右舷部。

位⑤:船舶左转得到抑制并开始转为右转。

位⑥:0955 船舶转回到正常入泊角度,视余速情况解掉正船尾拖船,到右驾驶台前带缆。

位⑦：1000 泊位对开，进速 1.0 kn 左右，横距 1.5 链左右，进入常规靠泊程序，1020 贴拢码头。

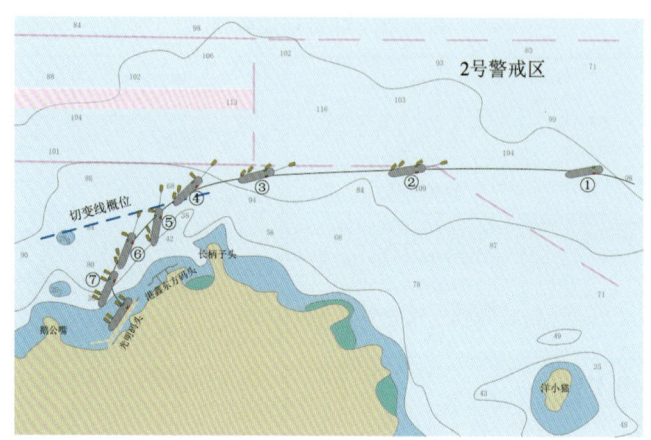

图 5-26　10 万吨级散货船靠泊光明码头示意

5）靠泊风险点

（1）重载船减速困难

总长 254 m 船舶载质量在 11 万 t 左右，最大吃水接近 15 m，此类船舶的一个重要特点就是相对质量大、惯性大，船舶减速比较困难。镇海高潮前 45 min，光明码头附近的螺头水道主航道涨流依然较急，重载船急顺流减速就更加困难。船舶在抵近码头附近一旦余速过快，就不利于摆船位，入泊，拖船协助效率也将打折扣，会使靠泊风险陡然增加。

（2）2 号警戒区附近交通流密集复杂

光明码头位于 2 号警戒区的西南边，船舶靠泊光明码头需要自东向西穿越 2 号警戒区。2 号警戒区是宁波舟山港核心港区交通流最为密集的区域之一，多方交通流在此汇集，2 号警戒区附近主要交通流示意图见图 5-27 所示，此外该区域还经常有渔船、岛间快艇、军舰等通行。交通流的密集复杂，经常让会遇局面错综复杂，再加上复杂的潮流，船舶之间的避让困难重重，航行风险较大。

（3）转向入泊时受潮流切变影响大

在部分海域内，由于两股流向、流速不同的潮流交汇，而在海面上形成明显的分界线，在分界线的两边，潮流的方向是不同的，甚至是相反的，这个分界线即为潮流切变线。镇海高潮前光明码头外切变线概位见图 5-27 中蓝色虚线所示，此

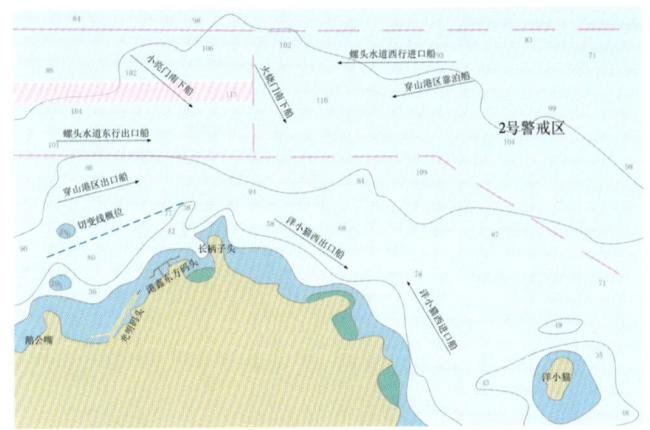

图 5-27 2 号警戒区附近主要交通流示意

时切变线以北主航道是西向流,切变线以南则为东南向流,切变线两边的潮流接近相反。船舶在转向入泊经过切变线时,会遇到船首、船尾所受潮流作用力的方向相反,很容易造成船首加速向左偏转,有时 ROT 甚至可达 20°以上,这种偏转很难通过短时间右满舵进车抑制,会给驾引人员造成较大的心理压力。

6)靠泊风险控制对策

(1)拖船的使用

由于特殊的地理位置和复杂的潮流,靠泊光明码头船舶的拖船配置有较高的要求,254 m 的船型安排 4 艘拖船助泊,其中 3 艘拖船马力是 4 800 HP 以上,具体拖船带缆位置及使用示意见图 5-28。

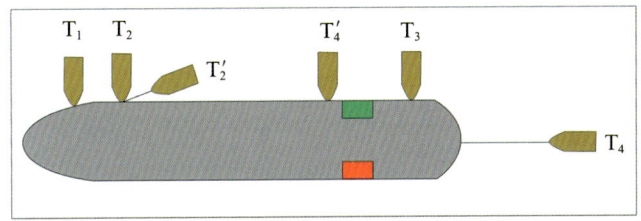

图 5-28 拖船带缆位置及使用示意

其中 T_4 要尽可能早带,一来协助大船减速,二来可使大船通过切变线时进车减少增速;在船速得到有效控制并顺利通过切变线后,可解掉 T_4,移到 T'_4 位置协助顶推。T_1 带在艏楼,T_2 带在二舱附近,T_3 带在右胯。如果在 T_4 减速下余速依然过快,也可让 T'_2 贴着船边向后松缆,以协助刹减船速。

（2）根据时间节点控制速度

254 m 散货船是光明码头靠泊最大船型，速度控制好，靠泊就成功了一半。到 1 号警戒区开始减速，靠泊前 50 min 到洋小猫正东速度控制在 8 kn 左右。靠泊前 30 min 左右到达洋小猫西北，速度控制在 6~7 kn，带好拖船。靠泊前 15 min 左右到达长柄子头北，速度控制在 5 kn 左右，港鑫东方码头对开，速度要控制在 3~4 kn 左右。如果余速过快，要及早采取措施，刹减船速。泊位对开时，把进速基本控制为零，以镇海高潮前 20~30 min 左右贴拢码头为宜。

（3）安全通过 2 号警戒区

在洋小猫转向前及早发布船舶动态，联系有关船舶。从避碰规则上讲，洋小猫西边的进口小船为让路船，本船为直航船，小船理应主动避让。但实际上，由于顺流，小船速度一般在 10 kn 以上，而本船速度这时一般只有 7 kn 以下，小船很少会主动避让。因此，在遇到洋小猫西边有碰撞危险的小船进口时，特别是有大批小船进口时，要主动联系，及早控速，不要盲目加车抢行，以免造成余速过快，不利于靠泊。对于出口船舶，要及早联系，争取能会绿灯，必要时寻求交管支持，争取能提早转向，为顺利入泊摆好船位。如果有大批出口船舶，也要放平心态，等待并寻找合适时机转向，不要操之过急。

（4）密切关注船首 ROT、安全通过切变线

通过切变线前应做如下准备：首先，要提前告知船长潮流特征以及可能出现的情况，避免突然出现大幅度的向左偏转而引起船长的紧张不安；其次，要注意观察海面，是否能看到切变线，以便能及早应对；第三，要避免快到切变线时向左大幅度转向；第四，要利用好拖船，合理使用拖船使通过切变线变得安全顺利；第五，要密切注意 ROT 的变化趋势，及早采取应对措施，采取措施要果断，要有预见性。

（5）带缆与泊稳

光明码头潮流较大，特别是镇海低潮前 3 h 至镇海低潮后 1 h，由于地形关系，码头东侧形成了强烈的回流状涨流，对船舶的泊稳产生巨大的挑战。因此，光明靠泊船通常所带缆绳较多，而且多用回头缆，254 m 船前后需各带缆绳 6-6-4，具体带缆可参照引航创新室制作的带缆，见图 5-29。因所带缆绳较多，最好登船后给船长和驾驶员交代清楚，提早做好准备。缆绳带好后要告知船长在急流时段做好巡查，确保缆绳均匀受力，防止断缆。

7）注意事项

（1）拖船必须要及早落实，长柄子头之前须带好拖船。

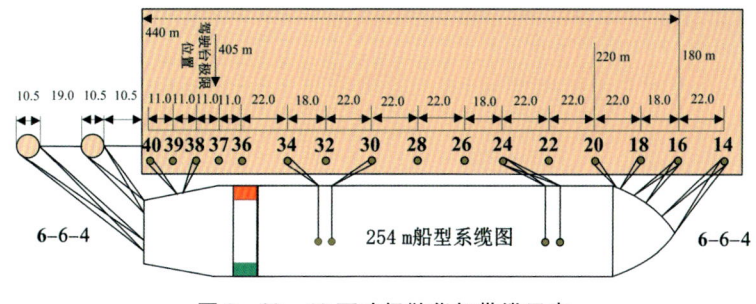

图 5-29 10万吨级散货船带缆示意

（2）控制余速是关键，特别是大潮汛时更要特别注意，可利用洋小猫大角度转向减速。

（3）洋小猫北面过来后，洋小猫西侧过来的涨流会把船位向北边推，要提早预防应对。

（4）在2号警戒区如果不能及早左转，也不必要操之过急，可先沿进口航道淌航，择机左转。虽然穿越切变线时角度大，偏转更厉害，但是横距也大，应变空间较为富余。

（5）备妥双锚，以备紧急情况下使用。

5.5 超大型船舶靠泊技术

5.5.1 海岬型矿砂船低平潮靠中宅1#泊位

1）码头介绍

中宅码头位于穿山北港区，北依螺头水道，距离螺头水道主航道约1.5 n mile。码头西侧依次为竹湾拖船码头、北三集司集装箱码头11#～1#泊位，其东侧依次为浙江LNG码头和光明码头。1#泊位为20万吨级泊位，位于码头的中间（坐标位置：29°53′.57N/122°04′.54E），码头走向为075°～255°，其西侧4#泊位为30万吨级卸船泊位（水工按40万吨级建造）和5万吨级装船泊位，东侧为2个5万吨装船泊位。

一期卸船码头总长520.0 m，宽度为36.0 m，码头面标高5.2 m（85国家高程基准面，下同），码头前沿设计泥面标高-21.5 m，自然底高程-20.0～-23.0 m。装船码头总长352.0 m，宽度为23.0 m，码头面标高5.2 m，码头前沿设计泥面标高

−15.6 m,自然底高程−18.0~−21.0 m。

2) 靠泊窗口及潮流情况

该码头处于螺头水道南侧,码头前沿潮流与主航道的潮流常有较大区别。主航道流越急,码头边越容易出现与之相反的回流,主航道和码头前沿水域存在潮流切变线。一般镇海高潮前1 h码头边初落,为最佳靠泊时间,宜左舷靠泊;镇海低潮后2 h初涨,为右舷靠泊的较适宜窗口。通常低潮后1.5 h左右主航道开始涨流,码头前沿2链外也是涨流,但是码头前沿2链水域内往往有落流存在。通过对下图大潮、中潮、小潮镇海低潮后1.5~2.2 h潮流数模的分析,大致可以了解该水域潮流规律。具体靠泊窗口及潮流数模见图5-30、5-31、5-32。

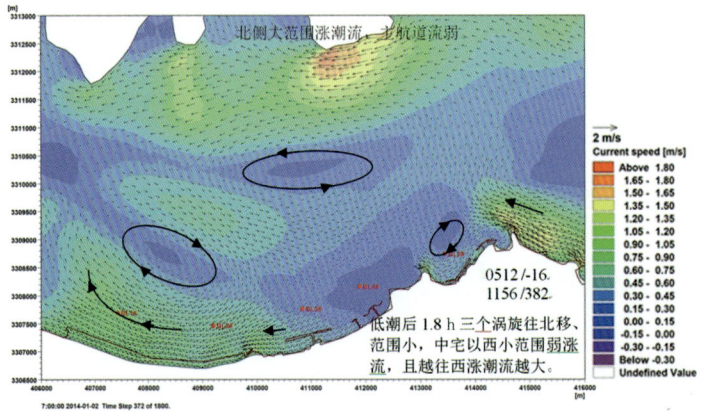

图5-30 大潮汛低潮后1.8 h潮流数模

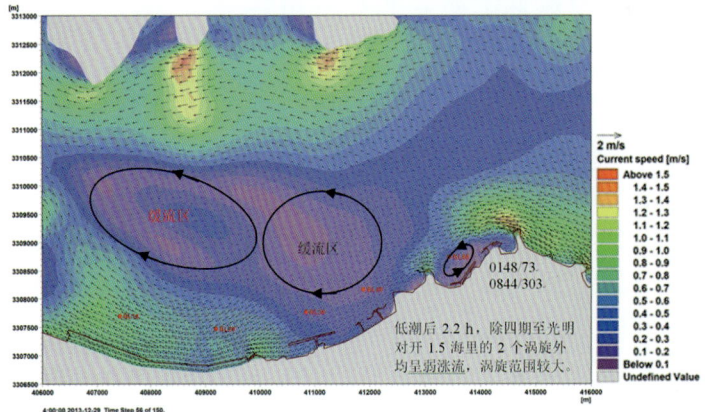

图5-31 中潮汛低潮后2.2 h潮流数模

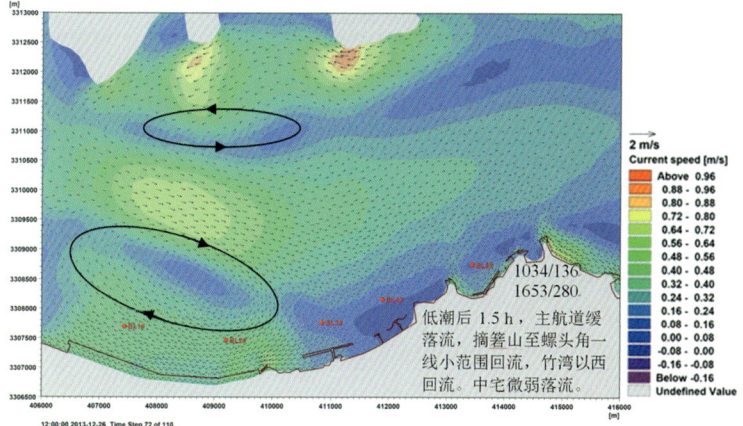

图 5-32 小潮汛镇海低潮后 1.5 潮流数模

3) 靠泊要求和拖船配置

设计允许靠拢速度≤10 cm/s、允许靠拢角度≤5°；海岬型矿砂船靠泊均配置 4 艘全旋回拖船；船首带缆 5-3-2，船尾带缆 5-3-2。

参考日本学者谷初藏氏提出的拖船马力估算公式

$$Y_T = (\Delta/100\,000 \times 60) + 40$$

式中：Y_T 为拖船总拖力(t)；Δ 为夏季排水量(t)；海峡型矿船的夏季排水量约为 23 万 t 左右。计算得：$Y_T = (230\,000\,t/100\,000 \times 60) + 40 = 178\,t$。

考虑到中宅码头前沿及与主航道连接水域流场的不稳定性，重载海峡型矿船靠泊中宅码头一般配备 4 艘总马力 1.8 万 HP 以上的拖船协助。

4) 进港靠泊控制

（1）右舷靠泊

进港过程中主要节点见表 5-7 所示。

表 5-7 海岬型矿砂船右舷靠泊中宅码头节点控制表

大致船位	距离计划靠泊时间/h	到码头距离/n mile	速度/kn	注意事项
桃花灯桩	2.5	18.5	10	准时到达 L1 报告线
溜网重岛	2.0	12.5	11	岛屿可能遮蔽部分过往船舶
洋小猫东	1.5	7.5	10	2 号警戒区船多，局面复杂

表 5-7(续表)

大致船位	距离计划靠泊时间/h	到码头距离/n mile	速度/kn	注意事项
长柄子头	1.0	3.5	8.0	长柄子头横距 0.8 n mile
入泊	0	大致对好位置	1.5	横距 0.2 n mile

海岬型矿砂船低平潮靠泊中宅 1#泊位主要风险点：

①低平潮过虾峙门口外-18.2 m 浅滩的风险,当富余水深≤10%船舶吃水时,主管机关要求引航员在深水航槽外登船;

②若选择左舷直靠,码头边可能有小范围顺流的风险;

③涨流右舷靠泊时,存在压拢速度较快的风险;

④若船舶到达码头前沿水域早,掉头之后可能仍然在落流区,前冲速度难以控制。

如需要引航员登船引领过航槽进口,引航员靠泊前 6 h 从桃花引航基地乘拖船出发,靠泊前 4 h 在虾峙门口外灯船附近登船,一般靠泊前 2.5 h 在桃花灯桩进口。

本港码头多、靠离泊船舶众多,拖船数量少特别是大马力拖船偏少,因此建议在桃花岛灯桩进口之后即与拖船调度核实拖船马力以及拖船何时能到位等情况。

靠泊前 1.5 h 到达洋小猫东侧,靠泊前 1 h 抵达长柄子头对开(位①和位 A),速度 7~8 kn 并逐级减车。四艘拖船在此准备带拖缆。航行至长柄子头对开后,通常有两条路线可供选择,见图 5-33。

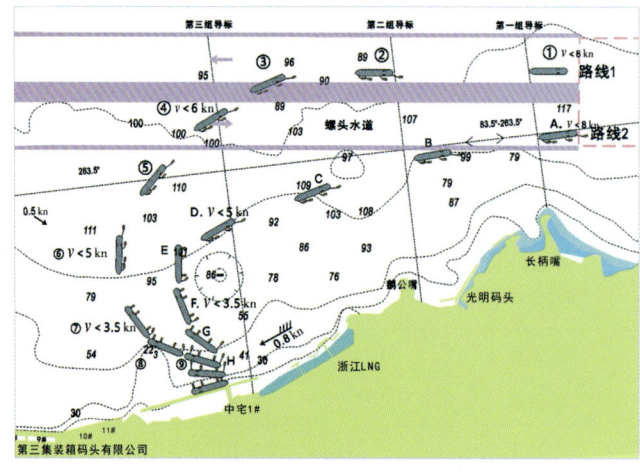

图 5-33　海岬型矿砂船右舷靠泊参考路线

路线一:不过早向南插入码头前沿水域,沿进口航道向西航行至摘箬山对开(位③)时再大幅左转穿越出口航道;当螺头水道第三组导标正横、与码头横距 1.8 n mile 时开始施左舵慢慢向左转头,速度 6 kn 左右(位④)。位④至位⑤的过程中只需稍微施以左舵即可有明显呈左转趋势。从位⑤至位⑥驶近过程中,由于主航道已经有涨流,左舷船尾受到明显涨流的影响,船舶左转 ROT 逐渐增加,此时横距尚大,要及时回舵压右舵,必要时进车加车控制,避免船舶过早掉转,造成较大的靠泊横距。位⑥距离码头 0.7 n mile,航速不可大于 5 kn。位⑦时航速 3.5 kn 左右,横距约 0.45 n mile,艉抵泊位后方,应及时倒车或者令尾拖往后拉刹减船速。位⑧距离码头横距 0.3 n mile,船舶进入 −50 m 等深线,船首慢慢进入涨流区,逐渐调整入泊角。为预防倒车引起的右偏效应和船舶受到涨流的压拢作用,第一个位置的拖船应及时送缆到拖位,左舷部拖船及时顶推。

路线二:及早穿越 2 号警戒区,沿 263.5°导标线南侧水域逆向驶入出口通航分道(船位 A),没有特殊原因尽量不用减速,尽快驶出出口航道(位 B),位 C 时继续减速,逐渐接近海图上第三组导标的北侧水域,与码头的横距保持在 0.9~1.0 n mile(船位 D),航速 5 kn 左右。在 −100 m 等深线附近开始掉头。此时整个船舶处于缓流区域,用车舵向左转向过程中转头角速度可能不理想,因此船尾两艘拖船应处于顶推位置,随时调整船尾拖船的顶推力量以获得所需的转头加速度,无需在右侧船首布置一艘拖船顶推。在船位 F 处一定要让船舶获得预定的向左 ROT,速度控制在 3.5 kn 左右,与码头接近的角度要小于 90°并继续左转。在船位 G 处船首距离码头 5 倍船宽,入泊角度 30°左右,前冲速度小于 1 kn。

无论以何种路线驶近泊位至船位 H 处(2~3 倍船宽),船首第一艘拖船须送缆到拖位并保持拖缆得力,前冲速度不得大于 0.5 kn,船舶驾驶台基本接近指泊旗,横移速度小于 1 kn。要警惕的是无论码头前沿水域是否明显涨流,当船舶自北往南逼近泊位时,在流和拖船的共同作用下,船舶整体都是快速接近码头,所以要有主动降速的意识。自船位 H 开始,第 1 艘和第 4 艘拖船处在在拖的位置,必要时左满舵动车协助转向。

(2) 左舷靠泊

小潮汛期间、镇海低潮后 1~2 h 可选择左舷直接靠泊,见图 5-34。左舷靠泊的主要风险有以下几点:

①尽管主航道至码头前沿 200 m 左右范围内均为落流或缓流,但码头前沿 100 m 左右的水域(即 −30 m 等深线以南)会有涨流存在,这会对靠泊产生一定影响;

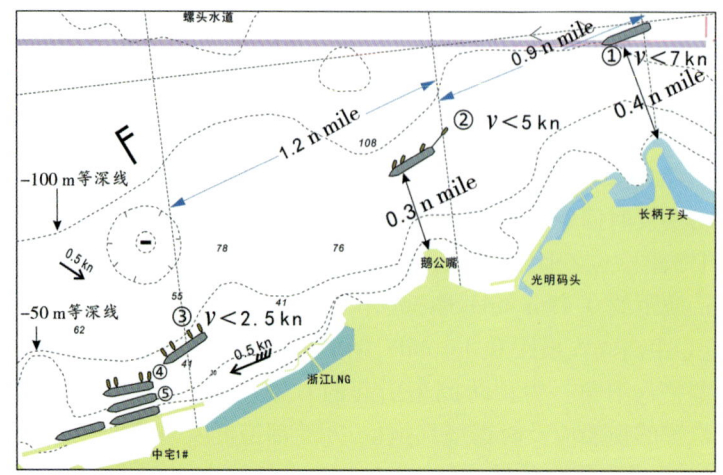

图 5-34　海岬型矿砂船左舷靠泊中宅 1#泊位示意

②自长柄子头对开穿越航道时,由于借流出口小船众多,进入南侧沿岸通航带较困难,如果过绿灯则离长柄子头很近;

③接近码头边时船舶顺流前冲,需要多次倒车稳定船位,用车次数可能增加。

位①:靠泊前 1 h 抵长柄子头。距离码头 2 n mile,航向 250°,航速 7 kn 左右,减速至最慢车,距离长柄子头横距 0.4 n mile。T_1、T_2、T_3、T_4 分别在艏楼、二三舱位置、驾驶台前及船尾舷部带好。

位②:靠泊前 45 min,鹅公嘴对开。距离码头 1 n mile,航向 230°,航速 5 kn 左右,距离鹅公嘴 0.3 n mile。此时主航道即将接近转流,整个海面较为平静,流压角较小。如发现减速效果不佳,应及时令 T_4 送缆,朝后方拖拽协助降速。

位③:靠泊前 20 min,艏抵装船泊位前方,航向 240°,航速 2.5 kn 左右,横距 0.2 n mile。此时船舶可能会有点顺流,开始倒车,倒车时本着"先大后小"的节奏,宜一次性倒停并略有退速为妥。

位④:船基本倒停在泊位对开,视情况形成负角度姿态,顶推入泊,横距 0.157 n mile。借用倒车船首右偏的趋势,船尾 T_3 和 T_4 增大力量进行顶推,船首 T_1、T_2 适当用力维持 5°~10°左右的负角度入泊。

位⑤:横距 2 倍船宽处,横移速度小于 0.5 kn,T_1 和 T_4 在拖位待命,T_2、T_3 减小顶推力,降低横移速度,调整船身与码头接近平行,最终实现平行靠泊。

5) 注意事项

(1) 遇小潮汛或西北风强时,掉头靠泊时机应适当推迟,或者可以选择左舷直靠。

（2）由于中宅码头在急落流时会出现西端推开、东端压拢的流态，而涨流靠泊时，肥大的船尾位于码头的西端，故靠涨水头时，船尾应适当多带缆绳。

（3）低潮后 2 h 左靠时，码头前沿可能有微涨流，要精准掌控横距和纵横向速度，及时实施负角度靠泊，尽早贴拢码头。

5.5.2 海岬型矿砂船低平潮靠北仑矿石码头 1#泊位

1）码头简介及典型船舶资料

北仑矿石码头 1#泊位是宁波港域最早建设的大型散货卸船专用码头，最初为宝钢配套建设使用。该码头位于金塘水道南侧（29°56′.21N/121°52′.88E），西邻北仑第一集装箱码头有限公司 7#泊位，东邻台塑码头，南侧为装船码头及港池。1#泊位在码头的西侧，码头走向 108°~288°，设计水深 21 m，可靠 17 万 t 船舶，兼靠 20 万 t 船舶（减载靠泊）。

以靠泊矿石 1#泊位最常见的一种海岬型矿砂船（Cape size）M 轮为例，主要船舶资料见表 5-8 所示。

表 5-8 M 轮主要船舶资料

船长/m	292	船宽/m	45
总吨	93 186	净吨	59 696
载质量/t	178 978	最大吃水/m	18.24
主机功率/HP	2 5013 /86.6 r/min	型深/m	24.8
螺旋桨直径/m	8.2	螺距/m	5.94
车钟	转速/(r/min)	速度/kn	
		重载速度/kn	空载速度/kn
DEAD SLOW AHEAD	24	3.99	4.12
SLOW AHEAD	34	5.37	5.87
HALF AHEAD	46	7.78	8.88
FULL AHEAD	60	10.67	12.26

2）靠泊窗口及潮流情况

该码头潮时一般以镇海潮汐站为参考，高平潮靠泊窗口为镇海高潮时，低平潮靠泊窗口为镇海低潮时,两个靠泊窗口均为左舷靠泊。

大潮汛期间,该码头附近水域在镇海高潮时开始落流,镇海低潮后 2 h 开始涨流。小潮汛期间,镇海高潮后 15 min 左右开始落流,镇海低潮后 2.5 h 左右开始涨流。

低平潮靠泊时,由于码头西侧带缆桩的阻挡分流作用,码头前沿会有较大的推开流,推开角度达 10°~15°,对靠泊操作和带缆布置都提出了更高的要求。

3) 靠泊要求和技术参数

靠泊时一般要求靠拢速度≤12 cm/s,靠拢角度≤5°。

受到泊位西端急落流时明显推开流的影响,船首应适当增加缆绳,缆绳不够时可带回头缆,所有缆绳尽可能均匀受力,随着潮位和吃水的变化,值班船员应及时调整缆绳长度(码头方一般安排靠好后立即卸货,以减小船舶吃水,大潮汛申请拖船保驾),避免使用自动缆车过载系统调整缆绳,以防船舶前后缆绳松紧不一发生偏转和离开码头,发生断缆漂移险情。缆绳布置:海岬型矿砂船船首 6-4-2,船尾一般 5-4-2。

根据《海港总体设计规范》(JTS 165—2013)的规定,所需拖船总功率为:

$$BHP = KQ$$

式中:BHP 为所需拖船总功率,kW;Q 为船舶载质量,t;K 为系数,载质量>5 万 t 时,取 0.05。

以上述 M 轮为例,BHP = 0.05×178 978,约为 12 000 HP,一般配备 3 艘 4 000 HP 以上的拖船;如低潮时靠 1#泊位,最好配备 1 艘 5 600 HP 以上的拖船。

4) 靠泊风险

海岬型矿沙船低平潮靠泊风险主要有以下几点:

(1) 由于码头西端带缆桩的分流作用,入泊角较小难以靠拢,入泊角过大则风险较大;

(2) 从北仑 4#锚位起锚入泊的过程中,为了缩小靠泊横距常需要大角度对着 2#泊位走,若入泊角过大,可能会发生落流压住船首,导致船首难以向右转出的情况;

(3) 低平潮后若不能及时入泊,来自穿山西口的涨潮流影响到码头前沿水域后,导致后续靠泊更难;

(4) 接近码头前沿 10~20 m 距离时,过于缩小入泊角则可能导致横移速度迅速减小,第一艘拖船来顶推之后,存在后续没有力量控制船首快速靠拢的风险。

5）北仑锚地起锚靠泊

（1）北仑6#锚位起锚过来靠1#泊位时可参考虾峙门进口直靠。若时间充足宜在引航员登船之后再起锚，以防急流时起锚过早造成船舶在等待引航员中后退速度过快与黄牛礁及东侧浅滩太近。

（2）北仑4#锚位起锚靠泊时一般宜在靠泊时间点前1.5 h起锚。三艘拖船在起锚后带妥，带拖布置参考直靠操作。一般情况下不需要使用拖船顶推帮助船舶实现左转，可大胆使用进车配合左满舵扭转船首驶近泊位。

（3）起锚之后艏对2#泊位前方驶近（位①），逐级加车至Half ahead，当航速增至2.5 kn左右开始减车，后续前进速度仍会逐渐增加，但前进速度不宜超过3 kn（位②）。不断使用"左满舵—正舵"缩小靠泊横距，再利用流压逐渐向右扭转船首以减小入泊角，艏抵2#泊位前方时船首离码头的横距5倍船宽，航向260°左右，速度控制小于2.5 kn（位④）。尽可能保持右舷受流，不断逼近码头，在2倍船宽之前不必调平船身，更应避免大幅右转导致靠泊角锐减后船舶难以靠拢。北仑锚地起锚靠泊过程见图5-35。

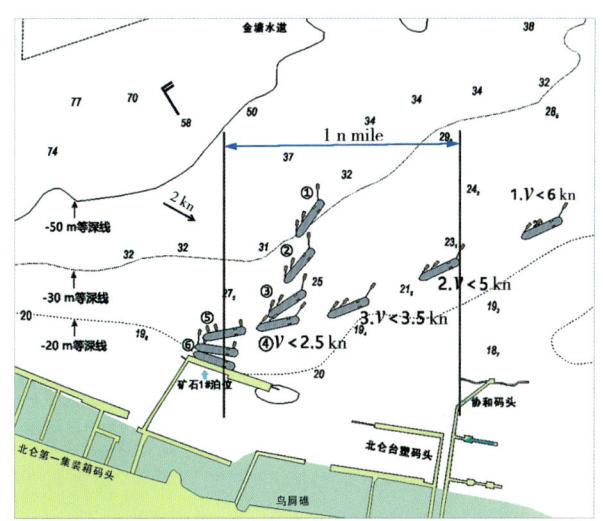

图5-35 北仑锚地起锚靠泊过程

6）虾峙门进口直靠

（1）靠低平潮时一般选择在靠泊前4 h自虾峙门桃花灯桩进口。此类船舶港内静水船速前进三（Full ahead）一般介于11~13 kn，一路顶流航速在8~10 kn，下栏山及螺头角水域落流急的地方可能只有7~8 kn。虾峙门航道不建议使用海上航速航行。

（2）顶流进港,途中船舶交通流量较高平潮时少,应尽量按照定线制规定走在自己的航道上,洋小猫北、螺头角等水域均不要提早转向,尤其在涂泥嘴不能过早左转,避免本船被流压向涂泥嘴,在船位控制上带来压力的同时与出口船不好会遇。

（3）靠泊前 1 h 抵达涂泥嘴正北,航速 8～10 kn,转向结合逐级减车控制船位和航向。在招商码头 4#泊位对开时航速为 7 kn 左右,在协和码头对开（位 2）时航速为 5 kn 左右并减至能维持舵效的最慢车。自穿山西口北侧水域往南驶近泊位的过程中,要避免进入-20 m 等深线以南。大榭万华化工码头至穿山西口一带是停车淌航的较理想水域。可以稍早抵达此水域,及早停车淌航为入泊赢得用车的机会。

（4）拖船应在协和码头对开水域带妥,艏楼位置带马力最大的拖船,最小马力的拖船带在 2～3 舱位置；右舷船尾胯部带上第三艘拖船。

（5）船首抵 2#泊位时航速控制在 3 kn 以下,取航向 270°～280°,船首与码头横距约 0.2 n mile。此时船舶受流的影响,船首极易向右偏出,根据船舶运动趋势,及时用车舵动车来抑制。

（6）船首抵泊位东端,航速小于 2.5 kn,横距约 5 倍船宽,航向 275°左右。要充分预计到倒车引起的向右偏转,在倒车前最好有一定的左转趋势,船首 2 艘拖船要及时加速顶推,顶流情况下,小于 2.5 kn 的航速使用主机 Slow astern 可以在一倍船长距离内将船停住。

（7）驾驶台对齐指泊旗时,船舶前进速度接近于零,船首距离码头 2～3 倍船宽,入泊角保持 15°左右,横移速度 0.5 kn 左右。船首距离码头 1 倍船宽时,横移速度保持在 0.4 kn 左右,入泊角保持在 10°～15°,第一艘拖船可减速至最慢车顶,必要时送缆到拉位,调整第二艘拖船的顶推力量,保持船舶继续接近码头,船尾拖船适时调整靠泊角度。船首离码头 10 m 左右横移速度控制在 0.2 kn,入泊角小于 5°,控制船舶以 0.1～0.2 kn 横移速度接近靠把。第一艘拖船要能顶能拖,合理调整前后拖船的力量,结合车舵效应调整靠泊角、抑制前后转船力矩,最终实现平稳贴拢码头。

（8）低平潮靠泊时流较急,可通过左侧正横附近位置的宁波钢铁厂的烟囱等串视标对前冲后缩保持敏锐观察,及时动车控制好纵向速度。

7）注意事项

（1）低平潮靠泊 1#泊位时,船首位置推开流明显,会出现两艘拖船也顶不住的现象,应将大马力拖船带在最前面;密切关注船首外甩现象,须及时用车舵控制。拖船解缆前注意核实所有缆绳已均匀受力。

(2) 若引航任务"一移一靠"(先把码头上船移到北仑锚位再把另一艘锚泊矿船移靠码头),靠泊船应避免过早起锚导致船舶受流影响产生过大漂航速度。离泊船下达抛锚指令之后引航员可告知靠泊船开始起锚至4节水面时刹住,等候引航员上船。

5.5.3 VLCC 高潮后 1 h 靠算山油码头 1#泊位

1) 码头概况

算油码头 1#泊位位于宁波舟山港北仑港区,地处杭州湾口外金塘水道南岸,与北仑电厂煤码头为邻,距金塘岛 1.9 n mile,距大黄蟒 1.2 n mile,地理位置为 122°04.54′E/29°53.57′N。算油 1#泊位东侧和北仑电厂取水口警戒装置沿码头前沿线方向相距 50.7 m,西侧与算山 2#、3#泊位以人行桥相连。此码头前身为 15 万吨级码头,后因生产经营需要升级为 25 万吨级。

码头采用"蝶"型布置(见图 5-36),码头全长 510 m,由一个工作平台、10 座系缆墩、人行便桥组成。工作平台长 35 m,宽 23 m,标高 7.5 m。码头走向:123°~303°。码头前沿水深 24 m。

码头靠把系缆桩设置:设八组鼓形橡胶护舷分别在 6 个靠船钢簇桩上,间距分别为 15 m、20 m、70 m、20 m、15 m。共有 10 个系缆墩,每墩设有 2 个系船柱。首尾缆墩系缆力为 200 t/墩,每墩设有 1.5 t 绞缆机一台。后经改造,增加了自动脱缆钩。

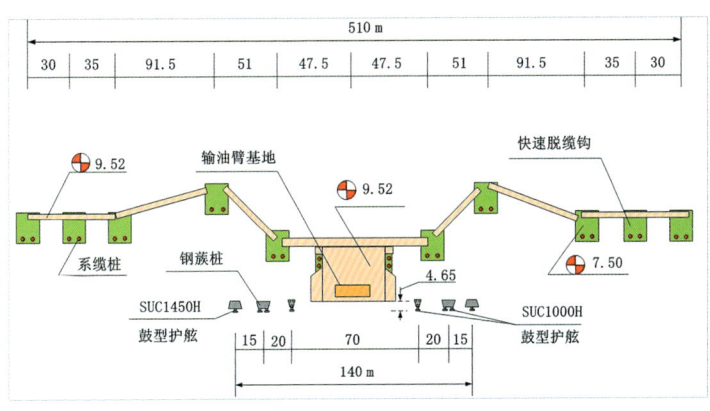

图 5-36 算油 1#泊位结构

以靠泊算油 1#泊最常见的 N 轮为例,主要船舶资料如表 5-9 所示。

表 5-9 N 轮船舶资料

船长/m	330	船宽/m	60
驾驶台至船头/m	278	驾驶台至船尾/m	52
型深/m	29.5	满载载质量/t	298 858
夏季满载吃水/m	21.659	本航次最大吃水/m	20.2
总吨	157 039	净吨	99 010
主机功率/kW	25 480/79 r/min	螺旋桨直径/m	9.99
桨叶数	4	锚重/t	17.2
装载情况下主机转速及速度			
DEADSLOW AHEAD	23 r/min/4.2 kn	SLOW AHEAD	28 r/min/5.3 kn
HALF AHEAD	45 r/min/7.8 kn	FULL AHEAD	66 r/min/13.3 kn

2)靠泊窗口及潮流情况

该码头处于金塘水道西南侧,一般镇海高潮后 1 h 码头边初落,为满载 VLCC 最佳左舷靠泊时间,半载 VLCC 也可选择低潮前 1 h 左舷靠泊。

3)靠泊要求和技术参数

设计允许靠拢速度≤10 cm/s、允许靠拢角度≤5°。

LOA≥270 m 配置 3 艘拖船;LOA≥330 m 配置 4 艘拖船;船首带缆 4+4+2,船尾带缆 4+4+2。

根据《海港总体设计规范》的规定,满载 30 万 t 载质量的 VLCC 所需总拖力约为 240 t。考虑到抵港时并非满载,码头前沿水域宽广,潮流平缓和本港大马力拖船少等原因,一般配备 4 艘总马力 20 000 HP 左右的拖船助泊。

设定 4 艘拖船代称、马力和带缆位置分别为:

T_1,5 600 HP,在右舷首楼带缆;

T_2,4 800 HP,在右舷舯部第三组导览孔带缆;

T_3,4 800 HP,在驾驶台前带缆;

T_4,5 200 HP,在船尾胯部带缆。

4)进港靠泊风险

VLCC 高平潮靠泊算油 1#泊位的风险主要有以下几点:

（1）深吃水船通过虾峙门深水航槽的风险；

（2）进港过程中通过螺头角等复杂潮流区域时较难控制航向；

（3）北仑9#锚位有锚泊船时，转向过程中可能与金塘岛东南侧宫山灯桩太近；

（4）航向235°左右艏对北仑山转向至283°叠标线的过程中右转ROT不足，导致船位与北仑山过近；

（5）北仑山转向之后仍有涨流，速度难以下降；

（6）为避开三期4#泊位对开的浅点而缩小横距，可能需要大角度入泊，存在一定的风险。

5）靠泊节点控制

节点①：进港时间控制。引航员在深水航槽外"虾峙门灯船"附近提早5.5 h登船，靠泊前3.5 h平桃花灯桩进口；若是从北仑9#锚位移靠则提前2 h（含起锚时间0.5 h）登船；大榭实华码头移泊至本泊位控制在靠泊前2.5 h离泊。

节点②：涂泥嘴4号警戒区离码头8.7 n mile，距离靠泊时间1.5 h左右，速度控制在12 kn以下，并开始减速，联系拖船。

节点③：黄牛礁北离码头4.5 n mile，距离靠泊时间1 h左右，速度控制在7~8 kn，艏对北仑山航行。注意事项：①从黄牛礁往北仑山方向横越金塘水道时，要及时与东西向行驶的船舶联系，特别注意被金塘山挡住的东行船，本船大吃水，操纵性能差，尽量协调它船避让本船，以保持船位；②注意周边码头，特别是北二集司集装箱码头及北仑电厂是否有船舶靠、离，应提前联系，协调避让；③在北仑山附近向右转向时，转向角可达50°左右，重载船惯性大，很容易转过头，不易把定，转到260°左右时就应尽早回舵、尽早加车，用反舵压住。

节点④：北仑山对开，离码头2 n mile，距离靠泊时间0.5 h左右，距北仑山横距约0.5 n mile，航速≤6 kn，航向283°。注意事项：①一般距离北仑山0.7~0.8 n mile时开始用舵向右转向；②带好拖船缆绳；如暂时只有一艘拖船到位，可先在右舷船尾带缆，协助减速或通过顶、拉当舵用；③以远处283°的引导标作参考，注意流压和舵效，及时调整船首向；如感觉船身离左侧码头过近，或左压明显，应及时将船首向北拉出来，并进车加以调整；④注意北仑电厂对开0.85 n mile处的−17.6 m礁石。

节点⑤：北仑电厂对开，离码头0.5 n mile，航速控制在3.5 kn以下。由于三期4#泊位对开−21.2 m浅点的存在，一般船方都要求避开此点，因此船位宜控制在叠标线北侧150 m左右，距北仑电厂码头0.3 n mile以上，尽量将船航行于

-50 m 等深线附近西行,航向 280°左右。注意事项：①淌航阶段,如感觉船速较快,不易减下来,可令右后拖船松缆朝后拖,这样有助于减速,又能保持船位;②北仑电厂取水口的 3 个警示标较为突出,需保持一定的安全横距;③倒车前一般适当往里当做满舵,防止倒车时侧推器效应明显,使得船首外甩,另外船首拖船要及时顶推协助控制船首。

节点⑥：船首抵泊位前端时,船速在 2.0 kn 左右,横距 0.2 n mile 左右。具体靠泊过程见图 5-37。

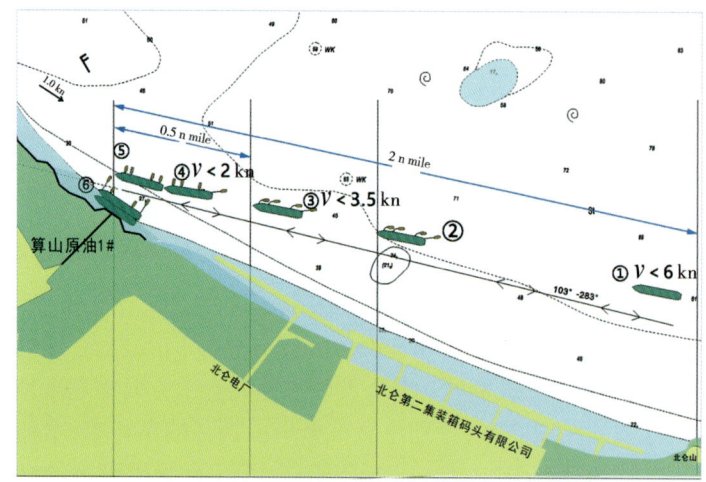

图 5-37　VLCC 高潮后 1.0 h 靠算油 1#泊位过程

6) 近泊操作与注意事项

（1）四艘拖船助泊,两艘带船首,一艘驾驶台前,一艘驾驶台后,最大马力拖船配置在右舷艉楼。

（2）根据本船距码头前沿的距离和当时航速的大小,适时停车淌航,一边感受本船的惯性和舵效,一边观察和判断航道、码头边的流态;及时用舵和拖船协助控制本船的船首向和实际航迹向,一般船速快或横距小时应及时减小入泊角,甚至将船首外转,防止未入泊船身已被压拢。如余速较快,可提前让船尾的拖船松缆向后拖。

（3）当船首接近泊位前端时,如速度仍在 2.5 kn 以上,应提前倒车降低船速,并保留一定的余速淌航至码头对开,然后倒车将船拉停,基本对好卸油管位置,再利用前后拖船的顶推和拖带,保持 10°左右的入泊角,使得船舶外当受流,逐步贴拢码头,并逐渐减小入泊角。接近码头一倍船宽时,应将横移速度控制到 15 cm/s

(0.3 kn)以内,并将船身基本调平,前后两艘拖船提前保持拖的位置,控制横移速度,力争平行靠泊,靠拢速度尽量控制在 5 cm/s 以下。整个靠泊过程要做到"抓头防尾",船首、船尾与码头的横距和靠泊速度可以参看码头上的靠泊仪。

(4) 带缆的次序一般是前后倒缆先带,并利用倒缆、主机和拖船等协助调整位置,按码头要求对上输油管线,然后再带横缆和首尾缆缆。

5.5.4 VLCC 靠泊大榭中油码头

1) 码头概况

大榭中油 30 万吨级原油码头位于大榭岛东北侧大田湾水域,西邻信源码头,东邻百地年码头,隶属宁波大榭中油燃料油码头有限公司。该码头为蝶形码头,码头走向 146°~326°,泊位岸线长 490 m,码头前沿水深 25 m 以上,最大可兼靠 45 万吨级油船作业,也可同时停靠 2 艘 2 万吨级储运油船作业。

2) 潮流特点

此码头所处水域受到涂泥嘴及石弄堂山的挑流作用以及海中凸出基岩山体和礁石的影响,码头前沿流场比较复杂,回流现象明显。主航道急流时码头前沿基本是以涂泥嘴和石弄堂山为两端点的一个鹅蛋形封闭回流区,当主航道流急时内外会有一条明显的潮流切变线。涨落流切变线离码头的距离变化很大,大概距码头 2~3 链附近,距离时大时小,并且码头前后 150 m 处有漩涡出现,潮流速度也呈间歇性波动。当主航道流缓时或转流时段,码头前沿水流流速较缓,且与码头交角比较小。

3) 靠泊时间选择

一般选择镇海高潮后 1.5 h 左舷靠落流,小潮汛时可选择镇海高潮后 1.25 h。此靠泊时机已经考虑本港相邻码头超大型船舶在高潮时段按次序通过虾峙门深水航槽的时间节点。

4) 拖船配置及使用

通常 VLCC 靠泊中油码头需配备 5 艘拖船,配置右前 2 艘,右后 2 艘,正船尾 1 艘(见图 5-38)。带在船尾正中的拖船在接近码头过程可协助大船降速,待大船到达泊位时可解掉,令其到大船船首里当适时进行顶推以达到控制船舶的横移速度和调整靠泊角度的目的(见图 5-39)。

5) 靠泊实例

(1) 天气条件限制:能见距离 1 n mile 以上,风力≤6 级。

(2) 当日镇海潮汐资料:高潮时间 1453,潮高 259 cm。

图 5-38　VLCC 靠泊中油码头拖船配备（远离泊位）

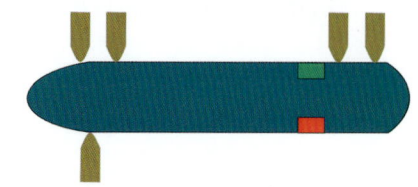

图 5-39　VLCC 靠泊中油码头拖船配备（接近泊位）

（3）靠泊拖船艘数及马力配置：5×4 800 HP

（4）船舶资料（见表 5-10）。

表 5-10　船舶资料

船名	总吨	净吨	载质量/t	排水量/t	船长/m	船宽/m	吃水/m
Y 轮	156 517	107 819	297 363	343 839	333	60	20.9

（5）靠泊操纵

VLCC 靠泊大榭中油码头示意见图 5-40。

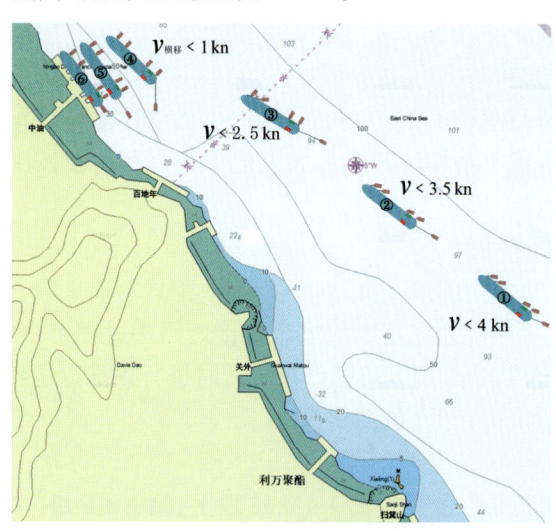

图 5-40　Y 轮靠泊过程示意

位①：航行至扫箕山对开,距离码头 1 n mile 左右,距岸 0.4 n mile,速度 4 kn 以下,航向 315°。

船位太开会导致本船处于主航道涨流区内,不利于速度控制及靠泊角度的调整;太拢则安全余地过小,毕竟在航行过程中船位会有一定的向岸漂移。由于受涨流影响以及转向的漂移作用,在到达扫箕山前有很明显的向左漂移现象,要注意及时和出口船舶联系交会方式。

位②：过了扫箕山后由于船首受回流冲开、船尾受涨流推压的影响,以及船速下降舵效减弱,船首向会出现明显向右偏转的现象,可以及时左舵进车配合首拖顶推抑制,为了防止船速太快,可提前令带在正船尾的拖船向后拖控制前进速度。至关外码头对开时,航速 3 kn,航向 310°,距关外码头 0.3 n mile,尽量把船首向把定在对着涂泥嘴方向,控制船位不要有太多的向外漂移。

位③：当船首接近泊位前端时,速度 2.5 kn,航向 310°,距百地年码头 0.3 n mile。提前倒车降低船速,并保留一定的余速淌航至码头对开,再次倒车将船拉停,与码头横距大概在 0.2 n mile 左右,基本对好位置。倒车时可令船首两艘拖船加车顶推以抑制船首右偏。当船拉停后,可以解掉正船尾拖船到左船首作机动使用,适时顶推来抑制船首左偏或船舶横移速度。

位④：当船位比较开时,由于还受到外围涨流影响,需要拖船顶推来接近码头,保持 10° 左右的入泊角,横移速度保持在 1 kn 以下接近码头,并逐步减小入泊角。进入码头前沿回流的落流区域前,要提防横移增速现象,需提早减小拖船的顶推力量,首尾两艘拖船松缆到拖的位置。通过拖船顶推和拖拉来抑制横移速度,到横距接近 3 倍船宽时,将船舶横移速度控制在 0.5 kn 以内,靠泊角度控制在 3°~5°。受回流影响,船首会出现左转现象,要及时进行抑制,切不可让偏转惯性加大。

位⑤：距码头 1 倍船宽时,横移速度 0.3 kn 以内,船身基本调平,首尾两艘拖船始终保持在拖的位置,控制横移速度,力争平行靠泊,靠拢速度尽量控制在 5 cm/s 以下。

贴拢码头后,带缆的次序一般是前后倒缆先带,并利用倒缆、主机和拖船等协助调整位置,按码头要求对上输油管线,然后再带其它缆绳,前后缆绳至少 4-4-2。

6) 注意事项

(1) 该码头位于涂泥嘴和百地年码头之间的半圆形区域里,距涂泥嘴较近,靠泊时控制余速相当重要。

(2) 主航道流急时注意码头边有一定的回流,防止增速现象。

(3) 整个靠泊过程要做到"抓头防尾",船首、船尾距码头的横距和靠泊速度可以参看码头上的靠泊仪。

(4) 泊位前、中、后三处都有输油臂,需做到平行靠泊,防止出现夹角触碰到岸上输油臂。

(5) 码头结构设计上为了兼顾同时靠泊两条2万吨级船舶,缆桩配置较为复杂,30万吨级船舶的前后倒缆和横缆可能会交叉带缆,应注意缆绳的布置避免钢缆摩擦。

5.5.5　VLCC初涨向左掉头靠大榭实华码头1#泊位

1) 码头概况

大榭实华1#泊位为25万吨级原油中转码头(见图5-41),设计靠泊能力25万吨级兼靠30万吨级油船,年吞吐量1 700万t。码头位于宁波大榭岛的东北端,西邻港发码头,东邻大榭实华2#码头,GPS位置为29°56′25″N/121°58′57″E。

码头结构:码头采用高桩墩式结构,长485 m,顶面标高5.5 m。

码头走向:133°～313°。

码头水深:23.1 m。

码头靠把:TD-A2000 H橡胶护舷(一鼓一板型),共4组。

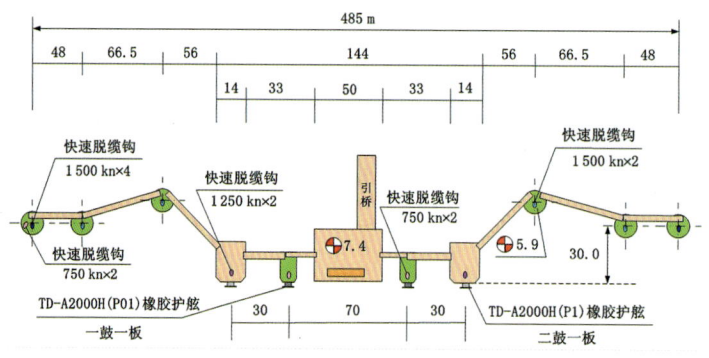

图5-41　大榭实华25万吨级原油码头平面

2) 潮流情况

由于码头水域处于螺头、金塘、册子3个大的潮汐通道的水流交汇处,近岸地形呈岬湾相间的轮廓,加之其南端为穿山水道的出口之一,因而流态复杂。按镇海潮汐表推算,一般镇海高潮后1.5 h初落,是靠初落最佳时间;低潮后1.5～2.0 h开始初涨,是靠初涨最佳时间。根据资料:平均涨潮流向315°,平均落潮流向 135°。

3) 引航实例

(1) 船舶资料(见表 5-11)

表 5-11　船舶资料

船名	船长/m	船宽/m	总吨	净吨	载质量/t	吃水/m
R 轮	333	60	160 716	110 349	314 000	20

(2) 当日潮汐(时间/潮高)

镇海:1149/149 cm,1705/218 cm。计划 1315 靠泊,拖船配置 T×5。

(3) 航行节点控制

0815 在 RACON"X"东面 1 n mile 处上船,登船速度 4 kn 以内。逐步加车于 0845 进入虾峙门口外深水航槽,槽内航行速度保持在 8~9 kn 左右,0945 出深水航槽,1000 通过 L1 报告线,速度加至 11 kn 左右通过虾峙门航道,航行至摘箬山南面速度 10 kn 左右,根据潮流情况逐步减车,靠泊前 1 h 到达螺头角,速度 5~6 kn,左舷带妥 4 艘拖船,1 艘在前方护航,继续沿第四通航分道北上航行至 3 号警戒区中段开始向左掉头进靠码头,掉头前速度控制在 5 kn 左右,在车、舵、拖船的配合下完成掉头靠泊,1315 贴拢码头。具体靠泊操纵示意见图 5-42。

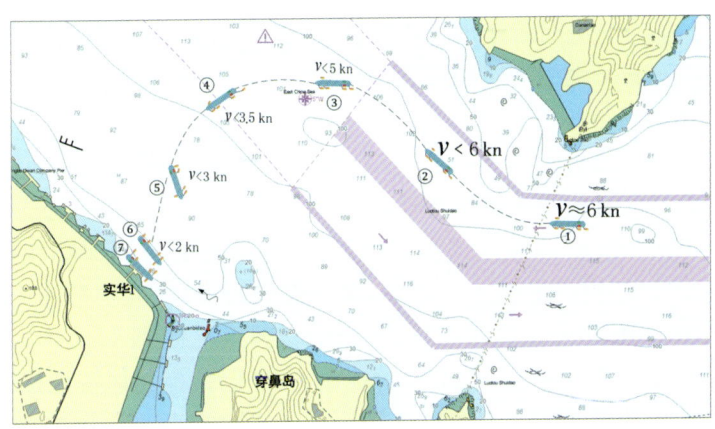

图 5-42　VLCC 向左掉头右靠实华 1#泊位示意

(4) 气象条件

能见度 1 n mile 以上,风力≤6 级。

(5) 拖船配置

VLCC 靠实华码头一般配置 5 艘大马力拖船。其中最大马力的两艘拖船分别带在左舷船首第一个缆桩和船尾最后一个缆桩位置，马力较小的两艘拖船带在油船首尾的平行体位置，马力最小的一艘可安排在右船首作为机动使用，暂时不带缆，在掉头和靠泊过程中可令其在右舷船首位置协助顶推。

(6) 向左掉头及靠泊操纵

位①：在螺头角转向点附近带好左舷的 4 艘拖船，第 5 艘在右舷船首跟随。

位②：航向 315°，沿进口航道继续向北航行，尽可能贴近航道左侧，航向 315°，速度保持小于 6 kn，距实华码头横距 1.2 n mile。尽量让后方进口船从右舷追越，保持左侧清爽。

位③：航行至 3 号警戒区，船舶正横实华 3#码头时速度 5 kn 以下，开始向左掉头，转向初始阶段要用大舵角，待船舶有向左转动趋势后，要逐步减小舵角，车舵配合使用尽量把 ROT 维持在 10°以内，掉头过程中船舶前进速度会下降很多，要适时加车或增大舵角以维持左转趋势，转向过程中主航道还是微微落流，必须时刻关注船舶矢量线的变化，保持好船位始终向左转动中。

位④：船首转到对着利万码头时，船舶已进入沿岸通航带，距岸 0.7 n mile，前进速度控制在 3.5 kn 以内。船首进入涨流区，船尾仍在在落流区，要防止船舶转不动的情况出现，为了不增加船舶向前速度，要加大舵角，也可令左舷船尾和右舷船首的拖船快车顶推，以增大左转趋势。

位⑤：待船首转到对着穿鼻岛北端时，稳定航向在 145°左右，船舶距实华码头 3#泊位 0.3 n mile，距实华 1#泊位 0.4 n mile，速度 3 kn 以内，适时停车，利用船舶前冲惯性继续接近码头。

位⑥：当船首接近泊位前端时，控制船速在 2.0 kn，横距 0.2 n mile。如速度仍在 2.5 kn 以上，应提前倒车降低船速，并保留一定的余速淌航至码头对开，然后倒车将船拉停，基本对好位置，再利用前后拖船的协调顶推和拖拉，保持 10°左右的入泊角，使得船舶外当受流，逐步接近码头，一旦横移速度加大应马上减小入泊角。距码头一倍船宽时，应将横移速度控制到 15 cm/s 以内，并将船身基本调平，首尾两艘拖船提前保持拖位，右舷船首拖船保持顶位，通过内外拖船的拖、顶来控制横移速度，力争平行靠泊，靠拢速度尽量控制在 5 cm/s 以内。

位⑦：贴拢码头后，带缆的次序一般是前后倒缆先带，并利用倒缆、主机和拖船等协助调整位置，按码头要求对上输油管线，然后再带其他缆绳，前后缆绳 4-4-2。

4）注意事项

（1）无论涨落流,码头对开 300~500 m 范围内流向呈 360°变化,满载靠泊时应特别注意,令拖船早点就位拖,以免拖不住。

（2）从进口航道转到沿岸通航带,要经过出口航道,要密切关注出口船动态,提早联系确定交会方式。

（3）及时调整横距和船首向,如余速较快,入泊角较大,应及时将船首向左拉出。

（4）如感觉船速较快,不易减下来,可令左舷船尾拖船松缆朝后拖,这样有助于减速,又能保持船位。

（5）码头东侧 0.35 n mile 处有一处-18.8 m 的浅滩,距穿鼻岛山脚仅有 0.3 n mile,因此涨流右舷靠泊实华 1#泊位一定要控制好船舶余速,一旦不慎会陷入危险境地。

5.6　中型船舶离泊技术

5.6.1　3 万吨级化工船离泊台塑里当码头

1）码头概况

台塑码头位于北仑一期码头东侧、协和石化码头西侧。地理位置坐标为 29°55′57″N/121°53′45″E。台塑化工码头为 30 万吨 PVC 项目和 PP 项目的配套工程,为台塑企业在宁波石化专区 PVC、AE、ABS 等项目所需液体化工原料和产品进行海上运输服务。化 1#泊位总设计通过能力为 150 万 t/年,化 2#泊位年设计吞吐量为 92 万 t。

码头走向为 105°~285°;码头前沿设计水深北泊为 13.9 m,南泊为 12.1 m。"化 1#"泊位为南北侧各一个泊位(双靠),南侧泊位(1-2#)设计船型为 1 000~3 万吨级,泊位长 260 m;北侧泊位(1-1#)设计船型为 2 000~5 万吨级,泊位长 310 m。"化 2"泊位南北侧各一个泊位(双靠),南侧泊位(2-2#)设计船型为 1 000~3 万吨级;北侧泊位(2-1#)设计船型为 2 000~5 万吨级,泊位长 300.2 m。工作平台上设有控制楼、装卸臂、消防炮、护舷、橡胶舷梯等设施。为便于船舶系缆,工作平台设有下层系船柱。

2）代表船型资料

3 万吨级化工船总长基本在 180 m 左右,这里统计部分总长 180 m 左右化工船资料,具体见表 5-12。

表 5-12 总长 180 m 左右化工船资料

船名	总长/m	船宽/m	总吨	净吨	载质量/t
H 轮	174.38	27.7	20 117	9 182	33 916
F 轮	174.92	30	19 095	10 063	35 621
S 轮	176.75	31	24 495	11 919	37 155
M 轮	180	32.2	29 174	11 690	44 487
N 轮	183.02	32.2	29 575	12 054	45 958

3）潮流情况

台塑化工码头潮流为不规则半日潮，落潮流大于涨潮流。一般情况下，镇海高潮时初落，镇海低潮后 2 h 初涨，小潮汛、西北风强时涨流会推迟。涨潮主流向一般在 270°~289°之间，急落流时流向在 091°~110°之间。落潮流历时长于涨潮流历时，落潮流历时一般为 7~8 h，涨潮流历时一般在 4.5~5.0 h。

4）限制条件

台塑码头水域船舶靠离泊较为频繁，而其所在港池宽度仅为 346 m，且其与港池内其他码头的距离比较近，船舶机动水域狭小。海事限定：离泊能见度 1 000 m 以上时，仅限白天，涨流靠，涨流离。

5）离泊引航实例

（1）3 万吨级化工船在台塑 1-2 泊位的离泊操纵

通常情况下，采取原地向右掉头离泊，离泊示意见图 5-43 所示。

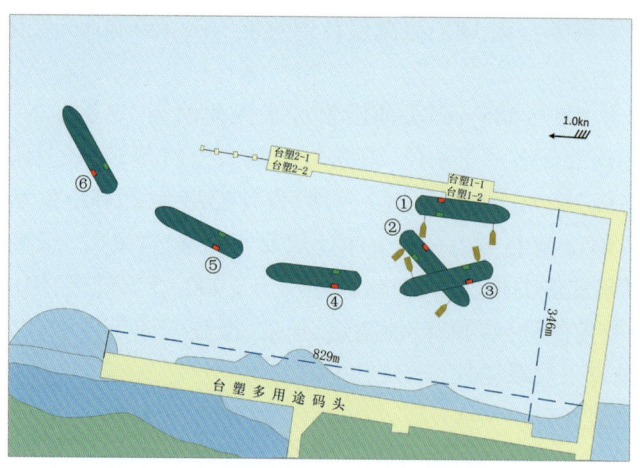

图 5-43 船舶在台塑 1-2#泊位离泊示意

①操纵要点

位①:所有缆绳清爽后,两艘拖船松缆起拖,拖出船首的同时控制好船尾与码头的距离。

位②:平行离泊1倍船宽后,加大船首拖开趋势,与码头成60°后,船尾距码头大概两倍船宽,让船尾拖船收缆到顶位,船首拖船继续正横略微向后拖。

位③:掉头接近完成,右满舵进车,船尾拖船停车解拖,随后船首拖船解拖。

位④:船位控制在港池中间,暂时把定航向。

位⑤:船首快平台塑码头西端时,操右舵开始转向。

位⑥:加车、加大舵角转向顺势驶出港池。

②注意事项

a. 掉头过程中要密切注意观测船舶运动趋势,保证船首、船尾都有足够的安全距离,用车要及时果断,避免出现大的前冲后缩。

b. 解拖船前的进车不要过早,防止船舶向南侧码头前冲过多,特别是台塑多用途码头有船时更要注意。

c. 船首快平台塑码头西端时要提早用右舵,急涨流时更要提早,避免转向过晚压向一期码头。

d. 小潮汛日、连续西北风影响时,涨流通常来得较晚,开船时可能依然是落流,要根据现场风力、潮流实际情况适当往西移动,确保船舶与东侧引桥足够的距离。

e. 掉头完成后仍然备妥双锚,拖船护航至出港池500 m。

(2) 3万吨级化工船在台塑2-2泊位的离泊操纵

①操纵要点

通常情况下,采取倒航离泊出口,见图5-44。

位①:所有缆绳清爽后,两艘拖船向后45°松缆起拖,一般情况下拖船微速拖即可,使大船接近平行于码头离开,同时开始后退。

位②:船舶离开码头两倍左右船宽,船首拖船停拖跟着大船后退;船尾拖船调整到朝正后方拖,退速不能过快,一般情况下小于2 kn,要密切注意船首的偏转态势,指挥首拖顶或者拉避免船首有大的偏转。

位③:船首接近平台塑码头西端,先适当进车抑制退速,这一点很重要。船首拖船到正横位置顶,船尾拖船逐渐调转到正横位置拖。

位④:提早进车进一步抑制退势,保持与南侧建龙钢厂码头的距离,船速明显朝前后解首尾拖船。

位⑤:加车、调转航向,船位保持在口门中间,驶出港池。

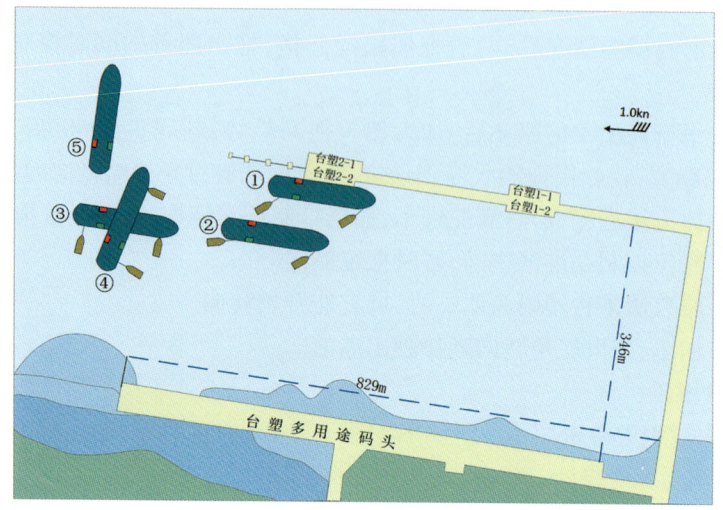

图 5-44　台塑 2-2 泊位船舶离泊示意

②注意事项

a. 船舶拖开横距要适当,两倍船宽足够,可保证位 4 的船尾对着建龙钢厂码头时仍然有足够的距离。

b. 倒航速度要合适,控制在 2 kn 以内,这样的速度拖船容易配合,重载船尤其要注意。在船首将平台塑码头西端时,先进车适当刹减退速再顶出船首。

c. 控制好倒航角度,尽可能与码头平行。船舶后退时,转心后移,船首对拖船拖力的响应较为明显,容易出现偏转,要掌握好拖船的力道,尽量不用大车,避免出现大幅度的加减变化。

d. 小潮汛日、连续多日西北风影响时,涨潮流来得较晚,开船时可能依然是落流,要根据现场风力、潮流的实际情况具体应对。

e. 备妥双锚,拖船护航至港池外 500 m。

5.6.2　5 万吨级散货船急涨流离乌沙山码头 2#泊位

1) 码头概况

乌沙山电厂位于象山西周镇境内,建设规模为 4×600 MW,年需燃煤 600 万 t;码头建设规模为 3.5 万吨级兼靠 5 万吨级船舶;结构为高桩梁板式,设计高程 5.6 m;码头长度为 460 m,自西向东分别为乌沙山 1#、乌沙山 2#泊位;码头走向为 073°~253°,码头前沿水深 13.5 m,前沿回旋水域 0.5 n mile 以上;另建有 3 000 吨级综合码头一座。

2) 潮流情况

码头前沿乌沙山高潮时初落,乌沙山低潮时初涨;主航道则乌沙山高潮后 0.5 h 初落,乌沙山低潮后 0.5 h 初涨;大潮汛略早。

3) 限制条件

风力≤6级,能见度≥1 000 m,马鲛鱼捕捞季节能见度应大于 1 n mile;涨流时段离泊,尤其是急涨流(始于乌沙山高潮前 2.0~2.5 h)时,码头边有强烈的压拢流,流向与码头成约15°夹角呈后八字压拢;助泊拖船相对老旧,拖船马力偏小。

4) 典型船型

5 万吨级货船技术参数见表 5-13。

表 5-13 典型船型资料

船名	总长/m	船宽/m	总吨	净吨	载质量/t
H 轮	183	29.8	24 719	13 842	42 975
M 轮	189	30.0	24 798	13 886	39 784
N 轮	199.99	32.26	28 757	16 104	44 069

5) 离泊操纵

以空载煤船 N 轮为例:船长 199.99 m,船宽 32.26 m,载质量 44 069 t,前后吃水分别为 3.5 m/5.8 m,当日农历十六大潮汛,乌沙山高潮时 0906,潮高 499 cm,西北风 4~5 级,计划 0730 离泊乌沙山 2#泊位,拖船配置 T×2。

艉拖要带在右船尾(不能带在驾驶台附近),艏拖可以带在主甲板。船尾解缆顺序:尾缆—横缆—倒缆。船首解缆顺序:头缆—横缆,留 2 根倒缆待用。具体离泊操纵示意见图 5-45。

位①:令艉拖朝后 45°松缆,此时艏拖继续微速顶,一般拖船松缆大概 1 min,待 50 s 左右时艏拖快到位时,令微速退,车出来后解首倒缆,船有向后趋势即停车同时令艏拖也朝后 45°松缆,如果正横松缆在松缆过程中拖船容易被流压向船首导致方向朝前。

位②:艏拖到位后一般得力或微速拖即可,尾拖调整到正横加速拖,此时船尾由于受到压拢流影响拖出来非常慢,所以必须控制船首不能加速右偏。

位③:待船尾拖开横距明显大于驾驶台至船尾距离,艏拖加到快车拖,尾拖减车,向右掉头,适时右满舵进车。

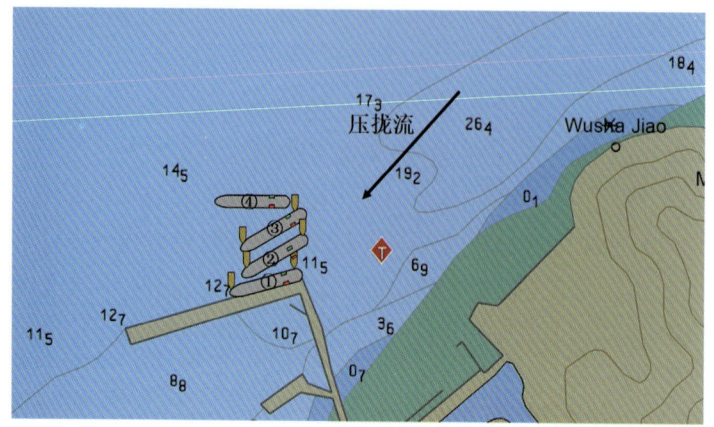

图 5-45　5 万吨级散货船急涨流离乌沙山码头 2 泊位示意

位④：令艉拖停车解缆并在右舷部慢车顶，船舶调整航向对准航道后解拖船出口。

6）注意事项

（1）艉缆最好一根一根解，因船舶卸空，舵叶有部分露在水线上，急涨流缆绳容易压到舵叶或螺旋桨上，且煤船多有缆绳不在缆车上影响绞缆上船速度，容易挂在舵叶或螺旋桨上。

（2）艏倒缆要牢靠，缆绳解掉后收缆要迅速；码头方要做到艏艉不得有吊机。

（3）初始甩尾期间，要慎用倒车。右旋单车船倒车会使船首迅速发生右偏，即使靠在码头上也一样，所以拖船刚松缆后尽量不要倒车，否则倒车致偏效应加上船舶有退速时转心后移，拖船更不易拉开船尾，应利用拖缆正横向后拉克服流压，当左舷受流或者船尾正对涨流之后再倒车。

5.6.3　巴拿马型散货船离光明码头 3#泊位

1）码头概况

光明码头地处穿山半岛东北角，位于长柄子头和鹅公嘴之间，东边与港鑫东方码头毗邻。码头的地理坐标为 122°06′30″E/29°54′30″N，设计吞吐量为 800 万 t/年。

两个码头呈 L 型布置。其中海轮泊位（2#、3#泊位）在东侧岸线，结构按靠泊 10 万吨级散货船舶设计，码头尺度为 440 m×30 m，码头走向为 034°～214°；江海联运泊位（1#泊位）在南侧岸线，结构按靠泊 1 万吨级船舶设计，码头尺度为 190 m×30 m，码头走向为 078°～258°。

东侧码头水深17.1 m,码头采用1450 H鼓舷橡胶护舷(两鼓一板);南侧码头采用500H拱形橡胶护舷。

2) 潮流情况

光明码头依岸线而建,由于地理位置的原因,码头前潮流复杂多变,且流速较大。一般情况下,镇海高潮前2~3 h,码头边开始平流并逐渐转为落流,镇海高潮后1.0~1.5 h出现涨流(回流),特别是在镇海低潮前3 h至镇海低潮后1 h期间,这4个小时主航道为急落流时段,由于地形原因码头附近形成强烈回流涨流,码头前沿有呈顺时针的涡旋状态,最大流速接近6~7 kn,对船舶影响巨大。

3) 离泊窗口分析

光明码头是宁波舟山港5~10万吨级散货船主要减载码头之一,船舶靠离较为频繁。因为地理位置的原因,光明码头附近水域潮流复杂多变,流速较大,该码头又临近定线制第3通航分道和2号警戒区,船舶交通流复杂,是宁波舟山港操纵难度较大码头之一,曾发生过数起离泊险情。

相比靠泊时间窗口仅有两个时间点而言,光明码头离泊时间窗口较为宽裕,只要避开镇海低潮前3 h至镇海低潮后1 h的急流时段即可。我们可以把光明码头船舶离泊时间窗口再分为两段,见图5-46所示:

①第一段是镇海低潮后1 h至镇海高潮时;②第二段是镇海高潮时至镇海低潮前3 h。

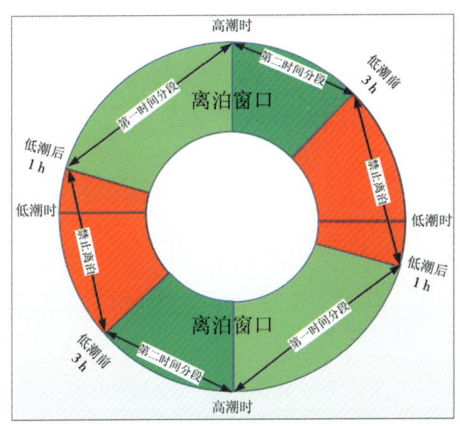

图5-46 光明码头船舶离泊时间窗口示意

4) 代表船型资料

光明码头升级之后可兼靠10万吨级船舶,主要是给进长江散货船减载之用,船舶离泊吃水一般在 10~11 m 左右,这里统计部分船长 230 m 左右船舶相关资料,见表 5-14,作为参考。由表 5-14 可知,该尺度船型载质量级大概在 7 万~10 万 t 之间,主机功率与载质量级之比相差不大。

表 5-14　部分总长 230 m 左右船舶资料统计

船名	船长/m	船宽/m	靠泊吃水/m	总吨	净吨	载质量/t	主机功率/kW
S 轮	225.00	32.26	13.2	44 003	27 326	68 384	9 480
B 轮	228.41	34.51	13.4	54 043	21 109	69 206	9 600
P 轮	229.20	38.00	14.9	50 697	30 772	93 320	12 630
J 轮	234.98	38.00	14.9	50 625	31 470	95 710	12 950

5) 镇海低潮后 1 h 至镇海高潮时的离泊

(1) 离泊风险

① 船首转向困难

如果船首转过鹅公嘴不久之后就自力右满舵进车,右舷船首会逐渐吃到主航道的急涨流,相当于反向过切变线,造成船首向右转向困难,有时会出现向右转不动甚至船首向左转的情况。如果此时助泊拖船都已经离开,离泊船就只能完全靠自力转向,而此时主航道进出口船较多,四期、远东、中宅码头的离泊船经过此处,光明离泊船很容易和附近其他船舶产生紧迫局面乃至紧迫危险。

② 速度下降明显

当船舶右转进入主航道后,因为大角度转向和急涨流顶流的原因,船速会明显下降,本来已经 4~5 kn 的船速往往会下降到 2~3 kn,甚至降到 1 kn 以下,这会对在出口主航道正常航行的他船产生堵塞影响。

(2) 安全对策

① 向左掉头

掉头时间相对长一些,但不会出现船首转不动的情况,这里不过多赘述。

② 向右掉头

在掉头过程中右满舵进车之后,不要因为船舶转头率上来了就过早解拖船,要等到船首基本上掉过来再解拖船,这样可以避免出现船首向右转不动的情况。见图 5-47,在大船转到差不多到船位 6 附近时,再解拖船,而这时,船首只是刚垂直于主航道,解拖船前还需保持船首向右的持续旋转,不要过早回舵及把定,如果局面复杂,令拖船在前方拦截有碰撞危险的小船,看似多余的几分钟往往可以避免很多不必要的麻烦。

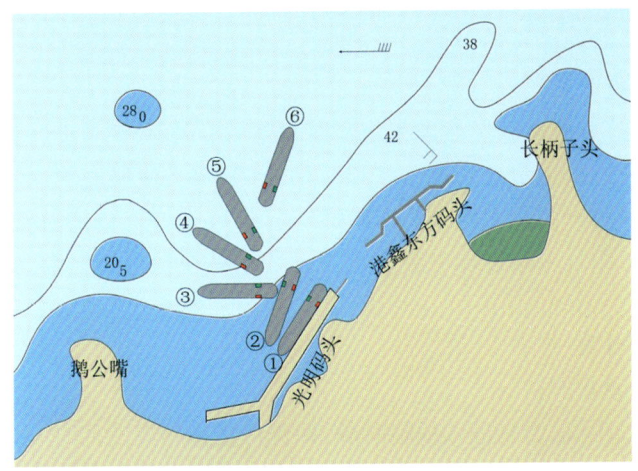

图 5-47　主航道急涨流时船舶向右掉头离泊示意

不论采取哪种掉头方法,都要注意急顶流时船速会上不去,甚至出现船速明显下降的情况,此时可先把船位保持在沿岸通航带,尽量先不要进入主航道,待船速逐渐上去之后,再进入航道。

(3) 注意事项

①离泊前注意关注航道上相关进出口船舶,发布动态,特别要关注中宅、四期、远东码头的靠离泊船,提早联系协调。

②如果解拖船过早,在快进入主航道出现向右转不动的情况,并与其他船舶形成危险局面时,条件允许情况下应果断放弃右转,立即变右满舵为左满舵,先往螺头水道西向航行,待危险解除再择机掉头出口,切忌只想着右转出口。

6) 镇海高潮时至镇海低潮前 3 h 的离泊

(1) 离泊风险

①拖尾困难

镇海高潮 2 h 以后,主航道落流开始变急,光明码头东端开始出现回流性涨流,且不断增强,此时不少引航员会选择向左(对着码头)掉头离泊,这也是受限水域船舶顺流离泊的常规掉头方式。但是急流会让船尾的拖船功率打折扣,而且因为急顺流大船需要频繁倒车,船舶倒车的致偏效应使船首向右、船尾向左,这都会让船尾不易拖出。

②拖船失位

船尾拖船在拖拉的过程中会进入急落流区,如果拖船驾驶员不加注意,操作不当,拖船会突然失去位置,压向船尾方向,拖船再克服潮流重新摆好位置就需要较长时间,这会对船舶离泊带来很大风险。

③压向港鑫东方码头

如果船舶掉好头后就贸然进车将会面临另一个风险,船首在快接近港鑫东方码头西端时,左边船首会受到螺头水道急落流的影响,使船舶的运动矢量线对着港鑫东方码头而去,而光明码头离泊船都是吃水 11 m 左右的进长江的减载船舶,船舶加速较慢,而且加速过程中会发现矢量线也是在加速压向港鑫东方码头,非常危险。

(2) 安全对策

①做好开船前评估

评估离泊过程是否会进入危险时段,即进入禁止靠离泊的时间段。光明码头潮流转的很快,也许前十分钟一切还比较平静,十分钟之后就潮流汹涌。要尽量避免船舶在离泊过程中进入危险时段,必要时及早跟总值班室汇报,寻求值班领导意见与帮助。如果离泊过程中不会进入危险时段,但有可能会接近危险时段,即进入临界时段,此时螺头水道落流已经非常急,对离泊安全影响较大。

②拖船配置

如果在临界时段离泊,特别是大潮汛时,巴拿马型散货船的配置建议增加一艘拖船,船尾带两艘,且最大马力拖船带船尾。在掉头过程中根据具体情况,再合理调整拖船拖拉、顶推的位置。

③掉头方式选择

向右掉头。初始拖尾过程中,不要向后倒过多,避免船尾过早进入落流区;要注意船首不要拖出太多,待船首转出鹅公嘴之后即位④时,船舶吃到落流时,可先进车对着小猫山航行,待速度逐渐变大远离码头之后,再择机向右转向出口,见图 5-48。

向左掉头。在船首转过 180°之后千万不要盲目进车,要继续把船首向左拖,甚至要拖到船首对着小猫山,即位⑤时再进车对着小猫山航行,待速度逐渐增加远离码头之后,再择机向右转向出口,见图 5-49。

(3) 注意事项

不论是采用哪种掉头方式,都要提前告知拖船,特别是要告知船尾拖船有关潮流的特点,提醒其提早做好预防,避免拖船突然失去位置,造成紧迫局面。离泊过程中注意控制船舶的前冲后缩,初始离泊时可用大倒车减少倒车时间以减小倒车致偏效应。

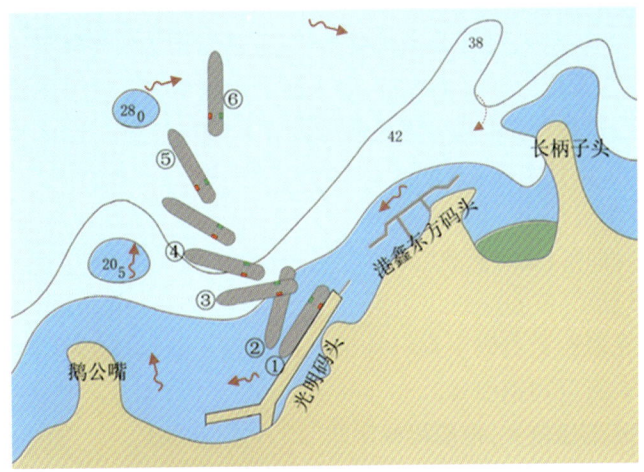

图 5-48 主航道急落流时船舶向右掉头离泊示意

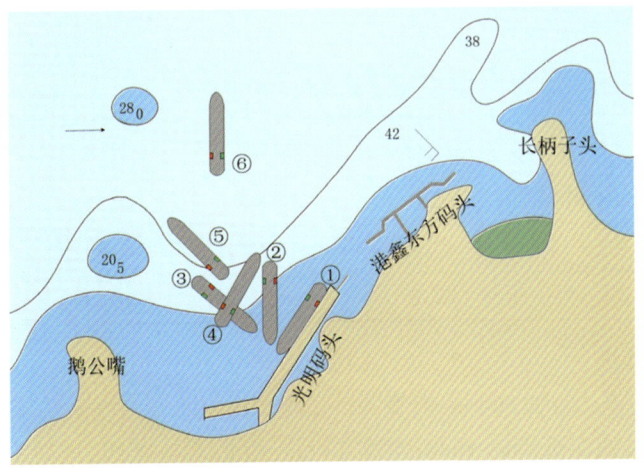

图 5-49 主航道急落流时船舶向左掉头离泊示意

5.7 大型船舶离泊技术

5.7.1 大型集装箱船急顺流离北仑二期码头 5#泊位

1）泊位简介

宁波北仑第一集装箱有限公司又称北仑二期码头,位于金塘水道南岸、北仑山东侧。3#~6#泊位总长900 m,码头面标高7.024 m,码头前沿水域开阔;其中码头前平台宽24.5 m,码头结构为高桩梁板式,上部结构为现浇横梁、叠合式纵向面板;码头后平台为预应力混凝土方桩;码头前沿每隔10.5~13.0 m设置1250 H两鼓一板鼓型橡胶护舷(标准型),码头前沿设置1 500 kN和1 000 kN系船柱;泊位走向110°~290°,设计水深13.5 m。

2）潮流情况

镇海高潮时即落;镇海低潮后2.0~2.5 h左右初涨。大潮汛时提前0.5 h左右。

3）主要难点

（1）泊位东段距矿石码头钢引桥560 m,涨水头急落流离泊最大风险为船舶被急落流压向矿石公司钢引桥。

（2）急落流流速较大,拖船操纵困难,马力打折明显。

4）典型船型

300 m集装箱船主流船型船宽介于40~48 m,载质量在8万~11万t之间。到港代表船型资料见表5－15。

表5－15 到港代表船型资料

船名	总长/m	船宽/m	总吨	净吨	载质量
H轮	304.07	40.0	74 962	44 353	80 855
M轮	302	43.4	78 316	40 052	79 278
N轮	299.99	48.2	94 730	52 150	117 176

5）离泊操纵

以H轮为例：船长304 m,船宽40 m,载质量80 855 t,吃水约11.8 m,当日农历初三大潮汛,镇海低潮时1648,潮高17 cm,西北风4~5级,计划1700离泊二期5#泊位。

（1）方法一：顺流拖开,适当保持退速至3#~4#泊对开,视驾驶台与码头距离明显大于至船尾距离即可进车。具体离泊操纵示意见图5－50。

①两艘拖船助泊,大马力拖船带船尾,带上拖缆后快车顶住;

②先解头缆、尾缆、尾倒缆,最后解艏倒缆,解艏倒缆前可令拖船微速顶、适当倒车,待有一定退速后再解艏倒缆;

③缆绳清爽后令船首拖船松缆正横向后30°拖,船尾拖船松缆正横方向拖。急顺流大船转心在船尾附近,会出现艉拖船即使最慢车拖船首也会较快偏出的现

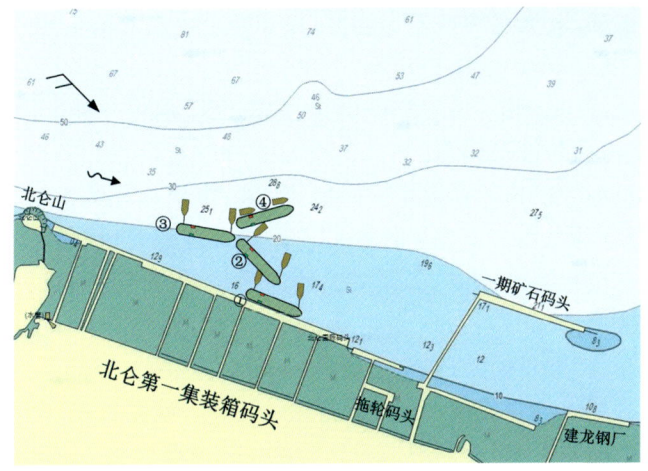

图 5-50 300 m 集装箱船急顺流离北仑二期 5#泊示意

象,此时可提早令首侧推器半速向右,保持大船内当先受流,船首距码头保持一倍船宽并稳住;(位①)

④调整拖船和侧推器力度始终保持内当受流,适时倒车,告知拖船我船后退须一起调整船位以发挥最大效果,退速不必太快,0.5~1.0 kn 为宜;(位②)

⑤待船位退至 4#泊对开如位③,艉拖船加到全速拖,侧推器全速向外,横距接近与大码头一线时可左舵进车,确认车出来后解拖。(位④)

(2) 方法二:顺流拖开,适时倒车,向右掉头。具体离泊操纵见图 5-51。

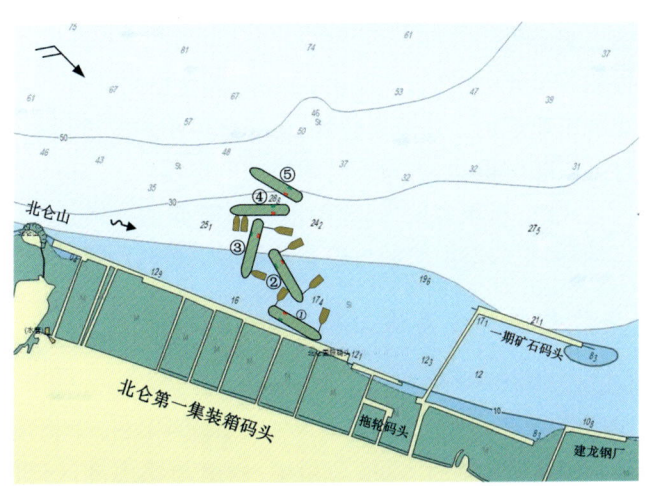

图 5-51 300 m 集装箱船急顺流向右掉头离北仑二期 5#泊示意

①两艘拖船助泊,大马力拖船带艉尾,带妥拖船后快车顶住,告知拖船向右掉头意图;

②先解头尾缆、尾倒缆,最后解艏倒缆,解艏倒缆前可令拖船微速顶、适当倒车,待有一定退速后再解艏倒缆;

③缆绳清爽后令艏拖船松缆正横向后 30°拖,艉拖船松缆正横方向拖。急顺流大船转心在船尾附近,会出现艏拖船即使最慢车拖船首也会较快偏出的现象,此时可提早令首侧推器半速向右,保持大船内当先受流,船首距码头保持一倍船宽并稳住;(位①)

④适时倒车,待船首横距足够、解艏拖船令其左舷船首顶推,同时令侧推器全速向右,位②;大船接近垂直码头时艉拖船停车解缆,视船首偏转情况,若大船向右偏转角速度过缓,可令艉拖船解拖后到船首一起顶推;(位③和位④)

⑤待大船船首调转 180°或接近平行于码头,右满舵进车,再令拖船停车解缆。(位⑤)

6)注意事项

(1)离泊前应核实本船的吃水和船舶前后的安全距离。

(2)核实桥吊是否移到安全的位置。

(3)拖船解缆时要注意将大船的侧推器停下来,防止缆绳卷入。

(4)有些船舶第一车来得比较慢,应提前跟船长确认。

(5)船尾缆绳解缆时要提前跟码头解缆人员沟通,切忌直接将缆绳扔到水里,要往船艏方向拉一段距离或在缆桩上绕一圈,防止绞缆不及时导致落流将缆绳压进舵叶或螺旋桨。

(6)应给拖船留足操纵时间,缆绳松长一些,防止断缆。

(7)一些集装箱船舶的微速速度较快,应注意用车不要过猛。

(8)不要过分依赖侧推器,不能长时间使用侧推器。

(9)冬季西北风时,风压力较大,离泊前冲时既要适当增加横距更要考虑船舶的加速性能,老旧船更应增加船舶与码头及前后引桥的距离。

5.7.2 大型集装箱船掉头离梅山码头 1#泊位

1)码头概况

宁波梅山国际集装箱码头(29°57′04″N/121°58′04″E)位于梅山岛西南端,码头东北临崎头洋,东南与佛渡岛、六横岛相望,西南与象山港区口门毗连。2010年 8 月梅山码头 1#、2#泊位正式投入试运营,现有及在建共 10 个泊位,是宁波舟山港第 2 个吞吐量超 1 000 万 TEU 的单体集装箱码头。

梅山 1#泊位位于汀子门的北侧,南侧由汀子山、大小馒头山和山礁头等岛链组成,其西南侧水深越来越小,仅能通行一些小型船舶。码头前沿至对面岛礁链的水域总宽度 630~650 m,其中距 -10 m 等深线为 600 m。根据引航创新室研究成果,梅山 1#泊位最大可靠泊 310 m 以下的集装箱船舶,码头走向为 050°~230°(1#~5#泊位),码头设计水深 17 m。

2) 潮流情况

码头水域属非正规的半日浅海潮,以往复流为主,镇海高潮前 3 h 至镇海低潮后 2 h 呈东北流,宜左舷靠泊;其他时间为西南流,宜掉头右舷靠泊。

3) 离泊前的准备

一般情况下,引航员须提早一刻钟登船。登船前引航员要确认助泊拖船情况,大风、急流等不利条件时要及早申请大马力拖船协助。

登船后,先查看风、流实际情况,查看引航卡、船舶资料,与船长交流引航方案,确定带拖船、掉头方式,交代需要船方协助的地方。

4) 船舶资料

以 H 轮为例,该轮总长 304 m,船宽 40 m,最大吃水 13.8 m,驾驶台到船首 228 m,到船尾 76 m,3 艘拖船助泊。

5) 向左掉头离泊

某日,镇海高潮时 1200,潮高 378 cm,SE 风 4 级阵风 5 级,计划 1100 离泊。时值镇海高潮前 1 h,NE 流正急,采取向左掉头的方式,见图 5-52。

(1) 拖船配置

最大马力拖船带左船尾,次大马力拖船带左艏楼,第 3 艘拖船待船首拖开后进里当顶推。

(2) 操纵节点控制

位①:第 3 艘拖船在船首待命,艉倒缆最后解,解缆前拖船改微速顶再微速进车,待船稍有进速时停车,解艉倒缆,缆绳清爽后令前后拖船松缆起拖。为尽早让当受流,在平行拖开半倍船宽时,即可令侧推器全速向外打、艏拖船快车拖拉出船首。如果此时出现拖尾困难,可短时间内舷满舵进车,一方面克服流压,另一方面让船尾远离码头。

位②:船首拖开 1.5 倍船宽时,第 3 艘拖船进右舷里当、首部位置快车顶推。

位③:船尾拖开 100 m 左右,向后看驾驶台跟码头距离大概拖开到两倍桥吊吊臂(吊臂长度约 70 m)的长度,可令右船尾拖船收缆到顶推的位置快车顶推。此时,船舶应有适当的进速,保持船尾有足够的安全旋回水域。

位④：船首转过山礁头灯桩时，因为潮流推船向左，可左舵进车减小流压角，解艄艉拖船，第 3 艘拖船退出。

位⑤：注意风流压影响，及时把定航向，逐步加车出口。

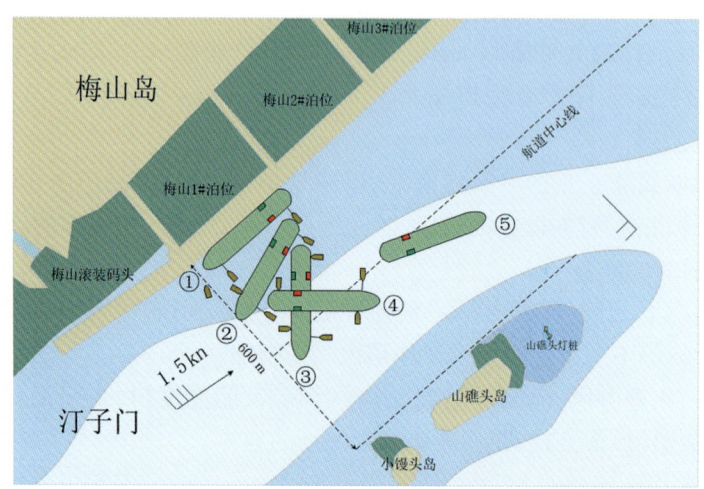

图 5－52　大型集装箱船向左掉头离梅山 1#泊示意

（3）注意事项

①最大马力拖船通常带在迎流端，但离泊前要根据当时的风、流和船舶装载情况等来确定拖船最合适的带缆位置。

②部分集装箱船第一车延时较长，急流时最好先进车，待车出来有进速后再停车解艉倒缆，特别是后面有船时更应如此。

③离泊过程中，如果出现拖首或者拖尾困难，要善于车舵配合，可通过短暂用车适当改变转心位置，这可在很大程度上提高离泊效率。

④多掌握几种判断船尾与码头距离的方法，比如通过观察后方靠泊船宽度、作业吊臂长度、船尾人员的报告、右舷舷舯部插示位旗估算距离等，让船尾拖船在适当时候由拖转顶，提高离泊效率。

⑤一般情况下，在位③时也可提早进入驾驶台操作，借助导航仪、雷达、VRM、ECDIS 等仪器设备，提高判断距离和船舶运动态势的精度。

⑥掉头接近完成时不要过早进车，避免距南面岛链过近。

6）向右掉头离泊

某日，镇海低潮时 1700，潮高 36 cm，SE 风 4 级，计划 1600 离泊。时值镇海低潮前 1 h，SW 流正急，采取向右掉头的方式，见图 5－53。

图 5-53　大型集装箱船向右掉头离梅山 1#泊位示意

（1）拖船配置安排

拢风、顺流则最大马力拖船带左船尾，次大马力拖船带艏楼，第 3 艘拖船在船尾拖开后在里当顶推。

（2）操纵节点控制

位①：第 3 艘拖船在船尾待命，艉倒缆最后解，解之前先微速倒车，待船略有退速时停车，解艉倒缆，艉、艏拖船先后松缆起拖。为尽早让里当受流，在平行拖开半倍船宽时，艉拖船可加到快车，艏拖船适时地减车或者令侧推器向右。

位②：船尾拖开 1.5 倍船宽，第 3 艘拖船进船尾里当开始顶推，并适时向后倒车，在此过程中注意不要把船首拖得过开，让船身处于一个较大的迎流角中。

位③：转向大概 50°左右，船首距码头 100 m 左右，适时停车，左艏拖船回到顶位开始顶推，侧推器全速向里当打，加速向右旋转。

位④：船首垂直码头，如果有明显退速可以短时间右满舵进车。

位⑤：退速得到抑制，适时停车，快掉过头时视进车开出，解艏艉拖船，让第 3 艘拖船退出。

位⑥：因顶流加速较慢，且 SW 流把船压向山礁头方向，位⑥时应先把定航向，待船尾过了山礁头灯桩抵达位⑦时再右转。

（3）注意事项

①部分集装箱船第一车延时较长，急顺流时最好先倒车，等车出来有一定退速后再解艉倒缆。

②为减少船舶掉头过程中向西南方向的漂移,位②、位③时可采取适当的倒车,让船位向东北方向移动。

③船首的盲区大,要学会通过多种方法判断船首与码头的距离,常见的有船首报告法、头缆缆桩串视法、船首影子法、电航仪器显示法等。

④一般情况下,船舶到达位③时也可转入驾驶台操作,借助导航仪、雷达、ECDIS等仪器设备,提高判断距离和船舶运动态势的精度。

⑤掉头过程中,注意船舶的前冲后缩,因重载、受风流面积大,要及时抑制。

5.7.3 大型集装箱船吹拢风离招商3#泊位

1) 码头与泊位简介

宁波大榭招商国际集装箱码头(29°56′.21N/121°55′.73E)位于大榭岛开发区西北部,西邻穿山西口,东邻万华盐煤码头。整个码头现已经过改造升级,1#泊位可靠泊15.7万吨级集装箱船舶;2#、3#泊位可靠泊17.5万吨级以下集装箱船舶,可减载靠泊20万吨级集装箱船舶(吃水≤15.13 m),可减载靠泊22.5万吨级船舶(吃水≤13.5 m)。

3#泊位长度360 m,码头走向056°~236°,设计水深17.0 m,工作频道VHF 10。缆绳要求:4万~5万吨级及以上的前后缆绳≥4+2;1万~3万吨级的前后缆绳3+2;万吨级以下的前后缆绳3+1或2+1。

2) 风、流情况

风速随季节变化较大,冬季多偏北风,夏季多偏南风,春秋季为两种季风过渡期。冬季风较大,夏季稍小。该码头多数左舷靠泊,西北风315°时风舷角79°,接近正横风;北风000°,风舷角约124°;东北风045°,风舷角169°。

码头边落潮流速大于涨潮流速,落潮流历时长于涨潮历时,码头前沿80%为落流;镇海高潮前2 h左右初落,镇海低潮后2~3 h初涨,涨潮时长约2 h。码头前沿落潮最大流速介于0.89~1.32 m/s,对应流向59°~78°,涨潮流最大流速介于0.53~0.68 m/s,对应流向219°~231°。因码头走向056°~236°,落潮流最大流压角介于3°~22°,涨潮流向最大流压角5°~17°。

3) 300 m集装箱船船型简介

总长300 m左右集装箱船舶多为7万吨级,船宽32.2~40.0 m,型深24~25 m,吃水在14.0 m之内,主机马力和侧推器马力较大,操纵性能好,最大旋回初径在6.0~8.0链;但需要注意最新款的同尺度巴拿马型集装箱船的船宽为48.2 m,满载箱量达1万TEU以上,满载状态下载质量超11万t,本文以C轮为研究对象(见表 5-16)。

表 5-16 C 轮船舶资料

船长/m	299.9	船宽/m	48.2
驾驶台至船首的距离/m	173.5	驾驶台至船尾的距离/m	126.3
型深/m	25.0	两柱间长度/m	286.0
夏季满载吃水/m	14.5	本航次最大吃水/m	11.55
满载载质量/t	110 568	总吨	94 440
净吨	52 015	载箱量/TEU	10 034
主机功率/kW	30 240(MAX)	侧推器功率/kW	3 000
装载情况下主机转速(r/min)及速度(kn)			
DEADSLOW AHEAD	25/5.94	SLOW AHEAD	32/8.1
HALF AHEAD	42/11.56	FULL AHEAD	60/16.59

4) 船舶受力分析

自然界中影响船舶姿态的的外力主要有风、浪、流;集装箱船受风面积大,风是最直接的因素,靠离泊过程中流的角度和大小也直接影响到船舶安全。以 C 轮为研究对象,对其所受风、流压力进行分析。公式和数据参照《船舶操纵》(陆志材主编,王逢辰主审),力的转化公式为 1 千克力(kgf)= 9.81 牛(N)。

(1) 风动压力

① 横向风压力和纵向风压力计算公式:

$$Y_a = F_a \cdot \sin\alpha = \frac{1}{2}\rho_a C_a (A_a \cos^2\theta + B_a \sin^2\theta) V_a^2 \sin\alpha$$

$$X_a = F_a \cdot \cos\alpha = \frac{1}{2}\rho_a C_a (A_a \cos^2\theta + B_a \sin^2\theta) V_a^2 \cos\alpha$$

式中:Y_a 为横向风压力;X_a 为纵向风压力;F_a 为水线上船体所受风压力;ρ_a 为空气密度(1.226 kg/m³);θ 为相对风舷角;C_a 为风压力系数;A_a 为水线上船体正面投影投影面积;B_a 为水线上侧面投影面积;V_a 为相对风速(m/s)。

② 以 300 m 的 C 轮为例,假设甲板上平均 6 层集装箱,忽略驾驶台高出集装箱堆面高度,则其横向和纵向受风面积计算如下。

$$B_a = (6 \times 2.393 + 25 - 11.55)\ \text{m} \times 286\ \text{m} \approx 7\,953\ \text{m}^2$$

$$A_a = (6 \times 2.393 + 25 - 11.55)\ \text{m} \times 48.2\ \text{m} \approx 1\,340\ \text{m}^2$$

③C_a 随着风舷角 θ 呈现马鞍形变化,在 40° 和 150° 左右取值最大。根据风动压力系数曲线:θ 为 30° 时,C_a 取值 1.3;θ 为 45° 时,C_a 取值 1.4;θ 为 60° 时,C_a 取值 1.2;θ 为 90° 时,C_a 取值 1.1。风动压力角 α 计算如下:

$$\alpha = \left[1 - 0.15\left(\frac{\theta}{90}\right) - 0.80\left(1 - \frac{\theta}{90}\right)^3\right] \times 90°$$

计算得:$\theta = 30°, \alpha = 64°$;$\theta = 45°, \alpha = 74°$;$\theta = 60°, \alpha = 78.3°$;$\theta = 90°$,为安全起见,计算时风动压力角取 90°。

④风压力大小见表 5-17。

以 $V_a = 10\ \text{m/s}$ 为例,相对风舷角为 30°,C_a 取值 1.3,风动压力角取 64° 代入上面的公式则

$$Y_a = F_a \cdot \sin\alpha$$
$$= \frac{1}{2} \times 1.226 \times 1.3(1\,340\cos^2 30° + 7\,953\sin^2 30°)\,10^2\sin 64°$$
$$\approx 214.4\ \text{kN} \approx 21.9\ \text{t}$$

$$X_a = F_a \cdot \cos\alpha = \frac{1}{2} \times 1.226 \times 1.3(1\,340\cos^2 30° + 7\,953\sin^2 30°)\,10^2\cos 64°$$
$$\approx 104.6\ \text{kN} \approx 10.7\ \text{t}$$

表 5-17 C 轮的风动压力

风舷角 θ	风动压力角 α	风压力系数 C_a	10.0 m/s		12.0 m/s		13.8 m/s		15.5 m/s	
			Y_a	X_a	Y_a	X_a	Y_a	X_a	Y_a	X_a
30°	64°	1.3	21.9	10.6	31.5	15.3	41.6	20.3	52.5	25.6
45°	74°	1.4	39.1	11.2	56.3	16.1	74.4	21.3	93.9	26.9
60°	78.3°	1.2	46.3	9.6	66.6	13.8	88.1	18.2	111.1	23.0
90°	90°	1.1	54.7	0.0	78.7	0.0	104.1	0.0	131.3	0.0

⑤风压力作用中心:$a/L_{pp} = 0.291 + 0.002\,3\theta$

当 θ 由 0°~180° 变化时,a/L_{pp} 大都在 0.3~0.7 范围之间。北偏东北风时,是后八字风,相对风舷角 135° 左右时,

$$a/L_{pp} = 0.291 + 0.0023\theta = 0.291 + 0.0023 \times 135° \approx 0.60$$

即：$\theta = 30°$ 时，$a \approx 0.36 L_{pp}$；当 $\theta = 45°$ 时，$a \approx 0.40 L_{pp}$；当 $\theta = 90°$，$a \approx 0.5 L_{pp}$；当 $\theta = 135°$ 时，$a \approx 0.60 L_{pp}$。

当正横后45°来风，风速12.0 m/s时，侧面风动压力约为56.3 t，风力作用点约0.6 L，船尾分力为33.8 t，船首分力为22.5 t；另外首尾方向的风动压力约为16.1 t向前，需要用主机来克服。

（2）水动压力

①流压力大小

$$Y_w = \frac{1}{2}\rho_w \cdot C_{wy} \cdot V_W^2 \cdot L \cdot d$$

式中：Y_w 为流压力横向分力；ρ_w 为水的密度（宁波港域1 018 kg/m³）；C_{wy} 为流压力横向分力系数；V_w 为相对流速；L 为两柱间长度；d 为吃水；C_{wy} 随相对流压角的增加成倍增加，随 h/d 的变小则成几何倍数增加。

招商码头急落水时为压拢流，取相对流向角10°，流速1 kn和2 kn，h/d 取1.5时，C_{wy} 为0.30，则

$$\begin{aligned} Y_w &= \frac{1}{2}\rho_w \cdot C_{wy} \cdot V_W^2 \cdot L \cdot d \\ &= 0.5 \times 1018 \times 0.30 \times 0.514^2 \times 286 \times 11.55 \\ &\approx 133.3 \text{ kN} \approx 13.6 \text{ t} \end{aligned}$$

$$\begin{aligned} Y_w &= \frac{1}{2}\rho_w \cdot C_{wy} \cdot V_W^2 \cdot L \cdot d \\ &= 0.5 \times 1018 \times 0.30 \times 1.029^2 \times 286 \times 11.55 \\ &\approx 533.1 \text{ kN} \approx 54.3 \text{ t} \end{aligned}$$

当相对流向角增大到20°，流速2 kn，h/d 为1.5，C_{wy} 取0.45，则

$$\begin{aligned} Y_w &= \frac{1}{2}\rho_w \cdot C_{wy} \cdot V_W^2 \cdot L \cdot d \\ &= 0.5 \times 1018 \times 0.45 \times 1.029^2 \times 286 \times 11.55 \\ &\approx 801.1 \text{ kN} \approx 81.7 \text{ t} \end{aligned}$$

②流压角

流压力与船舶首尾线的夹角，相对流向角 β 在20°~160°之间时，流压角 γ 稳

定在90°左右。

③流压力作用点：流压力作用中心的位置在 0.25~0.75 倍船长之间。

④首尾流压力分布：

 a. 根据杠杆原理，流舷角 10°，流速 1 kn，船首尾所受流压力分别为 10.2 t、3.4 t。

 b. 根据杠杆原理，流舷角 10°，流速 2 kn，船首尾所受流压力分别为 40.7 t、13.6 t。

C 轮不同风速、风向，流速、流向所受合力综合分析见表 5－18。

表 5－18　C 轮在各种状况下的风、流合力

风、流状况	风、流合压力	45°风 10°流	船首	船尾	90°风 10°流	船首	船尾	135°风 10°流	船首	船尾
10 m/s 1.0 kn	Y_a 横向风压力	39.1	23.5	15.6	54.7	27.3	27.4	39.1	15.6	23.5
	Y_w 流压力横向分力	13.6	10.2	3.4	13.6	10.2	3.4	13.6	10.2	3.4
	风、流合力	52.7	33.7	19.0	68.3	37.5	30.8	52.7	25.8	26.9
10 m/s 2.0 kn	Y_a	39.1	23.5	15.6	54.7	27.3	27.4	39.1	15.6	23.5
	Y_w	54.3	40.7	13.6	54.3	40.7	13.6	54.3	40.7	13.6
	风、流合力	93.4	64.2	29.2	109.0	68.0	41.0	93.4	56.3	37.1
12 m/s 1.0 kn	Y_a	56.3	33.8	22.5	78.7	39.4	39.3	56.3	22.5	33.8
	Y_w	13.6	10.2	3.4	13.6	10.2	3.4	13.6	10.2	3.4
	风、流合力	69.9	44.0	25.9	92.3	49.6	42.7	69.9	32.7	37.2
12 m/s 2.0 kn	Y_a	56.3	33.8	22.5	78.7	39.4	39.3	56.3	22.5	33.8
	Y_w	54.3	40.7	13.6	54.3	40.7	13.6	54.3	40.7	13.6
	风、流合力	110.6	74.5	36.1	133.0	80.1	52.9	110.6	63.2	47.4
13.8 m/s 1.0 kn	Y_a	74.4	44.6	29.8	104.1	52.0	52.1	74.4	29.8	44.6
	Y_w	13.6	10.2	3.4	13.6	10.2	3.4	13.6	10.2	3.4
	风、流合力	88.0	54.4	33.2	117.7	62.2	55.5	88.0	40.0	48.0
13.8 m/s 2.0 kn	Y_a	74.4	44.6	29.8	104.1	52.0	52.1	74.4	29.8	44.6
	Y_w	54.3	40.7	13.6	54.3	40.7	13.6	54.3	40.7	13.6
	风、流合力	128.7	85.3	43.4	158.4	92.7	65.7	128.7	70.5	58.2

一般认为100 HP港作拖船,其推力为1.1 t,拉力为推力的80%左右;但拖船受浪和流的影响较大,浪越大、流越急,拖船能发挥的有效拖力就越小。冬季北仑水域大风浪情况下拖船功率的发挥一般只有其核定功率的60%~70%。综合考虑后,大风浪作业时,拖船拖力为每100 HP约合0.75 t,4 800 HP拖船在大风浪作业时,实际拉力约为36 t。

以C轮为例,侧推器3 000 kW(4 080 HP拖船拉力≈40 t),从表5-18可以得出:①当横风10 m/s、急落流2.0 kn、10°压拢流时,所受风、流合力为109.0 t;船首需要拖力68.0 t,船尾需要拖力41.0 t,去掉侧推器40 t,尚需拖船提供拖力69.0 t,拖船马力总共约9 200 HP;其中船尾所需拖船马力为5 467 HP;②当横风12 m/s、急落水2.0 kn、10°压拢流时,所受风流合力接近133.0 t,船首需要80.1 t,船尾需要拖力52.9 t;去掉侧推器40 t,尚需提供拖力93.0 t;船尾所需拖船马力约为7 053 HP。

当风速13.8 m/s横风、急落水2.0 kn、10°压拢流时,所受风流合力接近158.4 t,除去侧推器40 t,尚需拖船提供拖力118.4 t。船首需要92.7 t,船尾需要拖力65.7 t;船首除侧推器外尚需要拖船提供拖力52.7 t,尚需要拖船马力7 027 HP;船尾需要拖船马力约8 760 HP。

总之,招商码头由于其特殊的地理位置,冬天季风风向均在正横前后,对于总长≥300 m的集装箱船舶,当平均风速达到10.0 m/s时,要引起足够的重视;当横风达到12.0 m/s时,科学评估风、流情况,建议增加1艘拖船。当风速达到13.8 m/s时,除侧推器外还需要3~4艘大马力拖船(5 000~6 000 HP);如果是急流、横风,为安全着想应暂缓靠离泊作业。

5) 离泊操作方案

(1) 准备工作

科学评估风、流压力,必要时增加拖船。与船方交待清晰引航方案,备妥双锚,确认各种设备工作正常。拖船带缆位置:船头拖船带在舷楼巴拿马导缆孔或外当锚链孔附近,船尾带在右舷胯部;如果有3艘拖船助泊,艉拖船也可以带在船尾正中,向后拖可以防止受后八字风影响船舶前冲,避免频繁倒车;拉开足够的横距后,可以让中间拖船解掉到船尾里当去顶。通常情况下,由于西侧有浅滩,不论涨、落流,拉开足够的距离,微微后退过程中向右掉头更为容易;即使码头边有涨流,涨流向与码头接近平行,反而比落流拢风更容易离泊。

(2) 离泊过程

C轮镇海低潮前0.5 h离泊,后八字(135°)平均风速12 m/s,落流1.0 kn左右。根据表 5-18 所知,后八字风 12 m/s、10°流时所需离泊拖力为 32.7 t、35.2 t。离泊安排两艘拖船,ZL23 带船尾(主机马力 5 650 HP,大风浪可提供拖力约 42.4 t),拖船 ZL7 带艉楼(主机马力 4 800 HP,可提供拖力约 36 t),前后拖船拖力大于风、流合压力。具体离泊过程示意见图 5-54。

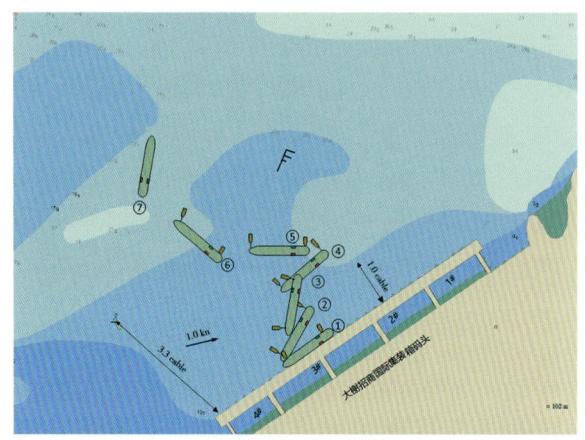

图 5-54　C 轮吹拢风招商 3#泊位离泊示意

位①：缆绳清爽后,前后拖船减到最慢车,观察船舶是否有明显前冲后缩;船首有侧推器,可先让艉拖船松缆,同时艏拖船保持最慢顶,更有利于甩尾;艏拖船到位后,艏拖向后 45°松缆到拖位,控制大船前冲。

位②：平行拉开一段距离(1B,根据实际风流和个人判断)后开始甩尾;如果拖尾困难,可以尝试抑制船首向外的趋势,或者用侧推器往里,紧盯船首一旦向里偏转趋势,马上停侧推器,必要时要反向抑制;因为平衡被打破后,船首会很快内转;如果内转加快而短时间难以抑制,可适当倒车。当船尾甩开到 30°左右(船尾接近迎风)开始倒车,船尾甩太开不利于后续向右掉头,费时费力;后退速度不宜太快,退速在 1.0 kn 之内,否则影响拖船效果;后退距离也不用太远,留足满舵进车的距离即可。

位③：船舶后退约 300 m,船尾与码头横距约 1 链,此时首拖调到正横位置快车往外拖,侧推器全速向外,尾拖逐级减速,加快右转趋势。

位④：船体基本与码头平行,船舶微微后退趋势,横距 1 链以上;尾拖停车保持拖位,船首在拖船和侧推器的作用下快速右转。

位⑤：船首过黄浮筒后,右满舵进车,因为落流的原因,船舶不会前冲太多,涨流则稍晚点动车或者点一车后停车;横距足够的情况下,艏拖船解缆,需要的话可在右船尾顶推加速掉头。

位⑥：船身与码头基本垂直，船速起来确保安全后，停侧推器、解拖船；拖船清爽后加车出口。

6）注意事项

（1）招商码头位置特殊，西侧有浅滩不能前冲，急落流时压拢明显；冬季的吹拢风接近正横方向，唯有增加拖船才能解决问题，需要时毫不犹豫增加拖船；不盲目冒险，拉不开就回靠，但回靠过程中要注意贴拢速度和角度。

（2）要合理利用风、流作用力，通过减小或者加大风、流压角提高操纵安全性和经济性；落流、正横前来风开首减小风压利用流压容易离泊，但要注意西侧有浅滩，前冲的余地小；不论落流或涨流，正横或正横后来风开尾减小风压容易离泊，另外开尾后退空间更大。

（3）尾八字吹拢风、船艉受风的力和倒车的横向力（右旋车）都是推尾向左，船尾拖开困难；为避免频繁倒车，可利用大马力拖船带在艉部，艉拖船向后拖控制大船前冲，当甩尾接近尾顶风时再开始倒车至明显后退。

（4）由于西侧有浅滩，船首未转过浅滩的警戒黄浮筒，即使落流应避免右满舵进车冲离码头；涨流时船首更应大幅转过黄浮筒后再动车，防止船身压向浅滩。

（5）离泊后注意靠近协和码头的出口小船，及时联系避让，必要时过其船尾；与接泊位大船通常过绿灯，但本船船位不要过于靠北，这样离浅滩过近，与其他进口大船也不好交会。

5.7.4 大型集装箱船复杂潮流离北三集司1#泊位

1）码头概况

北三集司1#泊位位于穿山半岛内牛轭江东侧（29°53′32″N/122°02′00″E），建造等级为7万吨级（水工结构按15万吨级建造）；该泊位距北侧白鸭山浅滩礁石1 000 m，距西北侧外神马岛浅礁800 m。船舶掉头回旋水域与东侧2#泊位共用部分港池，回旋水域呈椭圆形布置，长轴长1 120 m，短轴长840 m，设计底标高-16.5 m。

泊位长330 m、宽55 m，码头走向109°~289°，设计水深15.4 m（远期预留至16.7 m），设计靠拢速度≤10 cm/s、靠拢角度≤5°，工作频道VHF 09。

2）潮流及离泊方案

码头边落流：大潮汛始于镇海高潮前0.5 h，持续到镇海高潮后3 h；小潮汛始于镇海高潮后0.5 h初落，至镇海高潮后约4 h。

码头边涨流：大潮汛始于镇海低潮前2.5~3.0 h，持续到镇海高潮前0.5 h；小潮汛镇海低潮前2 h开始初涨，持续到镇海低潮后1 h。

外落里涨时段：镇海低潮前 2.5~3.0 h 到镇海低潮后 0.5~1.0 h；大潮汛稍早、小潮汛稍晚。回流形成的涨流与穿山东口东行的落流在 2#~4#泊位相遇形成三角形汇流区并由南向北冲向穿鼻岛方向，与码头有 10°~40°的夹角，越往外推开角度越大，泊位外侧 350~700 m 推开最为明显。

外落里涨时段离泊方案：由于操纵空间较小，外落里涨时段靠离泊操作难度大。右靠的拉开直接离泊，左靠的根据风、流的情况选择向左或者向右掉头。

3）300 m 集装箱船资料

以 W 轮为研究对象，船舶资料见表 5-19。

表 5-19 W 轮的主要资料

船长/m	304.2	船宽/m	40.0
驾驶台至船首的距离/m	228.04	驾驶台至船尾的距离/m	76.13
型深/m	24.8	两柱间长度/m	292.0
夏季满载吃水/m	15.0	本航次最大吃水/m	12.7
满载载质量/t	93 638	总吨	75 582
净吨	48 319	载箱量/TEU	7 241
主机功率/kW	35 600(MAX)	侧推器功率/kW	2 500
装载情况下主机转速(r/min)及速度(kn)			
DEADSLOW AHEAD	28/7.1	SLOW AHEAD	40/10.3
HALF AHEAD	55/14.1	FULL AHEAD	70/17.3

W 轮所受风动压力的计算：假设 W 轮甲板面堆积六层标准集装箱（箱高 2.393 m），忽略驾驶台高出集装箱堆面的高度；计算方式参照 5.6.3 的案例，则风动压力大小见表 5-20。

表 5-20 W 轮横向风动压力(Y_a)和纵向风压力(X_a)的计算

风舷角 θ	风压角 α	风压力系数 C_a	$V_a = 10.0$ m/s		$V_a = 12$ m/s		$V_a = 13.8$ m/s		$V_a = 15.5$ m/s	
			Y_a	X_a	Y_a	X_a	Y_a	X_a	Y_a	X_a
30°	64°	1.3	19.9	9.7	28.7	14.0	37.9	18.5	47.8	23.3
45°	74°	1.4	36.9	10.6	53.2	15.3	70.3	20.2	88.7	25.4
60°	78.3°	1.2	44.5	9.2	64.1	13.7	84.7	17.5	106.7	22.1
90°	90°	1.1	53.1		76.5	0	101.1		127.6	
$B_a \approx 772\ 5.7$ m² $A_a \approx 105\ 8.32$ m²										

大风浪期间,综合考虑风流的影响,拖船拖力每100 HP约合0.75 t;横风达到13.8 m/s时,W轮离泊共需马力约13 500 HP,去掉侧推器马力3 352 HP,还需要10 000 HP;船首需要3 400 HP,船尾至少需要6 750HP。

4)离泊操作方案

四期1#泊位对开水域的操纵空间有限;外落里涨时段潮流复杂,如果再叠加强吹拢风影响,掉头离泊技术难度较高;离泊前务必科学评估风流综合情况,选择合适的离泊方法,必要时增加拖船。

(1)右舷在泊的离泊方案

船舶右舷靠泊,离泊操作相对简单,平行拖开足够的横距后,满舵进车即可。具体离泊操纵示意见图5-55。

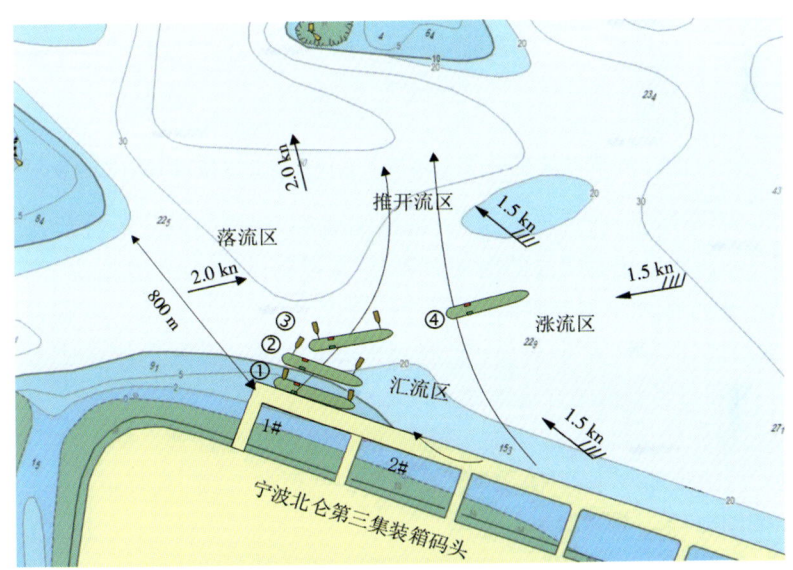

图5-55　W轮右舷在泊、复杂潮流离北三集司1#泊示意

位①：带妥拖船,前后拖船顶住;缆绳清爽后,让拖船减到最慢顶,观察潮流是不是推开流,船有明显的前冲后缩,用车控制,拖船松缆到拖位。

位②：平行拖开一定的距离(通常1B),根据潮流情况选择开尾或开首,让船舶里当受流。

位③：无特殊情况,艏拖船和侧推器均快车向外,艉拖船减车。横距足够时,大船进车、用舵离开。

位④：大船速度起来后,确认安全,停侧推器,解前后拖缆。

(2) 左舷在泊时的向右掉头离泊

控制船尾与码头的距离,控制船位以防止船舶压向西侧浅滩是关键。具体离泊操纵见图 5-56。

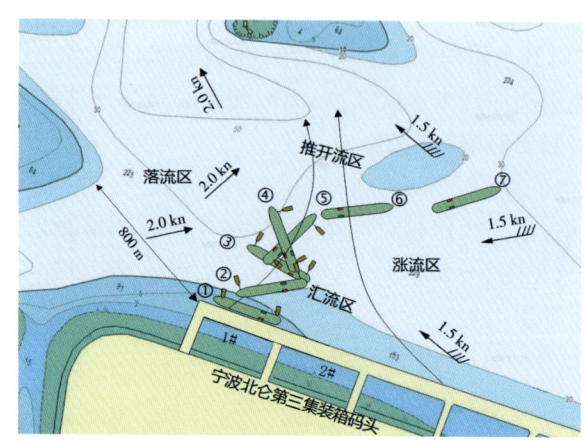

图 5-56　W 轮左舷在泊、复杂潮流向右掉头离北三集司 1#泊位示意

位①：带妥拖船,前后拖船顶住;缆绳清爽后,让拖船减到最慢顶,观察潮水是不是推开流,如果船有明显的前冲后缩,用车控制,拖船松缆到拖位。

位②：平行拖开一定的距离(通常 1B,根据风、流情况);由于西侧有浅滩,利用侧推器和拖船调整大船角度,船尾甩开 30°左右,倒车让船后退一定距离(200 m),拉开与码头横距并远离西侧浅滩。

位③：横距约 1 链后,后边拖船减车,前边拖船和侧推器全速向右;船身与码头平行后,后边拖船收缆到船尾顶位或解缆到左船首去顶;及时用倒车抑制向前的速度(控制船位在 1#~2#泊位之间)。

位④：关注推开流的大小,用倒车控制船尾与码头的距离在 1 链之内,避免船位靠北。

位⑤：当船舶右转趋势明显且船首过白鸭礁灯桩后,可右满舵进车。

位⑥：船速起来确保安全后,解掉艏艉拖船,加车出口。

(3) 左舷在泊向左掉头离泊

离泊的关键是控制船首与码头的距离,以及防止船舶压向西侧的浅滩。具体离泊操纵见图 5-57。

位①：站在驾驶台左舷,三点一线寻找串视标,确定船首的大概位置,为后来判断船首与码头距离作准备。带妥拖船,解掉缆绳后前后拖船减到最慢车顶,观

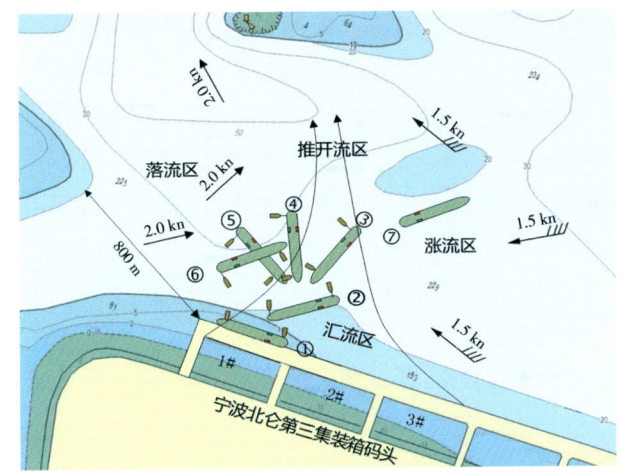

图 5-57　W 轮左舷在泊、复杂潮流向左掉头离北三集司 1#泊位示意

测船舶是否推开或前冲后缩；拖船松缆到拖位，令拖船启拖使船舶平行离开码头。

位②：平行离开一定的距离后（1B），逐步加大艉拖船拖力，使船舶与码头形成一定角度，让船舶里当受潮流，用倒车防止船舶前冲并拉开与码头的距离。

位③：船位后缩，船头与码头接近垂直，船首距码头 1 链左右，艏拖船收缆到船首顶推。船舶后退趋势明显时，可左舵进车抑制，防止船尾与白鸭礁浅滩距离过近。

位④：艏拖船和侧推器全速推船首向左转向，艉拖船全速拖协助船舶转向。船身在涨流的作用下向西北移到，及时进车抑制退势。

位⑤：船身接近与码头平行时，左满舵、加车加快船舶向左转向。

位⑥：前后拖船停车、停侧推器，把定方向，速度起来、确保安全后解拖船。

5）外落里涨时段离泊注意事项

（1）科学评估风、流情况，选择合适的离泊方案。观察码头边汇流区域的位置，外落里涨时段汇流区通常位于 1#以东水域，而 1#西侧为落水状态。如果是 300 m 左右的船型，12 m/s 以上的吹拢风要引起重视，必要时增加一艘拖船。

（2）拖船配置。尽可能带艏、艉两端，如 3 艘拖船助泊，左靠时通常船尾带两艘，除胯部位置外，另外一艘带在船尾正中，向后拖可以防止涨流或后八字风影响船舶前冲。

（3）掉头方式的选择。左舷靠泊强吹拢风离泊时，正横前来风建议向右掉头，正横后来风建议向左掉头。尾八字吹拢风时，船尾的风压力和倒车的横向力（右旋车）作用会出现尾拖不开甚至靠回去的现象。可利用艏拖船向后拖控制大船前冲速度,当甩尾接近尾顶风时再开始倒车;但后退速度要慢,否侧不利于拖船和侧推器的使用效果。

(4)船位的控制。左舷靠泊急涨水离泊,拉开后应尽可能往东移足再实施掉头操作。船尾拉开后不论向左,还是向右掉头,控制艉舭与码头的距离是关键,一般保持1链。当船舶转过90°~120°时就要进车,用车时机取决于船位、船向、船速、转头速率。

(5)备锚。当船舶转向效率低,会导致船舶受横流时间长、向下游漂移距离大,可抛短锚稳住船首快速掉头,以减小漂移距离。

(6)离泊前发布动态,关注穿山东口进出口、接泊船及附近离靠船舶的动态。

5.8 超大型船舶离泊技术

5.8.1 15万吨级集装箱船初涨离北二集司4#泊位

1)船舶资料

以常见的Y轮为例,主要船舶资料如下表所示。

表 5-21 Y 轮的主要数据

船长/m	368.52	船宽/m	51.0
驾驶台至船首的距离/m	139.92	驾驶台至船尾的距离/m	228.6
型深/m	29.8	本航次最大吃水/m	13.5
总吨	153 148	净吨	64 695
满载载质量/t	93 638	载箱量/TEU	14 328
主机功率/kW	37 620@ 72 r/min	侧推器功率/kW	2×2 000
螺旋桨直径/m	10.0	锚重/t	19.0
装载情况下主机转速(r/min)及速度(kn)			
DEAD SLOW AHEAD	26/6.8	SLOW AHEAD	34/9.9
HALF AHEAD	46/14.3	FULL AHEAD	57/17.7

2)气象及潮流情况

设计平均风力 13.8 m/s,真风向 000°。计划在镇海低潮后 2 h 离泊,微涨流。

3）拖船及带缆计算

经计算（参照前述章节），当风力在 13.8 m/s 时，12 000 m^2 的受风面积下，船舶受到的风压力总和约为 118 t。码头前沿的涨流向基本与码头平行，流压力暂不考虑。

一般情况下，拖船的拖力比顶推力量要小，在没有风浪影响的情况下，拖力约为顶推力量的 70%，因此，需要 170 t 拖船拖力配置方可。由于选定在初涨阶段开船，北二集司外面海面风浪相对较小，风浪对拖船的影响有限。建议使用 4 艘全旋回拖船协助离泊。设定 4 艘拖船代称、拖船马力和带缆位置分别为：

T_1，5 200 HP，艉楼右舷带缆；

T_2，4 800 HP，船首主甲板位置带缆；

T_3，4 800 HP，船尾烟囱位置带缆；

T_4，5 600 HP，右胯部带缆。

4）离泊风险点

（1）风压力大，拉开速度很慢、时间长；

（2）尽管选择低潮后 2 h 离泊基本呈初涨阶段，流速较小，风浪相对较小，但浪还是对拖船作业有一定的影响；

（3）顺流、拢风离泊，注意船尾压拢。一般离开码头约 1 倍船宽后控制船首不动，再加车甩开船尾，最后宜选择向右掉头驶离。在右满舵进车驶离码头前沿的过程中，受风的影响，船舶向西南方向会有明显的下压。

5）离泊操纵

位①：4 艘拖船平行起拖。平行离开时要注意拖船不要使用顿力，避免拖船有断缆的风险。侧推器不要长时间使用，避免过载。如遇船尾难以拖开时，可短暂里当满舵进车甩尾，在甩尾之前，艏拖要随时能拖拉，避免船首甩向码头内侧。

位②：获得一定横移速度（速度>0.3 kn）之后，控制船首基本不动，加大船尾甩出趋势，形成 15°左右的负角度至 2 倍船宽的横距，船位在-30 m 等深线附近，不断加大负角度，配合倒车，操纵大船退离码头前沿水域。

位③：船尾与码头横距大于 1.5 倍驾驶台至船尾的距离（350 m 左右）、负角度约 20°的时候，船首两艘拖船加车拖、烟囱位置拖船暂时停车、船尾胯部拖船减速至慢车，观察船尾甩进情况。

位④：当船身平行码头、横距 350 m 左右时，可果断解掉烟囱位置拖船到左舷前面顶推。船尾拖船不可轻易解拖。

位⑤：艏对大黄蟒并持续右转，风舷角逐渐变小。船尾离码头横距

0.1 n mile 左右,开始动车驶离泊位。此时风、流对于本船的作用力都往码头方向去,首要问题是获得一定的前冲速度,不要急于右满舵掉头,应及时加车驶离,待船速上升、控制有方后解前后拖船。

Y 轮北二集司 4#泊位初涨离泊见图 5-58。

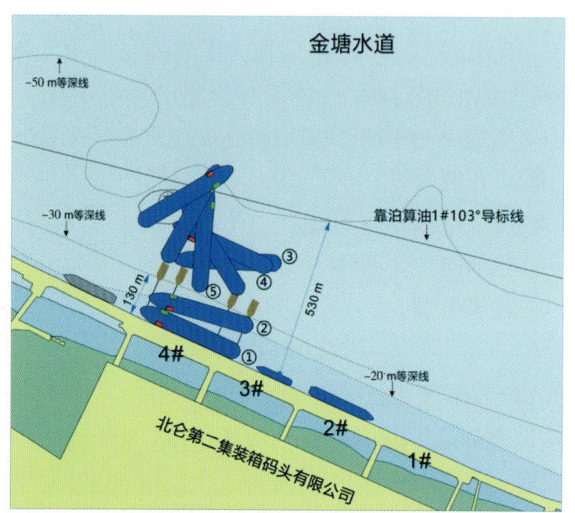

图 5-58　Y 轮北二集司 4#泊位初涨离泊

6）注意事项

（1）要注意涨流会逐渐变强,风流压力叠加,导致船舶往下风的趋势十分强烈,一定要留足空间。

（2）为保证使用里当满舵甩尾,可令右舷首部拖船均正横向后 30°拖,动车后要关注船舶前冲速度。

（3）侧推器不可长时间使用（一般连续工作时间控制在 15 min 以内）,侧推器只能作为辅助性手段,为避免高负荷工作,一般最高使用的功率为额定功率的 90%。

（4）拖船起拖阶段加车要循序渐进,"温柔"使用,避免突然加减车,防止顿力造成断缆。拖船功率要留余量（10%）,以备不时之需,特别是在阵风较大的时候。紧急情况时拖船一定要全力配合,开足马力,不可犹豫。

（5）算油码头导标线距离本码头 3#泊位横距 530 m 左右,驾驶台观察此导标线的开闭视情况作为横距的参考。

（6）该类型船舶微速进、满舵可获得的舵力超过 50 t（舵力计算参照前述章节),转船力矩接近甚至大于首部两拖船的拖拉效果,应注意动车时机,避免控制不住向里的运动趋势。

5.8.2 2万TEU集装箱船急顺流离远东9#泊位

1)船舶资料

以靠泊远东码头9#泊位较常见的一种船型E轮为例,主要船舶资料如下表5-22。

表5-22 E轮船舶资料

船长/m	399	船宽/m	58.6
驾驶台至船首的距离/m	147	驾驶台至船尾的距离/m	252
型深/m	30.3	本航次最大吃水/m	14.5
总吨	195 055	净吨	89 317
满载载质量/t	213 970	载箱量/TEU	18 340
主机功率/kW	2×29 680@73.1 r/min	侧推器功率/kW	2×2 500
侧受风面积/m²	13 000	锚重/t	31.0
装载情况下主机转速(r/min)及速度(kn)			
DEAD SLOW AHEAD	17/4.9	SLOW AHEAD	33/10.6
HALF AHEAD	40/13.0	FULL AHEAD	51/16.65

2)气象及潮流情况

设计平均风力12 m/s,真风向345°。计划在镇海低潮前2 h离泊。

3)受力分析及拖船布置

参考前述章节,经计算,理论所需拖力约为120 t,虽然风浪对拖船的影响可忽略不计,但急流对拖船的影响很大,预估所能发挥的拖力为额定功率的60%左右,需要200 t以上的总拖力。

照此计算,结合工作实际,建议配置5艘全旋回拖船协助离泊。设定侧推器完好可用,5艘拖船的代称、马力和带缆位置分别为:

T_1,5 200 HP,艉楼右舷带缆,提供垂直方向拉力;

T_2,4 800 HP,船首主甲板位置带缆,提供垂直偏向后方30°拉力;

T_3,4 800 HP,烟囱位置带缆,提供垂直方向拉力;

T_4,6 000 HP,右胯部带缆,提供垂直方向拉力;

T_5,7 200 HP,船尾巴拿马孔位置带缆,提供垂直偏后30°方向拉力;

4）主要风险点

2万TEU集装箱船在远东9#泊位急顺流离泊的主要风险点：

（1）急流时大船要前冲，为克服前冲使用的倒车会给离泊带来干扰，急流对拖船实际可使用功率有较大影响；

（2）驾驶台至船尾的距离远（252 m），引航员难以目测船尾与码头的距离，在掉头过程中船尾甩向岸侧的视觉冲击给引航员带来非常大的心理压力；

（3）若甩尾不及时、横距不够大，一旦船首撇开，内舷不受流会发生横移"停滞"现象；

（4）若船尾与码头距离不够，船舶受急流作用时往下游移动速度较快，极易发生船尾与码头发生"擦肩而过"的紧迫局面。

5）离泊操作

尽管受到强拢风的影响，但是此水域流的影响更为强烈（"明风暗流"）。离泊时首要考虑流的影响，在拉开横距、拖力计算上要将风压力、风致偏移等考虑进去，实现安全离泊。具体离泊操纵示意见图5-59。

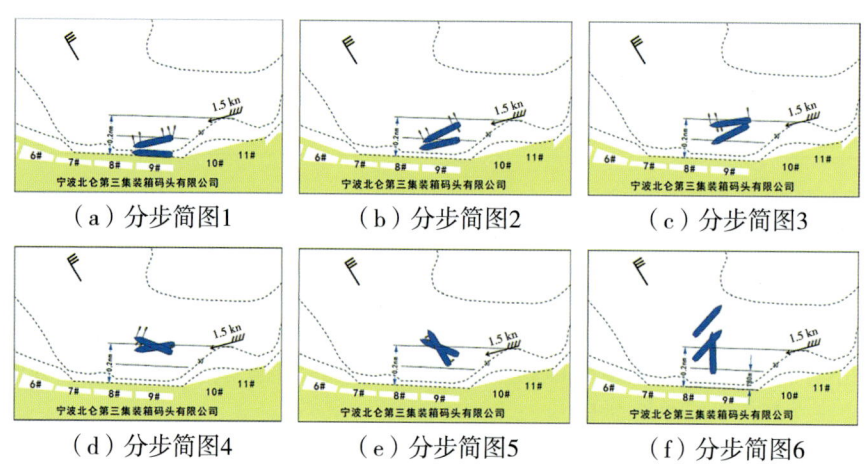

图5-59　2万TEU船远东9#泊位急顺流离泊示意

位①：按照既定的方案指挥拖船到相应位置带缆，T_2、T_3顶住后令T_1、T_4、T_5送缆到拖位。解艏倒缆之前，开倒车微速退，待有轻微退速时停车。T_1、T_3、T_4开始起拖，T_2、T_3送缆到拖位。根据实际横移速度的快慢，逐级加大拖船的功率，应避免突然加大功率导致对缆绳的冲击。在平拉开20 m左右横距之后，慢慢以一定负角度将大船拖离泊位，待横移速度起来之后、船首离开一倍船宽、船尾横距3

倍船宽时,T_5 准备解拖到左舷舷艏部顶推。

位②:最大马力的拖船在左舷船尾顶推能起到较好的效果。此时应进一步增大负角度至 30°以上,充分让里当受流。船尾横距 6 倍船宽左右时,开始倒车,大船以一定速度退出码头前沿水域。

位③:当船首距离码头横距 0.15 n mile 之后,T_3 解拖,T_3 和 T_5 移至左舷艏部顶推。控制后退速度 1.5 kn 以下并及时停车。

位④:船身与码头接近平行,横距≥0.2 n mile,船艏侧推器加速向右,T_4 继续快车拖。此时船艏首部两顶两拉,转头效果明显,但受到强拢风的作用会压向码头。

位⑤:艏对白鸭山,令右满舵、短时间进车以扩大船尾与码头的距离。驾驶台至船尾约 0.15 n mile,盲区约 0.3 n mile,通过驾驶台与码头的横距和运动趋势判断船尾扫向码头的间距,要充分预估到 20 万吨级集装箱船启动加速较慢、旋回性能差等特点。停艏侧推器,解 T_1、T_2 和 T_4 的拖缆。

位⑥:用车舵基本稳定航向便于拖船解缆,应确保最后离开码头时船尾与码头的距离大于 100 m,及时加车驶离泊位。

6)注意事项

(1)注意急流的影响。急顺流会导致船舶在短时间内获得较大的前冲速度,起拖前最好能有一定的后退速度。

(2)注意拖船效率,急流下拖船工作效率大打折扣。在操纵过程中一定要留好余量、备有应急预案,做好拖船可能达不到理想效果的思想准备。

(3)慎用里当满舵甩尾。T_1、T_2 应正横向后拖以控制前冲,急顺流加上主机启动导致船舶短时间迅速前冲,带来危险局面。非用不可时,应确保前方有足够空挡,点一车而已,并及时倒车控制前冲。

(4)平拉开一倍船宽后,稳定住船首,加大船尾的甩开速度,做大负角度,充分让里当受流,使用本船主机将船舶退离码头前沿水域。

(5)要掌握好倒车的时机。要避免在负角度很小的情况下倒车,这样极易导致船首右转加剧,船尾外甩的趋势被抑制,整个船舶陷入横移停滞的局面。倒车前应调整船首拖船的功率和侧推器的大小和方向。

(6)双车船可考虑使用一进一倒车进行甩尾、控制船位、船速和船向。

5.8.3　2.4 万 TEU 级集装箱船顺流离梅山码头 4#泊位

1)船舶资料

梅山港区 4#~5#泊位为 10 万吨级集装箱码头,水工结构按靠泊 15 万吨级集装箱船舶建设,现核定20万吨级集装箱船舶减载靠泊(控制吃水≤15.5 m)。最常见船型主要船舶资料见表5-23。

表5-23 H轮主要船舶资料

船长/m	399.9	船宽/m	61.5
驾驶台至船首的距离/m	133.4	驾驶台至船尾的距离/m	266.5
型深/m	31.5	本航次最大吃水/m	14.5
总吨	232 311	净吨	116 746
载质量/t	224 986	载箱量/TEU	约2.4万
主机功率/kW	53 640@ 74.3 r/min	侧推器功率/kW	2×3 000
侧受风面积/m²	16 000	锚重/t	26.6
装载情况下主机转速(r/min)及速度(kn)			
DEAD SLOW AHEAD	26.6/7.0	SLOW AHEAD	35.8/10.0
HALF AHEAD	45.4/13.0	FULL AHEAD	55.6/16.0

2) 气象及潮流情况

设计平均风力10.8 m/s,真风向135°。计划在镇海低潮后1 h离泊(小潮汛日),该码头前呈西南流,流速1 kn左右,流向基本与码头呈平行,流压力暂不考虑。

3) 受力分析及拖船布置

参考前述章节,经计算理论所需拖力约为105 t,风浪对拖船的影响忽略不计,但急流对拖船的影响很大,预估所能发挥的拖力为额定功率的70%左右,需要150 t以上的总拖力。

设定侧推器完好可用,考虑到汀子门东北端水域有限,安排5艘全旋回拖船协助离泊。5艘拖船的代称、马力和带缆位置分别为:

T_1,4 800 HP,艏楼左舷带缆;

T_2,3 600 HP,船首主甲板位置带缆;

T_3,4 000 HP,烟囱位置带缆;

T_4,4 000 HP,尾舷部带缆;

T_5,4 800 HP,船尾巴拿马孔带缆。

4) 主要风险点

(1) 码头走向050°~230°,东南风向时风舷角接近垂直;

(2) 400 m 船满载时受风面积约 16 000 m², 受到的风压力大;

(3) 4#泊位与汀子山及其北端的灯桩距离近, 顺流向左掉头前冲空间小。

5) 离泊操作

2.4 万 TEU 船梅山 4#泊位顺流离泊分步见图 5-60。

考虑到船舶尾找风及里当受流的影响, 选择向右掉头出口。

位置①: $T_1 \sim T_5$ 开始起拖。事先要交代好拖船松足缆绳, 摆好各自位置, 确保获得足够的拖力。考虑到需要克服的阻力较大, 起拖阶段横移速度的增加会很慢。慢慢以负角度拖开, 待船尾有 2 倍船宽的距离时 T_5 停车, 观察船尾是否能控制住。艄拖船将船舶与码头的横距维持在 1 倍船宽以上即可。

位置②: 若能控制住船尾, 则 T_5 可解掉至右舷里当进行顶推。持续增大负角度至 30°以上, 船首离岸 100 m 左右, 船尾离岸距离增至 0.15 n mile 左右。大船开始倒车, 并以向东的退速退离码头前沿水域。不宜过早倒车, 以防转心后移、船首右转加剧导致船舶离岸速度明显减缓。

位置③: 艏向 270°左右, T_2 回到顶推位置准备顶推。后退速度不宜超过 2 kn。

位置④: 船首 T_1 及船尾 T_4 均移至左舷船艏顶推, 结合侧推器往右工作, 产生较大的右转 ROT, T_5 继续在右舷船尾顶推。

位置⑤: 船首离岸 0.2 n mile 左右、艏向与码头呈 120°时, 后退速度小于 1 kn, 大船开始使用右满舵结合进车加速旋转。右舷船尾拖船应及时停止顶推。

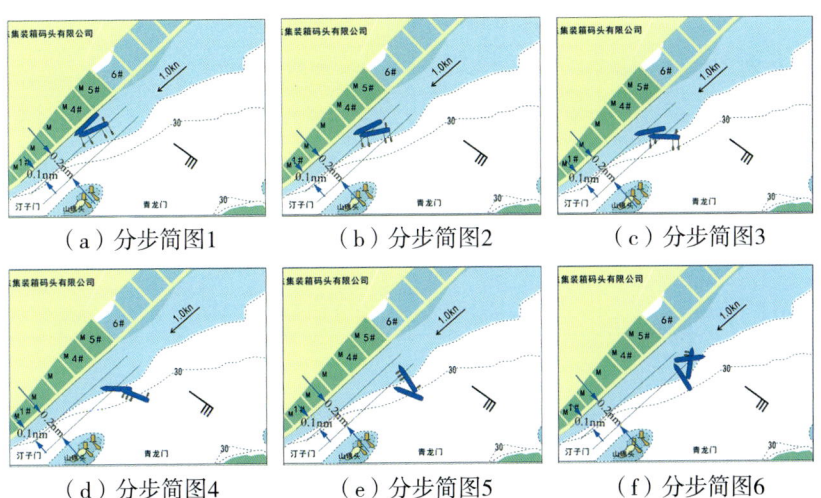

(a) 分步简图1　　(b) 分步简图2　　(c) 分步简图3

(d) 分步简图4　　(e) 分步简图5　　(f) 分步简图6

图 5-60　2.4 万 TEU 船梅山 4#泊位顺流离泊分步示意简图

位置⑥：T_5 退出，艏拖船视情况退出。受风的影响及旋回甩尾的作用，船舶与码头间的距离会迅速减小，最后船舶离开码头水域时横距最小不应小于 100 m。

6）注意事项

（1）为提高拖船的效率，T_1、T_5 拖船尽可能带在首尾两端。

（2）T_5 带缆时需要先解掉外舷的尾缆。

（3）尽可能利用好里当受流，再适时、适度倒车，尽量以 090°航迹向往东退出，以便掉头操纵时与山礁头北灯桩和码头的足够距离。

（4）要及时进车抑制过快的后退速度，避免船舶过于靠近山礁头北灯桩。

5.8.4　2 万 TEU 集装箱落流离招商码头 3#泊位

1）船舶资料

以靠泊招商码头 3#泊位最常见的船型 M 轮为例，主要船舶资料见表 5-24。

表 5-24　M 轮船型船舶资料

船长/m	399.9	船宽/m	58.8
驾驶台至船首的距离/m	147.97	驾驶台至船尾的距离/m	251.93
型深/m	31.5	本航次最大吃水/m	14.5
总吨	212 158	净吨	100 146
满载载质量/t	191 374	载箱量/TEU	约 2 万
主机功率/kW	58 250@ 80 r/min	侧推器功率/kW	2×2 500
侧受风面积/m²	15 000	舵面积/m²	103
装载情况下主机转速（r/min）及速度（kn）			
DEAD SLOW AHEAD	21/6.0	SLOW AHEAD	29.6/8.6
HALF AHEAD	39.1/11.4	FULL AHEAD	48.5/14.2

2）气象及潮流情况

设计平均风力 12 m/s，真风向 345°。计划在镇海高潮后 1 h 离泊。

3）受力分析及拖船布置

参照前述章节的相关计算得，风、流总压力之和约 140 t。一般情况下，拖船的拖拉力比顶推力量要小，该水域浪的影响较小，拖力约为其额定功率的 70%。

因此,需要200 t左右的总拖力方能满足要求,考虑到码头西南侧是浅滩,船舶离开后不能前冲,故安排5艘全旋回拖船协助离泊。设定侧推器完好可用,5艘拖船的代称、马力和带缆位置分别为:

T_1,5 600 HP,艏楼右舷带缆;

T_2,4 000 HP,船首主甲板带缆;

T_3,4 800 HP,烟囱位置带缆;

T_4,5 200 HP,尾胯部带缆;

T_5,4 800 HP,船尾巴拿马孔带缆。

4)主要风险点

(1)由于码头走向和风向的关系,风舷角较大,船舶受风压力大;

(2)码头西侧2.5链为浅滩,深吃水船舶离泊旋回水域受限;

(3)5艘拖船带拖位置容易互相干扰,造成实际可用拖力大打折扣;

(4)驾驶台至船尾的距离为251.93 m,需拉开足够横距方可完成后续掉头离泊操纵。

5)离泊操作

尽管时值落流,但考虑到前方浅滩的因素,选择先平拉开30 m左右距离,再拉开一定负角度后退出一定距离再向右掉头出口。

位①:5艘拖船按预定方案送缆至指定位置,平行起拖。风压力较大,船舶横移缓慢,T5要尽可能横向受力。

位②:船尾横距2倍船宽时,T_3解掉到左舷船尾顶推。

位③:艏与码头横距2倍船宽、负角度20°以上时大船开始倒车。尽可能退至2#泊位对开水域实施掉头。

位④:横距0.2 n mile以上,船身接近与码头平行时,T_5解缆,与T_3一起移至左舷船首顶推,控制后退速度不超过1 kn。

位⑤:艏向指向协和码头灯桩时,里当受流明显,可解尾拖,进车加大横距。由于船舶顶风、流或略有退速,及时加车冲出码头前沿水域。

位⑥:艏对黄牛礁时船舶基本处于顶风状态,风压角很小,可通知所有拖船离开,自行操控车、舵出口。

2万TEU集装箱船招商3#泊位落流离泊示意见图5-61。

2万TEU集装箱船招商3#泊位落流离泊分步操纵见图5-62。

6)注意事项

(1)重视拖力的转船力臂的大小。最大马力的拖船应该带在能发挥其作用

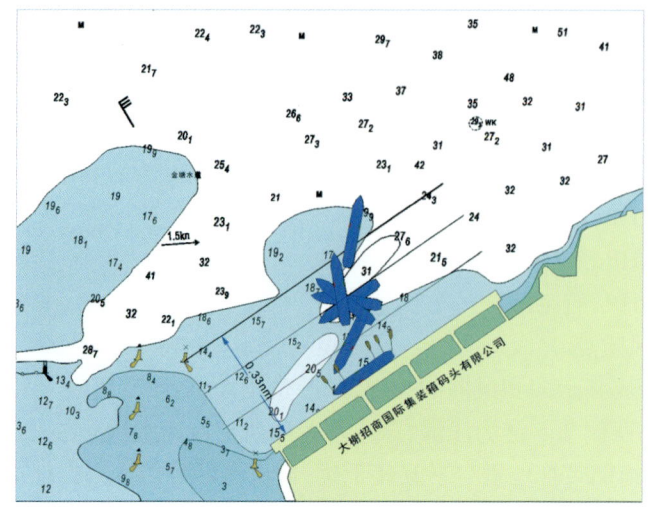

图 5‑61　2万 TEU 集装箱船招商 3#泊位落流离泊示意

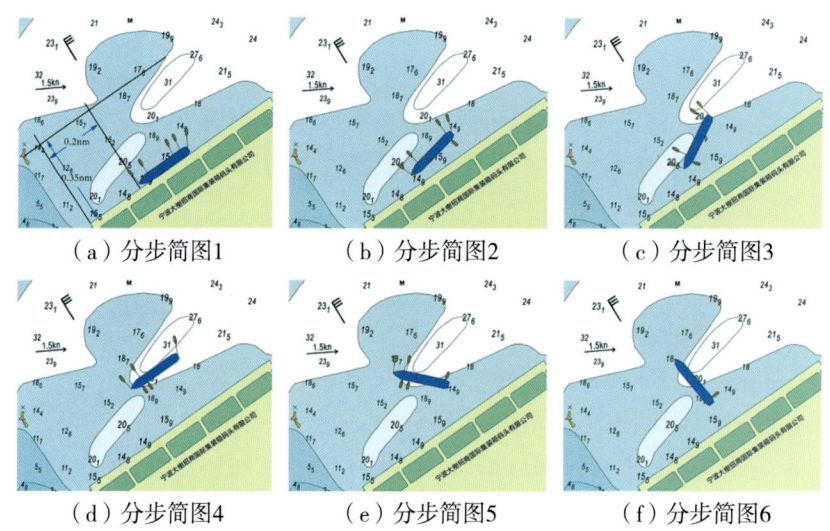

（a）分步简图1　　　　（b）分步简图2　　　　（c）分步简图3

（d）分步简图4　　　　（e）分步简图5　　　　（f）分步简图6

图 5‑62　2万 TEU 集装箱招商 3#泊位落流离泊分步操纵简图

的最佳位置,比如船艏巴拿马孔。船艉最大的拖船应带在胯部,而不是船艉巴拿马孔。因大多数拖船带在船艉巴拿马孔时其作业角度通常难以做到尽可能垂直,有的甚至成朝后 45°以上角度,对离泊不利。

(2)提醒拖船按照引航员的意图进行操作。该类型船受风面积大,起拖阶段速度较慢,尽可能将 5 艘拖船全部带妥,交代好拖船的送缆长度和拖力方向。

(3) 拖船的顶推力大于拖拉力,视左舷里当水域足够,将 T_3 解掉到里当顶推。

(4) 要极为注意拖开横距的大小,至少拉开 1 倍船长的横距方可实施掉头作业。

(5) 要用好驾驶台资源。一是要用好 0.2 n mile VRM 圈(252 m+120 m)和 ECDIS 来进行较精确测距;二是在掉头过程中及时通报本船与码头的距离。

5.8.5　VLCC 涨流急顺流离大榭实华码头 1#泊位

1) 船舶资料

以靠泊大榭实华 1#泊较常见的 N 轮为例,主要船舶资料见表 5-25。

表 5-25　N 轮主要船舶资料

船长/m	336	船宽/m	60
驾驶台至船首的距离/m	283.14	驾驶台至船尾的距离/m	52.96
型深/m	29.5	本航次最大吃水/m	14.0
总吨	155 103	净吨	107 927
载质量/t	298 950	满载排水量/t	约 34 万
主机功率/kW	25 600@ 67 r/min	螺旋桨直径/m	10.4
锚重/t	16.125	舵面积/m²	118
装载情况下主机转速(r/min)及速度(kn)			
DEAD SLOW AHEAD	18/4.11	SLOW AHEAD	23/5.13
HALF AHEAD	34/8.13	FULL AHEAD	43/10.3

2) 气象及潮流情况

实际平均风力 5 m/s,真风向 320°,风力影响较小,计划大潮汛日镇海高潮后 3 h 离泊。

3) 受力分析及拖船布置

由于时值镇海高潮后 3 h,落流流速较大,约 2~4 kn,VLCC 启动加速性能较差,半载状态水下受流面积较大,拖力等相关计算请参照前述章节。

一艘 30 万吨级的油船所需拖船的功率约为 15 000 kW。根据现有拖船情况,离泊一般配 4 艘总共 20 000 HP 的拖船。设定 4 艘拖船的代称、马力和带缆位置分别为：

T_1, 5 600 HP, 艏楼右舷带缆；

T_2, 4 800 HP, 不带缆, 船艏第三组导览孔附近顶推；

T_3, 4 800 HP, 驾驶台前带缆；

T_4, 5 200 HP, 艉胯部带缆。

4) 主要风险点

(1) 顺流离泊要控制甩尾角度和选择后退时机, 一旦外舷受流, 拉开将非常困难并会马上产生险情。

(2) 码头前方是穿鼻岛和航道转向点(转向角 45°左右), 船舶启动速度慢, 受流影响极易压向穿鼻岛和白鸭山方向。

(3) 大船进入定线制出口航道的过程中与南下船和进口船舶交会频繁, 不得不控制航速, 不利于加速摆脱流压。

5) 离泊操作

拖船带妥后开始解缆, 由首尾两端向中间会合。解缆过程中令 T_2、T_3 快车顶, T_1 慢车往船尾方向顶防止船舶前冲, T_4 正横慢车顶, 在安全的情况下践行节能减排。主要节点控制如下：

位①：T_1、T_4 同时送缆准备拖, T_1 拖缆正横向后 30°, 再令 T_3 开始送缆, T_2 保持微速顶稳住船首不左偏, 如果船舶前冲可短时间倒车抑制。

位②：前后拖缆用力后, 一定要让船尾先甩开, 必要时令 T_2 慢车顶抑制船首横移速度, 逐渐加大 T_3、T_4 的拖力, 横距 2 倍船宽、负角度 10°~20°时令 T_2 去里当艏部顶。

位③：船尾离开泊位 0.1 n mile、负角度 20°左右时, 大船开始倒车尽量往后缩。

位④：艏向 160°左右时, 令 T_3 解缆到右舷船尾顶推, 继续利用倒车和拖船的顶推增大横距。

位⑤：在 T_3、T_4 的顶推、拖拽下, 横距增大至 5 倍船宽, 艏向 180°左右。令 T_1、T_2 加至快车, T_3、T_4 减速, 让船首大幅度左转。

位⑥：左满舵进车船首继续左转, 进车一旦开出, 立即解 T_1 和 T_4, 艏对螺头角把定, 令 T_2、T_3 退出。

VLCC 大榭实华 1#泊位涨水头急顺流离泊示意见图 5‑63。

VLCC 大榭实华 1#泊位涨水头急顺流离泊分步操作见图 5‑64。

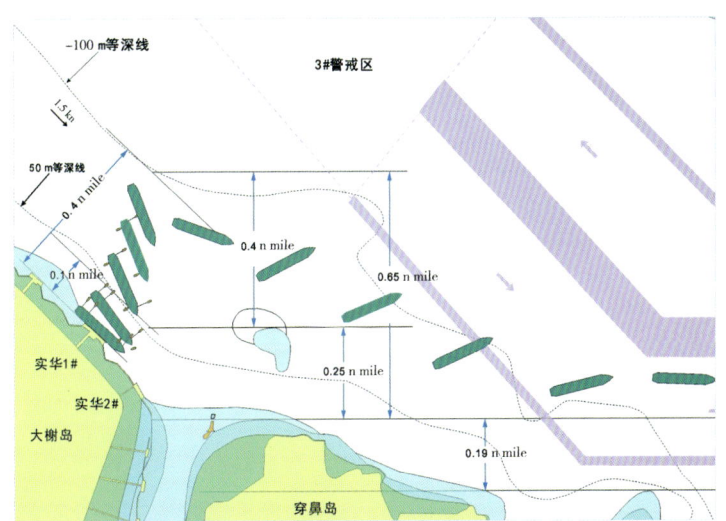

图 5-63　VLCC 大榭实华 1#泊位涨水头急顺流离泊示意

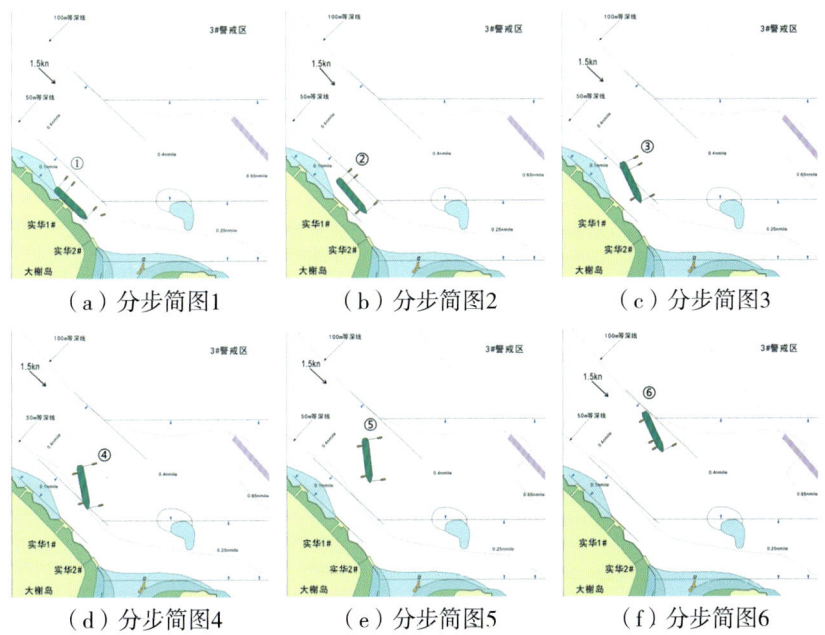

（a）分步简图1　　　（b）分步简图2　　　（c）分步简图3

（d）分步简图4　　　（e）分步简图5　　　（f）分步简图6

图 5-64　VLCC 大榭实华 1#泊位涨水头急顺流离泊分步操作

6）注意事项

（1）注意涂泥嘴南下小船的动态和往返于鸭蛋山和白峰之间的轮渡船。

（2）不要图快，不能在横距较小、位置不够高的情况下冒然动车驶离。

（3）离泊初期确保右舷受流，呈负角度往西北退出泊位，避免左舷受流导致危险局面的产生。

（4）动车驶离后，航速上来很快，要及时解首尾拖缆，不然拖船解缆越来越困难；如果周围条件复杂，可令拖船前后护航驱赶小船至船舶进入定线制出口航道，避免缓速时被横流压往穿鼻岛。

第 6 章 船舶锚泊技术

6.1 小型船定点抛七里锚地 22#锚位

6.1.1 作业概况

1）锚地简介

七里锚地水深 7.6 m~14 m,北浅南深（最近几年大量采砂,锚地水深特别是东及东南侧的水深发生很大变化,多处水深从 10 m 变为 20 m。）；底质为泥和泥沙,底较平坦。七里锚地原来共设置船舶锚泊点有 23 个,其中危险品锚地 11 个,编号为 Q1~Q11,非危险品锚地 12 个,编号为 Q12~Q23。

2010 年 7 月起,因金塘大桥安保和锚泊安全需要,Q1、Q2、Q3、Q4、Q5、Q8 这 6 个锚泊点已被撤销,Q6、Q7 2 个锚泊点已设置灯浮,故目前实际可用锚位是 15 个。编号为 Q9~Q19 的锚泊点可供载质量不大于 4 500 t 的船舶锚泊,编号为 Q20~Q23 的锚泊点可供载质量 4 501~7 500 t 的船舶锚泊。

2）气象及潮流情况

涨流向 315°始于镇海低潮后 1.5 h,落流向 135°始于镇海高潮后 1.5 h,平常流速 2~4 kn,大潮汛流速可达 4~5 kn；此锚地开阔无遮拦,东北~西北风 6~7 级时浪较大,且锚地抓力差,须引起注意。22#锚位位于七里锚地南边界附近,抛锚时易受进出甬江口船舶影响。

3）定位方法

（1）22#锚位位于七里屿真方位、距离为 103°/1.1 n mile,在雷达上通过偏心显示将 EBL 和 VRM 中心点设置在七里峙灯塔,再把提前量取的真方位距离调整到位,交点即为锚位点。

（2）雷达设备性能较好的船舶,可以把 22#锚位的经纬度 29°59.75′N/121°46.82′E 输入雷达,取得锚位标记。

（3）也可以把 29°59.75′N/121°46.82′E 输入船舶 GPS 作为下一个航路转向点,通过这种方式获得即时船位需要抵达锚位的真航向和实时距离。

6.1.2 抛锚操纵

1）涨流抛锚

某日农历二十，A 轮船长 98 m，宽 15.8 m，前吃水 6.6 m，尾吃水 6.7 m，右旋车。当日镇海低潮潮时 0754，潮高 78 cm，高潮潮时 1416，潮高 348 cm，偏北风 5 m/s，计划 1400 抛七里 22#锚位。具体抛锚示意见图 6-1。

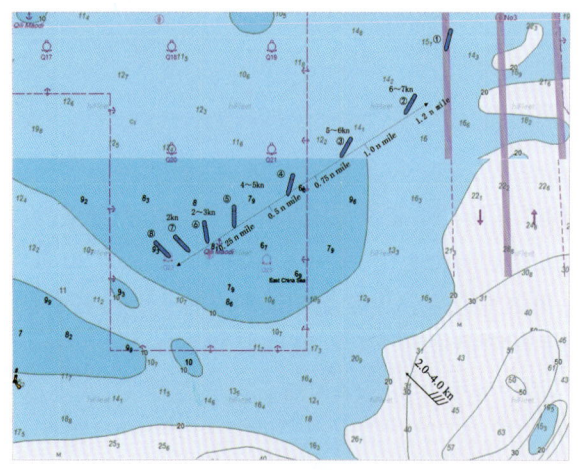

图 6-1 涨流时段定点抛七里 22#锚位船位示意

位①：VHF 06 频道发布船舶动态，准备右转离开定线制航道进入锚地，通知船首人员到位并备双锚，一般选择用左锚。

位②：距离锚位点约 1.2 n mile，航速 7~8 kn，逐挡减车开始控制速度，要注意船舶进入锚地前是急顶流，右转后船舶受到偏顶流影响呈横爬状，速度上升，流压致船位偏向西北。

位③：距离锚位点约 1 n mile，航速控制在 6~7kn，船首对准 22#锚位东南侧，继续减速。

位④~⑤：流致船首自动左转，利用正车、压右舵—正舵—再压右舵，将船首朝向锚位点的东南方以适配流压差角，离锚泊点约 0.5 n mile、航速 4~5 kn，可停车淌航，若航向把不定可短时间进车以稳定船首。

位⑥：船舶始终呈横爬状接近锚泊点，航速约 3~4 kn，距离锚泊点约 0.25 n mile，操左舵让船首明显左转后朝向大黄蟒岛。

位⑦：船舶继续横着逼近锚泊点，航速约 2 kn，航向 135°左右并保持左转，距锚泊点小于一倍船长,向 VTS 报告准备下锚,获得同意后适时倒车,倒车水花至驾驶台下,船首位于锚泊点或者略微冲过时,抛下左锚 1 节入水刹住。

位⑧:待锚链朝前得力,逐级松至 7 节甲板刹牢,如果锚链朝前太快或者太紧,须短时间进车缓解。

2)落水抛锚

某日农历二十,A 轮船长 98 m,宽 15.8 m,艏吃水 6.6 m,艉吃水 6.7 m,右旋车。当日镇海低潮潮时 0754,潮高 78 cm,高潮潮时 1416,潮高 348 cm,偏北风 5 m/s,计划 0800 抛七里 22#锚位。具体落水抛锚示意见图 6-2。

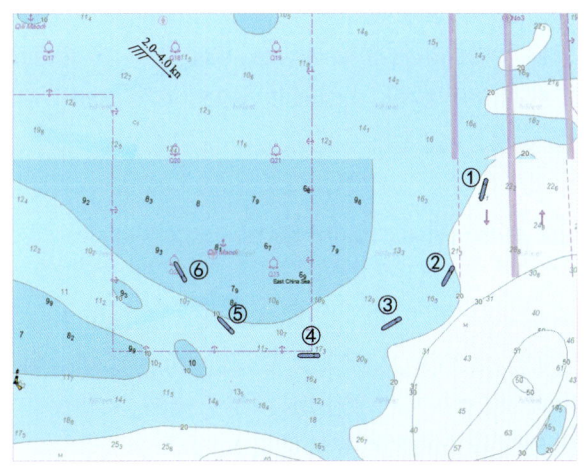

图 6-2 落流时段定点抛七里 22#锚位船位示意

位①:航向 210°,航速 8~10 kn,VHF 06 频道发布船舶动态,准备右转出定线制航道前往锚地,船首人员到位、备双锚,抛锚时一般选用左锚,主机逐级减车。

位②~③:充分利用船舶右舷受流、一边自动向右转向一边南压的特点,通过主机正车不断用左舵、正舵再左舵,让船舶绕着锚泊点从东南角(后方)进入锚地,既可避免横越锚泊船近距离通过的危险,又能够很好地避开进出口船舶。

位④:距锚位 0.6 n mile,航速 4~5 kn,向右转向至 310°把锚泊点放在左舷 10°位置,利用车舵效应调节风流压差角接近为零。

位⑤:距锚位 0.2 n mile,余速约 3 kn,船首约 315°对准锚位点,停车淌航。

位⑥:向 VTS 报告准备下锚,获得同意后适时倒车,让船首略微冲过锚泊点,倒车水花至驾驶台下,抛下左锚 1 节入水刹住,待锚链慢慢朝前得力再逐级松链,最后 7 节入水刹牢。继续观察锚链张力和方向,朝前很紧时须进车缓解,以防锚链受伤和走锚。

3)注意事项

(1)引航员登船后要跟交管中心报告船舶动态和抛锚计划,及时跟船长、大副交代抛锚方法,让船方清楚引航思路、注意事项,取得理解与配合。

(2)根据船方设备情况选取合适的定锚位方法,正确选择落锚点,保持与周围他船的安全距离。

(3)尽可能顶流抛锚,如急流、流舷角很大,不要贸然下锚,切不可因为船小就有侥幸心理。

(4)关注进出口及锚位附近船舶的动态,提早联系、协调避让。

(5)抛锚位置获得 VTS 认可,出链长度不少于 6 节。小型船的一舷链长小于 6 节时,酌情抛 5 节入水,应向 VTS 中心报告并说明原因。

6.2　海岬型散货船抛北仑 6#锚位

北仑临时锚泊点水域宽广,乃天然深水良港。尽管位于金塘水道强潮流通道,但四周有大黄蟒岛、金塘岛、大榭岛遮掩,避风条件较好。现规划 9 个临时锚位,供船舶候潮、检疫、锚地水水过驳使用,须定点锚泊,大型船舶均采用顶流后退法抛锚。常见海岬型散货船的船舶资料见表 6-1。

表 6-1　海岬型散货船船舶资料

船名	船长/m	船宽/m	吃水/m	总吨	净吨	载质量/t
M	289	45	18.20	89 659	55 787	173 541

近几年新造的大型矿船设备相对较好,主机功率一般在 18 000~23 000 kW 之间。多配置 AC-14 型大抓力锚,一般锚重 14 t 左右。其锚冠很宽,锚爪较粗长,且有纵向棱,抓力大,稳定性好,性能十分优良,适应各种泥、砂底质。锚机功率也都较大,绞锚速度可达 2~3 min 一节;锚链绞出速度也很快,船舶在 0.5 kn 左右的退速内可用锚机将锚链绞出。

6.2.1　初落时段抛锚

一般地,北仑港区码头前沿水域初落发生于镇海高潮时。北仑临时锚泊点比码头前沿迟 0.5 h 左右,大潮汛比小潮汛转流早、转流快。

某日农历十八,镇海低潮潮时 0650,潮高 61 cm,高潮潮时 1301,潮高 368 cm,偏北风 5 m/s,大型矿船 M 轮计划 1000 虾峙门进口,1300 抛北仑 6#锚位。

1) 主要航行节点

大型矿船涨流进口,从桃花岛灯桩正横登船到 6#锚位一般安排 3 h 左右,进口后按照正常通航分道行驶。把整个航程分成三段,第一小时桃花岛至洋小猫北;第二小时洋小猫北至涂泥嘴正横;第三小时涂泥嘴正横至 6#锚位。整个航行过程要注意关键转向点,如螺头角、涂泥嘴两个重点转向区域。这些水域因为受岛礁地形的挑流作用,流态复杂,特别是对于重载大型油、矿船,若操作不慎极易出现失控的情形。

2) 过螺头角的注意事项

进口船舶过螺头角需转向 50°左右,大潮汛期间该航道上涨流较急,大型重载船容易被涨流压到出口航道。若转向晚了而采取大幅向右调整航向的措施,会导致右转过快,船首陷入螺头角背面的乱流区,同时船尾在螺头角南面强大的涨流推压作用下,容易控制不住右转趋势而冲向山岛。因此过螺头角前应控制好船位,航行在航道中央偏南,小猫山正横既开始用舵,慢慢向右调整航向,以不超过 10°/min 的转向角速度逐步转向。保持船位在进口航道上驶过,航行至螺头角西北侧的乱流区需极其谨慎,整个转向过程转船角速度如超过 15°/min 时便很难把得定,航向难以稳住。

3) 过涂泥嘴的操纵方法

进口船舶过涂泥嘴需转向 55°左右,当船舶抛初落抵达涂泥嘴时,正逢涂泥嘴以东主航道涨流十分明显,而涂泥嘴以西北仑锚地水域已开始平流或者落流,在涂泥嘴一线形成明显的切变线,内外流流向不一致,大幅增加了大型矿船过涂泥嘴的难度,需极其谨慎操纵。要注意以下几点:

(1) 转向前速度控制

由于矿船转向后速度衰减较大,通常为转向前的 1/3 至 1/2 左右。因此,转向前保持较高的速度,可保持较好的舵效,有利于快速通过该切变线,减少流致漂移。在实际操作中,速度控制在 9~10 kn 通过较好,应该注意的是小潮汛日有时在转向过程中速度衰减不是很明显,则应在新航向稳定后马上大幅度减速,以达到后半程淌航至锚位的速度要求。

(2) 与涂泥嘴横距的把握

在整个转向过程中受急涨流的作用,船位始终压向西北。为了安全避开黄牛礁东面的-14 m浅点,转向完成后船舶距离涂泥咀不宜超过1 n mile,能保持在5~6链是比较理想的状态。要达到这个效果,船舶在通过切变线前离涂泥咀的横距不能太大,通常3~5链比较合适,但是这个距离已经在定线制的出口航道上了,所以必须提前和VTS沟通好。

(3) 起转的位置和转向的方法

通常航行在进口通航分道上,黄牛礁及涂泥嘴串视即开始起转比较好。在转向的过程中可以根据向北漂移的速度,控制左转转头角速度。在转向的过程中应避免叫航向,单凭舵工来回压舵转向,应该自己叫舵令控制转向角速度。特别是在船舶抵达切变线前,应及时用右舵预防船舶通过切变线时前后受流不一致而产生的强大左转扭矩,始终保持船舶在可控的转向角速度范围内,保持与岸线和浅点有足够的安全通过距离。

4) 涂泥嘴至6#锚位的操纵

海岬型散货船初落抛北仑锚地6#锚位示意见图6-3。

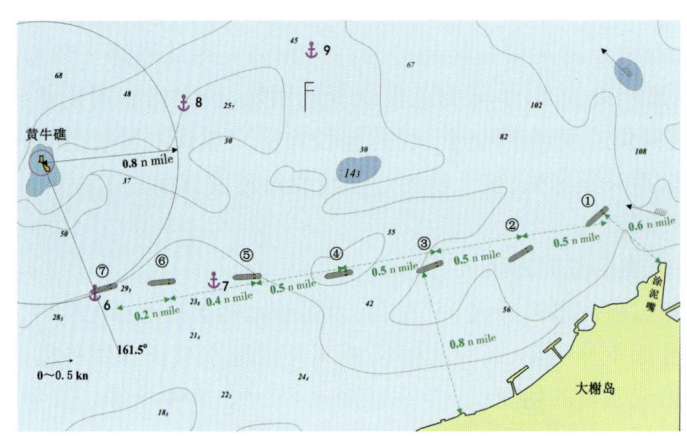

图6-3 海岬型散货船初落抛北仑锚地6#锚位示意

位①:航向240°把定,首对北仑F型矿码头,航速6~8 kn,距锚泊点约2.6 n mile,从全速进逐级减车,但不要太快,否则伴流太大,容易失去舵效。

位②:保持与大榭岛约0.8 n mile的横距,航向转至255°,航速约7 kn。

位③:船位距锚泊点1.6 n mile,与6#锚位几乎在一个纬度上,航速6 kn,取航向260°,航迹向270°左右,改微速进。把VRM设置为0.8 n mile、EBL设置为161.5°偏心显示,把RRM的圆心放在黄牛礁,其交点即为6#锚泊点。另一种方法是把6#锚位(29°57.15′N/121°54.3167′E)经纬度输入雷达以标注锚位。令船首人员到位,锚泊点水深约 30 m，与船长商定备左锚，始终用锚机绞出送链，最后 9 节入水。

位④：距锚泊点 1.0 n mile，航速小于 5 kn，比对锚泊点相对位置，根据风流压大小，调整航向确保航迹向 270°，保持微速进以稳定航向和船位。

位⑤：距锚泊点 0.6 n mile，航速 3～4 kn，船首对准大黄蟒岛，此时应该接近平流，停车淌航。

位⑥：距锚泊点 0.2 n mile，航速小于 3 kn，船首对北仑山且仍然有左转趋势，令后退一、后退二，船首慢慢停止左偏，然后开始右转，引航员一般到右舷驾驶台外观察倒车水花，当值船副报告航速，调节倒车力量不断接近锚泊点，令船头用锚机送出左锚至一节甲板。

位⑦：船位无限逼近锚泊点或者略微冲过锚泊点，船首对大黄蟒岛至金塘岛南侧双礁。报 VTS 准备下锚，经 VTS 同意、倒车水花过驾驶台至 9 舱时（GPS 速度接近为零）松下左锚 2 节入水刹一刹，让锚链吃力、锚爪打开。待锚链慢慢朝前，令一节一节送出，此时主航道微落流，船舶保持微弱退势，一直送链至 8 节入水刹牢。通过南侧码头建筑物与远处山形观察船舶退势，必要时使用进车抑制。令船头继续观察 5 min，待锚链一进一松后可以确认锚已抓牢。

5) 注意事项

（1）需提前发布航行动态，与附近进出口船舶联系好，特别是涂泥嘴里面的出口船舶，要告知本船涂泥嘴转向时可能出现大幅左转和短暂失去控制的现象，请其配合并避让。

（2）提早把过涂泥嘴可能出现的情况向船长解释说明，获得船长和机舱的配合非常重要。

（3）由于锚地不一定有落流，倒车前速度一定要小，一旦船舶打横也不要惊慌，没有流就没有关系，横向抛锚也可以，只是松锚链时一定要有退势，避免锚链堆积。

（4）如果船身太快、倒车致船舶打横，送链至 5 节入水时刹住，视锚链吃力船首左转，令左满舵进车协助拎直船身。

（5）距离其他锚泊船或码头、障碍物的距离不得小于 0.4 n mile。

6.2.2　涨流时段掉头抛北仑 6#锚位

某日农历十五，镇海低潮潮时 0508，潮高 83 cm，高潮潮时 1106，潮高 334 cm，偏东北风 6 m/s，大型矿船 M 轮计划 0630 虾崎门进口，1000 抛北仑 6#锚位。

1) 主要航行节点

0630 桃花灯桩进口，0900 航行至涂泥嘴，抛锚前 0930 抵达黄牛礁北侧，1000

接近锚泊点。整个进口过程与抛初落差不多,主要区别在于抛涨流船舶一般从黄牛礁北侧通过后,绕黄牛礁掉头后淌航至锚位点。进口航法与过螺头角、涂泥嘴的细节不再赘述,可参看其他章节。

2)黄牛礁北至锚泊点的操纵

船位平涂泥嘴时,航向由 315°逐步调整到 295°,朝着宫山偏西方向航行。主航道上还有明显的涨流,加上转向惯性,船舶的航迹向基本朝着宫山方向漂移,而且速度较快。为了确保与宫山保持安全距离通过,必须及时向左调整航向。

位①:0930 黄牛礁北 0.5 n mile,航向 240°,船首对着北仑山,航速不超过 8 kn。提早 10 min 发布掉头信息,注意与周围船舶的联系,确认交会舷灯,令左舵微速进向左转向,注意北仑其他锚位船舶首向。把 VRM 设置为 0.8 n mile、EBL 设置为 161.5°偏心显示,把 RRM 的圆心放在黄牛礁,其交点即为 6#锚泊点。另一种方法是把 6#锚位(29°57.15′N/121°54.3167′E)经纬度输入雷达以标注锚位。令船首人员到位,锚泊点水深约 30 m,与船长商定备左锚,始终用锚机绞出送链,最后 9 节入水。

位②:0935 黄牛礁正西 0.5 n mile,航速、航向变化中。本船左舷受涨潮流作用,船舶左转非常明显,往往右满舵压不住左转,必须加车至进一、进二稳首但不要把定,如果 3#、4#锚位有船,注意流压往西南。

位③:0940 船首对着协和码头,航速约 5 kn,继续用右舵控制航向,保持船首慢慢左转,太快将失去好的船位,与 3#锚位船保持 0.5 n mile 以上距离。

位④:0945 船首对着烟台万华码头,距锚泊点约 0.6 n mile,航速约 4 kn,停车淌航。

位⑤:0950 距锚泊点 0.2 n mile,航速 2.5 kn,令左满舵减小流压角,防止船位落入南方。令船头用锚机绞出 1 节锚链孔,当船首朝向涂泥嘴,令正舵、后退一、后退二,引航员一般到右舷驾驶台外观察倒车水花,当值船副报告航速,调节倒车力量使不断接近锚泊点。

位⑥:1000 船位无限逼近锚泊点或者略微冲过锚泊点,船首对着涂泥嘴灯桩。报 VTS 准备下锚,经 VTS 同意、倒车水花至驾驶台下面(GPS 速度接近为零)松下左锚 2 节入水刹住,让锚链吃力、锚爪打开。待锚链慢慢朝前,令一节一节送出,此时主航道仍然涨潮流,通过南侧码头建筑物与远处山形判断船舶运动态势,必要时使用主机抑制。船舶保持微弱退势(小于 0.5 kn),一直送链至 9 节入水刹牢。令船头继续观察 5 min,待锚链一紧一松后可以确认锚已抓牢。

海岬型散货船涨流掉头抛北仑锚地 6#锚位示意见图 6-4。

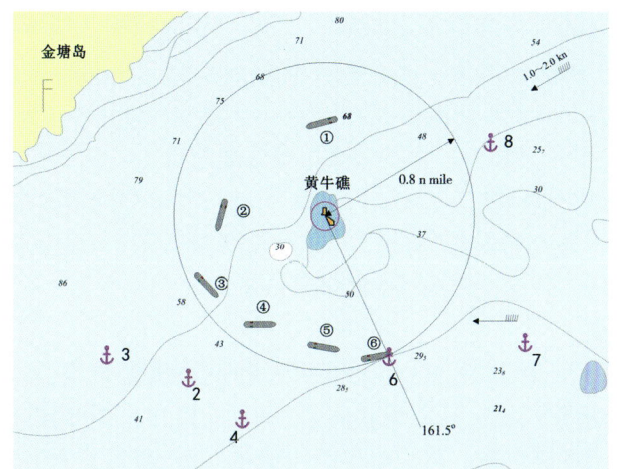

图 6-4　海岬型散货船涨流掉头抛北仑锚地 6#锚位示意

3）注意事项

（1）北仑 6#锚位水深接近 30 m、流速较大，可采用深水抛锚法，即始终用锚机把锚和锚链松出直至预定的链长，以免下锚太快损坏锚机、锚链、甚至丢锚。

（2）正常情况下，10 万吨级船舶出链长度不小于 8 节入水，20 万吨级船舶出链长度不小于 9 节入水，30 万吨级船舶出链长度 10～11 节入水，冬季大风、台风期间以及强对流天气时应适当增加锚链出链长度。

（3）抛锚前后向 VTS 报告以确认船位在锚泊圈内，向船长交待驾驶台必须有人值班，注意收听 VHF 信息，加强瞭望，防止走锚，对过于靠近的他船要通过各种方法发出警告。

（4）风力增强至 8 级以上时，主机须处于随时可用状态，一旦自身或者他船走锚应马上报告 VTS，启动应急预案。

（5）距离其他锚泊船或码头、障碍物的距离不得小于 0.4 n mile。

6.3　海岬型散货船自码头至北仑锚位的移泊

6.3.1　作业概况

1）潮流特点和移泊窗口

北仑矿石码头前沿水域于镇海高潮时初落，镇海低潮后 2.0 h 初涨；小潮汛则推迟 0.5 h。潮流走向与码头走向基本一致,但受大码头西端管桩的影响,急落流时 1#西端存在强推开落流。北仑临时锚泊点潮汛与一期码头相似,镇海高潮时初落,镇海低潮后 2.0 h 初涨;大潮汛稍早一刻钟,小潮汛晚一刻钟。

半载矿船一般选择镇海高潮前 2.5 h 或低潮前 2.5 h 移泊至北仑 3#锚位(若 3#锚位被占用则移到 4#锚位或其他合适锚位);满载矿船则选择高潮时或者低潮时靠泊,这一移一靠有时候是"对拉"。不论是高潮前 2.5 h 还是低潮前 2.5 h 移泊作业,北仑 4#锚位的潮流均较急,抛锚时注意安全。

2)船型数据

海岬型散货船长度 280~300 m,船宽 45~50 m,载质量 17.5 万~20 万 t,主机马力 17 500~23 000 kW。主机马力与载质量比值小、惯性大、停船性能差;旋回性能好,最大旋回初径 6 链左右。移泊时多为半载或空载,减载进长江吃水 11.5 m 左右,对应载质量约 11 万 t;锚重 12~14 t,一舷链长 13~14 节,每节锚链长度 27.5 m,绞锚速度 2.3~3.0 m/min。海岬型散货船主要技术参数见表 6-2。

表 6-2 海岬型散货船型资料

船名	船长/m	船宽/m	吃水/m	总吨	净吨	载质量/t	主机/kW	锚型-锚重/t
P	289.0	45.0	11.56	89 659	55 787	173 541	16 800	AC-14/13.35
S	291.9	45.0	11.80	92 697	60 398	181 529	16 860	AC-14/13.8
L	295.0	46.0	11.60	94 788	59 474	179 667	18 660	AC-14/13.8
H	299.9	50.0	11.60	108 551	67 194	207 999	20 384	AC-14/13.35

3)风险分析

(1)船舶吃水 11.6 m 左右,注意船舶惯性,预估好旋回初径,避免车舵使用过大、过猛。

(2)不管是涨流还是落流移泊,均处在急流时段,船舶所受流压力大,要提前有所预判。

(3)船舶半载状况下深水抛锚,锚离水面高达 15 m 之多,要采用深水抛锚法;抛锚前船舶速度要控制得当,流舷角要尽可能小,避免丢锚。

(4)船舶半载受风面积大,对于定点抛锚来说,船舶受风流影响会难以调整船位,要抢占上风、上流位置,合理配置风流压差角,避免落锚点误差过大。

6.3.2 落流时段的移泊操纵

某日农历初七,镇海低潮潮时 1627,潮高 345 cm,低潮潮时 2313,潮高 152 cm,偏东北风 8 m/s,大型矿船 S 轮计划 2100 自北仑一期 1#泊位 2200 移抛北仑 4#锚位。船舶资料见表 6-2。

3 艘拖船自船头至船尾布置为:T_1 为最大马力,船头艏楼位置带缆;T_2 是最小马力,船舶中间位置顶推,不需要带缆;T_3 在右舷船尾胯部带缆。提早在雷达中输入 4#锚位经纬度(29°56.83′N/121°53.47′E)或者利用黄牛礁方位 204°,距离 1.18 n mile 确定锚泊点。

位①:缆绳解清之后,前后 T_1、T_3 送缆到拖位,T_2 在顶位。如果流实在太急,可以令尾倒缆最后解,视首倒缆清爽,解尾倒缆前可短暂进车抑制船舶后缩趋势。前、后拖缆得力后,T_2 退出待命,准备到左舷里当顶推。

位②:平行把船拉开一倍船宽,然后令 T_1 发力,T_2 移至左舷里当开始顶推,由于左舷受流,流压角逐渐增大,船舶往外的趋势将十分明显,船尾与码头横距足够,右满舵进车,解 T_3 拖缆,船舶边前进边左转。

位③:拖船全部解掉离开,船舶斜流中前进并快速压向码头东侧水域,首对涂泥嘴时,航向约 070°,船舶矢量线方向基本上 100°,船位向-19 m 等深线接近。此时应减缓船首向右偏转趋势把定航向,以免进入-19 m 等深线以内,航速不宜超过 3.0 kn。

位④:船位于 2#泊位东端,航速小于 4.0 kn,应及时调整船首朝向黄牛礁并维持 ROT5°向左,船舶矢量线 080°左右。

位⑤:继续向左调整首向至双礁方向,船位于 4#锚位南侧,离锚位 0.4 n mile,航速会明显衰减,维持航速约 3.5 kn;船舶矢量线 60°左右。

位⑥:船舶离锚位横距 0.3 n mile 左右,前冲速度较小约 3.0 kn 左右,矢量线指向锚位略偏东。始终保持左舷受流,视船舶运动趋势及时回舵、压舵,首向 300°把定,告知船方用锚机将锚送至水面待命。

位⑦:锚位在本船西北方向,船首距离锚位约 0.2 n mile,真矢量指向锚位,航向 290°左右,航迹向 300°左右,航速 2.0 kn 之内,通知船方将锚送至一节甲板待命。

位⑧:船首至锚位点 0.1 n mile,航向 280°左右,ROT 向左 2°~3°;令后退一、后退二,通过看倒车水花或岸上串视标,参照 GPS 数据判断船舶速度,报 VTS 准备下锚,经 VTS 同意,待对地速度趋于零或略有后退速度时,先抛锚链 2 节下水刹住,待锚链受力且方向略微向前时,打开刹车逐级松出锚链至 9 节入水刹住。如采用锚机把锚链绞出去,则注意船舶后退速度不能大于 0.5 kn,船舶退速快于锚链绞出速度则锚机受力过大,容易走锚并损坏锚设备。不论采用直接抛还是用锚机松出,均要关注锚链受力情况,必要时动车抑制,使得锚和锚链始终保持较好的卧底状态,防止惯性太大,刹不住而断链、丢锚。落流时段的移泊操纵示意见图 6-5。

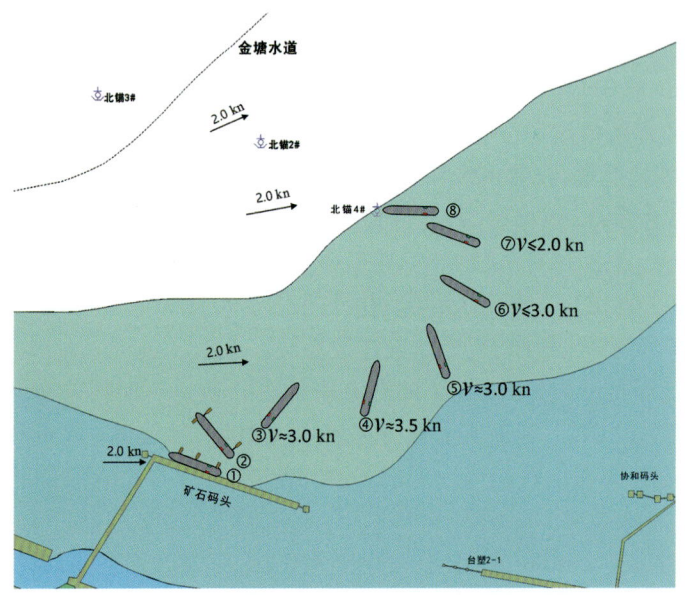

图 6-5　S 轮落流时段自码头移至锚泊点示意

6.3.3　涨流时段的移泊操纵

某日农历十七,镇海低潮潮时 0618,潮高 62 cm,高潮潮时 1224,潮高 362 cm,偏北风 6 m/s,大型矿船 H 轮计划 1000 自北仑一期 1#泊位 1100 移抛北仑 4#锚位。船舶资料见表 6-2。

3 艘拖船自船头至船尾布置顺序为:T_1 在船头艏楼位置带缆;T_2 是最小马力,船舶中间位置顶推,不需要带缆;T_3 为最大马力,右舷船尾舲部带缆。提早在船舶雷达中输入 4#锚位(29°56.83′N/121°53.47′E),或者利用黄牛礁方位 204°,距离 1.18 n mile 来确定锚泊点。

位①:令首尾往船中解缆,缆绳解清后,T_1 正横向后 30°拖,T_3 正横方向拖。

大潮汛流急,可以令首倒缆最后解,视尾倒缆清爽,解首倒缆前可短暂退车抑制船舶前冲趋势。前、后拖缆得力后,T_2 改为微速顶。

位②:调节 T_1 和 T_3 拖力,先把船尾拉开,充分利用 T_2 顶首抑制船首不外甩,待船尾离开 2 倍船宽,船首离开 1 倍船宽,令 T_2 退出到船首里当顶。由于流压角逐渐增大,船舶前冲和离泊的趋势将十分明显;及时倒车控制船位,防止前冲的同时让转心后移,有利于向右掉头。

位③:船首朝外并与码头成约 30°夹角,右满舵进车;船尾清爽泊位后,解掉前后拖船,里当拖船离开,加车并保持船首持续向右偏转。

位④:船首对着黄牛礁后可减小右转趋势,加车至约 3 kn;此时船舶航迹向基本 350°左右,整个船舶快速西北移动。

位⑤:离开泊位横距 0.4 n mile,航向至 070°左右,速度约 3.5 kn,维持 ROT 5°向右,航迹向 040°左右。

位⑥:停车漂舶,继续向右调整首向至 080°左右,船舶航迹向 70°左右;船舶位于 4#锚位西偏南侧,离锚位 0.2 n mile;航速继续减小,控制航速在 3.0 kn 以内;告知船方使用锚机先将锚送至水面待命。

位⑦:锚位在本船船首东偏南方向,船舶离锚位横距 1 链左右,航向 095°左右,航迹向 090°左右,基本上对着锚位中心点略微偏北,航速不超过 2.0 kn;通知船方将锚链送至一节甲板待命。

位⑧:船首接近锚位点,航向 100°左右,ROT 向左 2°~3°;令后退一、后退二,通过看倒车水花或岸上串视标,参照 GPS 数据判断船舶速度,报 VTS 准备下锚,经 VTS 同意,待航速趋于零或略有后退速度时,可先抛 2 节下水刹住锚链,待锚链受力且方向略微向前时,打开刹车逐级松出锚链至 9 节入水刹住。如采用锚机把锚链绞出去,则注意船舶后退速度不能大于 0.5 kn,船舶退速快于锚链绞出速度则锚机受力过大,容易走锚并损坏锚设备。无论采用直接抛还是用锚机松出,均要关注锚链受力情况,必要时动车抑制,使得锚和锚链始终保持较好的卧底状态,防止受力太大,刹不住而断链、丢锚。H 轮涨流时段自码头移至锚泊点示意见图 6-6。

3)注意事项

(1)如条件许可,涨流时段抛锚可沿码头向西航行一段距离再向右掉头;落流时段抛锚则向东航行一段距离再向左掉头;这样掉头完毕后与锚泊点留有一定的直线淌航距离,易于控制速度和流压角;落流时要注意 6#锚位锚泊船、涨流时要注意 3#锚位锚泊船的距离。距离其他锚泊船或码头、障碍物的距离不得小于 0.4 n mile。

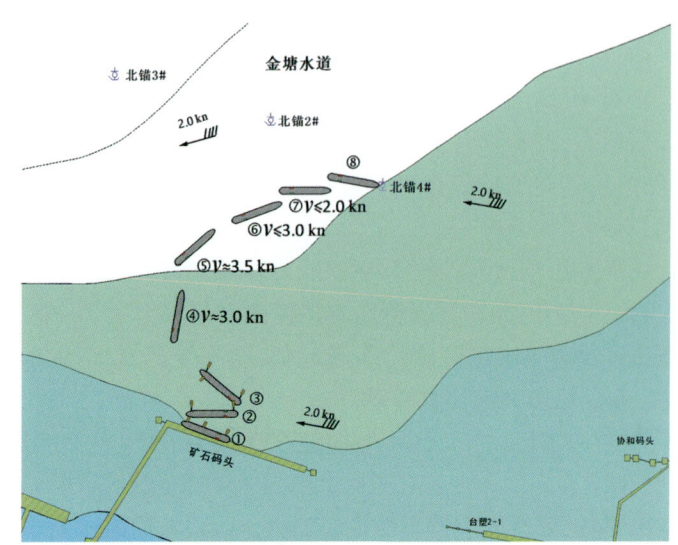

图 6‑6　H 轮涨流时段自码头移至锚泊点示意

（2）减载后的载质量依然有 10 万 t 以上，惯性大、受流影响明显；控制好船舶抵锚位前的余速以防冲过头，另外余速过快长时间倒车使得船舶打横，横流抛锚流压角过大会造成锚链受力过大而断链或者走锚；一旦出现打横情况，不宜急于下锚，调整后再抛；强风、强流时，倒车偏转效应存在不确定性。

（3）抛锚完毕后，向 VTS 核实抛锚位置，注意观察锚链受力情况，待船舶稳定确认无误方可离船。

（4）离船前向船方提供《北仑锚地大型船舶锚泊注意事项》的纸质宣传材料，交待风、流特征、转流时间、VHF 值守频道，要求大潮汛、寒潮及强风季节主机应短时间可用，必要时申请拖船全程监护以防止走锚。

6.4　重载 VLCC 抛北仑 9#锚位

6.4.1　作业概况

1）锚泊点简介

北仑 9#锚位位于黄牛礁的东北方，经纬度为 29°58′31″N/121°55′43″E。中心点水深约 40 m，旋回半径 736 m，周围水深均大于等于 28.9 m；底质为泥沙，是大型、超大型危险品船舶的锚泊点。

(1) 吨级/控制尺度：45万吨级油船/集装箱船船长≤400 m、散杂货船控制吃水≤24.5 m。

(2) 适应船型：20万吨级集装箱船/30万吨级散货船/45万吨级油船/10万吨级化学品船。

(3) 距障碍物距离：距离大榭西北岸线2 n mile,距离金塘岛1 n mile,距黄牛礁正东1.8 n mile 浅点0.66 n mile。

(4) 抛锚方式、出链长度：顶流、深水抛锚法,10万吨级以下船舶抛单锚9节入水、20万吨级船舶抛单锚至少10节入水,VLCC则抛单锚11节入水。

2) 潮流特点

受地形影响,该锚点潮流较为复杂。潮流方向呈环流,流速较北仑其他锚位要小。初涨时,船首对涂泥嘴,随着涨潮流加强,船首左转向东,较长时间停留在东至东北。初落时,船首由东往北转动,首对金塘岛,呈南北向,而非东西向,落急时首向朝西南。另外,风对空载大船的影响比较大。因此,9#锚位的流向与北仑锚地其他锚位有很大差异,对抛锚作业产生了很大困难与挑战。

镇海高潮后0.5～1 h 或镇海低潮前0.5～1 h 抛落水头；镇海低潮后0.5～1 h 抛涨水头。

3) 抛锚定位方法

(1) 利用黄牛礁的方位距离即057°/1.57 n mile 进行定位。

(2) 在雷达中输入经纬度即29°58′31″N/121°55′43″E 进行定位。

6.4.2　引航操纵

1) 船舶资料及引航计划

M轮船长333 m,船宽58 m,型深31.5 m,吃水21.5 m,锚重17.2 t。计划自虾峙门口外引领进港,1330抛北仑9#锚位。

当日农历十八,镇海低潮潮时0650,潮高61 cm,高潮潮时1301,潮高368 cm,偏北风8 m/s。

2) 进口时间及重要节点

一般抛锚前5 h 虾峙门口外登船,抛锚前3 h 虾峙门桃花灯桩进口,抛锚前2 h 抵小洋猫东,抛锚前40 min 抵涂泥嘴东。

3) 锚泊操纵

位①：涂泥嘴正东,距锚位3.7 n mile,航速控制7 kn以下,航向315°,船首抛锚人员就位，主航道有较明显涨流。

位②：涂泥嘴东北，距锚位点约 3 n mile，航速 6 kn 左右，航向 315°，开始用大舵角向左转向，注意涨潮流的增速作用。

位③：涂泥嘴正北，距锚位点约 2 n mile，经过大角度的转向后速度会降至 4 kn 左右，修正风流压角，使航迹向保持 270°左右，船首对着锚位以维持航向的速度行驶，注意左舷的涨潮流对船位的作用。

位④：距离锚点 1 n mile（涂泥嘴与宫山连线），速度控制在 4 kn 左右，依然有涨流，根据当时的流向与流速调整航向，使船首顶流航行，距锚泊点 1 n mile 这段区域流向变化很大，并存在切变线现象，不同潮差、不同天气，流场都不一样，要根据当时的实际情况随时进行调整，处理好这段区域的首向、速度及船位的控制是能否做到精准定点抛锚的关键点。

位⑤：船首距落锚点 0.15 n mile，速度控制在 2 kn 左右，令船头用锚机松锚至 1 节落水准备抛锚，护航拖船在右舷艉部慢车顶、快车顶，使船首左转，预防接下来的倒车右转效应。

位⑥：报 VTS 准备抛锚，获得 VTS 同意后，令主机倒车，倒车水花至驾驶台下、GPS 速度接近为零时主机停车，用锚机松出锚链至 3 节入水，拖船停车保位。高潮后 0.5 h，锚泊点流速较小，倒车可能致船首对着金塘岛，不必惊慌，流小对船位影响有限。锚链朝前令一节一节松，让锚链平躺海底，5 节入水时刹住，如锚链抬起，船首仍然不转动，继续送链至 11 节入水，如果明显转动，则进车满舵、拖船顶推配合拎直船首，然后再送链至预定长度。S 轮初落时段抛北仑 9#锚位示意图见图 6-7。

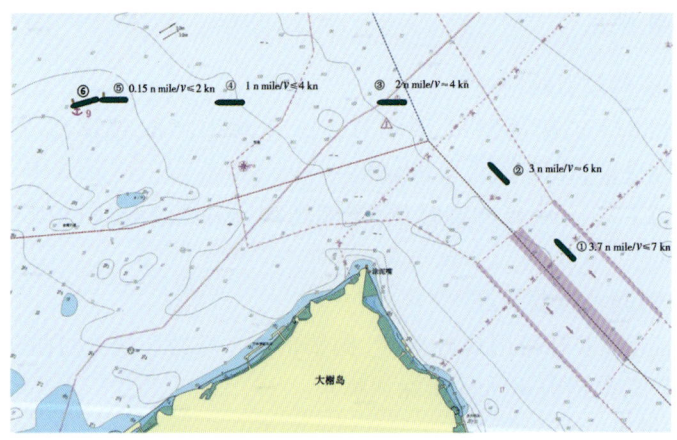

图 6-7　S 轮初落时段抛北仑 9#锚位示意

4)注意事项

(1)接近 4 号警戒区时注意与进出口船舶的交会,从西堠门南下或从半洋礁锚地起锚往北仑方向的船舶可能在 VHF 11 频道。

(2)接近锚泊点时,船速下降,此时流向偏南,要警惕是否压向南面的浅点,必要时及时动车调整。锚泊点东侧的电缆已废弃。

(3)提早控制船速。抵锚位倒车前一般先用左满舵使船舶产生左转趋势,如有拖船护航,应合理用拖船顶推,协助控制船舶的首向,以抵消倒车时船首右转的角速度。强风、强流时,倒车偏转效应可能不明显,船首偏转存在不确定性。

(4)落流急时,退速超过 0.5 kn,应及时进车顶一顶,避免锚链过于受力。

(5)松链至预定节数后,令船首值班人员观察 5~10 min,与船方确定锚是否已经抓住,确认锚位是否抛准,否则应起锚重抛。

(6)抛锚后应向船长交待清楚北仑锚地注意事项。大风或大潮汛期间,应特别注意加强值班,主机处于短时间可用状态以防止走锚。

第 7 章　特殊船舶的引航技术

7.1　无动力驳船在极有限水域操纵的方法

三星重工业(宁波)有限公司通过韩国三星重工株式会长期租赁的拖带船组往返宁波——韩国进行船体配件、分段的运输,所租赁船组为固定搭配,具有航线固定、船员稳定、长期往返等运营特点。

7.1.1　码头、船舶及引航条件

1) 码头介绍

码头位于甬江口南侧长跳嘴附近,距甬江口 500 m,距青峙码头 700 m,距进出口习惯航线仅有 400 m,共建有 3 个泊位。

三星 1#泊位为高桩梁板式结构,码头轴线方位 093°～273°,码头面标高为 6.5 m。泊位长 80 m,宽 21 m,前沿水深 6.0 m,为 5 000 吨级泊位,主要停靠装载钢板、船舶配件的小型杂货船和无动力大型驳船。泊位西端有一个系缆墩,有长约 8 m 的引桥与码头连接。

三星 2#泊位为挖入式港池码头,呈 U 型状,东岸壁长 100 m,西岸壁长 190 m (其中 40 m 为新造 3#泊位延伸段及附带水域的宽度),南岸壁长 120 m,港池内设计水深 7.0 m,为 1 万吨级海工泊位,专门用于大型驳船装载船舶分段出口和实施整船下水工程。

U 型港池原两侧均有暗礁与浅点,其中西侧浅点因为建造 3#泊位延伸段已经浚深,东侧礁石依然存在,东侧岸壁北端与外侧岸线 45°内不清爽,船舶绝对不能进入。

三星 3#泊位采用高桩梁板式加重力式沉箱岸壁结构,码头轴线方位 093°～273°,码头面标高与一期工程一致,为 6.5 m。码头总长 276 m,宽 19 m,14 年 10 月完成该码头加固改造,满足 10 000 吨级船舶停靠装卸作业、5 万吨级新造船舶装靠泊要求。

2) 船舶资料

拖船 J、驳船 M 的主要技术参数见表 7-1。

表 7-1　船舶资料

船舶名称	主尺寸:长×宽×吃水/m	主要装备/主机功率	其他要素
外籍拖船 J	40.5×10.8×4.8	主机 2 000 kW×2	最佳引航时间窗口为高潮前 1 h→高潮时
驳船 M	93.6×36.0×1.8	2 台锚机+4 台缆车	载货情况:进港 200 t;出港 800 t
助泊拖船 T20	33.3×9.8×3.2	主机/1 700 kW×2	单绞缆车

3）限制条件及引航窗口

（1）限白天,能见度≥1 n mile。

（2）未来 48 h 预报港区北风<7 级且实测风力小于 10.8 m/s。

（3）一条全旋回港作拖船协助。

（4）引航窗口时间:镇海高潮前 1 h~镇海高潮时。

7.1.2　操纵方法与注意事项

1）操纵方法

无动力驳船 M 轮计划 1300~1400 三星 1#泊位移泊至三星 2#泊位,一般分 3 步完成操作,详见图 7-1。

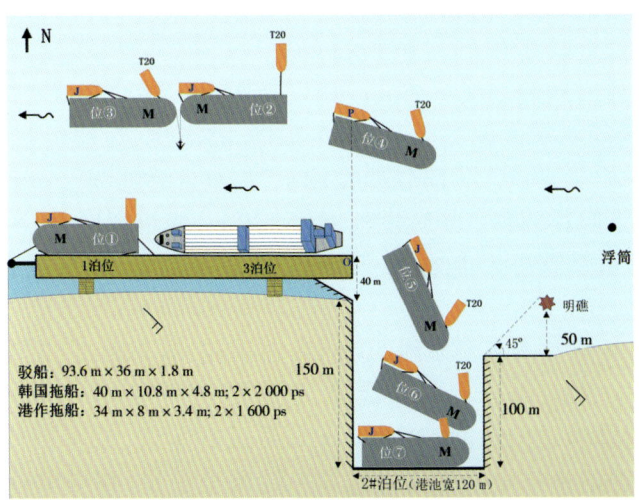

图 7-1　驳船移泊操纵示意

(1) 离泊→抛锚

位①：引航员1245上外籍拖船J轮，与船长交流移泊方案，外籍拖船、港作拖船按图系带缆绳。韩籍拖船把驳船"头当尾"倒绑的原因是顶流容易系带2根头缆、1根掄缆和1根尾缆，如果顺流带缆，风险激增。岸上缆绳清爽后，令J轮右满舵、左车微速进、右车微速退、退一甩尾，拖20缆绳略微向后得力，使驳船M平行离开码头；考虑到前方有舾装船，驳船不能有朝前的速度，待与码头横距大于一倍船宽，令拖20加车，右车停、改为微速进，逐渐让内舷受流，操纵船组至位②（离码头约200 m）抛下右锚1节入水刹牢。

位②：解除J轮的4根缆绳，准备到M轮左后方带4根缆绳，在涨潮流和拖20顶推下，驳船掉头至位③，此时，J的船尾伸出M轮约10 m，船组长度约106 m、船宽46.8 m。

(2) 起锚

位③：拖20在驳船左前方距船首约8 m处带缆，令起右锚，锚离底后令右车微速进（左车停），用车舵效应结合拖船以控制驳船的右转趋势，以1.5~2.0 kn航速接近U型港池门口。

(3) 靠泊

位④：视港池西侧码头逐渐开视，引航员站位P点与舾装码头东端O点成一线，令右满舵慢慢右转，P点距船首96 m，距舾装码头约90 m，要利用口门呈喇叭状相对开阔的有利时机，尽量让船组往东占据上风、流位置，最佳的状态是船组在U型港池中心线上以直角插入，速度≤2 kn。

位⑤：M轮离西侧岸线≥35 m。如发现距离不够或者减小中，可令拖20慢车拖，J右满舵双车微进、进一或者左车进、右车倒，让船组整体东移，这是进港池的第一个关键点。为防止船位偏东，提早告诉拖20：一旦发现自己难以进入港池，大胆往西顶。毕竟港池宽度120 m，船组宽度46.8 m，加拖船长度33 m，当船组垂直进入港池时，两侧均有20 m的余地，这是进港池的第二个关键点。

位⑥：当M船首离南侧岸线50 m，令左满舵、右车微进、左车微退甩尾向右，由于驳船大、拖船非全旋回螺旋桨、主机老化、马力显小，甩尾效果较差。须充分利用港池斜边的长度（约190 m），通过右车进、左车倒使船尾靠向南岸，这是进港池的第三个关键点。假如左转还是很慢，在甩尾过程中令拖20得力，把船首往外拉，船组产生向左转船力矩后再伺机整体顶拢，这是第四个关键点。

位⑦：M 船离南岸 20 m 时先带艏倒缆，以控制首与东侧岸壁的距离，尾部先带西南侧尾缆，绞紧后使船进一步靠拢码头，此时船组首尾距东、西岸岸壁均不足 10 m，调整船位以一进一倒"点一车"为主，待驳船 M 的四个角均带上缆绳后解拖 20。

2）注意事项

（1）引航员上船后通过画简图等方法告诉船方移泊的大致进程并与船长的思路取得一致。令船首、船尾主动报告离岸距离，大于 10 m 时，每增加 5 m 报一次；小于 10 m 时，每减少 2 m 报一次，尽量减少使用车、舵的口令，便于驾引人员全身心观察船组移动、转动趋势。

（2）引航员能够娴熟利用 J 轮的双车、双舵效应。一般地进车比倒车力量大，一进一倒甩尾时，为防止船组前冲，倒车可加到后退一。

（3）船组在 U 型港池"打横"甩尾时，引航员令拖 20 报告船首距东侧岸壁距离，距离小于 8 m 后，每减少 2 m 报一次。

（4）引航员必须充分利用岸上串视物标判断船组的各种运动趋势，及时调整车、舵、拖船的方向和力量，口令要少而精，动作要小而稳，避免急进急退。

7.2 海工驳船靠离甬江内东方电缆码头

7.2.1 背景及难点分析

1）东方电缆码头概况

东方电缆码头位于甬江南岸，东临招宝山大桥，距大桥约 270 m，西侧与小港热电厂煤码头相连。码头为 2 000 吨级，长度为 60 m，走向为 013°～193°，码头前沿水深 4.8 m。

2）引航难点分析

（1）甬江航道狭窄弯曲，招宝山大桥以内航道宽度为 60 m、以外航道宽度为 90～100 m，且为双向航道。一般拖带船队的最大宽度接近 54 m（两侧绑拖时），鉴于甬江航道镇海段单向宽度仅为 45～50 m，航行期间势必会占用反向航道，这样增加了近距离与他船交会的几率，航行避让风险较大，一旦操作不慎很容易发生刮擦甚至碰撞事故。为此，部分驳船选择单船舷绑拖，以减小船组宽度。

（2）高峰时段进出甬江的船舶较多，交通流密集，考虑需保证拖带船队在甬江内航行时有更宽阔的可操纵水域,船队进出甬江的时机一般选择在镇海高潮前后1h,虽然此时段航道内潮位较高,可航水域变宽,拖带船队的操纵避让空间增加,但此时为大量小型船舶进出甬江和镇海港区各个码头船舶集中靠离的高峰时段,尤其是甬江口外交通流量大且船舶密集,船舶间的交会局面复杂多变,拖船船队自身操纵困难,不易进行连续的改向避让,容易发生断缆致使驳船操纵失控的危险局面。

(3)驳船的特殊构造会遮挡视线,导致拖带时盲区较大,瞭望上存在一定的困难。进出东方电缆码头的船舶为电缆敷设船,属于无动力方型驳船,驳船上有船员生活区、主甲板中间设置电缆转盘及其他配套装缆及施工设施,最大高度可达到28 m,严重遮挡视线,引航员需要转移到主拖船上指挥,进出港时盲区变大,无法观察到另一侧的情况,需要船方安排人员或者"双引航"协助观察瞭望。

(4)东方电缆码头位于甬江南岸,近邻招宝山大桥,进抵泊位时需由北向南大角度穿越航道,如遇连续出口小船,穿越时机较难把握。假如等待时间过长,驳船易受流影响失去船位;离泊时也需要密切关注出口船动态,择机离开码头进入出口船编队。

(5)招宝山大桥桥墩与码头北端连线的东侧水域水深很浅,不足3 m,靠离泊时要控制好船位,避免进入浅滩。

7.2.2 拖带方式及带缆

无动力驳船进出甬江狭窄航道通常采用绑拖的拖带方式。如采用吊拖方式进出甬江,航行变向时驳船偏荡较大,如操作不当很可能触碰码头或他船,航行风险极大,相比较选择单侧绑拖方式进出甬江较为稳妥。

拖带时一般配置两艘拖船,较大马力的一艘作为主拖船,与无动力驳船通过绑拖方式连接在一起。由主拖船出头缆、横缆、捎缆和尾缆各一根。首先把头缆带在驳船中间位置的缆桩上,头缆的角度30°~45°为宜。拖船向后退,然后带捎缆,捎缆作为供驳船前进的主动力缆应从拖船船头内侧出缆,向后带至接近驳船船尾的缆桩,其角度基本上与驳船的首尾方向一致。接下来同时收放头缆和捎缆来调整拖船位置,使拖船船尾伸出驳船船尾一定距离,由拖船船尾出缆带至驳船的船尾中间位置,可提供最大的转船力矩,便于驳船转向。横缆作为加固用缆,可用短粗缆绳,与驳船首尾方向垂直即可。另外一艘马力较小的拖船作为协助拖船带在驳船同侧的船首方向,可以只带一根头缆。

7.2.3 引航靠离泊操纵

某日,计划引领大型无动力电缆敷设船 Q 轮于 0930 靠泊东方电缆码头。当日镇海潮汐:高潮时间 0836,潮高 259 cm。

1)无动力驳船资料

Q 轮驳船主要技术参数见表 7-2。

表 7-2 无动力驳船资料

驳船船名	Q 轮	有无动力	无	总长/m	110
型宽	32 m	吃水/m	3	最大净空高度/m	28
总吨	7 468	净吨	2 240	载质量/t	5 000

2)助泊拖船资料

拖船 T_1、T_2 的主要技术参数见表 7-3。

表 7-3 助泊拖船资料

拖船船名	船舶类型	总长/m	型宽/m	马力/HP	吃水/m
T_1	全回转拖船	39	11.6	3 600	3.2
T_2	全回转拖船	33	10	3 400	3.2

3)拖带路线及距离

拖带路线:从七里锚地起拖,进甬江口,经招宝山大桥,到东方电缆码头靠泊。

拖带距离:七里锚地距离甬江口 2.2 n mile;甬江口距离招宝山大桥 2 n mile;招宝山大桥距离东方电缆码头 0.3 n mile,总共需要拖带航行 4.5 n mile。

4)气象条件限制:

风力≤6级(实测),能见距离≥2 n mile,仅限白天操作。

5)拖带航行节点及操纵

Q 轮拖带航行节点示意见图 7-2、图 7-3。

位①:0730 时引航员和拖船到达七里锚地,此时驳船船首迎流向对着鹅礁偏北方向。跟驳船船长仔细交流引航方案后,开始带拖船缆绳。拖船带在驳船右舷,所有缆绳带妥后,让主拖船尝试前后用车、左右转向,以检查绑拖效果及缆绳受力情况,如有不妥及时调整,待一切准备就绪后再令驳船起锚。

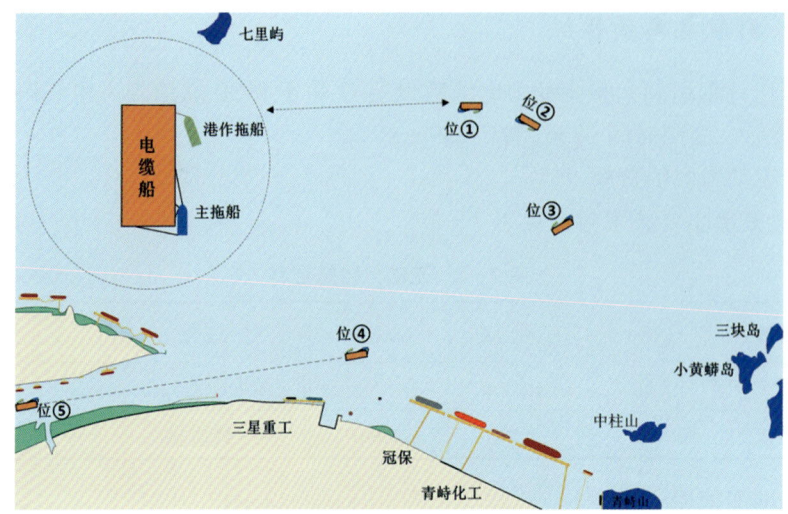

图 7-2　Q 轮拖带航行节点示意 1

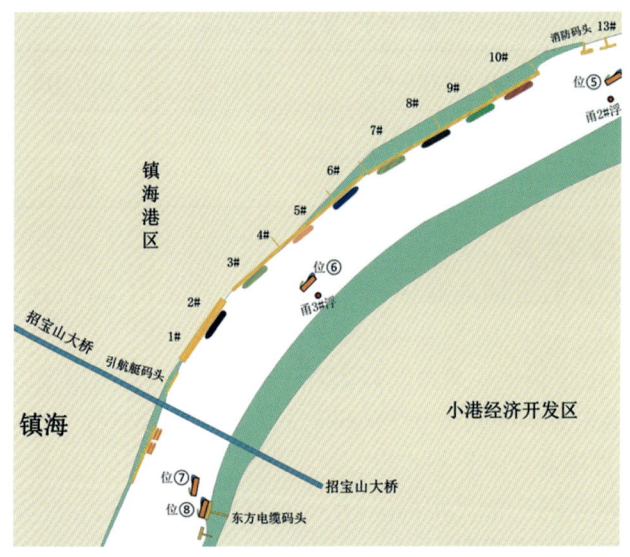

图 7-3　Q 轮拖带航行节点示意 2

位②：0810 时驳船锚清爽后开始起拖。此次拖带船队进入甬江航行期间编队宽度超过 43 m，鉴于镇海段单向宽度为 45~50 m，因此航行期间会占用出口航道，特别申请了 VTS 对江南道头至甬江口航段的船舶出口管制。为远离锚地西南侧的大片浅滩水域，拖带船队需对着大黄蟒岛方向顶流航行，

262

逐步驶出锚地。缓慢加车至 3 kn 左右，航行 0.6 n mile 左右，进入航道。此过程要密切关注周围的船舶动态，注意流压，加强联系协调避让，如有镇海 2#、3#泊位的进靠船舶，需要 VTS 进行协助，控制进港编队，令其跟在本船队后面进口。

位③：0825 时航行至青峙码头对开，距岸 0.9 n mile 左右开始向右转向，转至船首对着三星 2#泊位方向，此时拖带船队由偏顶流变为顺流航行，速度会大幅增加，且周围进出口船较多，交会局面复杂。为了保持驳船有较好的转向操纵，需主拖船减车控制拖带速度，保持船队 4~5 kn 速度航行即可。

位④：0840 时三星 2#泊位对开，距三星码头 0.25 n mile 开始向右转向，把定航向 260°左右，保持船队航行在甬江口叠标线的延长线上，速度控制在 5 kn 以内，0845 时过甬江口。

位⑤：0855 时镇海 13#泊位对开，船队离右岸控制在 50 m 左右，开始缓慢向左调整航向，保持 5 kn 速度通过镇海 2#浮。

位⑥：0905 时镇海 3#浮对开，向左调整航向，保持船队对着招宝山大桥中间标志航行，主拖船开始减车，到达镇海引航基地时速度控制在 3~4 kn，距北岸大于 50 m。

位⑦：0915 通过招宝山大桥后，速度控制在 2 kn，大幅向左转向，保持驳船船首对着东方电缆码头中间位置，大角度向南穿越出口航道进入码头前沿。注意招宝山大桥与码头东端之间的浅滩，穿越时机不可过早。

位置⑧：0930 时通过两条拖船的精密配合，顺利使驳船贴拢码头。

6）离泊操纵的注意事项

大型驳船 Q 轮离泊时安排两条全回转拖船协助，也采取绑拖方式拖带出港，拖带船队基本上是原路返回出甬江口，通过三星码头后择机向左转向，保持船队朝着七里锚地方向航行，到达锚地后抛锚，主拖拖船由绑拖换成吊拖方式后再拖带驳船出港。离泊时机通常选择在镇海高潮前 1 h，同样需要 VTS 对甬江口至江南道头航段进行船舶进口管制。

（1）电缆船重载出口，质量大、惯性大，船组更容易往驳船侧偏转，主拖船必须大幅度压舵才能控制航向，航速会明显减小，拖缆面临严峻考验。为了减轻主拖船的压力，防止断缆事故的发生，可令副拖船贴靠驳船另一侧的船首，一旦船组发生偏转，只要轻微肩顶即可，不足之处是船组宽度变大。

（2）船队航行过程中要时刻关注缆绳的受力情况，安排专人负责检查。拖带船队在加、减速时要逐步进行，不要过猛，防止缆绳突受顿力而发生断裂。

（3）单拖船绑拖过弯区航道时，因为船队舵力相对不足，应慢慢转向不能急转，可分多次转向完成过弯，防止因缆绳过度受力发生断缆或者转向不足造成危险。

（4）注意高频守听和保持戒备，显示拖带号型，驳船全程备锚航行。

（5）遇到紧急情况，应立即降低拖带速度，利用主拖船控制船位，令船首副拖及时稳定航向。

7.3 大型 LNG 船进出港操纵

7.3.1 LNG 船舶特性

1）LNG 的由来及特性

液化天然气（Liquefied Natural Gas，LNG）被公认是地球上最干净的化石能源，主要成分是甲烷，其生产流程是先将气田生产的天然气净化处理，经一连串超低温液化后，最后用液化天然气船（LNG 船）运输出去。其特性如下：

（1）易燃易爆。不论气态还是液态，天然气均属于高度易燃易爆物质。

（2）低温运输。为了便于船舶运输，LNG 都以低温常压方式储存，工作温度 $-162\ ℃$。天然气冷却至约 $-162\ ℃$ 时，由气态转变成液态，称为液化天然气。体积约为同量气态天然气体积的 1/600。如此低温物质一旦泄露，若接触到作业人员，就会造成严重冻伤；若接触到常温管材或设备，就可能发生脆裂现象。

（3）易蒸发。LNG 的沸点是 $-162\ ℃$，易蒸发。

（4）其他危险特性。LNG 还具有易扩散、易流淌、易产生静电和发生罐内翻滚、分层等危险特性。

2）LNG 船舶液货舱分类

（1）MOSS 型船舶（独立球型液货舱）；

（2）Membrane 型船舶（薄膜型液货舱）；

（3）SPB 型船舶（自立方型货舱）。

3）LNG 船的危险性

（1）大型 LNG 船舶和码头存储设备的存储量巨大，均属于特别重大危险源。

（2）随着国内各港吞吐量增长，船舶通航密度不断加大，通航环境复杂，使得 LNG 船舶操纵难度进一步加大。

4) LNG 船舶的管理措施及操纵要求

（1）严格执行 ISM 规则；

（2）加快海事主管机关专业人才的培养，强化人员培训，持证上岗；

（3）制定 LNG 船舶进出港的安全措施；

（4）对 LNG 船舶进出港实行严格的气象条件限制；

（5）LNG 船舶必须由经过 LNG 特殊培训的高级引航员担任主引，并实行双引制。

7.3.2 进出港方案

1) LNG 船舶的港内航行规定

（1）建立移动安全区。目前本港域规定的 LNG 移动安全区为：以船舶驾驶台前沿中心点为基准点，向船舶正前方 1.5 n mile，向船舶正后方 0.5 n mile，向船舶左右各 200 m，所形成的长 2 n mile，宽 400 m 的长方形，无关船舶不得进入 LNG 移动安全区。

（2）海巡艇、护航拖船。目前安排 1 艘海巡艇、3 艘拖船全程护航，其他重要的区域如马峙锚地、佛渡水道、螺头角等区域也有海巡艇及拖船护航。

（3）局部交通管制。虾峙门航道实行单向出口管制，禁止其他船舶与 LNG 船舶在虾峙门航道内交会，一般管制时间为 2 h。

2) LNG 船与他船的避让

（1）每次 LNG 船进出港时，海事部门会协同港调、引航、拖船、码头、代理等召开航前会，并制定相应的进出港计划；引航员引领时，严格按照制定的进出港计划实施引航方案。

（2）在避让方面，其他船舶不应妨碍 LNG 船舶的航行，不得进入 LNG 船的移动安全区。现场的海巡艇、VTS、引航员、护航拖船都会提醒和警告相关船舶。

（3）当他船舶显然没有履行不应妨碍的职责时，LNG 船舶按照国际海上避碰规则进行避让。

7.3.3 引航计划与实施

1) 船舶资料

U 轮的主要技术参数见表 7-4。

表 7-4 船舶资料

船名	总长/m	船宽/m	型深/m	前吃水/m	后吃水/m	载质量/t	主机功率/kW
U	288.43	44.2	26.25	11.0	11.0	53 852	22 000
港内航行车钟表							
D. s. ahead 23 r/min/ 6.0 kn		S. ahead 26 r/min/ 6.8 kn		H. ahead 39 r/min/ 10.2 kn		F. ahead 51 r/min/ 13.2 kn	

2) 引航计划、潮汐等资料

某日,农历十八,计划 1300(镇海高潮后 0.5 h)靠浙江穿山中宅 LNG 码头。镇海高潮潮时 1236,潮高 3.51 m;镇海低潮潮时 1846,潮高 0.54 m;西北风 3 级。

3) 主要引航节点

0745 引航员自桃花码头乘拖船出发(或者 0645 竹湾码头乘拖船出发),要求 U 轮 0945 抵达虾峙门口外大型灯浮(0#浮,RACON X)北正横约 0.3 n mile 处,引航员登船速度小于 5 kn。因天气原因不能保证引航员登船安全,使用 VHF 16 或 VHF 08 与该轮提前沟通,可改为虾峙门东口附近,须及时报经指挥船艇同意。进港时间节点见表 7-5。

表 7-5 LNG 船进港时间节点

LNG 船航行经过点	时间	动态	航行距离/n mile
口外 0#浮正横	0945	引航员登船	0
深水航槽 1#浮筒	1000	航行	2.0
抵 0 号警戒区	1100	航行	13.5
桃花灯桩进口	1115	航行	15.3
抵 1 号警戒区	1155	航行	22.7
抵 2 号警戒区	1225	航行	28.0
浙江 LNG 码头对开	1245	准备靠泊	32.2

4）应急方案

（1）能见度不良

进出港航行要求能见度≥2 n mile,靠离泊时要求能见度≥1 n mile,如满足不了要求,安全得不到保障,可暂时取消计划。当条件不允许取消计划时,应实施更严格的交通管制,确保船舶靠泊或驶往安全水域。

（2）船舶主要设备故障

如遇船舶主要航行设备故障,如主机失控、舵机失灵、电力中断等危及本船和它船安全的异常情况,引航员在船长的统一指挥下,与指挥船艇保持密切联系,尽力协助船长采取一切可行的措施进行应急抢救。

5）安全保障措施及要求

（1）该轮必须保证各种与航行安全有关的设备全程处于正常技术状况;

（2）该轮全程保持主机备车,航行时船长在驾驶台值班,船首派两人全程备双锚并协助了望;

（3）选派经过大型 LNG 船舶特殊培训的高级别引航员和另外一名助理引航员担任本次引航工作,并按"安全操作规范"要求着装和携带专用设备;

（4）该轮进虾峙门狭水道时,该航道实行只进不出的交通管制,保证没有任何出口船舶与该轮交会;

（5）该轮穿越2号警戒区向左时,禁止任何船舶穿越该警戒区,出口船舶在现场指挥艇的协调指挥下,只能选择在通航分道北面出口;

（6）航行能见度须大于2 n mile,靠泊时能见度须大于1 n mile;避开急涨急落,缓流时段进行靠泊;

（7）航行时风力小于 17.1 m/s,靠泊时风力小于 13.8 m/s;

（8）靠泊前,通过浙江 LNG 码头靠泊辅助系统再次确认气象海况条件是否符合靠泊限制条件,并报告宁波 VTS 监控室;

（9）按照规定配置的拖船需在 LNG 船舶进抵码头前沿 1 n mile 处全部就位,并严格落实引航员的指令;

（10）引航员航行联系指挥船艇及拖船使用 VHF15(08 或 14),码头附近靠离泊指挥拖船使用 VHF15,拖船同时守听 VHF14,保证引航员与助泊拖船的有效沟通;转换频道时报告指挥船艇;

（11）宁波引航站总值班室加强监控;

（12）要求码头靠泊前1 h让清泊位,正确摆放好泊位旗,靠泊前0.5 h码头带缆水手全部到位,用约定的 VFH 15 与引航员保持联系。

7.3.4　不同潮流条件下的引航操纵

1）镇海高潮后 0.5 h 左靠

（1）时间节点的安排

节点 1：靠泊前 3 h 15 min，虾峙门大型灯浮（X）附近登船；

节点 2：靠泊前 1 h 45 min，虾峙门桃花灯桩（Z），速度 12 kn 左右；

节点 3：靠泊前 30 min，长柄子头对开，距离码头 2 n mile，速度控制在 6 kn 左右。

（2）靠泊前船位的控制

靠泊前船位控制的操纵示意见图 7-4。

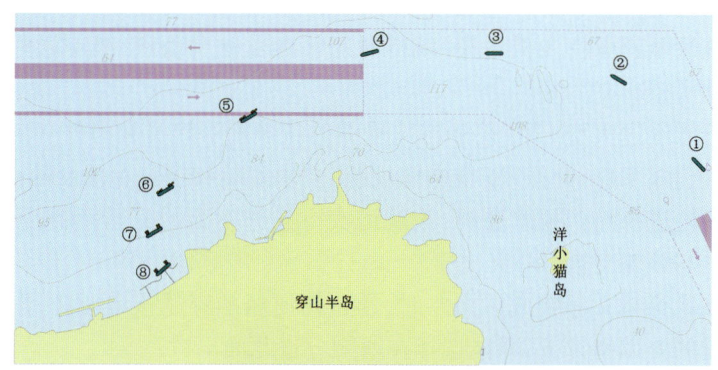

图 7-4　镇海高潮后 0.5 h 靠初落的船位示意

位①：洋小猫岛东北，取航向 303°，航速 12 kn，沿定线制转向，开始减速。

位②：洋小猫岛正北，继续转向至 285°，速度减到 10 kn 左右。

位③：崎头角正北，航向 270°把定，准备穿越航道，发布航行动态。

位④：长柄子头北，航速控制在 7~8 kn，左转并开始穿越航道，穿越航道过程中，随时关注周边船舶的动态，及时进行沟通联系，必要时申请 VTS 及护航海巡艇及拖船的协助，前后开始带拖船，右舷首尾各 2 艘。

位⑤：进入沿岸通航带，速度降至 5~6 kn，拖船带妥，准备穿越切变线。

位⑥：通过切变线，由于通过切变线时使用了大舵角，并且由涨流区进入平流区，速度会降至 3 kn 左右。

位⑦：进入靠泊状态，调整船首向约 230°、横距、纵向速度、横向速度、ROT 等要素随时可控。

位⑧：平稳贴靠码头，横移速度≤10 m/s，调整位置对准接岸油管。

(3) 航行注意事项

靠初落时，从登船到码头前沿，一路顺流进来，在深水航槽航行时，需适当向左修正风流压差。由于 Membrane 型 LNG 船在主甲板上有 4～5 个位置很高的排气管，驾驶台右下方有一个很大的工作间，这几个设备对瞭望都产生较大影响，因此在航行时，不能长时间固定在一个地方瞭望。除了视线遮挡外，LNG 船舶在进港过程中有 1 艘海巡艇和 3 艘拖船在前面和左右护航，进入靠泊阶段和刚开航阶段，周边可能会有其他小船进入，需在雷达回波中进行区分。

(4) 靠泊注意事项

船舶过了长柄子头后就开始带拖船，进入靠泊模式，一般马力大的 2 艘拖船带在右船首和右船尾，其余 2 艘拖船带在船舶的 sinkbitt 上，如果是 Q_{max} 或 Qf_{lex} 船型，会安排 5 艘拖船，第 5 艘拖船在长柄子头到码头前沿继续执行护航任务，到码头边时转移到左船首控制横移速度。靠初落时在长柄子头和码头间会遇到切变线，切变线位于 100 m 等深线附近，里落外涨，船舶产生向左的扭矩，应及时用车、舵进行抑制，如用车、舵还是无法把定时，可用右船尾的拖船快车顶进行抑制；过切变线后，船速明显下降，及时调整船位进行靠泊。由于 LNG 船舶满载时吃水不大，船舶很容易产生横移速度，因此横距可以适当放大一点，及早调整角度和速度。到码头边时首尾 2 艘拖船处于拖的状态，中间 2 艘拖船处于顶的状态，保持一个稳定衰减的速度平行靠向码头。

(5) 其他注意事项

LNG 码头对位置的要求很高，会精确到 20～30 cm，因此在贴拢码头对好大概位置后，就开始带前后倒缆，在前后倒缆都上桩后再用车、拖船和缆绳共同调整位置。根据码头方的操作规程，在同一个系缆墩上有一根缆绳受力的情况下，码头水手是不可以再进行第二个缆绳的操作，因此同一个系缆墩上二根缆绳需要同时带的话在出缆时须区分好内外侧的顺序，避免交叉缠绕。

2) 镇海低潮后 1.5 h 右靠

(1) 时间节点的安排

节点 1：靠泊前 3 h 45 min，虾峙门大型灯浮(X)附近登船；

节点 2：靠泊前 2 h 15 min，虾峙门桃花灯桩(Z)，航速 10 kn 左右；

节点 3：靠泊前 45 min，长柄子头对开，航速 7 kn 左右。

(2) 靠泊前船位的控制

靠初涨的船舶位置控制示意见图 7-5。

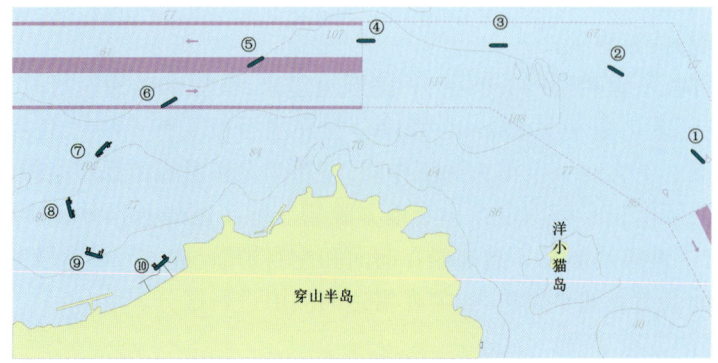

图 7-5 靠初涨的船舶位置示意

位①：洋小猫岛东北,取航向 303°,航速 12 kn,沿定线制转向,开始减速。

位②：洋小猫岛正北,继续转向和减速,速度减到 10 kn 左右。

位③：崎头角正北,航向把定后走 270°,准备穿越航道,发布航行动态。

位④：长柄子头北,航速控制在 7~8 kn,左转并开始穿越航道。

位⑤：穿越航道过程中,随时关注周边船舶的动态,及时进行沟通联系,必要时申请 VTS 及护航海巡艇及拖船的协助。

位⑥：与出口船明确会遇态势,在转向和减车的作用下,速度降至 5 kn 左右,开始带拖船。

位⑦：进入沿岸通航带,速度降至 4 kn 左右,拖船带妥,开始大幅度向左转向。

位⑧：在转向过程中,观察流态的情况,控制 ROT。

位⑨：进入靠泊状态,调整船首向、横距、纵向速度、横向速度、ROT 等要素随时可控。

位⑩：平稳贴靠码头,横移速度≤10 m/s,调整位置对准接岸油管。

（3）航行注意事项

靠初涨时,从登船到码头前沿,一路顶流进来,在深水航槽航行时,适当向右修正风流压差。进入虾峙门航道后顶流流速增大,要时刻关注护航拖船的速度,如护航拖船已经全速还是跟不上大船,大船就应该减速,并保持整个船队的队形,避免护航拖船跟在大船后面的情况发生。

（4）靠泊注意事项

船舶过了长柄子头后发布航行动态,开始穿越出口通航分道,抵达沿岸通航带,进入靠泊模式,4艘拖船带于左舷,带缆方法同靠初落,由于LNG码头东侧是沙湾嘴,如有第5艘拖船,建议带在正船尾,如主机倒车不了,拖船可以作应急使用。掉头横距控制在0.9~1.0 n mile,掉头时机不宜过早,建议到中宅矿码头时对开掉头,掉头后还有0.5 n mile左右的纵距来调整靠泊角度,及早的把三维运动降为二维运动,降低靠泊难度、增大靠泊安全系数,到码头前沿靠法同靠初落。

(5) 其他注意事项

靠初涨时船首可供判断船舶横移速度的参考物标不多,同时受到山形的影响,对靠泊角度的判断容易产生视觉上的误差,另外靠泊仪安装于码头东侧,到码头前沿时受角度影响,会观察不到。因此,靠初涨对引航员的各方面要求比靠初落时要高。其余注意事项同靠初落。

7.4 "荣晶"轮应急拖带作业

7.4.1 引航背景

2016年5月30日,宁波引航站创新工作室接到紧急救助消息:10万吨级集装箱船"荣晶"轮因机舱起火导致主机失控不能使用。船东安排上海打捞局救助拖船"德宏"轮将"荣晶"轮拖往宁波,预计31日1200抵达宁波舟山港虾峙门南锚地,申请引航引领进港并靠泊北仑第三集装箱公司码头。

7.4.2 当时环境与作业条件

1)"荣晶"轮船舶资料

"荣晶"轮的主要技术数据见表7-6。

表7-6 "荣晶"轮船舶资料

船名	荣晶	呼号	CQIF2
国籍	德国	船舶类型	集装箱船
船舶总长/m	334	型宽/m	42.8
型深/m	24.6	前后吃水/m	7.0/9.6
载质量/t	100 909	船舶缺陷	主机不能使用
助航仪器、舵机	正常	引航开始位置	虾峙门口外6 n mile

2)"德宏"轮船舶资料

"德宏"轮的主要技术数据见表7-7。

表7-7 "德宏"轮船舶资料

船名	德宏	呼号	BSCE
国籍	中国	船舶类型	远洋救助拖船
船舶总长/m	96	型宽/m	16.0
前吃水/m	6.0	后吃水/m	7.0
主机马力/HP	16 000	拖带方式	吊拖(拖缆长度约430 m)

3)当时环境

时值多雾多雨季节,风力不大,约3~5级,虾峙门口外的能见度一直不稳定,时而为200~500 m,时而达1~2 n mile。引航实景见图7-5。

图7-5 引航时的实景

4)作业条件

用最小的代价、第一时间把"荣晶"轮安全的拖进来以减小船东的损失,这是摆在引航员面前的首要问题;其次应选择顺流拖带以减小偏荡;第三是尽可能选择不掉头直接左舷靠码头;第四就是风力、浪高和能见度等的限制条件。

考虑到"德宏"轮的主机为16 000 HP,能比较顺利地把失控的"荣晶"轮从台湾海峡吊拖到虾峙门外,靠泊前必须解除"德宏"轮的拖缆;考虑到虾峙门水道比较狭窄,最窄处航道宽度仅700 m,拖缆的长度需要缩短以减少船组通过转向点时间、减少船舶偏荡并减小航迹带宽度,故安排4艘4 000 HP以上的港作拖船协助

"荣晶"轮进港和靠泊。

允许气象条件:实测风力≤12 m/s,能见度≥1.0 n mile,限白天进行操作。

7.4.3 主要风险

(1)从虾峙门口外引航员登船点到码头前沿共 26 n mile,部分航段能见度差,对局面的判断能力下降,与无 AIS 船舶和联系不到的船舶构成碰撞危险的几率大增。

(2)能见度不良时,引航员希望通过缩短"德宏"轮的拖缆随时看到其相对位置、偏荡幅度、减小拖带船队可航水域的占用率,但拖缆缩短后"德宏"偏荡幅度变大,虾峙门水道比较狭窄,航行风险变大。

(3)31 日镇海高潮 1917,为了争取天暗前靠拢,靠泊窗口定 1830,船舶势必微顺流靠泊北三集司 4#泊位。

(4)"德宏"轮的吊拖拖缆粗重,解缆需要 0.5~1.0 h,可能会影响最佳靠泊时间。

7.4.4 拖船配置与相关计算

1)拖船配置

本次拖带航程 26 n mile,要通过狭窄的虾峙门水道,又要实施大型无动力船舶的靠泊操纵,因此要完成"荣晶"轮的抢险任务,有三点必须明确:一是进港航行时拖船的配置既要提供动力又能够克服船舶的偏荡;二是选择顺流拖带,于白天时间、镇海高平潮初落时直接左舷靠泊;三是解除"德宏"拖缆后港作拖船的配置既要提供横向的顶推力和拉力还要提供纵向的向前动力和向后的拉力。创新室成员经充分酝酿,确定拖船配置见图 7-6 和图 7-7。

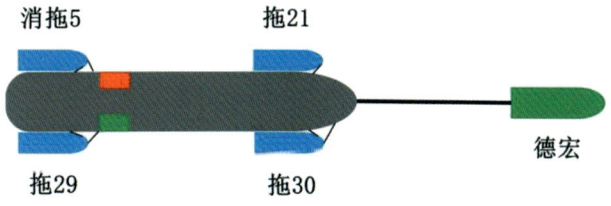

图 7-6 "荣晶"轮自虾峙门口外至码头前沿拖船配置

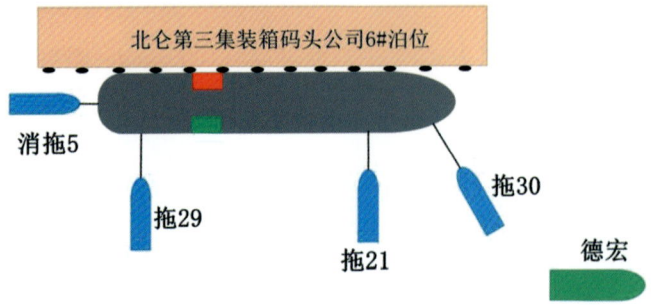

图 7-7 "荣晶"轮靠泊时拖船配置

2）相关计算

（1）"荣晶"轮船组海上拖带总阻力

根据《海上拖航指南》，拖船在静水中的拖航速度一般应满足如下要求：①普通船舶类的被拖物，其拖航速度不小于 6 kn；②特殊线型的被拖物（如浮船坞、起重船等）或半潜式钻井平台，其拖航速度不小于 5 kn；③自升式钻井平台及其他水上建筑类的被拖物，其拖航速度不小于 4 kn。

所有连接零件包括卸扣，连接环及三角板等的破断负荷应不小于其使用的最大拖缆破断负荷的 1.5 倍。拖曳设备的卸扣应为螺栓式，且带有螺帽及开口销。

海上拖航的总阻力 R_T 可按以下经验公式计算：

$$R_T = 1.15[R_f + R_B + (R_{ft} + R_{Bt})]$$

式中：R_T 为海上拖带的总阻力（kN）；R_f 为被拖船"荣晶"轮的摩擦阻力（kN）；R_B 为被拖船"荣晶"轮的剩余阻力（kN）；R_{ft} 为拖船"德宏"的摩擦阻力（kN）；R_{Bt} 为拖船"德宏"的剩余阻力（kN）。其中：

$$R_f = 1.67 A_1 \cdot V^{1.83} \times 10^{-3}; R_B = 0.147 \delta \cdot A_2 V^{1.74+0.15V}$$

式中：A_1 为水下湿表面积（m²），正常船舶的 $A_1 = L(1.7d+\delta \cdot B)$；$V$ 为拖航速度（m/s）；δ 为方形系数；A_2 为浸水部分的船中横剖面积（m²）；L、B、d 为船长、船宽、平均吃水（m）。

①"荣晶"轮的拖航阻力

船长 334 m，船宽 42.8 m，前/后吃水为 7.0/9.6 m，方形系数 0.63，设静水中拖航速度为 6 kn 即 3.09 m/s。

$$A_1 = L(1.7d + \delta \cdot B) = 334(1.7 \times 8.3 + 0.63 \times 42.8) \approx 13\,727 \text{ m}^2$$

$$A_2 = B \times d = 42.8 \times 8.3 \approx 355 \text{ m}^2$$

$$R_f = 1.67 A_1 \cdot V^{1.83} \times 10^{-3} = 1.67 \times 13\,727 \times 3.09^{1.83} \times 10^{-3} \approx 180.6 \text{ kN}$$

$$R_B = 0.147 \cdot \delta \cdot A_2 \cdot V^{1.74 + 0.15V}$$

$$= 0.147 \times 0.63 \times 355 \times 3.09^{1.74 + 0.15 \times 3.09} \approx 393.2 \text{ kN}$$

②"德宏"轮的拖航阻力

船长 96 m，船宽 16 m，前/后吃水为 6.0/7.0 m，方形系数为 0.65。

$$A_1 = L(1.7d + \delta \cdot B) = 96(1.7 \times 6.5 + 0.65 \times 16) \approx 2\,059 \text{ (m}^2\text{)}$$

$$A_2 = B \times d = 16 \times 6.5 \approx 104 \text{ m}^2$$

$$R_{ft} = 1.67 A_1 \cdot V^{1.83} \times 10^{-3} = 1.67 \times 2\,059 \times 3.09^{1.83} \times 10^{-3} \approx 27.1 \text{ kN}$$

$$R_{Bt} = 0.147\delta \cdot A_2 \cdot V^{1.74 + 0.15V}$$

$$= 0.147 \times 0.65 \times 104 \times 3.09^{1.74 + 0.15 \times 3.09} \approx 118.8 \text{ kN}$$

③"荣晶"轮海上拖带时的总阻力：

$$R_T = 1.15[R_f + R_B + (R_{ft} + R_{Bt})]$$

$$= 1.15[180.6 + 393.2 + (27.1 + 118.8)] \approx 827.7 \text{ kN}$$

"德宏"轮主机功率为 16 000 HP，能够提供大于 1 000 kN 的拖带力，可满足"荣晶"轮海上长距离拖航的需要。

（2）"荣晶"轮船组的航迹带宽度

依据《海港总平面设计规范》要求，单向航道的宽度：

$$W = A + 2C$$

$$A = \eta(L \sin\gamma + B)$$

式中：W 为航道通航宽度(m)；A 为航迹带宽度(m)；C 为船舶与航道底边线间的富余宽度(m)，当航速≤6.0 kn 时，C 取 0.5 B；η 为船舶漂移倍数；L 为设计船长(m)；B 为设计船宽(m)；虾峙门水道内拖缆长度 300 m，船组的拖带总长度为 730（334+300+96）m；γ 为风、流压偏角；船舶漂移倍数 η 和风、流压角 γ 值大小参照表 7-8。

表 7-8　船舶漂移倍数 η 和风、流压角 γ 值

风力	横风≤7 级				
横流 V/(m/s)	$V \leq 0.10$	$0.10 < V \leq 0.25$	$0.25 < V \leq 0.50$	$0.50 < V \leq 0.75$	$0.75 < V \leq 1.0$
η	1.81	1.75	1.69	1.59	1.45
γ/(°)	3	5	7	10	14

"荣晶"轮拖带长度 730 m，船宽 42.8 m。考虑到"荣晶"轮两舷各有 2 艘拖船绑拖，其宽度各为 10.5 m，总宽度 63.8 m。

"荣晶"轮通过虾峙门时为涨流，航向、流向和航道主轴向基本一致。

根据以往拖带经验，当风力≤10 m/s 时，风、流压偏角为 3°~14°；本次拖带有 4 艘拖船左右绑拖，能够及时调整拖航方向、船位增加航速，当取 η 为 1.81、γ 为 8°时：

$$A = \eta(L\sin\gamma + B) = 1.81(730 \times \sin 8° + 63.8) \approx 299 \text{ m}$$

则：$W = A + 2C = 299 + 2 \times 0.5 \times 63.8 \approx 363$ m

虾峙门水道最窄处位于第一双向航路内，隘口在上、下栏山和大、小双山之间，定线制航道宽度约为 0.38 n mile，第一分道通航制单向分道宽度约为 352 m，略小于本次拖带的航迹带宽度，当"荣晶"轮船组通过虾峙门水道时，VTS 实施出口单向通航管制，船组可以行驶在航道中心线，本次拖带满足规范的要求。

7.4.5　引航方案与过程

1）引航计划

2016 年 5 月 31 日"荣晶"轮 1400 自虾峙门口外引进，1830 靠泊北仑第三集装箱码头 6#泊位。

当日镇海潮汐：第一高潮时间 0616，潮高 303 cm；第一低潮时间 1257，潮高 100 cm；第二高潮时间 1917，潮高 276 cm。农历：四月二十五，为小潮汛日。

5 月 31 日 1400 引航员在虾峙门南锚地附近上船，1500 平桃花岛灯桩，1540 下栏山，1600 溜网重岛，1650 洋小猫东，1710 洋小猫北，1730 长柄子头北，1810 抵达穿山码头前沿水域，1830 接近码头。

2）安全保障措施

（1）允许气象条件：实测风力≤13.8 m/s，能见度≥1 n mile；限白天操作；

（2）宁波引航站派 3 名高级别引航员上船指挥；

（3）安排 4 艘大马力港作拖船助泊，拖船船长当班，2 艘拖船能够带双拖缆，轮船公司指导船长到位；

（4）"荣晶"轮须配备足够船员，船长与引航员紧密合作，首尾有专人与驾驶台保持通信联系；"德宏"轮船长与引航员保持联系，如有情况及时交流，系带缆绳和收绞缆绳要及时；

（5）引航员使用引航导航仪和船舶的 GPS、AIS、ECDIS 和雷达等助航仪器定位，航行中控制航速，保持戒备和高频守听，显示拖带号灯号型；

（6）靠泊前 45 min 泊位清爽，最多 2 台桥吊留放中间位；

（7）1430~1630 虾峙门水道实行单向交通管制，只进不出；宁波海事局 VTS 提早发布航行警告并全程监控拖带船组动态。

3）引航过程

31 日上午 0900 宁波海事局指挥中心召开引航前会议，港口调度员、3 名引航员、拖轮公司和穿山海事处、长荣公司、船方代表等参加。

确定引航方案后，3 名引航员在 1030 直接去穿山竹湾乘"拖 21"前往虾峙门锚地，海事局要求引航员在深水航槽 8#浮筒外上船。"拖 29""拖 30"和"消 5"一起前往。1250 过下栏山时能见度已经变差，大约为 0.5 n mile，1310 到虾峙门东口时大约 500 m，与"德宏"轮联系得知看不到被拖船，拖缆长度 430 m。"荣晶"轮船长说：almost zero。

1400 虾峙门南锚地见到拖带船组，2 名引航员上"荣晶"轮，1 名引航员上"德宏"轮，"拖 30"带右舷首部，1 根头缆悬空带，再带倒缆；"消 5"带左舷尾部，出 2 根缆绳；"拖 29"带右舷尾部，也出 2 根缆绳；"拖 21"先护航驱赶左右渔船，再带 1 根缆绳于大船左舷首部。具体拖带船组航行轨迹见图 7-8。

视拖带速度仅 4 kn，可逐渐加到 6 kn，"德宏"轮的引航员负责联系过往船只，能见度一直在 200 m 左右，船组从深水航槽 6#与 8#浮筒之间插入，把 8#浮筒放在左舷，流压不大，过 8#浮筒后，令"德宏"轮缩短拖缆至 350 m，过 0 号警戒区后缩短到 300 m，1515 桃花岛灯桩右正横，航速 6.0 kn，比预计迟到 15 min；船组在虾峙门内偏荡不大，可以用前后拖船控制住，加上该船舵设备正常，也可以用舵协助把定；1535 离下栏山 2 n mile，能见度突然明显变好，心情顿时舒畅；1550 抵下栏山，航速 6.3 kn；1613 平溜网重岛，航速 6.8 kn。

刚出虾峙门西口，港口调度来电说码头上的 M 轮原计划 1700 开航，估计要推迟到 1730，马上控制速度，离洋小猫 2 n mile，能见度再度变差至 200~300 m，因虾峙门出口管制刚解除，宁波、舟山两地引航员引领的进出口船舶很多，场面比较壮观，但相互看不清楚；1655 洋小猫左正横，航速 7.0 kn；1710 船组到达洋小猫北侧，航速 7.4 kn；1730 长柄子头左正横，航速 8.0 kn；船组过光明码头对开，能见度开始好转，2 n mile 左右，"德宏"轮左右摇摆频繁，由于 M 轮还没有完货，船组过

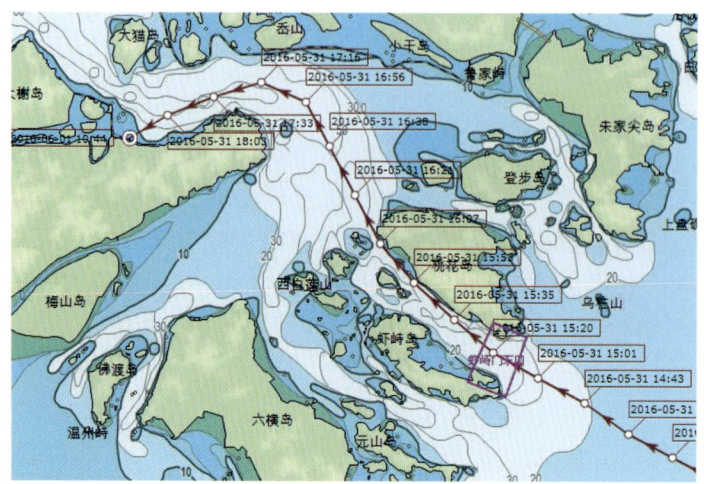

图 7-8 拖带船组航迹

中宅码头后令"德宏"轮和 4 艘拖船停车,船组顺流漂航;船舶进入潮流切变线后左转很厉害,令"拖 21"和"拖 29"正横方向顶,过了竹湾后见左舷受流右漂,横距扩大到 0.78 n mile,令"拖 29"加车顶,减小与涨潮流夹角,对地速度的方向从 260°减小到 225°,船组开始整体左移,船舶开始右舷受流,姿态呈"倒靠状"。

1800 令"德宏"轮解除吊拖钢缆,用时达 30 min,1815 左右 M 轮开始拉离,利用拖船顶推、短时间利用船首侧推器使船舶逼近码头,但能见度变差至 0.5 n mile,待 M 轮与我船清爽,船位离码头也就 500 m 左右,令"拖 21"解缆到右舷"拖 30"倒缆位置带缆,"拖 30"则解掉倒缆,利用艏缆倒着走提供动力;离泊位 200 m 解"消 5"缆绳带在"德宏"正尾部用于刹速,船舶进入泊位后横移明显,顺流流速约 0.5 kn。

1920 平稳贴上码头,德国籍船长说:touch very softly。

1955 船舶首尾带 5-2 缆绳后引航员离船,船长非常高兴,希望离泊时再见。

4)引航总结

(1)吊拖缆绳的长度为 430 m 是合适的,缩短到 300 m 后"德宏"轮偏荡较明显,为了防止拖缆受到顿力作用,"德宏"轮不断调节转速(CPP),并不能减小偏荡,而 350 m 比 300 m 要好。

(2)流线型船舶的拖带较非流线型拖带容易很多,与"长宏山"轮相比,难度系数有明显下降,引航员必须掌握微顺流靠泊技术。

(3)如果没有"德宏"轮吊拖,选择合适潮流和潮时,同时使用 4 艘港作拖船也可以顺利拖带进口,航速达到 6 kn 时有舵效。

引航创新篇

引航创新篇

第8章 引航创新技术

8.1 2万吨级煤船靠镇海 2#泊位

8.1.1 引航背景

镇海港区煤码头 1#、2#泊位位于招宝山下,按重力式结构设计建造,原 1#泊位为 3 千吨级,2#泊位为万吨级,1976 年动工,1978 年 10 月 1 日落成并简易投产。当时,镇海港区的航道,虽经一定的开挖和清理,已达到进出万吨轮的要求,但在之后的建设中因建筑防浪堤,使招宝山至虎蹲山、虎蹲山至游山间的两个进出潮口被堵,导致已开挖的万吨级航道迅速回淤。万吨煤轮的真正进港是通过对甬江航道进行疏浚和整治之后,1983 年 5 月 26 日煤码头终于通过国家鉴定,正式投入生产,是为浙江第一座万吨级码头。现在的 2#泊位长度 200 m,前沿设计水深 9.5 m,走向 033°~213°,改成 D 型护舷,为 2 万吨级码头。

该码头水域潮流镇海高潮后 1 h 初落,镇海低潮后 1h 初涨,大潮汛略早,小潮汛推迟 15 min 左右。

最初靠泊的万吨级煤船以"森海"号为主,该类型船船长 131~139 m,最大吃水 8.4 m 左右。随着甬江口至煤码头的航道日趋稳定,通过疏浚 90~100 m 的主航道能够常年保持在水深 7.0 m,船舶朝着大型化发展的新形势下,为了提高港口的生产效率,港区希望 2 万吨的"长"字号船舶能进入甬江,引航站主要领导带头勇挑重担,引航员们反复探索引航新路子、新方法,引航实践中采用初落时靠泊,空船时利用头缆、首倒缆和锚控制船身紧贴码头原地掉头出港的超常规操纵方法,成功实现"长"字号煤船(以下简称 C 轮)常规进出港引航作业,开创了镇海港区引航的新纪元。

8.1.2 引航主要难点、创新点及限制条件

1)主要难点

甬江口至煤码头航道长约 2 n mile,有两个约 20°的转向角,主航道宽度 90~100 m,副航道宽 30~50 m,没有设置专门的掉头区;码头前沿至−5 m 等深线

180 m,−3 m 等深线约 210 m。C 轮船长 165 m,船宽 28 m,常见进港吃水 9.5~9.9 m,开航时尾吃水 5.4 m。引航面临的主要困难如下:

(1) 进港富余水深如何取值?

(2) 掉头区宽度小于规范要求,如何完成掉头操纵?

2) 引航创新点

(1) 万吨级航道进靠重载 2 万吨级船舶;

(2) 即使借助潮高掉头,码头对开实际有效水域宽度只有船长的 1.2 倍,小于业界公认的 1.3 倍的极限宽度。

3) 限制条件

能见距离 ≥1 n mile,实测风力 ≤13.8 m/s,富余水深 ≥0.5 m,选择高潮后 45 min~1 h 靠泊,高潮前 1 h 离泊,2 艘 ≥3 200 HP 全旋回拖船助泊。

8.1.3 引航方案制定

1) 航迹带的计算

依据《海港总平面设计规范》要求,单向航道的宽度:

$$W = A + 2C$$

$$A = \eta(L\sin\gamma + B)$$

式中:W 为航道通航宽度(m);A 为航迹带宽度(m);C 为船舶与航道底边线间的富余宽度(m),当货船航速 ≤6.0 kn,取 $0.5B$;η 为船舶漂移倍数,甬江口受风流影响,η 取 1.81;L 为设计船长(m);B 为设计船宽(m);γ 为风、流压偏角,甬江内风流小,当 γ 取 3°时。

$$A = \eta(L\sin\gamma + B) = 1.81(165 \times \sin3° + 28) = 66 \text{ m}$$

则:$W = A + 2C = 66 + 2 \times 0.5 \times 28 = 95$ m

甬江口至镇海 9#泊位主航道宽度 90 m,9#泊位至镇海 2#泊位主航道宽度 100 m,由此可见,9#泊位下游的宽度不符合 2 万吨货船进出港的要求。但是原虎蹲山上安装了一组灵敏度很高的导标,有助于驾引人员及时发现风流压差角以控制船位,当 γ 取 2°时,W 为 89 m,正好符合规范要求。

2) 船舶进港吃水计算

依据《海港总平面设计规范》的要求,船舶进港吃水可按下式计算:

$$T = D_0 - (Z_0 + Z_1 + Z_2 + Z_3)$$

式中：T 为船舶通航吃水(m)；D_0 为航道通航水深(m)；Z_0 为船舶航行下沉量(m)，航速约 6 kn 时取 0.2 m；Z_1 为龙骨下最小富余水深(m)，2 万吨级船舶在甬江航行时取 0.3 m；Z_2 为波浪富余深度(m)，甬江口内风浪小，可忽略不计；Z_3 为船舶装载纵倾富余深度(m)；杂货船忽略不计；此时船舶进港吃水＝航道基准水深(海图水深)+潮高-0.5 m。

8.1.4 引航实操过程

1) 船舶资料和引航计划

C 轮船长 165 m，前后吃水 9.8 m，计划某日 1130 金塘靠泊镇海 2#泊位；当日农历十四，镇海高潮时 1029，潮高 353 cm，东南风 5 m/s，预计富余水深为 73 cm。C 轮的主要技术数据见表 8-1。

表 8-1　C 轮主要技术数据

船长/m	船宽/m	吃水/m	总吨	净吨	载质量/t
165	28.0	9.8	13 485	8 072	22 451

2) 引航过程(以北航道进口为例)

C 轮靠泊操纵示意见图 8-1。

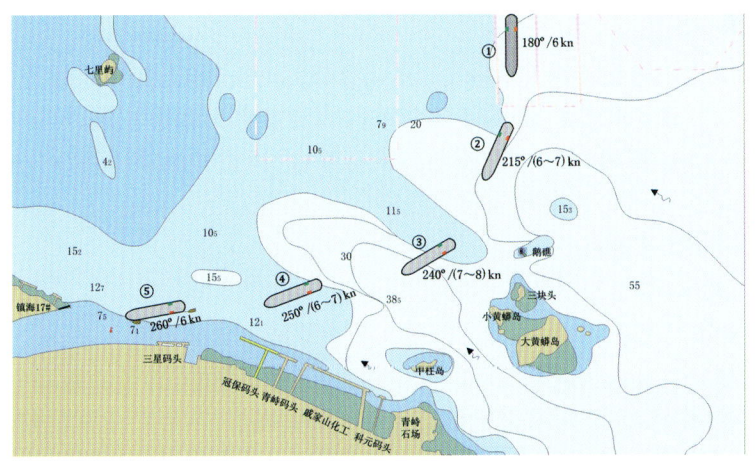

图 8-1　2 万吨级煤船靠镇海 2#泊位示意

(1) 引航节点(甬江外)

位①：1025 航员在大黄蟒岛以北约 2.5 n mile 处登船，船首对准大黄蟒岛，航向175°~180°,航速6 kn左右,与拖船公司联系大船抵甬江口时拖船到位。

位②:1040 距大黄蟒岛1.0~1.2 n mile,观察笠山和招宝山山脚闭视时(意味已让清七里南-10 m等深线),转向215°,此时仍为涨流,流速约1.0~1.5 kn,流压较大,可适当加车抑制,航速7~8 kn。

位③:1048 大黄蟒岛与三块岛一线,转向240°,对准长跳嘴,保持和黄蟒山灯塔相距0.75 n mile通过,航速7~8 kn。

位④:1055 距长跳嘴1.2 n mile时,转向250°,以避让出口船舶,以后视甬江进口叠标线开视程度逐步转向,在长跳嘴附近走260°,对上进口叠标线,航速6~7 kn。

位⑤:1105 进甬江口,及时修正风、流压差角,保持船位在导标线稍右侧,航向260°,减车至微速进,航速约6 kn,备双锚,前后准备带拖船。

(2)引航节点(甬江内)

①进口航速控制在6 kn,不宜过快,一担心落潮流不来,二要保留变向后为了把定而多次用车的权利;甬江2#浮前考虑到右侧均为危险品码头尽量不要停车。

②1115 抵9#~10#泊位对开,航向242°,把定后视航速情况可适时停车淌航,过程中要密切注意船舶偏转趋势,自己叫舵角,早用舵,用大舵角,航向把不定时及时进车稳定船首。

③由于航道向左弯曲加上浅水效应和岸壁效应,大船始终要向左偏转,除用右满舵外,可用首拖肩顶左舷舯部加以抑制,肩顶过程中船体增加阻力,有利于大船降速,一举两得。

④1125 入泊速度控制在2 kn以下,余速较大时应提早倒车,待船首接近指泊旗时抛左锚1节入水刹住,为防止倒车横向力致船首大幅度右转,可令尾拖提早顶推。倒车停船后,在两艘拖船协助下平行靠拢,通过松刹锚链协助拖船控制大船的横移速度,必要时车舵配合控制纵横向速度,靠拢后送锚链与水面垂直,锚链长度不超过2.5节为宜。

3)注意事项

①上船前仔细核对吃水,防止代理误报导致富余水深不够。

②海事局要求大船进甬江口前拖船到位,应提早联系,留有余量。

③大黄蟒岛转向后跟出口船舶交会过红灯要谨慎,本船受涨流影响一旦船位偏北,再往南调整会非常困难,必要时可绿灯交会,尽量取得出口船舶的配合。

④拖船带妥后可令艉拖船松缆动车跟在大船船尾,避免拖船紧贴左船尾致舵效过早丧失。

⑤注意要抛外当"八字"单锚,艏倒缆从头缆位置出,为离泊营造良好条件。

8.2 镇海港区极有限水域船舶原地掉头技术

8.2.1 掉头区宽度计算

依据《海港总平面设计规范》的要求,允许借助码头或者转头墩协助转头的水域,回旋直径≥1.5 L。

C 轮总长 165 m,开航吃水 5.4 m,码头对开-5 m 等深线宽度总共只有 180 m,则旋回直径为 1.09 L,未满足规范要求。必须借助潮高才可以掉头,我们利用 -3 m 等深线(-5 m 至 -3 m 等深线距离约 30 m)潮高大于 2.9 m 时实施掉头,旋回直径为(210/165) L≈1.27 L,该数值也小于业内公认的 1.3 L 的极小值。

8.2.2 引航实操过程

1) 引航计划

某日,镇海高潮 1130,潮高 343 cm,偏北风 4 级,C 轮总长 165 m,卸空后尾吃水 5.4 m,计划 1030 镇海 2#泊位离泊出口,2 艘≥3 200 HP 全旋回拖船助泊。

2) 引航过程

引航员上船前,查看前后吃水、船首形状、有没有球鼻艏,头缆长度(缆桩与船首之间的距离),艉倒缆出缆位置及长度,岸上吊机与艏、艉的距离。

上船后在驾驶台外右舷目视头缆缆桩与船体的交点,记下后便于估计船首与码头距离;核实潮流方向及流速大小、风向及风力,升引航旗、挂掉头球;如发现岸上吊机碍航,通知码头调度移到泊位外或者船中;和船长交流离泊方案,如果首倒缆很短可令其向后移动一个缆桩或者解掉 1 根头缆并往后移动带到倒缆位置,提早告诉大副船首最后留的头缆和倒缆应该在缆车上,告诉二副注意报告过往他船的动态及距离,要求驾驶台人员注意收听 VHF 06 频道,引航员指令必须大声复述,三副监督舵工操舵。C 轮离泊示意见图 8-2、8-3。

位①:1020 前令 T_1、T_2 两条拖船前后带缆,慢车顶稳定船身,涨潮流约 1 kn,向 VTS 报告申请离泊,得到同意后发布离泊航行通告。

位②:1030 见上下游航道基本清爽,令前后单绑简化缆绳,令左锚绞得力,大副报告左锚 1.5 节入水,方向八点钟,解艉缆和艉倒缆伺机而动。

见上下游 1 000 m(掉头约需 5 min,甬江限速 6~8 kn)内没有大船进出,令 T_2 松缆微速拉,T_1 改为最慢车顶再停车,船尾逐渐甩出。

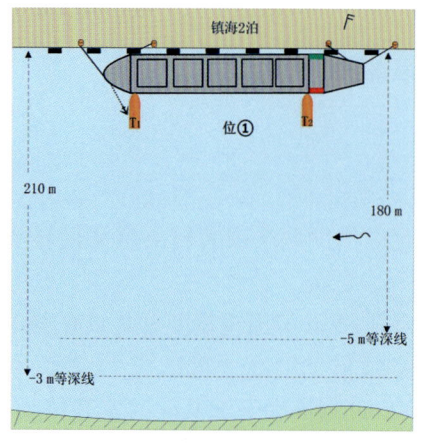

图 8-2 C 轮离泊示意 1

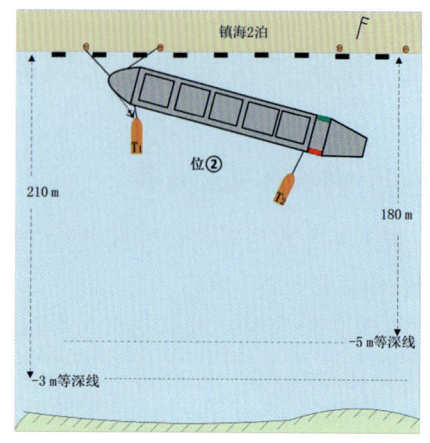

图 8-3 C 轮离泊示意 2

见船首右转贴向码头,不必惊慌,如果没有球鼻艏可以让其贴拢码头;如果有球鼻艏,令 T_1 松一点缆绳保持得力再停车保位;目视艏倒缆受力情况,最好保持持续正常受力,受力太大说明船首离开过多,流压较大;不受力则说明倒锚有力能够有效牵住船首右转的幅度,必要时再令 T_1 缆绳得力。

位③:缆紧了须及时告诉驾驶台,艉距码头超过 10 m 时告诉驾驶台,一旦头缆紧了说明船舶后缩,可令 T_1 停车、令 T_2 朝前 30°慢车拖,船舶平稳转至 80°解头缆,转至 90°解首倒缆,绞左锚。C 轮离泊示意见图 8-4、图 8-5、图 8-6。

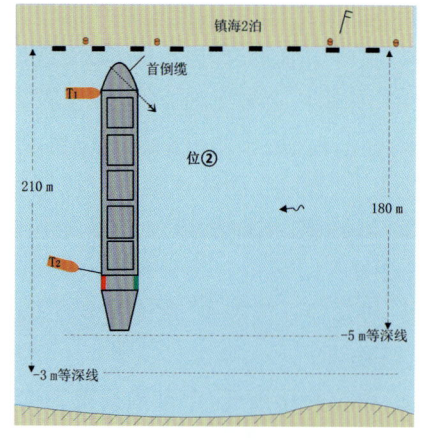

图 8-4 C 轮离泊示意 3

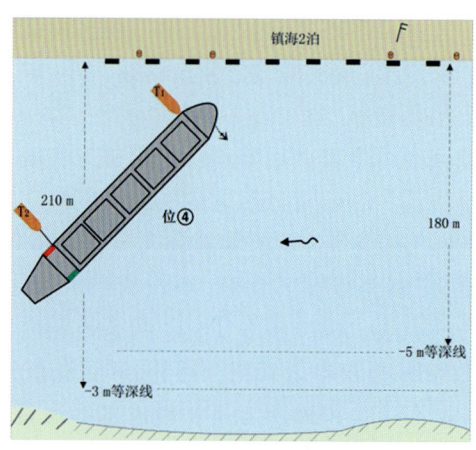

图 8-5 C 轮离泊示意 4

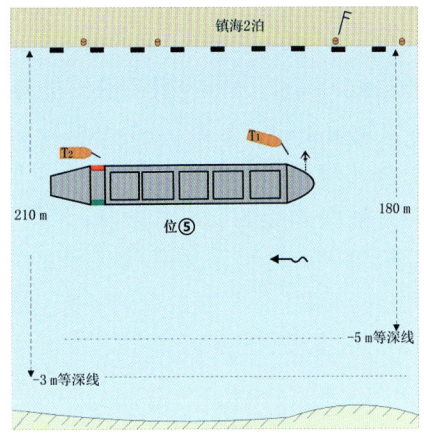

图 8-6　C 轮离泊示意 5

位④：头缆解掉、绞锚势必使船舶后退，令 T_1 慢车顶，T_2 保持略微往前拉，令右满舵，见船首大幅度右转，马上微速进刹住退速、加大右转 ROT。

位⑤：见进车开出，锚链绞离底，令 T_2 解缆，T_1 减车，大船正舵，见船首对 3# 泊位下游时把定航向，解 T_1 缆绳，降下掉头球，船舶顺航道出口。

3）注意事项

（1）利用头缆、倒缆和锚链三点成一面是最大特色，离泊过程中切莫随意绞紧和送放。

（2）问头缆是否紧了是绝招，船首与码头距离每增加或者减少 2 m 报告一次。

（3）利用 T_2 正横朝前拖能够避免过早进车。

（4）利用串视物标估算船首与码头距离是引航员必备技术，一旦船舶明显后退，要毫不犹豫进车。

8.3　镇海港区大型船舶倒航出口

8.3.1　引航背景

镇海港区是典型的集河口港与海港于一体的以装卸煤炭、散杂货、集装箱、化工原料为主的多功能、综合性港区。镇海内港区码头位于招宝山和甬江口之间的北岸，共有 3 000~2 万吨级生产性泊位 16 座，因航道狭窄、水浅，长约 2 n mile 的主航道需常年疏浚才能保持水深 6.8～7.0 m，码头前沿水域-5 m 等深线宽度 150～180 m 不等，-3 m 等深线 170～210 m，其中镇海 9#泊位以外主航道宽度 90 m，9#泊位以内主航道宽度 100 m，为万吨级船舶的单向航道。

20 世纪 90 年代，船舶大型化趋势明显，小型船舶效率低下并不断遭淘汰，大型船又进不了镇海内港，甬江口外南北两翼的码头还没有建成，镇海港区吞吐量面临萎缩，港区希望超 2 万吨级大型船舶进入甬江，但码头前沿的掉头区宽度不够。引航站想客户之所想、急客户之所急，在海事主管机关的支持下，大胆提出满载大型船舶候潮进靠 9#泊位，卸空后倒航出口的方案，通过赴国外学习、资深引航员集体攻关，1999—2002 年成功完成数十艘总长 168～178 m 船舶的进出港引航任务。

8.3.2　引航创新点及要求

1）引航创新点

（1）大型船舶在极有限水域内长距离倒航出口的操纵属国内首创、国外罕见；

（2）丰富特殊船舶操纵技术，填补本港空白。

2）引航要求

（1）镇海 9#泊位到甬江口约 1 n mile，下游北岸建有 3 000～2 万吨级化工码头 5 座，2 倍船宽处就是主航道北边线，操纵余地极为有限；

（2）甬江全长 12 n mile，两岸建有多个码头，进出口船舶流量大，倒航时船舶避让能力差；

（3）确定离泊倒航的时间窗口、限制条件和助泊拖船数量；

（4）完成倒航引航操纵。

3）限制条件

能见距离≥1 n mile，实测正横风≤12 m/s，浪高≤1.5 m，选择高平潮后缓落流时离泊，须配置 3 200 HP 全旋回拖船 2 艘，限白天进行，甬江口至招宝山实施双向交通管制。

4）风压力计算

M 轮船长 176 m；船宽 30 m；型深 14.0 m；前后吃水 4.4 m 和 6.0 m；设计载质量 28 000 t。

风压力的计算公式为

$$F_a = \frac{1}{2}\rho_a C_y V_a^2 A_L$$

式中:F_a 为风压力,kN;ρ_a 为空气密度,1.226 kg/m³;C_y 为风动力系数,偏北风和南风的风舷角接近 90°,$C_{90°}$ = 0.807 332;V_a 为风速,取 10 m/s;A_L 为水线以上船体侧面受风面积之和,经计算约 2 000 m²。

则:F_y = 0.5×1.226×0.81×12²×2 000≈143 kN≈14.6 t

3 200 HP 的拖船一般能够提供 30 t 左右顶推力,当大船明显后退时其功率将打折扣,主要原因是无法垂直顶推,倒航时退速小于 4 kn 时还是可以克服风压的。

8.3.3 引航实施过程

M 轮计划 1130 镇海 9#泊位倒航出口。当日农历十四,镇海潮时:高潮潮时 1031,潮高 342 cm;低潮潮时 1645,潮高 98 cm。西北风 8~12 m/s;T_1、T_2 分别带左舷艏、艉位置,见图 8-7。

位①:引航员提早上船,观察前后吃水、吊机位置、潮流方向和流速大小,与船方交流引航方案,1120 主甲板前后带妥 2 艘拖船,码头边、主航道初落,向 VTS 申请开航,1130 简化缆绳,解头和尾缆,再解前后倒缆,缆绳清爽后,令 T_1 和 T_2 正横向后 30°松缆起拖。

位②:离码头 1.5 倍船宽,令主机微速退,T_1 保持缆绳得力,T_2 缩短缆绳跟着后退,一旦倒车致船首向右,令 T_2 微速顶,退速 1~2 kn,船首向约 242°。

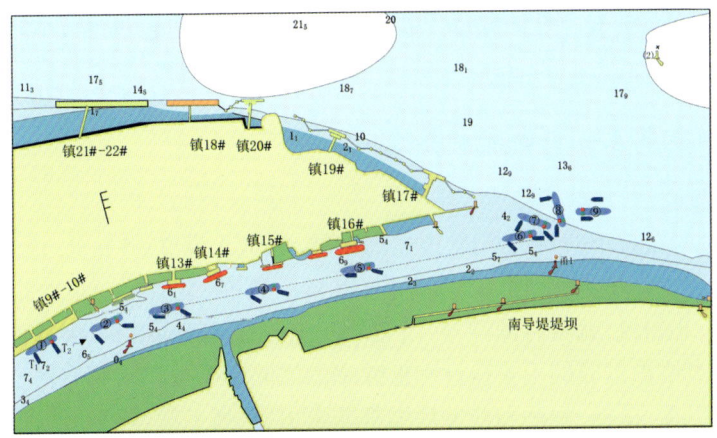

图 8-7 大型船舶镇海 9#泊位倒航出口

位③：船舶明显后退，在吹开风作用下逐渐接近航道中心线，提早令 T_1 停车，T_2 肩顶防止落入下风，令后退一，退速 2~3 kn，航迹向约 080°。

位④：航速 3~4 kn，船首向约 260°，船舶受倒车横向力和风压力的共同作用，首右转、尾部落入下风，转心后移且艉部质量大，单靠 T_2 肩顶很难控制；令微速退，T_1 缆绳得力，T_2 快车顶，逐渐拎直船身，必要时停车进一步减速。

位⑤：右舷有多艘化工船在泊，应保持 50 m 以上距离，考虑到甬 1#浮筒以东水深较浅，使用 2 艘拖船顶推把船位保持在中心线略微北侧，航速 3 kn，航迹向约 080°。

位⑥：进口 1#浮筒左正横，令主机停车，船位距中心线 1 倍船宽，退速约 2.5 kn，令 T_1 微速顶、慢车顶，T_2 慢车顶，尽可能占据上风、流位置，与口门南侧浅区保持 100 m 以上距离。

位⑦：退速约 1.5 kn，船首向约 285°，令右满舵、微速进，克服退速增加右转趋势，令 T_1 快车顶，T_2 微速顶。

位⑧：航速为零，令 T_2 停车，主机加至前进一，首向大幅度向右。

位⑨：航向 070°把定，航速 2 kn，解 T_2 和 T_1 缆绳，1210 掉头完毕，倒航结束。

8.4 虾峙门口外 VLCC 在航中船靠离船技术

随着船舶运输业朝着巨型化发展，进出本港的船舶吨位越来越大、吃水越来越深。虾峙门口外没有开挖深水航槽前，受水深 18.2 m、宽度约 5 n mile 自北至南拦江沙的阻挡，吃水超过 20.5 m 的超大型油船不能自由进出本港域。为了提高港口的核心竞争力，在口岸单位的支持下，本港开辟了虾峙门口外超大型油船海上减载后再进港靠泊的业务。

8.4.1 引航背景、创新点和难点

1）背景介绍

海上过驳点位于虾峙门东面 13 n mile 外，锚地水深 25.5 m 以上，水域宽广，底质为泥，潮流为环流，流速不大，小于 1.5 kn。因东、北、南三面无岛屿遮掩，稍有带东、南、北的风，就会有涌浪侵入，夏季更甚。随着到港超大型油船数量的不断增多，定点锚泊过驳的不安全性和低效率的缺陷不断放大。每当海面有一定风浪，二程船纵摇、横摇、垂荡和前冲后缩都非常厉害，所系缆绳容易磨断，直接威胁输油管、靠球和船舶的安全，威胁海洋绿色环保和海上人命安全，致使过驳作业不

能正常进行,收货人和船方遭受巨大损失。

宁波引航站根据海域特点结合生产实际,于 2000 年在国内率先提出 VLCC 在航中船对船靠离泊和航行中过驳的设想并获得成功实践。采用一程船起锚处于在航状态,以维持舵效的船速保持一定的航向,使二程船始终处于一程船的下风舷进行靠离泊及海上原油过驳作业,既能保证二程船靠离泊和过驳作业的安全,又可克服拖船因海况差不能有效工作的困难。有效避免了由于气象、海况、潮流等因素的变化给二程船靠离泊操纵和拆卸靠球等工作带来的困难和危险,使过驳作业更加安全。

2) 引航创新点

(1) 从定点锚泊的靠离泊、过驳升级到边航行边靠离泊、过驳;

(2) 从使用两条拖船协助靠离泊升级到不使用拖船。

3) 主要难点

(1) 确定在航中靠离泊、过驳的气象条件;

(2) 正确处理与周围交通流的关系;

(3) 确定 VLCC 的航向和过驳船组的最低船速;

(4) 完成在航状态下的靠离泊、稳泊引航操纵。

4) 限制条件

能见距离 $\geqslant 2$ n mile,实测东南风 $\leqslant 6$ 级(13.8 m/s),西北风 $\leqslant 7$ 级(15.5 m/s),浪高 $\leqslant 2$ m。

8.4.2 主要安全措施

(1) 船舶代理向海事主管机关申请发布《航行警告》,VTS 发布《航行通告》,过驳船组发布实时动态。

(2) 夏季推荐二程船右舷靠泊一程船左舷;春、秋、冬季节推荐二程船左舷靠泊一程船右舷。

(3) 根据《国际海上避碰规则》规定,一、二程船应显示"操纵能力受限制的船舶"的号灯、号型。

(4) 过驳船组的航向调整以船首朝外为原则,两船的车钟令基本一致,避免两船间较大的相对运动,尽量缩小作业期间占用的水域。

(5) 靠离泊及油品过驳期间,为避免雷达波束对易燃混合气体存在或者可能存在的区域产生危害,按照油品过驳作业相关规定,仅使用 3 cm 雷达,不应使用 10 cm 雷达。

（6）在航靠离泊时，两艘拖船须在二程船艏艉部带缆，其中一艘必须是消防拖船。

8.4.3　引航实施过程

1）超大型油船在航中船靠船

（1）引航实施：不使用拖船协助、在航中靠泊

一程船为 333 m×60 m×21.8 m；二程船为 193 m×32.2 m×6.5 m；西北风 5~6 级；浪高 1.5~2.0 m；能见度≥2 n mile。

涌浪较大，拖船上下跳动，带缆困难，拖拉时受顿力会断缆，顶推时只有全速顶，无法减车，涌浪带来的前冲后缩导致拖船不停地撞击二程船，如一程船定点抛锚，二程船不可能靠泊一程船，必须进行在航中靠泊。具体船靠舶示意见图 8-8。

图 8-8　超大型油船在航中船靠船示意

根据二程船最低转速确定一程船的航速。一般地，一程船按预定航向以 3~4 kn 的速度前进，航向的确定以偏顶风浪、能够为二程船做下风和船首朝外（东）为原则，春、秋、冬季，一程船的航向一般取 100°，夏季取 045°（靠一程船左舷）。

位①：靠泊前 1 h，二程船系带四个大型靠球和两艘拖船宜从一程船的右后方约 1.5 n mile 处逐渐接近，开始航速 6~7 kn，入泊角约 30°，以缩小两船的纵距、横距。

位②：靠泊前 0.6 h，距一程船约 0.6 n mile、横距约 500 m，二程船船速比一程船快 2.0 kn 左右，把定航向，入泊角 10°左右。

位③：靠泊前 20 min，二程船进入一程船泊位范围内，两船须平行航行，速度接近一致，横距约 100 m。不断用较大里舷舵角使船舶靠向一程船，尽可能让船首逼近大船，ROT 要小，一有向里趋势马上正舵，再压里舷舵防止船舶被流冲开，如此反复。

位④：靠泊前 10 min，横距一倍船宽时，船首推开流很明显，控制好船首是关键，眼睛盯住船首偏转趋势，利用小舵角保持船首缓慢接近一程船，不能有明显的前冲后缩。

位⑤：与过驳队核对油管接口，连续用里舷舵、正舵不断逼近一程船，尽可能让 4 个靠球同时受力，靠拢速度≤10 cm/s。

位⑥：先带两根头缆及两根尾倒缆，两根缆绳可以一起送出，对准油管位置后，再带前后横缆，最后带前倒缆及尾缆。带尾缆时两船应停车，缆绳不要松得太多，防止被螺旋桨缠绕。

二程船前后出缆至少 4-2-2，一程船视二程船船位及出缆角度，前后至少各出两根钢缆。靠泊完毕后环保船、拖船在作业现场监护。

（2）注意事项

①靠泊过程中，如发现涌浪变大、能见度大幅度下降或者交通流量大又难以控制等问题，应及时停止靠泊，切忌勉强操纵。

②油品过驳期间，一程船可通过短时间进车配合舵角以维持舵效的最低速度缓慢行驶，或停车漂航或通过倒车偏转效应等手段，始终将二程船置于下风舷，始终把过驳船组控制在有限的水域内，有助于过驳结束后一程船有时间候潮通过虾峙门浅滩再进港靠泊，否则船期将损失至少一天时间。

③如海况及气象条件改善，可择地抛锚过驳。

2）超大型油船在航中船离船

（1）引航实施：不使用拖船协助、在航中离泊

一程船为 333 m×60 m×19.5 m；二程船为 193 m×32.2 m×11.5 m；西北风 5~6 级；浪高 1.5~2.0 m；能见度≥2 n mile；涌浪较大，拖船无法带缆，要实施离泊操纵，必须一程船给二程船做下风，必须在航中离泊。在航中船离舶示意见图 8-9。

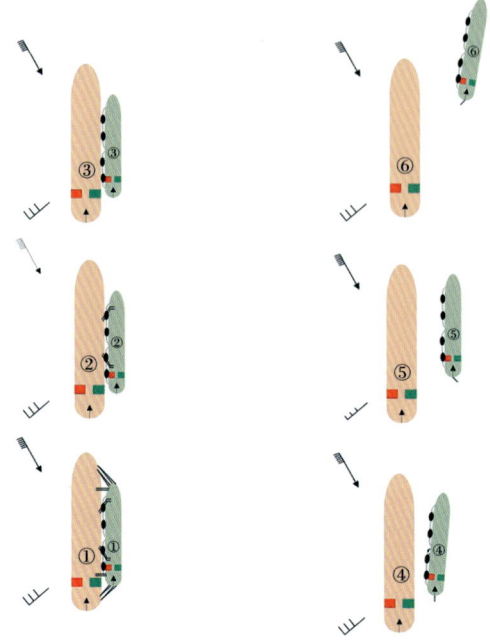

图 8-9 超大型油船在航中船离船示意

过驳船组处于漂航(在航)状态,过驳结束后,油管分离清爽,两船前后人员到位,车、舵等助航仪器可用。

位①:两船保持同速前行,一程船始终把二程船置于下风舷,避免大幅度转向,待航速接近 2~3 kn,先解一程船所出的前后钢缆,再解二程船的缆绳。解缆顺序为先解前后横缆,再同时解艉缆和头缆。

位②:保留首尾 2 根倒缆,为防止艉缆缠绕螺旋桨,可令两船同时短时间停车。

位③:尾缆清爽,令船组逐渐加车至 3~4 kn,二程船调节主机转速避免前后缆绳过分受力;同时解艏艉倒缆,解缆要迅速,绞缆要清爽;见船首推开,马上用内舵小舵角抑制船尾甩拢,为防止艏、艉触碰大船,事先用手提碰垫保护。

位④:二程船内舷受流,船舶整体离开大船一倍船宽,令二程船航速略微比一程船大,二程船艏部受流推开,重复用左舵—正舵—右舵让船组自行分开。

位⑤:横距 2 倍船宽后,二程船加车,用外舷舵使船首往外转,及时正舵、里舷舵,如此反复 2~3 次,继续增加船间距离。

位⑥:二程船与一程船齐平,船间距离大于 3 倍船宽,推开更加明显,加车右舵离开。

(2) 注意事项

①从漂航状态到开始解缆前,一、二程船应同时进车保持一样的航速,解缆过程中一程船应避免大幅度转向,防止缆绳受顿力而断裂。

②如果海上减载计划整体结束,靠球宜系于二程船以有利于安全分离;如果继续过驳,靠球系于一程船,离泊时二程船要避免前冲后缩损坏靠球。

③二程船船尾过一程船船首后才能大幅度转向或者掉头,防止船间吸引力和转舵反移量造成危险局面,离泊全过程讲究一气呵成。

8.5 25万吨散货船"威射"轮应急抢险

"威射"(Weser Ore,WO)轮于1999年6月在巴西图巴鲁港装载25万t铁矿石后驶往印度尼西亚,离港不久便触礁,船上共7个舱有3个舱进水,其中1#、3#、7#舱严重进水。该轮不得不原地抢险卸货脱浅,经过6个月漫长的救助,该轮载着14.5万t铁矿再次启航,但船体受损、漏水等关键问题无法解决,吃水达20.5 m,印尼货主提出退货。船东委托一家美国船务咨询公司在全球范围内寻找愿意救助的港口,并与五个著名港口取得联系,但都因无法解决一些技术问题而遭到婉拒,船东一度准备沉船弃之深海。在海事、港口主管机关大力支持下,宁波港口接纳了她。

8.5.1 抢险进港的风险点

1) 船舶资料

"WO"轮船舶技术参数见表8-1。

表8-1 "WO"轮船舶资料

船名	WO	国籍	利比里亚
船舶类型	大型散货船	建造年份	1974年
船舶总长/m	335	型宽/m	52
船舶吃水/m	20.5/20.5	载质量/t	275 000
总吨位	134 366	净吨位	52 412
主辅机、助航仪器	正常	船舶缺陷	船体受损、漏水
预计到港时间	2000年3月15日晚	引航员登船点	虾峙门浅滩外

2）主要风险点

（1）船舶吃水会不会增加

船舶会不会沉没？当时的虾峙门口外尚没有人工开挖的深水航槽，浅滩区对外公布的水深为 18.2 m，"WO"轮吃水 20.5 m(为本港之最)，须候潮才能通过长约 5 n mile 的浅滩，港口主管机关要求引航员在虾峙门浅滩外开始工作，引领外轮过浅滩后再进港。正常的引航员登船点在虾峙门南北锚地及虾峙门东口，浅滩外开始引航既是超值服务又暗藏航行的风险。虽然"WO"轮从巴西到宁波安全航行了 68 天，但通过浅滩时富余水深有限，船底水压力发生变化，并且港内操纵需要频繁用车，主机转速通过共振区时产生的抖动可能加剧船体裂纹变大进而增加吃水。

（2）船舶的操纵性能会不会变差

"WO"轮计划 3 月 20 日进港，虾峙门高潮潮时为 0930，潮高 418 cm，那么富余水深为 1.88 m(18.2+4.18-20.5)，小于船舶吃水的 10%。目前编制的潮汐预报表中允许的潮时误差为 20~30 min，潮高误差为 20~30 cm。在确定船舶富余水深时，必须充分考虑潮汐表存在的上述误差，较小的富余水深肯定会影响船舶的操纵性能。

（3）超规范靠泊

北仑一期矿石中转码头 2#泊位是 20 万吨级卸矿码头，"WO"轮的设计载质量为 27.5 万 t，这是一次超规范靠泊，对船舶驾引人员的操船技能提出了更高要求。

（4）靠泊后富余水深的确定

一般有遮掩条件的海港码头的富余水深取船舶吃水的 10%，该船吃水 20.5 m，码头前沿水深 20.5 m，"WO"轮计划 3 月 24 日靠泊，当日镇海潮时/潮高为 0201/310、0753/103、1401/288、2003/82。由于该船受损，主管机关限该船须白天移靠，最后定于 1400 靠泊。由于货舱大量进水，卸货非常困难，高潮时该船的富余水深为 2.88 m，低潮时只有 0.82 m，随着流压力系数急剧上升，流压力将大幅度增大，船舶的稳泊问题异常突出，能不能及时抢卸成为靠泊后的关键。

8.5.2 引航方案制定

本港自 1998 年 7 月开始在虾峙门浅滩外开展超大型油轮海上原油过驳作业，使引航员有机会引领减载后吃水 19.5 m 左右的 VLCC 过浅滩进港，对虾峙门浅滩的水深有了第一手资料，同时积累了超大型船舶过浅滩的经验。

由浙江炼化出资,联合宁波海事局、宁波引航站、大连海事大学进行的《超大型船舶通过宁波港虾峙门外浅水域富余水深研究》课题于 1998 年 6 月通过专家鉴定,其主要结论是在风力小于 8 级和船速低于 7 kn 时,超大型船舶通过虾峙门外航道的富余水深可取 1.8 m,这为吃水达 20.5 m 的"WO"轮候潮通过浅滩提供了理论依据。3 月 20 日虾峙门高潮时间为 0930,潮高 418 cm,预计富余水深为 1.88 m。

引航员于 3 月 19 日下午在虾峙门浅滩外提早登上"WO"轮,观察船舶 6 面吃水,全面了解船舶航行状况,20 日上午在虾峙门高潮时通过浅滩,1315 左右顺利抛北仑 7#锚位,便于口岸单位进行联检和商检,确保靠泊后能够及时抢卸,主管机关派员上船检验船舶工况,进一步评估引航靠泊方案、卸货计划和各种应急预案。

3 月 24 日 1400(镇海高潮时)左舷靠泊,1600 带缆结束,4 台卸船机同时对第 2、4、5、6 舱进行抢卸,船舶以 7 000 t/h 的速度进行减载,该船的 TPC 约 160 t/cm,预计到 2000 低潮时可卸铁矿约 2.0 万 t,吃水减小至 19.25 m,富余水深大于 2.0 m。

靠泊后使用 2 艘拖船进行现场监护,另外 2 艘拖船在港作码头待命。

8.5.3 作业条件和引航心得

1) 作业条件

(1) 实测风力 ≤ 13.8 m/s,航行时能见度 ≥ 1.0 n mile,靠泊时能见度 ≥ 0.5 n mile,航行和靠泊限白天进行操作。

(2) 无论进港、靠泊还是开航,引航站指派两名高级别引航员指挥引领,进港时引航员在虾峙门浅滩外上船,指挥船舶过浅滩。

(3) 使用 2 条大马力拖船全程护航,"WO"轮进口时对虾峙门航道实施单向出口管制,实行单向通航避免交会。

(4) 使用 5 条全旋回拖船协助"WO"轮靠泊。

2) 引航心得

(1) 港航企业对引航提出的新要求是引航创新发展的原动力。如果没有 1995 年 12 月 6 日引领的 30 万吨级"大凤凰"轮和 1998 年 9 月 9 日引领吃水 18.7 m,32 万吨级的"莫斯金"轮过浅滩,引航员就难以全面掌握虾峙门浅滩附近的水深和潮汐规律;如果没有虾峙门口外原油过驳的经历,引航员就难以掌握 VLCC 过虾峙门浅滩的技术;如果没有《超大型船舶通过宁波港虾峙门外浅水域富余水深研究》的成果,那么宁波引航员就没有勇气接受"WO"轮抢险的艰巨任务。

(2)每一次特殊引领的成功都有着它宝贵的经验。集聚集体智慧、指定主引航员提早谋划、精心准备引航方案、经过科学计算、选择合适潮时和最佳引航窗口是克敌制胜的法宝。

8.6 大型集装箱船靠梅山1#、2#泊位

8.6.1 背景介绍

梅山1#、2#泊位是7万吨级集装箱码头,船舶自虾峙门或者条帚门进入佛渡水道,再从汀子门东北端进入码头前沿水域,码头位于汀子门的北侧,南侧由汀子山、大小馒头山和山礁头等岛链组成,往西则水深越来越小,船舶无法通行。因此,该水域呈单头通的死胡同状。码头前沿至对面岛礁链的水域总宽度630~650 m,其中−10 m等深线为600 m,如果减去船舶停泊水域宽度90 m(设计船型宽度45 m),船舶实际掉头水域的宽度约为510 m,1#、2#泊位船长限制在280 m和340 m以内。

因码头前沿水域受到多股潮流共同作用,潮流预报精度低、误差大。在开港初期,发生过几起引航险情,为了保障船舶和港口设施的安全,船长超过260 m的大型船舶引航仅限于镇海高潮前3 h至高潮后2 h,每天有2个5 h的作业时间。

8.6.2 引航创新点及难点

1)引航创新点

(1)技术创新。无论靠泊还是离泊,核心技术就是有效控制船舶首尾转动趋势、与码头和岛礁的距离,也就是对船向、船位和船速的精准控制。大型船舶质量大、惯性大、盲区大,掉头时无法借助前后缆绳稳住船体,且受风流面积巨大,掉头区宽度又小于规范的要求。通过梅山课题的研究和论证,我们把1#、2#泊位的船长从280 m和340 m分别提高到310 m和367 m,该课题成果获"中国引航协会成立10周年十大引航创新"的荣誉称号。

(2)理论创新。当风、流作用力不一致、主航道和码头边流速流向不一致或者码头前沿流速微小时,为了减小掉头带来的风险,我们与海事大学知名教授合作,从理论上推导出微顺流靠泊是船舶操纵的一种补充方法,在人、船、气象、潮

流、拖船等条件合适时是安全可行的结论。

（3）服务创新。该码头运营初期，总长 260 m 以上的大型船舶靠离泊时间都有限制，即镇海高潮前 3 h 至高潮后 2 h 可以靠离泊，因每天有 2 个高潮 2 个低潮，所以只有 10 h 的引航时间窗口。通过引航团队技术积累和实践操作能力的提高，现在已经达到没有潮时方面的限制，全天 24 h 均可以靠离泊。

（4）管理创新。一是先让课题组成员摸索经验，技术成熟后再推广给大家，避免了多点开花引发的引航风险；二是为了让每一位引航员掌握极有限水域操纵船舶的能力，我们宣讲课题报告、编写《区域引航方案》，对登船时间、主要引航节点的船向、船位、船速、狭窄水域掉头方法、注意事项和拖船带缆时机等进行量化，规范引航员在该水域的操纵行为，控制船舶的引航风险。

2）引航难点

（1）当初，梅山港区是新建码头，引航员对该水域比较陌生，对航道数据、潮汐特点、潮流规律不了解，造成引航操纵方法的误判。

（2）本港其他港区水域较为宽阔，多数引航员没有在极有限水域内操纵大型船舶掉头的经验，心里有畏难情绪。

（3）开港之初，梅山港区还没有拖船基地，拖船数量有限，拖船马力偏小。

（4）掉头区宽度小于规范要求，必须掌握适合该水域的科学的掉头、靠离泊操纵方法。

3）限制条件

能见距离 $\geqslant 1$ n mile；实测吹开风 $\leqslant 13.8$ m/s，正横吹拢风 $\leqslant 12$ m/s；富余水深 $\geqslant 10\%$ 船舶吃水；2~3 艘 3 200 HP 以上全旋回拖船助泊。

8.6.3 引航方法

1）控制船首/船尾距离码头的方法

（1）请艏、艉人员报告艏、艉与码头的距离，部分船已使用激光测距笔，每增加或者减少 5~10 m 报告一次，该方法可帮助驾引人员提高估算的精度，以免干扰引航员的专注。

（2）利用串视线、串视点。上船前观察头缆和尾缆的缆桩位置，一般头、尾缆长度 35 m 左右，两个缆桩之间距离 20~25 m。设掉头时艏或艉距离码头最小距离为 60 m，上驾驶台后寻找串视线。记下你的眼高与头缆的前面一个缆桩串视线与船舷的交点即串视点，掉头时，当眼高与串视点的延长线在码头水平面以上时，船距码头小于 60 m，水平面以下时则大于 60 m。如船尾对着码头掉头，用尾部缆桩也可以这样估算。

（3）利用雷达活动距标圈设置船首与码头最小与最大距离。某船船长367 m,驾驶台到船首145 m,至船尾222 m。设想船舶在掉头过程中与码头最小距离100 m,则活动距标圈分别为0.132 n mile;把雷达量程调节为0.75 n mile,靠离泊时始终把艏或艉控制在这个距标圈上。

（4）利用船前进时的浪花与船舷的交点估算船首位置;观察艏艉在阳光下的阴影和侧推器的水花可预测艏/艉的大致位置。

（5）令带在艏部或者艉部的拖船报告掉头过程中船舶与码头的大致距离。

2）靠泊前的准备

引航员上船前,注意该船前、后驾驶台特点,观察前后吃水,艏艉处外墙的抛物线削进程度、有没有球鼻艏,导缆孔布置等。

引航员上船后,查看引航卡、核实船舶资料,了解侧推器马力和工作状况;主动向船方介绍引航方案、拖船带缆时间和地点以及拖船带缆位置;要求艏、艉指挥人员及时报告艏、艉与码头、岛礁的距离,与船长商定掉头时艏距码头100 m。

航行过程中,引航员到驾驶台两翼察看船首航行波,寻找船首位置和眼高线与船体边缘的交点,可用手机拍照并标注该点以防忘记。

引航导航终端开启靠泊模式,在汀子门水域事先画一条中心线,该线距码头300 m,便于查看船位;距码头1 n mile外须带好右舷前后两艘拖船,考虑到首侧推器可用、吹拢风4级(约8 m/s)第三艘拖船可以带在右舷后驾驶台前,也可以先不要带缆,在左舷前方准备顶,以协助掉头;雷达上选取VRM为100＋145即0.132 n mile,便于控制船首与码头的距离。

船舶自定线制第17分道通航制末端到码头前沿有一段长约3.5 n mile的斜向顺航过程,流舷角约20°,受水深限制,需要分2~3次向右转向实现流舷角几乎为零;虽然拢风导致的漂移与斜顺流作用部分相抵,低速时即使左满舵也难以稳定航向,需要首侧推器帮助。

3）相关计算

（1）风压力的计算

根据马士基公司推荐的公式

$$P = 0.52 \times 10^{-4} WV^2$$

式中:P为正横风压力(t);V为风速(m/s),取8 m/s;W为船舶所受横风面积(m^2),A轮取侧受风面积11 000 m^2。

计算得：$P \approx 37(\mathrm{t})$

（2）流压力的计算

流压力的计算公式

$$Y_w = \frac{1}{2}\rho C_{wy} V_w^2 L d$$

式中：Y_w 为流压力(kN)；ρ 为海水密度，1 035 kg/m³；C_{wy} 为横向水动力系数，其值与水深吃水比有关，图 8-10 位①时水深吃水比为 1.5，当流舷角为 3°~10°时，查阅相关资料可得 $C_{wy} \approx 0.2$；V_w 为流速，取 1.5 kn(077 m/s)；L 为船长，367 m；d 为船舶吃水，12.0 m。

$$Y_w = \frac{1}{2} \times 1\,018 \times 0.2 \times 0.77^2 \times 367 \times 12$$

$$\approx 474 \text{ kN} \approx 48 \text{ t}$$

大型船舶入泊过程中，受风和流的综合影响，主要与风流压系数成正比、与风速和流速的平方成正比，即使流舷角很小、风力 4 级，如果相互叠加，对操纵的影响将很大。由此可见，图 8-10 位③时流舷角为 90°，水深吃水比为 3，$C_{wy} \approx 0.6$，流压力约为 144 t，须注意流的影响而致使船舶漂移。

8.6.4 引航过程

某日农历初一，镇海低潮 0531，潮高 1 cm（存疑），镇海高潮 1153，潮高 367 cm；东南风 4 级，A 轮船长 367 m，船宽 48.4 m，吃水 12.0 m；驾驶台至船首 145 m，驾驶台至船尾 222 m；计划 0800 向右掉头、左舷靠泊梅山 2#泊位，T×3。

1）操纵要点

位①：0730 时船首向与码头平行即 230°，船速 3~4 kn，船位横距码头 300 m 加 1.5 倍船宽；令主机后退一，T_1 向后 45°慢车拖，T_2 慢车顶，T_3 慢车顶，船舶开始向右掉头。具体操纵见图 8-10。

位②：0736 时船首向的速度小于 1 kn，对地速度 1~2 kn，航迹向 230°~240°，离码头约 200 m；船舶在 3 条拖船和首侧推器的作用下快速向右旋转，主机及时停车。

位③：0745 时适时动车，利用目视、雷达测距等手段让船首不断逼近码头至 100 m，尾离岛礁大于 150 m；船首向的速度接近于零，对地漂移速度约 1 kn，令 T_1

快车拉，T_2、T_3 快车顶，使船舶大幅度右转。

位④：0750 时掉头基本完成，令 T_3 到右舷第二驾驶台附近带缆；微速进、右满舵甩尾、拢岸；根据风压、流压大小，及时调整 T_1、T_2、T_3 拖或者拉的力量，逐渐减小靠泊角、横距，2 倍船宽时基本对准位置，令 T_1、T_2 松缆准备拖。

位⑤：0800 时灵活使用 3 艘拖船、侧推器和车舵效应，控制船舶纵横向速度，避免明显的前冲后缩，一倍船宽时横移速度小于 0.6 kn，10 m 时小于 0.3 kn，平行贴靠时小于 0.2 kn。

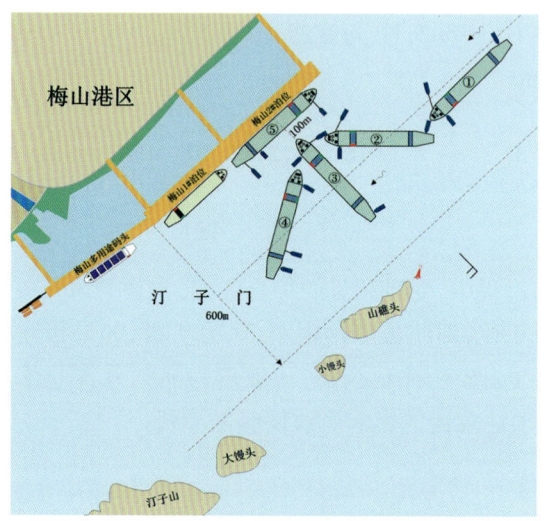

图 8-10　A 轮掉头靠泊梅山 2#泊概位

2）注意事项

（1）大型船舶欲在汀子门内掉头，宜选择与码头平行、小横距进入东北口，顺流急、吹开风大时，更应该如此。

（2）控制好掉头前速度是关键，倒车前航速小于 4 kn，必须能够在较短时间内倒停；倒车没有翻出，不可贸然下令掉头，如果船首右转，可令 T_1 顶、侧推器向左稳住航向。

（3）掉头前备妥双锚。

（4）利用串视物标估算船首与码头距离是引航员必备技术，一旦船首距码头太远造成船尾距离不够，要毫不犹豫进车。

（5）要充分利用驾驶台资源，令驾驶台和艏艉船副报告前后距离，正确使用助航仪器、导航终端，但是可能存在延时，不要盲目信任。

8.7 宁波引航与平地造船

8.7.1 引航背景、创新点与困难

1) 引航背景

三星重工业(宁波)有限公司(以下简称三星宁波)成立于1995年12月,起初主要从事船舶分段和舱口盖的加工业务。为适应企业发展的需要,2012年开始采用新颖的平地造船技术建造整船出口,当时,这种造船及新建船下水方式国内外均少见,本港没有先例。

三星宁波于2012年6月向宁波引航站提出引航申请,港口主管机关考虑到三星宁波是独资外企,没有自己的航海人员进行此类操纵,从韩国总部来的专业人员虽然有船舶操纵的经验和技术,但不了解港口情况,也不可能指挥相关协作人员;为此,海事主管机关明确该下水工程必须由本港引航员全程参与并出任总指挥。

2013年三星宁波花重金租赁当时亚洲最大的自航式半潜平板驳船"MEGA PASSION"作为转运工具,完成其第一艘新建整船"JAEWON MOUNDIS"(杰文·曼迪斯)的下水,宁波引航员克服多重困难,2万吨级的新建船最终安全下水并顺利交付出口

2014年三星宁波与希腊CAPITAL船东签约,建造8艘5万吨级油船(以下简称为MRPC),后又追加2艘;2015年与世界最大集装箱班轮公司马士基签订9艘同类油船。

三星宁波为了安全渡过造船业的萧条期,减少下水工程的支出,转而租借舟山长宏国际造船有限公司的无动力半潜式浮船坞"长宏山"代替"MEGA PASSION"。但"长宏山"为非流线型、大型无动力驳船,船体阻力非常大,左右舷墙高,受风面积大,既没有驾驶台又没有导航设备,引航员需要长时间露天作业,不适合长距离拖带;另外,三星U型码头港池小,码头吨级低,系超规范操纵,这给引航工作带来了巨大困难。

宁波引航站遂成立课题组进行专门研究,通过集思广益、科学论证、大胆创新,潘国华创新室团队在海事主管机关、股份公司业务部、拖船公司等支持下,与相关各方紧密配合,最终圆满完成19艘新建MRPC的下水任务。

2) 引航创新点

(1) 非流线型、大型无动力驳船长距离拖带技术;

（2）大型无动力驳船金塘锚地系浮筒技术；
（3）大型无动力驳船进出狭窄港池的船舶操纵技术；
（4）大型无动力驳船与新建 MRPC 海上分离技术；
（5）新建 MRPC 微顺流回靠舾装码头技术。

3）面临的困难

（1）确定"MRPC 下水工程"的引航方案，包括水文、气象的限制条件，各阶段引航时间节点，"长宏山"拖带阻力计算和助泊拖船的马力、数量和配置方法，熟练掌握多种拖带方法等，新建 MRPC 海上分离技术，满足三星宁波提出的"最安全的方法、最短的工期、最小的代价"的要求。

（2）如何突破港章对"长宏山"拖带船组通过金塘跨海大桥的长度限制？

（3）如何把"MRPC 下水工程"对港口生产的影响最小化？

（4）三星宁波 U 型码头和舾装泊位均为 1 万吨级，而 MRPC 和"长宏山"轮分别为 5 万吨级和 8 万吨级，提出破解"长宏山"轮超规范靠泊的理由。

（5）确定 MRPC 舾装期间防台风、防冬季寒潮的稳泊措施。

8.7.2 "长宏山"轮海上拖带的计算

1）"长宏山"轮船组海上拖带总阻力

"长宏山"轮平时停靠在舟山长宏国际造船有限公司码头，供其修造船之用。宁波三星的新船要下水时，使用 4 艘港作拖船把她从舟山拖带到宁波，下水工程结束后须第一时间拖回去归还。两地的单向航程约 36 n mile，拖带船组在岛礁区之间航行，该水域潮流湍急，最大可达 4~5 kn，航向变化大，交通流复杂，既有顺流、顶流还要斜流航行，拖带船组时常大幅度偏荡，船位控制非常难，须穿越舟岱跨海大桥和金塘跨海大桥，拖船的数量和配置方法极为重要。

按照《海上拖航指南》4.1.5，拖船在静水中拖航速度一般应满足如下要求：

①被拖物为船舶类（流线型），其拖航速度不小于 6 kn；

②被拖物为特殊线型载运工具（如浮船坞、起重船等）或半潜式钻井平台，其拖航速度不小于 5 kn；

③被拖物为自升式钻井平台及其他水上建筑物，其拖航速度不小于 4 kn；

④所有连接零件包括卸扣，连接环及三角板等的破断负荷应不小于其使用的最大拖缆破断负荷的 1.5 倍；拖曳设备的卸扣应为螺栓式，且带有螺帽及开口销。

海上拖航的总阻力 R_T 可按以下经验公式计算：

$$R_T = 1.15[R_f + R_B + (R_{ft} + R_{Bt})]$$

式中：R_T 为海上拖带的总阻力(kN)；R_f 为被拖物"长宏山"轮的摩擦阻力(kN)；R_B 为被拖物"长宏山"轮的剩余阻力(kN)；R_{ft} 为拖船"拖29"的摩擦阻力(kN)；R_{Bt} 为拖船"拖29"的剩余阻力(kN)。

其中：
$$R_f = 1.67 A_1 \cdot V^{1.83} \times 10^{-3}$$

$$R_B = 0.147 \delta A_2 V^{1.74+0.15V}$$

式中：A_1 为水下湿表面积(m²)，正常船舶的 $A_1 = L(1.7d + \delta \cdot B)$，无线型变化船舶的 $A_1 = L(2d + B)$；V 为拖航速度(m/s)；δ 为方形系数；A_2 为浸水部分的船中横剖面积(m²)；L、B、d 为船长、船宽和吃水(m)。

(1) "长宏山"轮的拖航阻力

"长宏山"轮主要船舶技术参数为：船长 235 m，宽 57 m，前后吃水 3.4/3.8 m，方形系数 $\delta = 1$，总吨 37 733，净吨 11 319。设静水中拖航速度为 6 kn 即 3.09 m/s 时，"长宏山"轮为无线型变化船。

$$A_1 = L(2d + B) = 235(2 \times 3.6 + 57) = 15\,087 \text{ m}^2$$

$$A_2 = B \times d = 57 \times 3.6 = 205.2 \text{ m}^2$$

$$R_f = 1.67 A_1 \cdot V^{1.83} \times 10^{-3} = 1.67 \times 15\,087 \times 3.09^{1.83} \times 10^{-3} \approx 198.5 \text{ kN}$$

$$R_B = 0.147 \cdot \delta \cdot A_2 \cdot V^{1.74+0.15V} = 0.147 \times 1 \times 205.2 \times 3.09^{1.74+0.15 \times 3.09} \approx 362.3 \text{ kN}$$

(2) "拖29"的拖航阻力

"拖29"的主要船舶技术参数为：船长 33 m，宽 11 m，前后吃水 4.2/5.2 m，方形系数 $\delta = 0.50$。

$$A_1 = L(1.7d + \delta B) = 33(1.7 \times 4.6 + 0.5 \times 11) = 439.6 \text{ m}^2$$

$$A_2 = B \times d = 11 \times 4.6 = 50.6 \text{ m}^2$$

$$R_{ft} = 1.67 A_1 V^{1.83} \times 10^{-3} = 1.67 \times 439.6 \times 3.09^{1.83} \times 10^{-3} \approx 5.8 \text{ kN}$$

$$R_{Bt} = 0.147 \delta A_2 V^{1.74+0.15V} = 0.147 \times 0.5 \times 50.6 \times 3.09^{1.74+0.15 \times 3.09} \approx 44.5 \text{ kN}$$

(3) "长宏山"轮海上拖带时的总阻力

$$R_T = 1.15[R_f + R_B + (R_{ft} + R_{Bt})]$$
$$= 1.15[198.5 + 362.3 + (5.8 + 44.5)] \approx 702.4 \text{ kN}$$

2)"长宏山"轮船组所需总拖力及拖船数量

当时,本港域拖船中只有"拖29"适合"长宏山"轮的长距离吊拖,其主机马力为6 000 HP,最大拖力约600 kN,所以单凭"拖29"无法满足"长宏山"轮静水中拖航速度不小于6 kn的要求,必须另外增加拖船。

按理,另外增加2艘拖船就可以满足规范的要求,可"拖29"是港作拖船,并不是专业的海上拖船,其船尾没有配置绞缆机和足够长度的钢缆,只有一个系缆钩,惟有使用三星宁波提供的缆绳(高强度的迪尼玛缆绳,总长200 m,破断力200 t),由于拖带长度受限,拖船难以发挥其全部的功率。

拖带船组的长度既要尽量满足通过跨海大桥时小于250 m的海事规定,又要避免发生较大幅度的偏荡,既要有利于提高航速又要防止吊拖时拖船发生横拖现象。实际上,进口拖带作业中有7 n mile顶流,9 n mile受斜顶流作用,船组的风流压角接近30°,并且船组会发生大幅度的偏荡,致航向难以把定、长时间斜爬的现象。为了预防吊拖缆绳受损而断裂,防止发生横拖现象,必要时让其减速调整船位或者直接松缆跟着。经过反复思考评判,课题组最后确定拖缆长度为120 m。

综上所述,"拖29"提供的拖力十分有限甚至不足50%的功率,"长宏山"轮排水量约为4万t,船型设计为非流线型,阻力特别大,拖带方案决定使用4艘港作拖船,增加的3艘港作拖船的马力分别为5 200 HP、4 800 HP和4 800 HP,增加的拖船既可提供动力、控制船位又可以协助靠离泊。

3)"长宏山"轮船组的航迹带宽度

依据《海港总平面设计规范》要求,单向航道的宽度:

$$W = A + 2C$$

$$A = \eta(L\sin\gamma + B)$$

式中:W 为航道通航宽度(m);A 为航迹带宽度(m);C 为船舶与航道底边线间的富余宽度(m),当航速≤6.0 kn时,取0.5B;L 为设计船长(m);B 为设计船宽(m);η 为船舶漂移倍数;γ 为风、流压偏角;η、γ 大小参照表8-2。

表8-2 船舶漂移倍数 η 和风、流压角 γ 值

风力	横风≤7级				
横流 V/(m/s)	V≤0.10	0.10<V≤0.25	0.25<V≤0.50	0.50<V≤0.75	0.75<V≤1.0

表 8-2(续表)

风力	横风≤7级				
η	1.81	1.75	1.69	1.59	1.45
$\gamma/(°)$	3	5	7	10	14

"长宏山"轮总长 235 m,宽 57 m,考虑到"长宏山"轮两侧各有 1 艘拖船绑拖,其宽度分别为 10.5 m,总宽度为 78 m。

"长宏山"轮通过舟岱跨海大桥主通航孔时为初涨流,航向与流向、航道主轴向基本一致;

根据以往拖带经验,当风力≤10 m/s 时,风、流压偏角 3°~14°。本次讨论取其极大值计算,即 η 为 1.81、γ 为 14°时:

$$A = \eta(L\sin\gamma + B) = 1.81(235 \times \sin 14° + 78) = 244 \text{ m}$$

则:$W = A + 2C = 244 + 2 \times 0.5 \times 78 = 322$ m

依据岱山跨海大桥(在建中)通航管理规定,主通航孔一阶段的宽度为 600 m、二、三阶段的宽度为 475 m 的条件,本次拖带符合上述要求,当"长宏山"轮船组进出桥区水域时,VTS 实施单向通航管制。

依据金塘跨海大桥通航管理规定,主通航孔的宽度为 540 m,单向通航分道宽度约为 250 m,当"长宏山"轮船组进出桥区时,VTS 实施单向出口通航管制,本次拖带符合上述通航要求。

8.7.3 "长宏山"轮自金塘大桥北口引领至金塘锚地系浮筒

1) 作业前提

为了与镇海高潮前、后各 2 h 的船舶进出港高峰期错开,最大限度地减小"长宏山"轮进港时自 L5 报告线至大黄蟒北 2 n mile 之间 VTS 实施的局部单向出口交通管制对港口生产带来的损失,"长宏山"轮船组主动放弃高潮前 2 h 通过金塘跨海大桥后直接进靠三星 2#泊位的常规做法,定镇海低潮后 0.5 h 过金塘跨海大桥,此时通过金塘跨海大桥的船舶流量极小,初涨时刻到金塘锚地 10#锚位附近系浮筒,系浮筒是为了候潮,待镇海高潮前 1.5 h 解缆起拖,高潮时靠泊三星 U 型港池,这让引航员的工作时间从 8 h 变为 12 h。

2) 限制条件

能见距离≥1.5 n mile,实测风力≤10.8 m/s,浪高≤1.5 m,限白天作业。

3）拖船的配置方案

受制于拖带船组通过金塘跨海大桥的长度小于 250 m 的规定,"长宏山"轮前几次进出港时,采用图 8-11 的拖带方法,船组航速慢、稳定航向和控向能力很差,与相关船舶的联系存在盲区,存在较大安全隐患。经与主管机关沟通,增加过桥期间业主的护航、海事艇清航力量等手段,终于同意了图 8-12 的拖带方案。"长宏山"轮为了适应三星宁波新建船下水,也对船体进行改造,尾部加了一段长 15 m 的悬空钢结构作为拖车的工作平台。

4）主要引航节点

某日镇海低潮 0900,潮高 92 cm,镇海高潮 1500,潮高 285 cm。3 名引航员提前 20 min 到舟山登上"长宏山"轮,拖船配置见图 8-11、图 8-12。0700 在舟山本岛西北端的瓜连山开始工作,此时船组受急斜顶流作用,流压角达 20°~30°,航速 4 kn;0900 船组抵达金塘跨海大桥进口引导浮筒西侧,受顺流帮助,船速约为 6 kn;0930 船组通过金塘跨海大桥,航速 4~5 kn;1030 船组接近金塘 10# 锚位附近由浙江满洋公司抛设的大型浮筒。

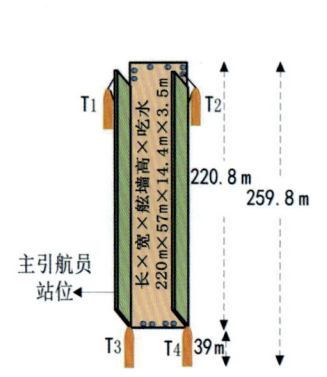
图 8-11 "长宏山"轮原拖带示意 1

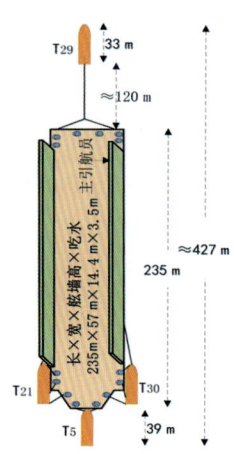
图 8-12 "长宏山"轮新拖带示意 2

5）操纵要领

（1）如要向右转向：一是叫航向让 T_{29} 慢慢右转,效果一般；二是令 T_5 左转,斜顶船尾,效果一般；三是令 T_{21} 右舵 10°或者右舵 20°,效果较好；四是令 T_{30} 右舵 10°或者右舵 20°,效果最好；当然,可以同时使用几种方法。如要向左转向,同理。

（2）左转中如要把定航向：首先令 T_{30} 右舵 10°、20°、右满舵,效果很好；其次令 T_{21} 右舵 10°、20°、右满舵,效果一般；再次,令 T_{21}、T_{30} 同时操右舵压之,效果最佳。右转中如要把定航向,同理。

（3）接近浮筒时的操纵

位①：1000 时,拖带船组过金塘大桥水域第 12#灯浮后慢慢向左转向,此时潮流变缓,离三星浮筒约 1.5 n mile,航速 6 kn,发布左转航向通告。船组接近浮筒的具体操纵见图 8-13。

位②：不要急于转向,注意与 6#锚位他船保持 5 链以上安全距离。

位③：离浮筒 0.7 n mile,令 4 条拖船减车,带缆小艇在 T_{29} 左侧外当跟随准备,令 T_{29} 始终把浮筒放在左舷。

位④：1015 离浮筒 500 m,航速 3~4 kn,4 艘拖船停车淌航,此时锚地东侧涨潮起,拖带船组不必掉头,甲板口直接对浮筒即可;1020 离浮筒 200 m,航速 2 kn,令 T_5 往后拉刹速,令带缆负责人用红外线望远镜报告"长宏山"轮与浮筒的距离。

位⑤：1025 离浮筒 100 m,航速为零,解 T_{29} 拖缆转移至小艇,1030 由小艇船员转交给浮筒上的带缆人员系好拖缆,令船组略微后缩,让缆绳得力,防止缆绳缠绕。

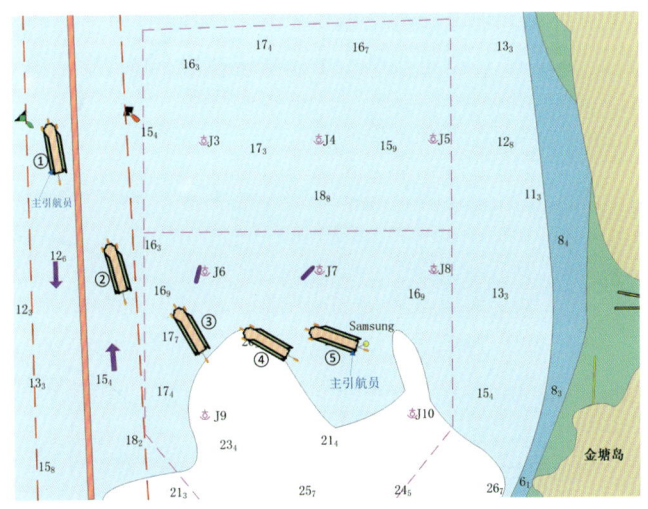

图 8-13 "长宏山"轮初涨系金塘锚地的浮筒

8.7.4 "长宏山"轮金塘锚地解浮筒后靠三星 U 型港池

1)"长宏山"进入三星 U 型港池时风压力的计算

"长宏山"轮船长 235 m,船宽 57 m,型深 8 m,进港吃水 3.5 m,排水量 43 890 t,

左右舷墙长 201.8 m,主甲板以上高度为 14.4 m,舷墙宽均为 4.5 m,西北风 10 m/s。则:

$$Y_a = \frac{1}{2}\rho_a \times C_y \times V_a^2 \times A_L$$

式中:Y_a 为风压力(kN);ρ_a 为空气密度,1.226 kg/m³;C_y 为风动力系数,西北风的风舷角接近 90°,$C_{90°}=0.81$;V_a 为风速,取 10 m/s;A_L 为水线以上船体侧面受风面积之和(m²)。计算可知:

$$Y_a \approx 0.5 \times 1.226 \times 0.81 \times 10^2 \times 201.8 \times (14.4 + 8.0 - 3.5)$$
$$= 189 \text{ kN} \approx 19 \text{ t}$$

2)"长宏山"轮靠三星 U 型港池东侧码头的流压力计算

"长宏山"轮必须首朝南垂直进入港池,左舷靠三星宁波 U 型港池东侧码头,东侧码头长 100 m,"长宏山"轮有 135 m 露出外面,由于其左右舷接近水面处均有突出的锚架,其实不能贴靠码头,必须与东侧码头保持 1.5 m 左右的间距,其船首与南侧码头也保持 2~3 m 间距,防止涌浪产生前冲后缩而损坏码头。所以,"长宏山"轮完全悬空"靠"在 U 型港池内,没有直接接触码头,稳泊的计算显得更加重要。

流压力的计算公式为:

$$Y_w = \frac{1}{2}\rho C_{wy} V_w^2 L d$$

式中:Y_w 为流压力,kN;ρ 为海水密度,1 018 kg/m³;C_{wy} 为横向水动力系数,1.8;V_w 为流速,取 2.5 kn,即 1.288 m/s;L 为船长,135 m;d 为船舶吃水,装载 MRPC 后吃水变为 4.2 m。

$$Y_w = \frac{1}{2} \times 1\,018 \times 1.8 \times 1.288^2 \times 135 \times 4.2$$

$$Y_w \approx 861 \text{ kN} \approx 88 \text{ t}$$

3)"长宏山"轮靠三星 U 型港池和稳泊安全措施

(1)能见度≥1.5 n mile,风力≤10 m/s(上海气象台预报 6~7 级以下),高平潮白天靠泊。本航次计划 1500 靠泊,三星宁波应提前向宁波海事局指挥中心申请航警(1330~1530)同时申请一艘海事巡逻艇(1300~1530)进行全程护航。

(2) 港池及附近水域挖深至水深 7 m 以上,保证船舶在低潮时依然具有足够的富余水深。

(3) 港池东侧油壶礁北侧设置大型浮筒,带头缆以稳泊,合理布置缆绳方向和长度,带足缆绳,见图 8-14。

(4) "长宏山"轮船尾处 T_2 拖船监护,显示慢车信号(号灯和号型),24 h 专人值班提醒过往船舶注意。

4) 主要引航节点

当日镇海高潮 1500,潮高 285 cm。1300 时 2 名引航员在"长宏山"轮左舷舷墙顶的尾部就位,开启引航 PPU 和 VHF 06,另外 1

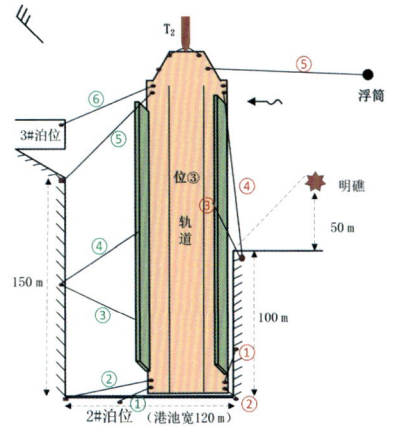

图 8-14 "长宏山"轮泊稳

名引航员在 T_1 瞭望,联系右侧关联他船;1315 四条拖船就位,按照图 8.7.4-2 带好;其中 T_1 带一根头缆、一根倒缆;1330 解掉系在浮筒上的缆绳,令 T_4 进车、右舵 20°,T_1、T_2 进车提供动力,让船组右转避开漂在水上的缆绳,船首对大黄蟒前进,航向 195°,航迹向 225°左右;让清缆绳后 T_3 也提供动力,此时涨潮流约 1.5 kn,航速提高到约 4 kn;要贴着大黄蟒走,1405 黄蟒山北 1.5 n mile 转向,调整航向 240°,航速约 5 kn;1445 到达三星 2#泊位对开水域,航速小于 3 kn;1500 进入 U 型港池,船速 1 kn;1510 靠拢 2#泊位东侧码头。

5) 港池对开的操纵要领

位①:提早令 1 名副引航员在"长宏山"轮主甲板首部就位,观察船与浮筒、障碍物和港池东、西、南侧的大致距离,令 T_1 解掉首倒缆,留头缆后便于顶和拉;西北风 8~10 m/s,风压力约 19 t,涨潮流弱,流压力较小,船组受风往东南漂移比较明显,要提早抢占上风位置,风压差角会超过 10°~15°,青峙码头 3 链外通过,船速小于 3 kn,拖船基本都停车。进靠码头具体操纵示意见图 8-15。

位②:令 T_4 解首倒缆和尾部缆绳,仅仅留头缆,便于顶和拉;当副引航员见东侧码头开视,令 T_1 微速顶,让船组缓慢左转,T_3 左舵 20°、慢车进,协助船组连续左转,令 T_2 停车、伺机倒车控速,速度约 2 kn。

位③:主引航员根据东侧码头的开视程度,紧盯船组的转动趋势,合理调节 4 艘拖船的力量与方向,一定要有 1~2 kn 的朝前速度,不要有较大幅度的转动,要顺着惯性把船组送进港池;风压较大,提早令 T_1、T_4 拉,保持船组左舷距东侧码头

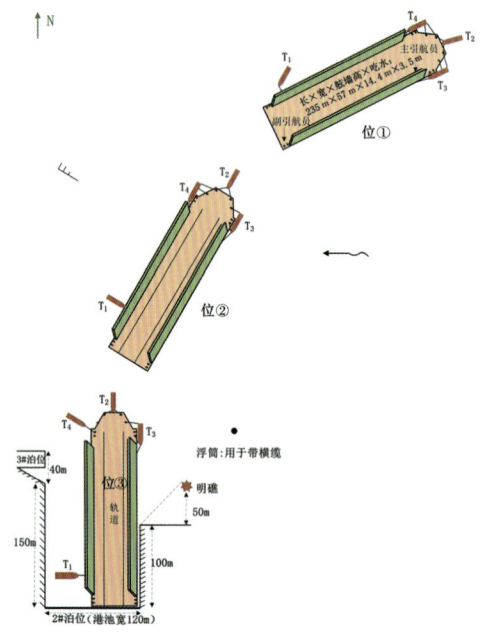

图 8-15 "长宏山"轮进靠三星 U 型码头示意

约 5~15 m,那么 T_1 尾部至西侧码头还有 10 m 左右;主引航员的口令要少而精,一定要准确预判,避免急拉急顶;一定要利用杠杆原理,控制船组偏转和保向;船首距南侧码头约 10 m 时,令副引航员先带左舷首倒缆以刹速、定位,再带头缆和横缆,右舷先带短的头缆以稳住船首,再带长一点的头缆;调整船位使得"长宏山"轮甲板上的轨道与岸上轨道正好对接,令 T_2 顶住;然后解 T_1 带右舷其他缆绳,再解 T_3 带"长宏山"轮的尾倒缆和浮筒上的横缆,带缆顺序见图 8-14 中红(左舷)、绿(右舷)数字。

8.7.5 新建船 MRPC 与"长宏山"轮分离后回靠三星码头 3#泊位

1) 船舶资料

(1) "长宏山"轮船舶资料:船长 235 m;船宽 57 m;空载吃水 3.2/3.5 m,装上 MRPC 后平吃水 4.5 m;排水量约 52 800 t;最大下潜吃水 17 m;总吨位 37 733;净吨位 11 319;甲板尺寸 201.8 m×46.8 m;发电机 1 100 kW×2 台;绞缆机 300 kN×4 台;最大起浮能力 30 000 t。

调载能力有压载泵 12 台,每台泵流量为 2 400 m^3/h,其扬程为 11.5 m,可同时工作,采用液动遥控蝶阀在操作室控制,全部工作时,理论升沉速度约为 38 mm/min

（吃水 8 m 以下），150 mm/min（吃水 8 m 以上）时加载压载水能力为 750 t/h。

考虑到 MRPC 起浮的吃水为 3.69 m，"长宏山"轮甲板上栏杆的高度为 1 m，当下潜至吃水 15.2 m 时，栏杆以上水深 6.2 m，MRPC 和进入分离现场的助泊拖船（吃水 4.0 m）至少要有 2.2 m 以上的富余水深。

MRPC 在"长宏山"轮期间，前后各有 4 根缆绳固定船身。"长宏山"轮两侧舷墙上各安装一台可移动的拖钩，MRPC 船首各出一根缆绳呈龙须状至拖钩并绞紧，分离作业时可控制 MRPC 船首基本不动，当 MRPC 与"长宏山"轮分离至最后 15 m 时，拖钩到达极限位置，两条龙须缆必须同时脱钩，可移动拖钩最大负荷约为 20 t。

（2）MRPC 的船舶资料：船长 183 m；船宽 32.2 m；型深 19.1 m；下水时平吃水 3.69 m；总吨位 29 540；净吨位 13 200；设计吃水 11.0 m；载质量 50 000 t；锚重 6.5 t；锚链长 12 节，长度为 330 m；压载泵 750 $m^3 \times 2$ 台。

新建船下水时没有动力、没有助航仪器，只有前后绞缆机和锚机可用，另外配备 10 名临时船员，其中 1 名任船长；三星造船所 1 名韩国籍专业人员协助引航员进行分离和回靠舾装码头的操纵。

2）限制条件

（1）能见度≥1.5 n mile，风力≤10 m/s（气象台预报 6~7 级以下），限白天缓流时进行；

（2）"长宏山"轮周围 1 n mile 无其他锚泊船，过往他船须减速行驶以避免浪损；

（3）三星宁波应提前向宁波海事局指挥中心申请航警（1100~1330）同时申请一艘海事巡逻艇进行全程护航（1100~1330）。

3）分离时间节点

（1）当日镇海低潮 1051，潮高 135 cm，偏东风 4~5 级，计划分离时间 1130。"长宏山"轮从开始下潜至结束需要 4 h。0700 开始下潜，0800 主甲板上水前 3 名引航员登船，1 名上 MRPC 指挥两船的分离操纵，另外 2 名上"长宏山"轮，待分离作业完成，"长宏山"轮起浮后马上解缆把她拖带回舟山长宏国际码头；0900 停止下潜进行第 1 次漏水检查（用时 10 min），继续下潜后于 1000 进行第 2 次漏水检查，1100 下潜完毕。

（2）1100 负责分离的 3 条拖船到位，引航员始终观察流速流向和船组的转动状况，选择流速≤1 kn 时实施分离作业，1115 落潮流明显减缓，挑选操纵能力最强的 T_{20} 船长在 MRPC 船尾正中带缆，缆绳长度约 30 m；T_{23}、T_{27} 左右准备，1130

开始分离,1200 分离结束。

4) 分离操纵要领

(1) MRPC 船首先解倒缆,留左右 2 根带在拖钩上的龙须缆,船尾先解艉缆,再解倒缆;艉倒缆清爽后,MRPC 受流压力作用开始后退,"长宏山"轮舷墙上的拖钩跟着滑动,调节移动速度尽可能让龙须缆均匀受力,具体操纵见图 8-16,位①。

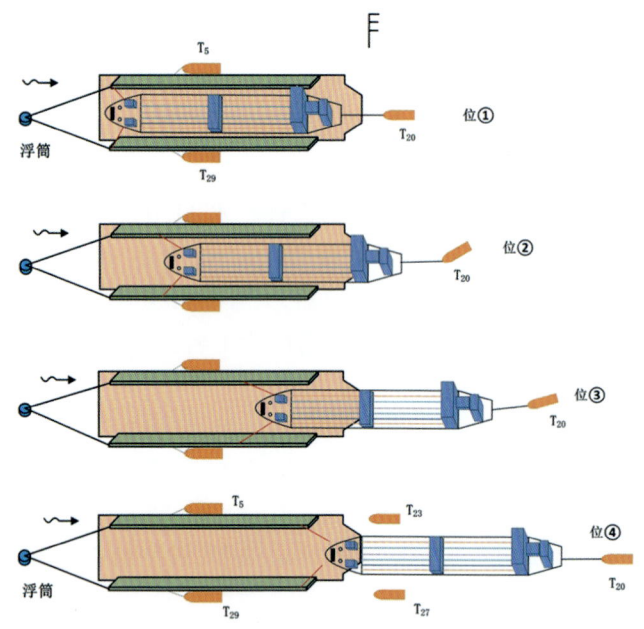

图 8-16 新造船诞生过程示意

(2) 船组右舷受风,主引航员站在 MRPC 的最左侧,观测船体距"长宏山"轮左舷内侧的距离,计算可知,MRPC 的风压力有 8~16 t 的变化,令 T_{20} "四点钟"(拖力与首尾线成 30°)微速拖、慢车拖来克服风压力,见船位右移,马上减速,调整至"五点钟"(拖力与首尾线成 15°)微速拖,再调整至"四点钟"(拖力与首尾线成 30°)缆绳得力,如此反复调节,始终保持 MRPC 在两舷墙中间,左右各 8 m,具体操纵见图 8-16 位②~③。

(3) 通过松刹"长宏山"轮上滑车和 T_{20} 控制 MRPC 后退速度,一般小于 15 cm/s;当 MRPC 船首离"长宏山"轮还有 15 m 时,滑车即将到达最后的定位装置,"长宏山"轮左右拖钩将自动打开,龙须缆解掉,令船首收进;待副引航员报 MRPC 船首平舷墙末端,令 T_{20} 和其他拖船拉响汽笛一长声,宣告新船诞生,具体操纵见图8-16位④。

5) MRPC回靠三星3#泊位

(1) 当日镇海低潮1051,潮高135,偏东风4~5级,1200时MRPC与"长宏山"轮分离,此时落潮流1 kn左右,新船继续后退中,两舷有4个保护气囊要解掉,拖船暂时无法带拖缆。令T_{20}解缆到右舷首尖舱下带缆,然后正横朝前慢车拉,刹住退势;两舷气囊收走后,令T_{27}带右舷尾胯部,1根头缆,1根倒缆,可拉可顶;令T_{23}平靠右舷中间,带1根头缆,1根首倒缆,1根尾缆(由MRPC提供),为船组提供动力;具体靠泊示意见图8-17。

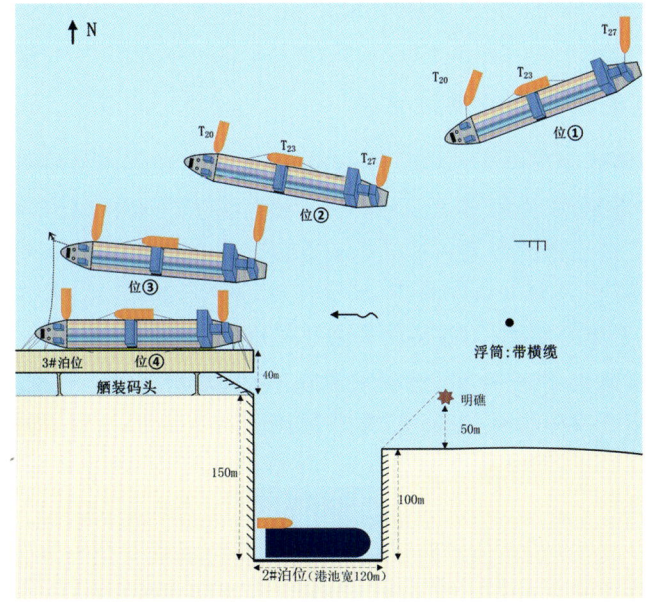

图8-17 MRPC回靠三星3#泊位(舾装码头)

(2) MRPC在3条拖船旁拖下,航迹向直接往甬江口方向移动,锚地落潮流约0.5~1 kn,船组航向取285°防止被流压向大黄蟒;随着速度增加到3~4 kn,逐渐向左转向至260°,1230在大黄蟒西北6~8链通过。

(3) 过大黄蟒后能够感受到落潮流越来越小,离岸5链内有涨潮流,航速可达4.8 kn,船组接近三星U型港池前,令T_{27}解掉倒缆,动力由T_{23}提供,1245船位抵位①。

(4) 越靠近岸边涨流越明显,船组被涨流压开。令T_{27}慢车顶,让右舷受流,T_{23}适时倒车控制航速2~3 kn,随着船尾朝里约15°~20°,船组明显靠向码头,再

令 T_{20} 顶推至位②。

（5）为了保障舾装期间船舶安全，计划船首冲过泊位 20 m、横距码头 100 m 时抛下右锚，边松链边靠拢，既可以控制船舶纵横向移动速度又可以起到稳泊作用；调节前后拖船拖拉方向和力道，减小船体与码头的负角度，逐渐以平行的姿态逼近码头，1300 至位③。

（6）靠拢后松链至垂直水面状，锚链 4~5 节入水，前后带缆 4-2-2 后，解前、中、后拖船，见位④。

8.8 大型船舶微顺流靠泊技术

8.8.1 大型集装箱船微顺流靠泊

大型集装箱船舶尺度大，受风、流面积大，风压力和流压力与风速、流速的平方成正比。本港域潮汛大、流急，入夏后的强对流天气和台风，冬春季节的冷空气、寒潮等均带来强烈的大风。有风无流或者无风有流时，操纵相对简单；有风有流时要综合分析受力大小和方向，科学选择靠泊三要素；若风、流作用力叠加，船舶操纵难度将大幅度增加，引航风险会随之激增。

一般地，风速小于 3~4 级，选择顶流靠泊；风力 5 级以上时就要考虑是否顶风靠泊，尤其是流速很小时；流速大，除非顶风风力达到 5~6 级，否则仍然选择顶流靠泊；那么，码头前沿流速小、或者接近正横的吹开风、吹拢风 4~5 级时，能不能微顺流靠泊呢？

梅山港区 1#~2# 泊位位于汀子门内，码头前沿水域宽度有限，因为存在狭管效应，主航道流速明显大于边流流速。引航实践表明：高低潮转流前后约 1~2 h，主航道流速较强，码头前沿 200 m 范围内是平流或者潮流微弱。也就是说，此时掉头对靠泊的意义不大，掉头后没有顶流（流压），还是需要外力协助才能靠拢；当边流小、风力小或者是拢风时，大家觉得即使主航道有西南流，靠泊也不一定掉头，可以实施微顺流靠泊。

引航公司针对这一情况，专门成立课题组进行研究，与海事院校知名教授强强联手，通过理论研究、船舶仿真模拟器操纵、实船试验等手段，提出允许微顺流靠泊的理论依据、风险评估和实船操纵方法，并逐渐推广应用到其他港区的码头。

1）微顺流靠泊的风险评估

（1）船舶为运输而设计，正车力量大于倒车力量，相同转速下，正车船速大于倒车船速,正车时船舶灵活,倒车时船舶无法控制船向、船位,接近"失控";正车有舵效,倒车无舵效,倒车侧推力使船发生偏转。

(2) 船首瘦削,流线型好,质量小,顶流便于入泊;船尾结构复杂,比较丰满,质量大,受流面积大,相同流速下,流压力变大,控制比较困难。

(3) 顶流有利于降速,减小船舶惯性,缩短船舶冲程;顺流则正好相反,让船舶从动态变为静态更难。

(4) 拖船的艘次、总马力按照顶流靠泊配置,顺流靠泊需要更多外力支持;万一配置不足,操纵风险会变大。

(5) 实施顺流靠泊对流速有一个极限值,驾引人员对流速的判断,一靠导航仪器二靠目测三靠经验,非正规半日潮港潮流的不确定性增加操纵风险。

2) 微顺流靠泊的前提

(1) 主机的可靠性。正、倒车的反映时间、启动次数满足规范要求。

(2) 流速、流向的发展趋势。靠泊时间避开急涨或急落时段,流速应该小于 0.5~1.0 kn,并且越来越弱或者变为顶流。

(3) 具备足够艘次、马力的拖船,弥补船舶舵效的损失。

(4) 驾引人员具有娴熟的操船技术,能够有效应对船舶纵向速度、横向速度、转船力矩发生的变化。

3) 微顺流靠泊的理论计算

大型集装箱船舶靠泊时主要依靠车舵、侧推器和拖船将船平行顶向码头,船舶的纵向速度很小,所需拖船的拖力主要用于克服风、流压力和波浪漂移力,故其运动方程式可简化为:

$$Y_t = Y_a + Y_w + Y_d \tag{1}$$

式(1)中:Y_t 为拖船拖力;Y_a 为风压力;Y_w 为作用于船体的横向水动力;Y_d 为波浪漂移力。

$$Y_a = \frac{1}{2}\rho_a C_y V_a^2 A_L \tag{2}$$

式(2)中:ρ_a 为空气密度,取 1.226 kg/m³;C_y 风动压力系数,接近正横时 C_y 取 0.807;A_L 为侧面投影面积,取 8 560 m²;V_a 为风速,取 10 m/s。

根据表 8-3 提供的 F 轮的数据,得 Y_a 为 423 kN。

$$Y_w = \frac{1}{2}\rho_w C_{wy} L d V_w^2 \tag{3}$$

式(3)中：ρ_w 为海水密度，取 1 018 kg/m³；L 为船长；d 为吃水；V_w 为流速；C_{wy} 为横向水动力系数，其大小与水深/吃水比和流舷角大小有关，码头前沿水域的水深/吃水比约 1.5；通常，流舷角<25°时，C_{wy} 取 0.25。

根据表 8-3 提供的数据，当 V_w 分别取 0.5 kn、1.0 kn、1.5 kn 时，Y_w 分别为 32.3 kN、129.1 kN、290.5 kN。

$$Y_d = \frac{1}{2} g L \xi_d^2 C_{yd} \tag{4}$$

式(4)中：g 为重力加速度；ξ_d 为平均波浪幅值；C_{yd} 为波浪漂移力系数。该梅山水域波浪很小，忽略不计。

对于大型集装箱船而言，船舶纵向上的速度和惯性通过主机进或倒很容易解决，风、流压产生的横向力依靠拖船、侧推器和车舵效应来克服，当然也可以灵活利用风、流压力的横向分力相互对冲以降低或者削弱对船舶运动的不利影响。

从上述计算可知，风压力明显大于流压力，当流速为 0.5~1.0 kn 时，流压力很小，远小于风压力，但是流速为 1.5 kn 时，流压力 290.5 kN，风压力 423 kN，这就是集装箱船舶可以微顺流靠泊的主要原因。当风、流压力叠加时，Y_t 分别为 455.3 kN、552.1 kN 和 713.5 kN，即需要两艘 4 000 HP 以上拖船。

表 8-3 F 轮主要技术参数

总长/m	306	艏侧推器/kW	2 500
型宽/m	45	主机功率/kW	66 860
型深/m	24.3	正面受风面积/m²	1 510
本航次吃水/m	12.5	侧面受风面积/m²	8 560
载箱量/TEU	9 250	排水量/载质量/t	144 477/108 800

4) 微顺流靠泊实例

某日农历二十五，F 轮船长 306 m，宽 45.0 m，前吃水 12.5 m，尾吃水 12.5 m，计划 1400 靠梅山港区 1#泊位；当日镇海低潮潮时 1219，潮高 156 cm，镇海高潮潮时 1945，潮高 325 cm，东南风 8~10 m/s，T×2。

1315 时离泊的引航员报告：码头前沿 300 m 外西南流流速 1.0~1.5 kn，200 m 内的西南流流速约 0.5~1.0 kn；结合平时对该水域潮流特点的总结，定 1400 微顺流右舷直靠，具体靠泊示意见图 8-18。

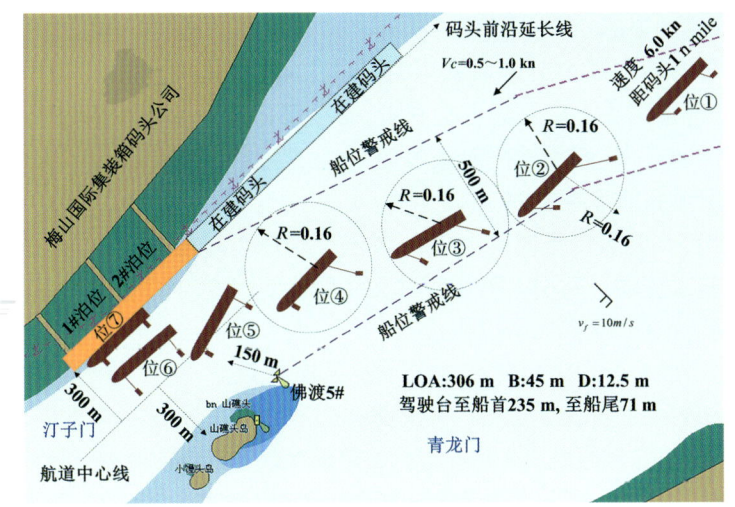

图 8-18　F 轮吹拢风、微顺流不掉头靠梅山 1#泊位示意

位①：船舶距码头大约为 1 n mile，航速 6 kn，航向 240°，船位距码头 0.35 n mile，令停车淌航；两条全旋回拖船分别带在左舷船首、船尾，拖缆位置尽可能靠近艏艉，船首备妥左锚。

位②：船舶受强吹拢风作用，船首必定迎风转，不久右满舵会压不住、失去舵效，为了保持船位与航向令短时间进车或首部拖船肩顶，尾部拖船正横往后拖，航速保持约 5 kn，首向约 245°；因汀子门宽度为 600 m，设活动距标圈（VRM）为 0.16 n mile，便于掌握船位。

位③：因船舶右舷受流、左舷受风作用，所以两者在一定程度上相互抵消，在入泊过程中先保持右舷小角度受流，航速控制在 3~4 kn，与码头横距 0.3 n mile。

位④：抢占上风位置，距岸约 0.25 n mile，航速 3 kn 左右，航向 230°与码头走向接近，如果船首左偏，继续令首拖肩顶、艉部拖船吊拖，保持船位在航道中心线略左侧。

位⑤：距岸约 300 m，航速 2 kn 左右，受风压作用，船尾压向码头，令首拖加车顶，尾拖减车，慢慢让左舷受流，形成"倒靠"状，灵活调节侧推器方向，调整靠拢速度和靠泊角，必要时可右满舵短暂进车甩尾稳住船身。

位⑥：距岸小于 200 m，流的影响很小，主要是风压力致船向右漂移。根据横向移动速度及时令前后拖船松缆拖，由于大型集装箱船受风面积大，拖缆必须送足，加车要平稳有序，调节船身基本与码头平行，航速 1~2 kn。

位⑦：驾驶台接近指泊旗，距码头 2 倍船宽，主要关注横向速度，不要拖停，保持连续靠拢的姿态,直至平稳贴拢码头。如果感觉明显拉不住,令首侧推器全速向左,必要时抛左锚 1 节落水刹牢,抑制船首横移速度,伺机车舵配合控制船尾。逐渐松链至码头 1 倍船宽再次刹牢,调整尾拖拉力让船舶整体横向平移,必要时右满舵"点一车"抵消船尾甩进力矩,靠拢速度控制在 10 cm/s 以内。

5）微顺流靠泊注意事项

（1）控制入泊前倒车时的余速。余速小则倒车拉停的时间短,倒车侧推力小,船舶偏转效应弱。驾引人员应密切关注船首偏转方向,敏锐察觉纵横向速度,适时指挥前后拖船、侧推器予以纠正。

（2）适当加大入泊时的横距。由于吹拢风较大、顺流,航速下降很慢,加上舵速较正常小,失去舵效的时机比顶流早。船舶淌航过程中入泊势必左转,如果为维持舵效频繁用车,既不利于刹减航速又担心主机的启动次数太多增加操纵风险;为了给船舶转动、摆位留出时间和空间,微顺流靠泊的横距通常比顶流时大 1~2 倍船宽。

（3）必须灵活运用"倒靠"技巧,使大船的姿态呈"倒靠"状。让船舶外当受到适当流压,利用潮流使大船缓缓向码头靠拢。"倒靠"的角度先大后小,开始时可选择 15°左右,随着船舶整体靠向码头,再慢慢减小至 5°,当船离码头 1~2 倍船宽时调整船首向与码头平行。能否使船舶呈"倒靠"状是检验驾引人员能力与水平的重要指标,而恰如其分地把船舶首尾线与码头拉平（1~2 倍船宽）又是考验其技能与胆魄的标尺,否则顺流靠泊将是一个漫长和危险的过程。

（4）避免船舶前冲后缩,过多的车、舵、侧推器、拖船口令会导致驾引人员顾此失彼。

（5）令前后拖船顶住再带前后倒绳,不允许船还没有靠拢,缆绳已经落水,以免缆绳钻入碰垫下面或被首侧推器吸入。

8.8.2　海岬型散货船高平潮微顺流靠北仑矿石码头 2#泊位

1）码头及船舶资料

北仑矿石中转码头是宁波港域较早建设的大型散货卸船专用码头,为宝钢、武钢等配套建设使用。该码头位于金塘水道南侧（29°56′.21N/121°52′.88E）,西邻北仑第一集装箱码头有限公司 7#泊位,东邻台塑码头,南侧为港池。1#泊位在东、2#泊位在西,码头走向 108°~288°;1#泊位设计水深 20.0 m,为 15 万吨级码头,曾经靠泊 18.1 万吨级矿船;2#泊位设计水深 22.5 m,为 20 万吨级码头,曾经靠泊 32.6 万吨级矿船。

V 轮是常见的到港船型,主要船舶资料如表 8－4 所示。

表 8-4　V 轮主要船舶资料

船长/m	299.9	船宽/m	50
驾驶台至船头/m	256.95	驾驶台至船尾/m	42.95
夏季满载吃水/m	18.39	锚重/t	13.8
总吨	106 796	净吨	67 724
舵面积/m²	78	载质量/t	205 616
主机功率/kW	19 620@91 r/min	L_{BP}/m	292
装载情况下主机转速(r/min)及速度(kn)			
DEAD SLOW AHEAD	34/5.7	SLOW AHEAD	47/8.0
HALF AHEAD	61/10.5	FULL AHEAD	75/12.9

2) 靠泊窗口及潮流情况

一般以镇海潮时作为参考,高平潮靠泊窗口为镇海高潮时,低平潮靠泊窗口为镇海低潮时。两个靠泊窗口均为左舷靠泊。

大潮汛期间,该码头附近水域在镇海高潮时开始落流,镇海低潮后 2 h 开始涨流。小潮汛期间,镇海高潮后 20~30 min 左右开始落流,镇海低潮后 2.5~3.0 h 左右开始涨流。

3) 靠泊要求和拖力计算

靠泊时一般要求靠拢速度≤10 cm/s;靠拢角度≤5°。

缆绳布置:20 万吨级船舶艏缆至少 6-4-2,17.5 万吨级船舶艏缆至少 5-4-2,船艉缆一般 5-4-2。

根据《海港总平面设计规范》的规定,所需拖船总功率为:

$$BHP = KQ$$

式中:BHP 为所需拖船总功率,kW;Q 为船舶载质量;K 为系数,DWT>50 000 t 时,取 0.05。载重 20 万 t 的矿船所需拖船功率为 10 000 kW。根据港口生产和目前拖船规模,20 万吨级矿船靠泊一般配置 4 艘 4 000 HP 以上的拖船。

4) 靠泊操纵

图 8-19 为靠泊操纵分步简图示意。

(1) 节点 1:协和码头对开,距码头 1.0 n mile;船速控制在 4~5 kn,航向 245°左右。

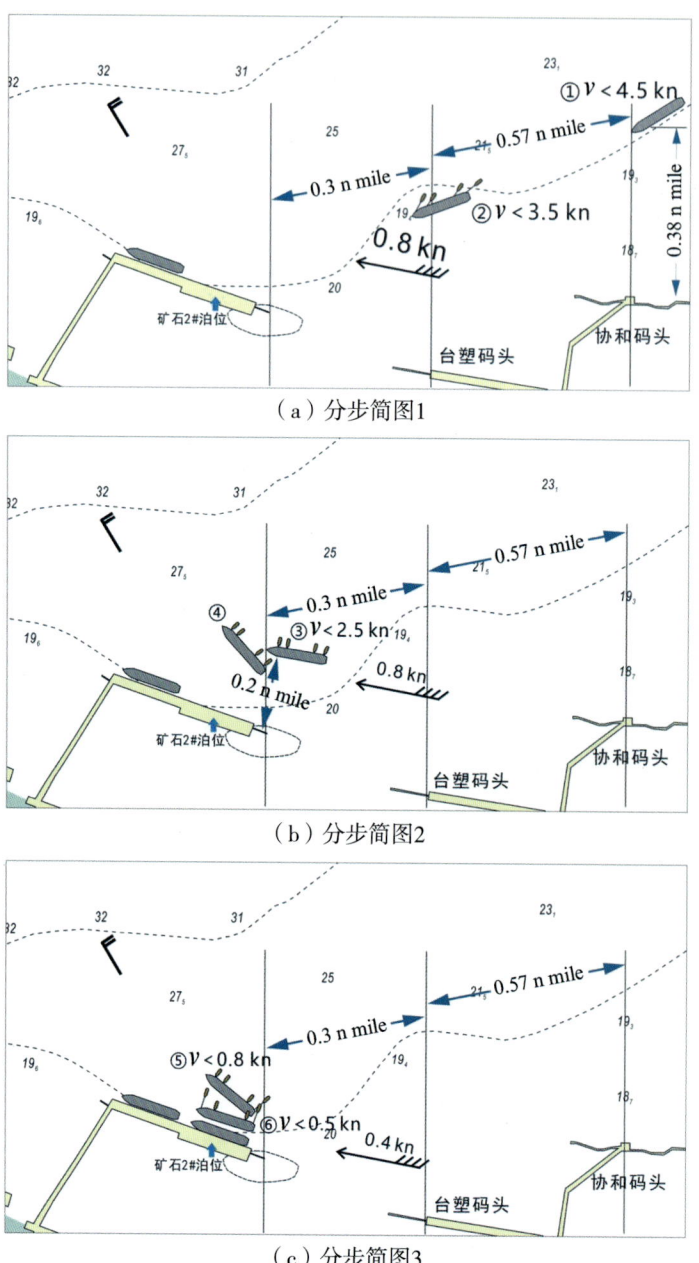

(a) 分步简图1

(b) 分步简图2

(c) 分步简图3

图 8－19　靠泊操作分步示意

①高平潮靠泊,起锚时通常北仑锚地仍是涨流,船头向东,应利用拖船协助掉头;调头以后船舶会明显增速,应及时减车停车。

②进口直靠时,若早到或小潮汛尚有涨流时,招商码头对开水域应及早停车溜航。

③4艘拖船到位后,最大马力拖船在右舷艉楼带妥,第二马力拖船在右舷船尾舷部带妥,马力较小的2艘拖船分别在船舶2~3舱位置和驾驶台前部带缆。

(2)节点2：距码头0.3 n mile;船速控制小于3.5 kn,航向250°左右。

①高平潮时吃水18.4 m左右的船舶可沿-20 m等深线往泊位方向驶近,艏对2#泊位东端,可使用船尾拖船向后拖协助船舶减速。

②进口船可紧贴协和码头对开的-19.4 m水深点通过,航速小于3.5 kn,适时停车溜航。

(3)节点3：船首抵泊位前端时,船速约2.5 kn,横距0.25 n mile,航向280°、准备倒车。

①微顺流状态,速度较难控制在2.5 kn左右,应及早控速、停车。

②倒车后船舶有一定的向外的转头角速度,艉部拖船加车顶,顺势让右舷受流。

(4)节点4：船舶基本倒停或略微冲过头,呈负角度往泊位顶推。

①艏向不超过315°,若船尾顶推难以拢泊可令艏拖船将船头拉出,待负角度20°以上艏拖船回顶位。

②顶推的过程中不要有前冲速度,防止转心朝前移动,使用倒车让船慢慢后退。

(5)节点5：横距1链至2倍船宽,逐渐调回靠泊角。

①横移速度约1 kn。

②此时涨流越来越缓,负角度减小至10°左右。

(6)节点6：横距2倍船宽至靠拢。

①视情令艏艉拖船送缆到拖位待命。

②流速微弱,横移速度逐渐减小至随时可控。

③贴拢时刻切忌前冲后缩,对准指泊旗平行靠拢。

5)注意事项

①一般到泊位对开后才知道要顺流靠泊,此时应及时调整操纵思路和大幅度改变船舶姿态,避免里当受流越靠越开。

②充分利用涂泥嘴大转向降低船速,在万华码头至穿山西口,以停车或能维持舵效的最低转速溜航,尽量避免过早抵达码头前沿。

8.9 45万t油船"泰欧"轮进港靠泊

为了提高宁波港口知名度和城市形象,在经常参加虾峙门在航过驳引航员的建议下,经海事主管机关批准,本港迎来了当时在航的世界上最大油船"泰欧",该船分别于2005年、2017年完成各二个航次的进出港任务,彰显了宁波引航的实力。

8.9.1 主要创新点和引航限制条件

1) 引航创新点

该轮是目前在航的载货吨位最大的船舶,是超级油船,国内只有宁波接纳了重载的她。主要引航创新点如下:

(1) 虾峙门口外30万吨级深水航槽过重载的45万t油船;

(2) 驾驶台甲板偏短,靠泊过程中最后12 m对于主引航员来说是盲区;

(3) 45万吨码头靠泊重载的45万t巨轮,填补业界空白;

(4) 确定协助靠泊拖船的数量要求。

2) 限制条件

能见距离≥1.0 n mile,靠泊时能见距离≥0.5 n mile,实测风力≤13.8 m/s,浪高≤2.0 m,限白天进出港,至少2名资深引航员引领,T×6。

8.9.2 引航方案的制定

"泰欧"轮于2005年两次到访宁波,吃水分别为18.0 m和19.0 m,靠泊实华1#泊位,那时,虾峙门口外还没有深水航槽,海图图注水深18.2 m,引航员均在虾峙门口外上船,协助船舶乘潮过浅滩;虾峙门口外深水航槽于2008年启用,2017年"泰欧"轮又两次到访宁波,吃水分别为20.8 m和22.0 m,引航员均在虾峙门深水航槽外上船。

1) "泰欧"轮过虾峙门口外深水航槽的航迹带宽度

依据《海港总平面设计规范》要求,单向航道的宽度:

$$W = A + 2C$$

$$A = \eta(L\sin\gamma + B)$$

式中: W 为航道通航宽度(m); A 为航迹带宽度(m); C 为船舶与航道底边线间的富余宽度(m),油船或者危险品船,当航速>6.0 kn时,取 $1.50B$(见表8-5); L 为设计船长,m;B 为设计船宽,m;η 为船舶漂移倍数;γ 为风、流压偏角。η、γ 采用表 8-6 的数值。

表 8-5 船舶与航道底边间的富余宽度 C

项目	杂货船或集装箱船		散货船		油船或其他危险品船	
航速/kn	≤6	>6	≥6	>6	≤6	>6
船舶与航道底边线间的富余宽度(C)/m	0.50B	0.75B	0.75B	B	B	1.50B

表 8-6 船舶漂移倍数 η 和风、流压角 γ 值

风力	横风≤7 级				
横流速度 V/(m/s)	$V≤0.10$	$0.10<V≤0.25$	$0.25<V≤0.50$	$0.50<V≤0.75$	$0.75<V≤1.0$
船舶漂移倍数(η)	1.81	1.75	1.69	1.59	1.45
风、流压偏角 γ/(°)	3	5	7	10	14

"泰欧"轮船长 380 m,船宽 68 m。根据以往过槽经验,当风力≤13.8 m/s 时,风、流压偏角为 3°~7°左右;当 n 取 1.69、γ 为 7°时,

$$A = \eta(L\sin\gamma + B) = 1.69(380 \times \sin7° + 68) \approx 193 \text{ m}$$

则:$W = A + 2C = 193 + 2 \times 1.5 \times 68 = 397$ m

当时,虾峙门深水航槽的底宽为 390 m,当风流合压角等于 7°时,船舶将无法通过深水航槽。只有风流压差角<7°时,船舶才可以安全通过虾峙门口外深水航槽。

设船舶经过虾峙门深水航槽的横流流速为 V,$0.25<V≤0.50$(m/s),η 取 1.69,确定最大风流压角 γ:

$$W = \eta(L\sin\gamma + B) + 2C$$

$$390 = 1.69(380\sin\gamma + 68) + 2 \times 1.5 \times 68$$

$$\sin\gamma \approx 0.1107$$

$$\gamma \approx 6.35°$$

由上式计算得出,船舶过槽期间最大横流流速小于1 kn时,最大的风流压差角必须小于6.35°。

2)"泰欧"轮过虾峙门口外深水航槽的富余水深

航槽设计水深22.1 m,设"泰欧"轮吃水为22.0 m,根据《虾峙门口外深水航槽通航安全管理规定》,保持不小于船舶实际吃水10%且最小不得低于2 m富余水深的要求,考虑到45万t油船通过30万吨级航槽,我们特意把富余水深提高到吃水的12%,计算可知所需潮高≥2.54 m。

虾峙门口外水域呈不规则半日潮特点,无论是大潮还是小潮,高潮时潮高均大于2.54 m,除了高潮出现在晨昏蒙影之外,其他日期均可以进港。

3)"泰欧"轮靠泊拖船马力的计算

"泰欧"轮的载质量超45万t,排水量约50万t,港作拖船总功率根据《海港总体设计规范》(JTS 165—2013)附录G估算,计算公式为

$$BP = (D/100\ 000) \times 60 + 40 = 340\ t$$

式中: BP 为所需总拖力,t;D 为船舶排水量,t。

根据规范计算可知,排水量50万吨的"泰欧"轮所需总拖力为340 t。一般情况下,拖船每100 HP基本能够给出1 t的推力,即,拖船总功率不应小于34 000 HP,需要使用6艘大马力拖船。结合本港拖船规模,实际配置如下:1艘7 200 HP+2艘6 000 HP+1艘5 600 HP+2艘4 800 HP,总马力为34 400 HP,满足规范要求。

4)登船前的准备

(1)船位

大型船舶乘潮过虾峙门口外深水航槽,登船点宜选择在深水航槽引导浮的南侧0.5 n mile处。这样做有两个好处:一是船舶只要转动较小的角度就可以顺势进入深水航槽;二是有利于大船为引航艇或者拖船做下风,虾峙门口外风浪自东往西,大船只要转到西北方向,左舷就非常安全;可以提早和船舶确定引航员的登船点和时间,通过导航程序作持续的观察,也可以使用VHF联系确认。

(2)航向

虾峙门口外深水航槽的轴向线为288°,引航员登船点的航向约为275°,要及早提醒船长流致船舶向右漂移,注意与虾峙门大型灯船的距离,不可小于3链。

(3)船速

大型船舶质量大、吃水深,启动慢、惯性大,引航员登船航速4~5 kn,引航梯可以两舷都准备,以防万一。

5) 过深水航槽的操纵

根据理论研究,当 $1.2<h/d<1.5$ 时,该水深即为浅水。在该水域中的航行船舶操纵性能将受到明显影响,并达到容易发现的程度。"泰欧"轮吃水为 22.0 m,当 $h/d<1.2$ 时,该水深为超浅水,重载通航虾峙门口外深水航槽属于超浅水航行,航行船舶操纵性能将受到显著影响。

除水深受限外,深水航道通航宽度也受到限制,为减少深水航道斜坡岸壁效应,船舶航行应尽量控制在航道轴心线上,应提早预配风流压角、船舶矢量线与轴心线重叠。

为保障船舶航行安全,重载船舶进入航槽前应发布航行通告、核实深水航槽的最新水深和航标的变化情况,控制富余水深不小于实际吃水的 12%;悬挂限于吃水船舶的信号,护航拖船应保障船首 1 n mile 范围内无其他船舶影响,通航时间仅限于白天,能见度不小于 2 n mile,风力≤6 级(13.8 m/s),与航槽内的他船保持 2 n mile 以上的距离。

深水航槽呈东西走向,与浙江沿海外航路接近垂直,各种类型船舶高频次穿越航道,部分船舶认识不到限于吃水船舶的困难,不肯主动避让,需要提早联系,请他船帮忙,必要时申请 VTS 协调。

船舶必须有一定的加速性能,目的是摆脱风流压的影响。"泰欧"轮长期在马六甲海峡抛锚进行海上过驳,船舶污底阻力巨大,过深水航槽期间,流舷角接近 20°~30°,根据计算,当航速小于 8 kn 时,流压角接近 7°,船舶很难在深水航槽中保持船位。第三次进港时,曾经发生流压角达 10°左右,即使加车至前进三,航速到 7 kn 以后也上不去,引航员告诉船长船舶阻力太大,必须清理污底阻力,船方接受引航员的意见。第四次更大吃水进港前,船方特意让"泰欧"轮到深圳进行坞修,为重载进港创造条件。

必须控制船速,航速宜小于 10 kn。"泰欧"轮的方形系数很大,下沉量随着船速的平方数增加,为了保持船舶在狭窄的航道内安全通行,留出时间和空间让本船、他船采取避让措施,必须随时允许减速甚至停车淌航,始终保留加减车的操纵余地。

8.9.3 引航实施过程

1) 船舶资料及潮流、气象

"泰欧"轮船长 380 m;船宽 68 m;设计吃水 24.5 m;总吨 234 006;净吨 162 477;载质量 441 561 t,排水量约 500 000 t;本航次吃水 22.0 m;当日镇海潮时潮高:0700/2 m;1355/363 cm;2000/72 cm;当日气象:西北风 4 级,能见度≥3 n mile。

2）引航时间节点

"泰欧"轮计划某日 1530 靠泊大榭实华码头 3#泊位,T×6;主要引航时间节点见表 8－7。

表 8－7　主要引航时间节点

序号	进港航行及靠泊主要时间节点
1	1030 深水航槽东面(虾峙门灯船附近)2 n mile 处引航员上船,航速≤5 kn
2	1100 深水航槽 1#浮筒,航速 6~8 kn,船舶过槽航速≤10 kn
3	1200 出深水航槽,航速≤10 kn
4	1220 抵桃花灯桩,航速≤10 kn
5	1300 上溜网重岛,航速≤12 kn
6	1340 洋小猫东,航速≤12 kn
7	1400 长柄子头北,航速≤10 kn
8	1440 螺头角正南,航速 6.0 kn
9	1510 实华码头对开水域,横距 0.3~0.4 n mile,倒车前航速 2~3 kn
10	1530 左右纵向速度接近为零,横移速度 3~5 cm/s,靠泊角接近零,平稳贴靠码头
11	1700 带好缆绳,2 条拖船船边监护

3）泊位对开的操纵过程

螺头角距码头 2 n mile,航速 6 kn,带好 6 条拖船,最大马力是 T_1、其次是 T_2、第三、四是 T_4 和 T_3,T_5 带在正船尾,T_6 在前面驱赶小船,见图 8－20。

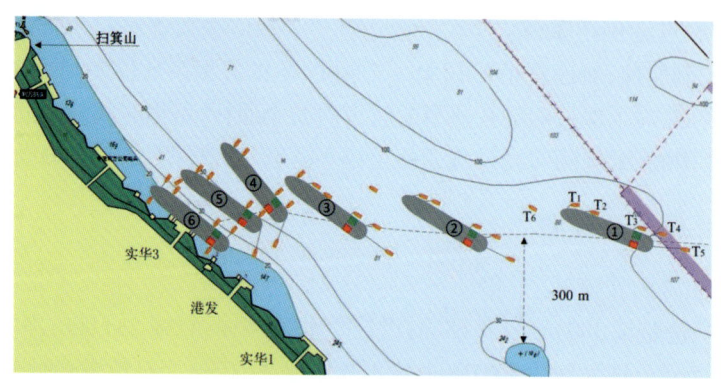

图 8－20　"泰欧"轮靠泊船位

位①：提前将雷达的 VRM 调节为 0.35 n mile，偏心显示至穿鼻岛最北侧，以避让-18.8 m 浅滩，此时刚穿越定线制出口通道，主航道微涨流，首对扫箕山，淌航中如舵效不佳，可点一车助舵，航速在 4 kn 左右，可令 T_5 慢车拉刹减速度，T_6 继续留在船首前方清理航道，航迹向为 275°。

位②：在浅滩北 300 m 外通过，船首转至涂泥嘴，如左满舵压不住，点车助舵，令 T_4 和 T_5 刹速，航速约 3.5 kn，航迹向 275°。

位③：受穿山北口涨潮流影响，矢量线会逐渐向右，船位摆拢困难，距实华 1# 泊位约 4 链，令 T_1、T_2 顶推抑制右偏，效果一般，航速约 3 kn；开始倒车，在倒车横向力和流的作用下，船头可能明显右偏，待速度降至 2 kn 以下时此偏转将会被逐渐抑制，速度降至 1 kn 以下时船头将被顶回，此时再令 T_3、T_4 顶推，防止船头过快左转。倒车时注意观察矢量线，使其指向码头方向，不要将船完全倒停，留一定余速更有利于靠泊，距码头距离约为 3 链。

位④：一旦发现顶拢困难，说明落流没来，立即倒靠，T5 往码头方向快车拉，T_1、T_2 微速顶，T_3、T_4 快车顶，让右舷受流，船舶马上动起来、左移明显。

位⑤：距码头 200 m 时必须调整船首向与泊位基本平行，横移速度小于 1 kn 时，令 T_1、T_4 松缆准备拉，T_6 移位至左舷艏部准备顶，离泊位 150 m 解 T_5 缆绳，移到左舷艉部准备顶，令副引航员 1 到主甲板接油管处观察靠拢角度和速度，令驾驶台的副引航员 2 利用雷达或者导航终端报告横距和速度。

位⑥：灵活指挥 6 艘拖船，控制船舶横移速度；距码头距离 100 m 时横移速度小于 0.5 kn；距码头距离 50 m 时横移速度小于 0.3 kn；距码头距离 12 m 时，主引航员看不见码头护舷，凭经验盲靠，横移速度小于 0.2 kn，副引航员 1 报告船位（输油臂）朝前或者退后几米，靠泊角度（姿态）是否正常，必须提供快、慢或者正常的意见，副引航员 2 报告船首向、横距及横移速度，最后以 3~5 cm/s 横向速度平行贴拢码头，无纵向速度和转头力矩；前后出缆 4-4-2，先带前后倒缆、横缆再带艏艉缆。

4)"泰欧"轮引航总结

每一次特殊引领的成功都有它的科学道理。2005 年 3 月 30 日"泰欧"轮第一次成功靠泊大榭实华公司 1# 泊位，刷新了国内码头靠泊最大船舶吨位的新记录。当时引领成功的主要经验如下：

（1）引航站根据 ULCC 预报时间精心制定引航方案，选择缓流靠、离泊，指派两名以上高级别引航员上船指挥引领；

（2）靠泊时及早在螺头角附近带妥拖船，使用大马力拖船，数量为 6 船；

（3）进出虾峙航道，应局部交通管制，实行单向通航避免交会；

(4) 指派拖船全程护航,送引航员到虾峙门外锚地上船;

(5) 航行时能见度大于 1 n mile,靠泊时能见度大于 0.5 n mile;

(6) 靠泊时宜适当增加横距,安排 1 艘拖船带在船尾正中作制动及靠泊后调整前后位置用;

(7) 由于驾驶台内缩,接近泊位时主引航员在驾驶台指挥,副引航员在主甲板观察靠拢角度与横距,有条件的情况下在码头上再指派一名引航员协助;

(8) 前后带缆各 4-4-2。

8.10 大型客滚船尾部"丁靠"技术

8.10.1 引航创新点及难点

1) 引航背景

为配合国家大规模物资运输,要求大型客滚船尾部垂直"丁靠"梅西多用途码头,在宁波海事部门的支持下,通过引航员精心准备,科学计算,与船方紧密配合,大胆操纵,最终顺利完成多次任务。

2) 引航创新点

(1) 本港类似的操纵非常罕见,大型客滚船尾部垂直"丁靠"更是第一次;

(2) "丁靠"常见于潮流微弱的部分港口码头,在潮流湍急、狭窄的汀子门内完成是一大创新。

3) 引航难点

(1) 确定"丁靠"的水文、气象条件;

(2) 确定"丁靠船"的抛锚时机、位置和出链长度;

(3) 确定助泊拖船的马力、数量;

(4) 完成靠离泊、稳泊引航操纵。

4) 限制条件

能见距离≥1 n mile,实测风力≤12 m/s,浪高≤1.5 m,选择高、低平潮缓流时靠泊,须抛左右两锚以控制船身,限白天靠泊。

8.10.2 引航相关计算

1) 船舶"丁靠"的流压力计算

某船船长 180 m;船宽 28 m;型深 9.0 m;本航次吃水 6.3 m;尾跳板长 17 m,宽

6.0 m,距水面限高 5 m;船舶排水量约 20 000 t。

流压力的计算公式为

$$Y_w = \frac{1}{2}\rho C_{wy} V_w^2 L d$$

式中:Y_w 为流压力,kN;ρ 为海水密度,1 018 kg/m³;C_{wy} 为横向水动力系数;V_w 为流速,取 1.5 m/s;L 为船长,180 m;d 为船舶吃水,6.3 m。

$$Y_w = \frac{1}{2} \times 1\,018 \times 0.8 \times 1.5^2 \times 180 \times 6.3$$

$$Y_w \approx 039 \text{ kN} \approx 106 \text{ t}$$

注①:流压力的计算关键点是确定 C_{wy} 即横向水动力系数的大小,其值与水深吃水比和流舷角有关,查阅相关教科书得到,当水深吃水比 5~7、流舷角为 90°时,$C_{wy} \approx 0.8$,三者的关系见图 8-21。

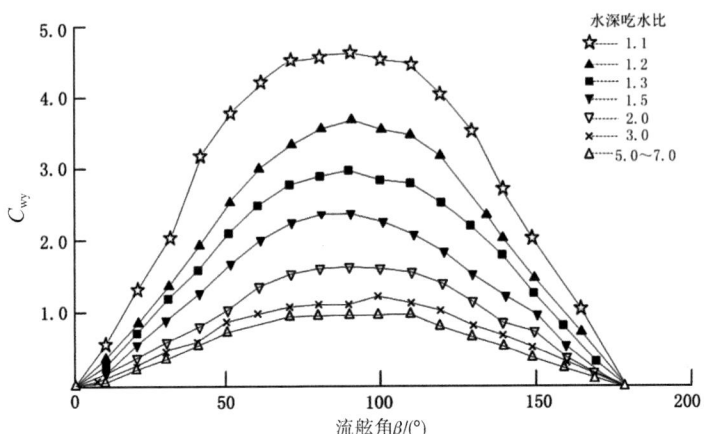

图 8-21 水深吃水比、流舷角、横向水动力系数的关系

注②:因汀子门风浪很小,涌浪对船舶的作用力不作计算。

2) 船舶"丁靠"的风压力计算

大型客滚船受风面积较大,尤其是横风对靠离泊、稳泊有很大影响。梅西多用途码头走向 053°~233°,夏天常见东南风,冬春季常见西北风,大型客滚船垂直"丁靠"时,风舷角较小,风压力不大,但是西南风和东北风的风压力大,尤其是风压力与流压力同向时对稳泊影响更大。

风压力的计算公式为

$$F_y = \frac{1}{2}\rho_a C_y V_a^2 A_L$$

式中：F_y 为风压力，kN；ρ_a 为空气密度，1.226 kg/m³；C_y 为风动力系数，东北风和西北风的风舷角接近90°，$C_{90°} = 0.807332$；V_a 为风速，取 12 m/s；A_L 为水线以上船体侧面受风面积之和，查阅相关资料可得约 4 000 m²。

计算可知：$F_y \approx 285$ kN ≈ 29 t

3）锚抓力计算

为了控制船位，必须抛左右两锚，该船左右锚的链长均只有 10 节，锚重 7.36 t。查海图可知汀子门内有一个深潭，水深 30~50 m，因"单头通"港池，采用前进法抛左、右锚，退回来再尾部垂直"丁靠"码头。考虑到卧链不可能直线平躺于海底，为了防止出链太多，锚链不够用，尾靠过程中须保留一定的锚链余量，经与船方商量，定左右两锚的间距为 200 m，设两锚各自 8 节入水，每节链长按 25 m 计算也是 200 m，两锚的间距与一舷的链长相等，呈等边三角形状，夹角均为 60°。

锚链与船舶首尾线成 arcsin100/25×8 = 30° 的夹角，8 节锚链的总长度为 220 m，水深 45 m，链长大约为水深的 5 倍，锚抓力约为 5 倍的锚重。已知锚重 7.36 t，则锚抓力 P_a 为 36.8 t。

设锚抓力在垂直方向上的分力为 P_{ay}；$P_{ay} = P_a \cdot \sin30°$

$$P_{ay} = 36.8 \times 0.5 \approx 18.4 \text{ t}$$

设锚抓力在船舶首尾线方向上的分力为 P_{ax}；$P_{ax} = P_a \cos30°$

$$P_{ax} = 36.8 \times 0.866 \approx 31.9 \text{ t}$$

当船舶抛左右两锚时，船舶首尾线上有两个 P_{ax}，P_{ax} 主要是拉紧船舶尾部的缆绳使其始终受力，又能够克服船舶因各种原因发生的前冲后缩，避免撞击尾部码头的岸壁，确保尾部跳板基本不动。

4）缆绳张力计算

该船尾部跳板两侧均可出一根与码头垂直的尾缆，左右艉部另外出两根与码头成 60°的尾缆和一根与码头成 75°的尾缆，设缆桩最大受力为 50 t，三根尾缆在码头方向的最大分力分别为 F_{1y}、F_{2y} 和 F_{3y}，则：

$$F_{1y} = F_{2y} = 50 \times \sin30° = 25 \text{ t}$$

$$F_{3y} = 50 \times \sin 15° = 12.5 \text{ t}$$

5）所需拖力的计算

一侧锚链和一舷的缆绳能够提供的水平拉力为

$$F = P_{ay} + F_{1y} + F_{2y} + F_{3y} = 18.4 + 2 \times 25 + 12.5 = 80.9 \text{ t}$$

当流压力 106 t、风压力 29 t 叠加时，锚、链与缆绳承受的合力不足以抵消，需要外部（拖船）的力进行补充，即：106 t+29 t−80.9 t=54.1 t

理论上讲需要 2 艘 3 200 HP 拖船的协助，主管机关为安全起见，要求配置 4 艘 3 200 HP 以上拖船协助。船舶丁靠时的受力分析见图 8－22。

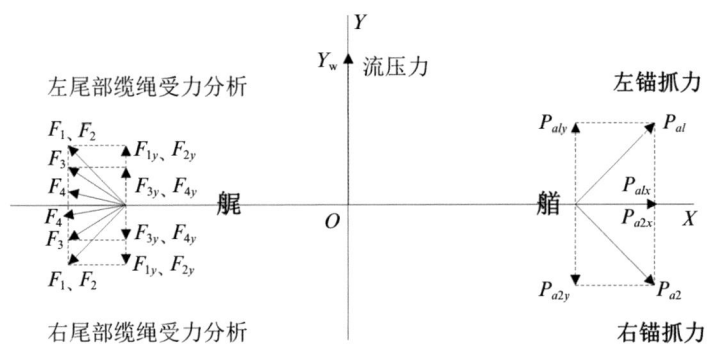

图 8－22　船舶"丁靠"时的受力分析

6）安全措施

（1）尽可能增加缆绳的长度,减小出缆的角度;

（2）尽可能多带缆绳,确保缆绳均匀受力;

（3）尽可能增大双锚的夹角;

（4）合理使用 4 艘拖船顶推,当东北流大于 2 kn 时,可令右前拖船到左舷中间位置顶,反之亦然;

（5）主机、侧推器等随时可用,船员值航行班,两名引航员轮流当值,根据岸上物标和船首向的变化,灵活指挥侧推器和拖船,确保尾部跳板基本不动。

8.10.3　引航实施过程

某客滚船船长 180 m,船宽 28 m,吃水 6.3 m,该船为双车双舵,首侧推器功率 800 HP。计划某日 0730 尾部垂直"丁靠"梅西多用途码头最西南侧,T×4;能见度良好,东南风 3~4 级;镇海高潮 1030,潮高 362 cm。

1）主要引航节点

0515 虾岐门东口 L1 报告线上船,航速约 8 kn；

0540 下栏山,航速 11 kn；

0552 上溜网重岛,航速 11.5 kn；

0615 抵 7 号警戒区,航速 10 kn,

0640 到 6 号警戒区,航速 10 kn；

0700 山礁头左正横,航速 7.5 kn；

0706 梅西码头东北角对开,航速 4 kn,首尾至少带妥 2 艘拖船；

0712 泊位对开下左锚,航速 2 kn；

0716 泊位对开下右锚,航速接近零；

0730 船尾垂直接近码头,距岸 10 m 左右,带跳板两侧的垂直缆；

0740 尾跳板上岸,再带两舷尾缆；

0750 系缆完毕。

2）引航准备

首先,确定先抛哪一舷锚?考虑到码头前沿微顶流(东北流),采用前进法,即先抛左锚,再抛右锚,好处是进车有舵效,容易控制下锚点。

其次,确定两锚间距。该船左右链各 10 节,下锚点水深 45 m,为获得最大锚抓力又不至于链长不够,与船方商定间距为 200 m。

第三,确定下锚点与码头的横距。该船长 180 m,尾部悬空保持距码头 10 m,两锚链夹角约 60°,与船方商定横距为 300 m。

第四,确定拖船的布置。该船"丁靠"时间约 3 h,东北流由小到大,4 条拖船在两舷的首尾处带缆,可顶可拉,便于操纵和稳泊。

3）靠泊操纵要点

上船后察看引航资料,向船长介绍主要引航节点,确定靠泊方案。发现船上没有 AIS PILOT PLUG(引航员接口),不能用 PPU 设定抛锚点,马上通知码头在靠泊点以东 100 m 处前后放置 2 面红旗,便于确定下锚点位置。某船具体"丁靠"操纵示意见图 8-23。

位①：船进汀子门时,把一台雷达的量程设为 0.75 n mile 挡,VRM 设为 300 m 即 0.162 n mile；沿着 AB 线行驶,此时航速 4 kn,将双锚用锚机松至 1 节甲板,灵活运用双车双舵调整风流压差角。

位②：保持船位在 AB 线上,当大副视岸上两面红旗接近一线,即图中 P 点时,抛左锚两节落水,令三副迅速在雷达上标注 P 点,按照码头走向 233°向前

图 8-23 某船"丁靠"梅西码头示意

200 m 标注 S 点,此时船速 2 kn,边前进边松链。

位③:当船位接近 S 点时,及时倒车控速为零,抛下右锚 2 节入水。

位④:然后绞左锚松右锚,左满舵、右车微进、左车微退、退一,或者通过拖船顶拉,让船舶向左转动并后退,船尾指向码头。

位⑤:继续倒车缩短船尾与码头间距,利用艏侧推器、拖船和双锚稳定船首向至 143°左右,船尾报告离岸距离 10 m 时,先带船艄(跳板两侧)两侧的垂直回头缆,让双锚的锚链同时受力,各自约 9 节入水,利用尾部两条拖船的顶与拉保持尾部不动,再带左右舷各 3 根艉缆,总共 10 根缆绳。

第 9 章 引航应急技术

9.1 引航中的异常情况处置技术

船舶操纵是一门集多学科(数学、力学、航海学、船舶操纵、船舶交通工程、安全管理和心理学等)、多种技艺和经验的艺术,"没有最好,只有更好",它要求每位引航员必须具备高度的政治责任感、良好的心理素质和精湛的操纵技术,在遇到尴尬情况、紧迫局面甚至发生或即将发生海事事故时能沉着冷静、反应灵敏、措施得力从而化险为夷或减少事故的损失。

9.1.1 起锚时的难题

1) 双锚纠缠

首先向船长(大副)问清楚双锚的抛法("一点锚""八字锚"还是"前后锚")和纠缠情况(如纠缠超过 3 花就很难自行解脱)。

(1)"一点锚"纠缠解脱方法

双锚同时慢速起绞,用车始终保持锚链垂直,利用艏(鼻)慢慢使双链分开,绞锚速度不宜过快,直至双锚离底,由于双锚自己的重力影响而产生自然旋转分解(1983 年 8 月 3 日 20 000 吨级散货船"富余"轮在马峙锚地避 10 号台风后离锚地用此操纵方法)。

(2)"八字锚"纠缠解脱方法

应先慢速绞短锚,用车舵效应把航向对着短锚方向,尽量使其垂直,如长锚太吃力可以适当松链,直至短锚离底后停绞,再绞长锚,同样用车舵尽量保持长锚的锚链垂直,整个过程密切注意双链情况,绞速切不可太快,以免影响短锚锚链自行下滑,直至长锚离底,同上利用双锚的自重让双链自然分解(1985 年 8 月 26 日巴拿马型货轮"望远台"轮在马峙锚地避 16 号台风后离锚地用此操纵方法)。

(3)"前后锚"纠缠解脱方法

"前后锚"一般适用于狭窄航道(如甬江),以免船舶在转流时影响航道或搁浅,其解法是先绞后锚、松前锚,当后锚离底后再绞前锚,直至前锚离底,同样由双锚自重影响自然分解(1975年6月8日"闽海102"轮常洪锚地下前后锚避大雾,第二天离港时遇上述情况)。

如果双锚锚链纠缠超过3花,自己无法解脱,就应申请拖船协助,解脱方法选择缓流时段令拖船拖船尾向纠缠的反方向旋转,直至分开。

2) 起锚时钩上野锚的解脱方法

(1) 看野锚锚链挂在我锚爪(杆)的前方还是后方,如果挂在前方,即用后退一使野锚链向前40°后停车,立即抛下我锚,锚链长度触底即可。如野猫锚链挂在我锚爪(杆)的后方,应用进车,待野锚链向后40°时立即抛下我锚并再绞锚。一般情况能用以上方法解脱野锚,如反复几次解不掉请用方法(2)。

(2) 把野锚链尽量绞高,派水手下去用钢缆穿过野锚锚链再带本船艏缆桩并绞紧,然后松我锚锚链使之和野锚脱开并看其方向用车,当野锚链对我锚无影响时解掉野锚链。如野锚链在我锚爪(杆)上纠缠,用上述方法无法解脱时,最后的办法就是要么派人下去用气割把野锚铉割掉,要么就直接拖着野锚进港靠泊(1984年7月24日"东邦7号"就是拖着野锚链靠三星码头1#泊位)。

9.1.2 航行中的紧迫局面处理

1) 案例1

20世纪70年代的宁波港仅为现在的甬江港区,由于甬江航道水深只有3 m,千吨以上的船舶必须候潮进出并要求进港船舶靠涨水头,因此进港船舶七里锚地起锚时间一般选择在宁波高潮前2 h,此刻锚地的流速约为3 kn以上,对刚起步进甬江的船流压影响相当大,1974年8月26日凌晨2点引航员引领"闽海101"轮(2 000吨级杂货船,长79 m,吃水5.4 m)进港时就在七里锚地西南角和锚泊的"宁渔409"轮(300吨级渔船)发生了碰擦。

"闽海101"轮起锚时首向145°,"宁渔409"轮在我右前方约45°距离0.6 n mile左转10°走150°,此刻发现"宁渔409"轮仍位于我右前方20°左右,距离只有0.2 n mile,我马上叫前进三左满舵,结果还是发生了我船右舷船尾和"宁渔409"轮艏楼前左部擦碰,致使"宁渔409"轮艏楼前左部甲板以上舷墙凹进50 cm,长约2 m左右。

(1) 对流影响估计不足。安全做法应是起锚后不马上转向,保持原航向和"宁渔409"轮原45°方位,直至驶过其船头再右转进港。

(2) 对"闽海101"轮的操纵性能不熟悉。该轮是一艘25年的老龄船,主机是蒸汽机,其气压短时间上不来,因而车还是上不去,虽叫了前进三,但转速仍还是前进一。由于上述两个原因发生擦碰就难免了。幸运的是左转及时未发生直接碰撞，否则后果不堪设想。

2）案例2

1988年10月19日1030时，"桃江海"轮（13万t矿船满载进港，落水，助理引航员操作）至大猫嘴附近（方位50°，距离0.6 n mile），发现一艘约600 t油船于我右前方5°距离1 n mile，即拉一短声示意左舷交会，但对方不予理睬，当相距0.5 n mile时再多次拉一短声示意其早点右转过红灯，然而油船不但不右转，反而向左改向，助理引航员即叫了左舵20°准备和其过绿灯，待让清油船后立即叫右满舵，但我轮仍向左转，首对凉帽山，距离只有0.5 n mile，主引航员立即叫正舵再左满舵，"桃江海"轮终于在距离凉帽山北东角约0.3 n mile调好头，此刻距凉帽山的棺外礁仅0.1 n mile左右。具体船位示意见图9-1。

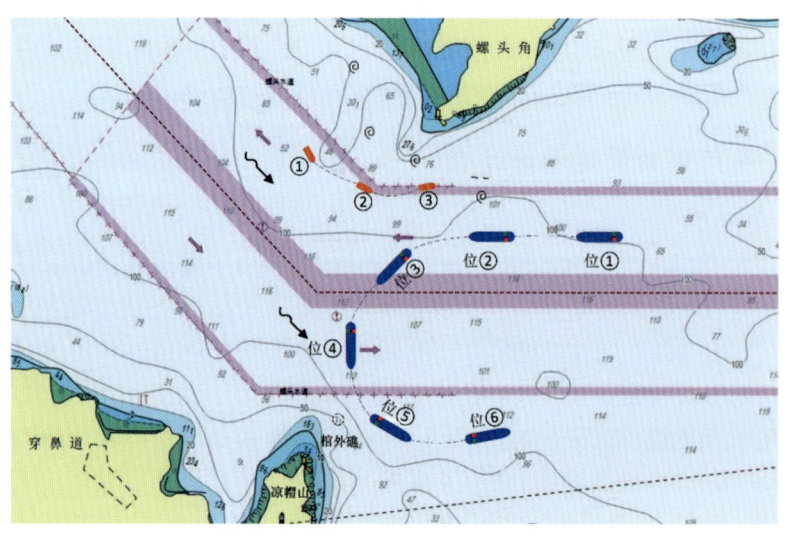

图9-1 "桃江海"轮螺头角险情船位示意

（1）据英版1429海图资料，螺头角附近的最大流速为7 kn，"桃江海"轮平螺头角时右前方首先吃流，因此头很容易左偏，若用左舵避让小船则左转更快，由于13万t满载船的惯性很大，回舵至把定需很长时间，当右舷全部受流时流压影响非常大右转更困难，因此决定用左满舵还是明智之举，有惊无险。

（2）在避让对遇油船时，其实不必用左舵，应保速保向，因为"桃江海"轮当时的船速仅7 kn，而小油船的航速肯定在10 kn以上且操纵灵活，到时候小油船会主动迅速让开，不必管它向左还是向右，只要拉长声警告其早让就行。

3) 案例 3

2004 年 3 月 27 日局调计划"美莎"轮(长 128 m,吃水 6.8 m 的滚装船)1430 时靠镇海#5 泊位涨水头。当时甬江口 1#灯浮附近航道中间打捞船正在进行打捞沉船作业,所有进出港船舶只能走航道北侧,并有巡逻艇现场指挥。

"美莎"轮 1330 起锚,1400 抵长跳嘴附近,走航向 250°,微速进,航速 7 kn,此刻发现镇海 16#泊位附近有一艘 3 000 吨级出口船舶("新晨光 3"),我用高频联系要求该轮在里面等候让我船先进,但该轮不同意,再和现场巡逻艇联系说明情况("美莎"轮顺流进口航速较快,船停车后不好控制)但巡逻艇仍叫我在外面等候让"新晨光 3"轮出口后再进,此刻我已平长跳嘴而"新晨光 3"轮还没有到打捞船位置,没有办法只得右满舵调头。具体船位示意见图 9-2。

当我船调转 180°后"新晨光 3"轮出口,让"新晨光 3"轮通过后我继续右满舵车进一调头,当艏对长跳嘴后右转速度明显减缓,便加车至前进二直至前进三,当艏将对#1 浮时回舵,左满舵对准航道北侧把定,随即停车以免打捞船八字锚锚链被我车叶打着。由于可航水域太窄,虽发现"美莎"轮有左偏趋势,用了右满舵而不敢用进车(怕车叶打着锚链甚至扫着打捞船),结果致使打捞船吊钩和"美莎"轮驾驶台左侧挡风板边缘相碰,好在没有钩住我轮任何部位。

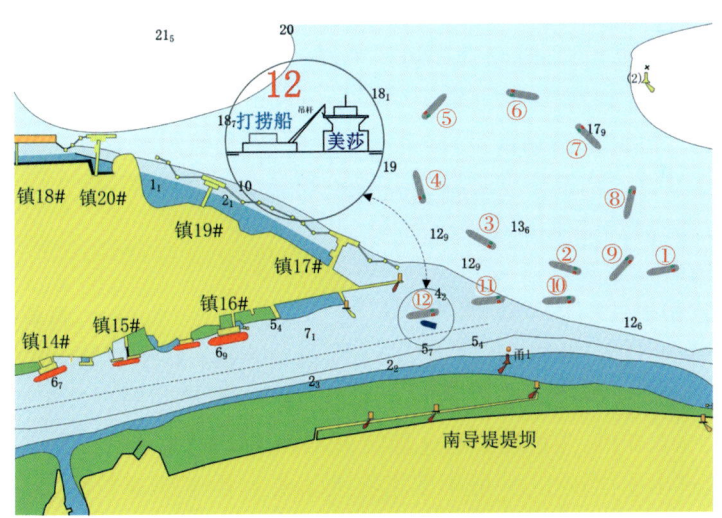

图 9-2 "美莎"轮甬江口险情船位示意

(1) 对七里锚地附近和长跳嘴对开的涨潮流流速流压估计不足。七里附近的流速要比长跳嘴对开水域大,这是转向 270°后尾部流压大于船首流压而产生右转速度减缓的主要原因。

（2）由于涨流作用"美莎"轮掉头的过程中船位已明显偏西而不是原地掉头了，故发生转出容易而转入难的紧迫局面。

（3）安全的做法应是掉头180°后跟着"新晨光3"轮往东行驶再伺机掉头进港。

9.1.3 航行中主机或舵机失灵

1）案例1

1981年11月5日"战斗51"轮（长144 m，吃水8.4 m）计划1030涨流掉头靠镇海#2泊位。1010时进甬江1#浮后用微速前进，航速6 kn，过大游山后（现#15泊位）主机突然停车（高压油管爆裂），快到#2浮时左满舵，但船左转很慢，即令大副先抛左锚1节入水刹住，随即又抛右锚1节入水，当时船速约4 kn船位已偏右，船速至2 kn时令大副继续松双锚直至左右锚各4节入水时船基本停住，此刻船首部已吃浅而船尾部受涨流影响偏向航道中部，好在助泊拖船及时赶到并在"战斗51"轮左舷一、五舱带好拖缆后令其向后45°方向慢拉，"战斗51"轮同时绞双锚；1100时双锚绞起，此时流速已缓，"战斗51"轮在两条助泊拖船协助下顺利靠泊。

（1）大型船舶进出港必须备双锚以防紧迫局面的发生。

（2）发生紧迫局面后如余速超过3节以上，抛锚入水的长度要视水深而定，如水深在10 m以内1节入水为妥，10~20 m应以2节入水为妥，如20 m以上应该用松锚链的方法（除非特别紧张）松至3节甲板，当余速降至2节以内时，时松时停，直至把船拉停或锚链松至所需链长为止，切忌余速过快时一次出链太多，当锚抓底吃力后锚机刹不住而产生丢锚后果。

2）案例2

1986年10月19日1400"明劳依斯"轮（长195 m，吃水11 m，满载铬矿）顺流进虾峙门，航向310°，前进三，航速约12 kn；1420平小双山灯桩，叫右舵20°走320°航向时，舵工报告舵回不来，舵机突然失灵。引航员随即令停车并叫船长通知机舱立刻检查舵机，主机准备迅速翻倒车，叫大副迅速去船头作抛锚准备（当时虾峙门航道进出船比较少，一般不要求有人了头），由于船速较快倒车迟迟翻不出，而船头却继续右转离下栏山越来越近，最后"明劳依斯"轮在巨大的惯性下以80°角度撞上了下栏山，接着在涨流的影响下，"明劳依斯"轮如靠码头似的贴上了下栏山（前后距山脚仅10 m多）；然后引航员告之船长立即派人去前面左舷检测压载舱水位和继续抢修舵机，20 min后舵机修复，压载舱除艏尖舱进水外，其他各

舱无进水现象,和船长商量准备移至锚地后再进行仔细检查和观察,便令左满舵微速进甩尾,当船尾离山脚约 50 m 时停车把船倒出;接着用进车把船驶至虾峙门口附近掉头重新进港;同时征得港调同意,当天的靠泊计划取消,在马峙锚地下锚继续观察一晚,直至第二天中午"明劳依斯"轮没有发现新的异常情况,即于 1300 起锚,1530 顺利靠泊北仑通用泊位。

虾峙门水道航行必须备双锚并派人了头,并通知机舱要高度戒备以防主机、副机、舵机突然故障。

9.1.4 靠离泊中的紧迫局面处置

1)案例 1

2005 年 12 月 5 日 1400,集装箱船"PROSPRERITY"(长 270 m)靠北仑二期#4 泊位发生紧迫局面,当时西北风 7 级,阵风 8~9 级,落流 2 kn 左右,该轮 1330 离北仑 5#锚位用微速进,在矿石 1#泊位西端"消拖 2"和"拖 21"就位,抵#6 泊位时余速 3 kn,横距 200 m,令两拖船正横方向松缆并慢车拉,抵 5#泊位时余速仅 1.5 kn,横距 100 m,发现船压拢很快,便加车前进一至前进二,并令两拖船快车拉,当我船船尾将过 5#泊船的船头时停车并立即用后退二至后退三,同时令两拖向后 45°全速拉,我船抵 4#泊位置时船正好停住,此刻横距码头仅 50 m,再令两拖船正横方向慢车拉,1415 我轮稳稳靠上码头。

(1)对 5 000 TEU 的集装箱船受 7 级吹拢风的风压力估计不足,入泊时距 6#泊位太近,安全横距应在 300 m 以上。

(2)没有注意到助拖的拖拉方向,叫他们正横方拉时,可能由于风和流的影响肯定有向后的角度,因此大船余速降得很快,速度越慢风压影响越大,距 5#泊位就越来越近,迫使大船不得不加速前冲和全速后退抢挡。

2)案例 2

2004 年 11 月 17 日 0900 化工船"WOO SEOK"(长 86 m,吃水 4.5 m)离台塑 1-1 泊位,当时偏北风 5 级,初落,由助理引航员操作,留一后倒缆,其余缆解清后绞锚,当锚离底时船头仅离开码头约为 10 m,船尾仍贴住靠船墩,即用微速进,左舵 10°,当尾离墩时即把定,此刻前面横距仅 7 m 左右,后面也只有 2 m,主引航员一看情况不妙,马上从助理引航员手中接了过来,现在已是离弓之箭,不得不硬着头皮上,为了防止万一离不开码头而发生事故,主引航员仍采用微速进,以避免发生重大后果,由于"WOO SEOK"是空船,5 级吹拢风的影响还是很明显的,虽然有 3°~5°开角,微速前进,但和码头的前后横距还是拉不开,当船将过前面第一个系缆墩时,叫右舵10°,待船头稍有右转趋势即回舵把定,反复几次用同样的方法驶离最西边的系缆墩后,用右舵20°前进一驶离码头。具体船位示意见图9-3。

(1) 在吹拢风影响大、开锚短、前后没有足够的横距时,强行离泊是很危险的,应该申请拖船协助。

(2) 这里也提醒靠泊的引航员要为离泊的引航员着想,抛开锚的角度和长度要适当,外港区泊位因水深较深,下锚不应少于2节入水,最好抛3节左右的后八字锚。

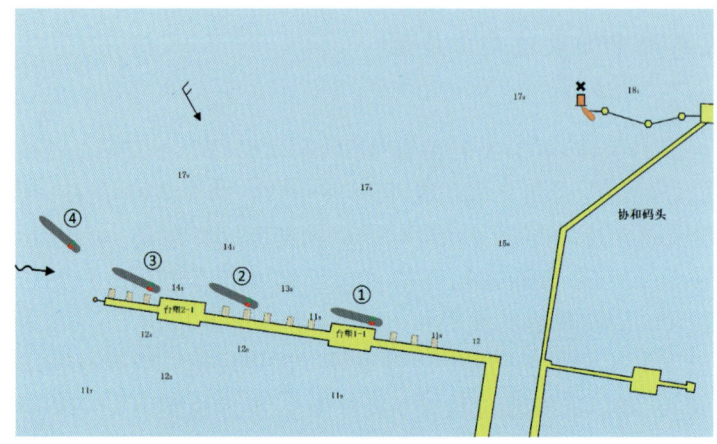

图9-3 "WOO SEOK"险情船位示意

9.1.5 海事发生后的应急措施

1) 案例1

1983年5月28日1200,"HM"轮(长120 m,前吃水5.3 m,尾吃水7.05 m)由北仑锚地进甬江时,由于大雾和避让他船措施不当搁浅于甬江口南岸#1浮附近(详细情况请参阅《宁波港引航》2003年版中"'HM'轮甬江口搁浅、出浅及教训"),本文此处只着重强调搁浅后应马上要做的工作及脱浅计划与措施。具体船位示意见图9-4。

(1) 迅速查清搁浅的位置,经仔细观察,"HM"轮搁浅于#1浮正东150 m处,底质为泥沙底,因此可不必担忧船体破损之事,但还是有必要每隔1 h测量一次各压水舱的水位,以防万一。

(2) 测量前后左右中部水深和观察本轮首尾吃水情况,以了解本船搁浅的严重程度。经观察,"HM"轮首吃水为3.7 m,尾吃水为5.3 m,平均搁浅1.68 m。

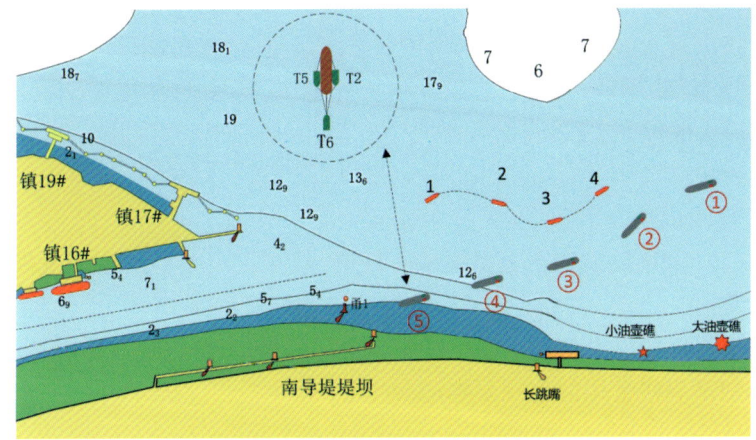

图 9-4 "HM"险情船位示意

（3）做出浅准备工作和计划。"HM"轮争取当晚 2330 高潮出浅，此时潮位要比白天搁浅时的潮高大 0.94 m，因此出浅时失去的浮力水尺为 1.68 m-0.94 m=0.74 m，按该轮当时的水尺的 t/m（每米的吨位）为 1 860 算，亦即失去浮力 1 860 t/m×0.74 m=1 376 t，单靠救助拖船和"HM"轮的倒车效力是无法脱浅的，因此向港调要求驳载 1 500 t，并备 3 艘大马力拖船打算 2300 出浅。

1400 四艘驳船先后抵达"HM"轮驳载，至 2200 共卸了 1 013 t，"HM"轮失去的浮力为 1 376 t-1 013 t=363 t，"HM"轮出浅尚需拉力 $F=f×\Delta D$（f 为摩擦因数，甬江口南岸为泥沙底质取 0.32，ΔD 为失去的浮力），则 $F=0.32×363$ t=116 t。

"HM"轮主机后退的拉力 $R_0=N/9V×K$（N 为主机马力，本船为 6 000 HP，V 为速度，"HM"轮为 12 kn，K 为倒车功率系数，该船为内燃机，K 取 0.7），则 $R_0=6 000$ t/9×12×0.7=39 t。因此出浅尚需外力 $T=F-R_0=116$ t-39 t=77 t，以本港 3 200 HP 马力拖船 75HP 为 1 t 拉力计算，则需 77×75=6 775 HP，但因为港调只派来 1 艘 3 200 HP（拖 6）和 2 艘 980 HP（拖 2、拖 5）的拖船，比计算少了 1 615 HP。

既然出浅动力不足就要采取各种最佳措施想方设法出浅，为了使 980 HP 拖船发挥最大马力，拖缆要有足够长度且角度要小，位置要适当，3 200 HP 拖船除其自身备有的一根拖缆外，"HM"轮还从船尾左右舷各出 2 根结实的缆绳给 3 200 HP 拖船。

2300 各拖船准备就绪，先令各拖船慢车起拖并逐步加速至快车，"HM"轮也开始用后退一直至后退三，船开始缓缓向后移动，但仅退了 3～5 m 就不再动了，便令"HM"轮停车并冷静分析不能出浅的原因,一是动力不足,二是"HM"轮搁浅时船身蹭挤出近 1 m 淤泥深槽,经过 12 h 涨流落流,该槽可能已回淤。

2350 "HM"轮用前进一并左右满舵反复多次,试图消除尾槽淤泥和松动船身,5 min 后大船停车,并令各拖船把马力开足,大船后退三,再退三,"HM"轮后退滑动越来越快。

2357 出浅成功。

0030/29 "HM"轮航行至七里锚地下好锚,经多次观察检测均未发现船体、主舵机有异常。

这里值得提醒大家的是除了不断积累实际操作经验外,在学校就读的一些书本知识特别是一些常用的公式要熟记。

2) 案例 2

2005 年 6 月 10 日按港调计划引领"郡王 5000"(1 600 HP 拖船)和"CH"轮(废旧挖泥驳船,无动力,无人)1500 靠镇海 7#泊位,具体拖带示意见图 9-5。

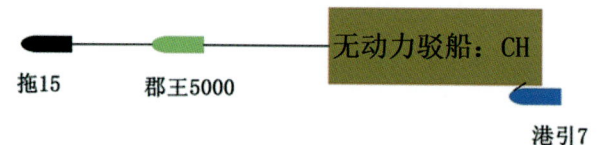

图 9-5 "郡王 5000"拖带示意

1315 引航员在大鹏山西侧(30°04′N/121°46′E)上"郡王 5000",由于"CH"轮干舷太低(前 0.8 m 后 0.5 m)助泊拖船"拖 15"无法绑拖,如果不用"拖 15"则该船组航速仅 1.5 kn,何况航程有 7 n mile 之远,以此速度不知要拖到什么时候才能进港,征得"郡王 5000"船长同意后,令"拖 15"拎"郡王 5000"的船首部,"港引 7"绑在"CH"左舷后部。

1355 开始起拖令"拖 15"用半速进,"港引 7"停车备用,首对黄蟒山,航速逐渐增加到了 3.8 kn,情况良好。

1430 发现"CH"轮甲板上水,即令"拖 15"微速拖,"郡王 5000"用半速拉。

1435 发现"CH"轮前甲板 1/3 上水,便叫"港引 7"解缆,并向交管中心和港调报告"CH"轮进水可能要沉没,要求通过七里峙北侧向镇海#18 泊位西部坐滩,经交管中心和港调同意后我随即令"拖 15"向七里峙西北侧转向。

1445 "CH"轮前半部已入水,1448 大部分入水,见冲滩无望,只得令"拖 15"解缆,随即"郡王 5000"也解掉拖缆。

1450"CH"轮沉没于七里危险品锚地外的西南侧(30°00′.4N/121°45′.85E),仅露出甲板上两根立柱(锚杆)。

事故教训:

(1) 虽然发现起拖前"CH"轮干舷很低且首倾很厉害,但并没有亲自上去检查"CH"轮甲板上所有孔洞是否密闭,船体是否受损,有否裂缝;

(2) 在拖航速度并不快(没有超过4 kn)的情况下发生沉没肯定"CH"轮本身有问题,另外当发现沉没不可避免时应迅速驶离航道和锚地,以免影响他船的航行和锚泊。

9.2 超大型油船"IRAN NOAH"走锚后的抢险

9.2.1 引航背景

2002年12月7日,宁波引航站接到紧急救助消息:受入冬以来最强烈的一次寒潮南下和急落流叠加影响,超大型油船"IRAN NOAH"轮在北仑锚地7#锚位发生走锚,漂移撞上北仑锚地8#锚位正在原油过驳作业的另一艘超大型油船"NASA"轮,另有一艘二程船"大庆61"轮被夹在两艘超大型油船之间,形成三艘油船相撞局面,造成极为危险的海损事故。宁波引航站紧急驰援,并在各相关单位的配合下,采取了及时有效应急措施,避免了一次可能会震惊中外的重大海难事故。

1) "IRAN NOAH"轮船舶资料

该船12月5日在虾峙门口外原油过驳后于7日1430抛北仑锚地7#锚位。"IRAN NOAH"轮船舶资料见表9-1。

表9-1 "IRAN NOAH"轮船舶资料

船名	IRAN NOAH	国籍	伊朗
船舶类型	超大型油船	锚的种类/锚重	AC-14/16.5 t
船舶总长/m	332	型宽/m	58
船舶吃水/m	19.2	载质量/t	309 299
总吨	156 809	净吨	108 127
主辅机、助航仪器	正常	船舶缺陷	走锚致左锚机损坏

2)"NASA"轮船舶资料

该船 12 月 3 日 0800 自虾峙门进口 1130 抛北仑 7#锚位,吃水 14.5/17.3 m,3 日傍晚曾经走锚,后由引航员在 1800~1930 之间重新抛锚;4 日 1715 移靠算山 1#泊位,5 日 1200~1430 从算山 1#移到北仑锚地 8#锚位。"NASA"轮船舶资料见表 9-2。

表 9-2 "NASA"轮船舶资料

船名	NASA	国籍	新加坡
船舶类型	超大型油船	锚的种类/锚重	AC-14/16.5 t
船舶总长/m	332	型宽/m	58
船舶吃水/m	14.0/16.2	载质量/t	295 628
总吨	157 814	净吨	108 701
主辅机、助航仪器	正常	船舶缺陷	走锚致左锚机损坏

3)"大庆 61"轮船舶资料

该船 12 月 7 日 1430 自引靠泊北仑 8#锚位的"NASA"轮,通过 STS 方式进行原油过驳。"大庆 61"轮船舶资料见表 9-3。

表 9-3 "大庆 61"轮船舶资料

船名	大庆 61	国籍	中国
船舶类型	油船	船舶状况	右舷靠泊 VLCC
船舶总长/m	163	型宽/m	28
船舶吃水/m	6.0/8.6	载质量/t	约 2 万
总吨	10 532	净吨	5 428

9.2.2 主要风险与应对措施

1)主要风险点

(1)三轮相撞后,引航员登船前,由于三轮之间语言交流不通,且无人统一指挥,三轮船长如果采取应急措施不当,极有可能进一步造成更为严重的海难事故。

(2)三轮相撞后,"IRAN NOAH"轮左锚机已烧毁无法使用,被撞船"NYSA"轮左锚机无法确定是否已烧毁,暂时无法使用,三轮同时发生走锚,极有可能向黄牛礁正东1.8~2.0 n mile处(海图水深14.0 m)浅点方向移动中造成搁浅、触礁。一旦搁浅触礁,势必造成油舱破裂出现大量原油泄漏。

(3)"大庆61"轮受"IRAN NOAH"轮和"NYSA"轮挤压十分严重,船体不断发出"嘎嘎"响声,极有可能被压损甚至挤扁爆炸,发生震惊中外的重大海难事故。

(4)当时三轮艏向对着金塘岛,已接近横向受流,在实际流速超过3 kn的情况下,是一种极度危险的局面。

2)应对措施

(1)引航员登船前,通过各种方式了解现场情况,剖析出各种风险点,提前做好抢险预案。

(2)引航员登船后,先奔至外轮甲板右舷快速观察了解实际碰撞情况。

(3)了解实际碰撞情况后,结合抢险预案,综合判断出首要解决的问题,并最大程度地争取船长的配合。"IRAN NOAII"轮船长由于极度紧张,他并不知道当时最大的危险来自后面的暗礁,引航员把情况向船长阐明,并明确地告知船长,必要时必须"弃车保帅",得到船长认同。

(4)综合衡量后,决定最先解决三轮面临的触礁危险与"大庆61"轮受挤压的紧迫局面。

9.2.3 引航抢险经过与心得

1)抢险经过

12月7日1900引航员命令"消拖2#""消拖1#""拖17""拖8"先后在"IRAN NOAH"轮右舷前方开始顶推。

1910"拖18""拖19"在"IRAN NOAH"轮左舷船首带缆,"拖20""拖9"在IRAN NOAH轮左舷船尾部带缆,向前向外全速拖拉;同时联系"NYSA"轮船长,要其动车配合,减缓三船向浅点方向的移动速度。一方面努力减小流压差角,另一方面慢慢减小了"大庆61"轮受"IRAN NOAH"轮的挤压,减轻其船体的局部受压强度。

1930三轮同时逐渐稳住船位,由于三轮的巨大重量与恶劣天气带来的大风和急流作用,这个过程进行得相当艰难,期间为了保住"大庆61"轮不致于被挤毁甚至产生更可怕的后果,不得已主动用车并果断放弃了"IRAN NOAH"轮与"大庆61"轮接触的右舷的救生艇与一些甲板设备。

1940三轮与黄牛礁距离接近1.6 n mile,也就是说明三轮已离危险远了一步。

1945 "大庆 61" 轮整体脱离与 "IRAN NOAH" 轮右舷的接触后安全获救。"IRON NOAH" 走锚致三船集体漂移、脱险概位见图 9-6。

1950 由于及时调整了拖船的位置，并且落流开始减缓，"IRAN NOAH" 轮与 "NYSA" 轮亦已分离，只有与 "NYSA" 轮的左锚链偶有接触，三轮与暗礁距离进一步加大，见位③和位④。

1953 从宁波赶来的另外两位引航员分别登上 "IRAN NOAH" 轮与 "NYSA" 轮。

2010 时 "NYSA" 轮送 2 节锚链下水，在互相协同配合下，"IRAN NOAH" 轮与 "NYSA" 轮安全分离。随后，"IRAN NOAH" 轮开始拖锚动车，前移速度极慢，并逐渐发现与 "NYSA" 轮之间的间距没有增加，经过与 "NYSA" 引航员联系，他船采取倒车等措施以配合检查两轮锚链是否纠缠，最终确定两轮锚链已缠牢。

2100 引航员与船长商量后决定丢弃与 "NYSA" 轮左锚钩缠在一起的 "IRAN NOAH" 轮左锚，并指挥其安全的选位，见位⑤。

2210 应船长的要求，"IRAN NOAH" 轮于黄牛礁南 1.1 n mile 处抛右锚 10 节下水，"拖 18" 和 "消拖 2" 分别在左右舷带缆监护，见位⑥。由于考虑到 "IRAN NOAH" 轮的锚较轻，不适合于恶劣天气下急流时的港内安全锚泊，海事局与引航站决定派人驻船监控，引航员随后受命驻 "IRAN NOAH" 轮，另一名引航员驻 "NYSA" 轮；"IRAN NOAH" 轮引航员估计在 8 日 0600 左右的急落流时 "IRAN NOAH" 轮可能会再次走锚，在交管中心与救助监护拖船的配合下，引航员一直在 "IRAN NOAH" 轮驾驶台细心观察，以备不测。

8 日 0620，落流流速达到 3.5 kn，"IRAN NOAH" 轮果然又开始走锚，由于观察仔细，发现及时，引航员指挥 "IRAN NOAH" 轮重新起锚，0701 右锚起，0745 移至黄牛礁 210°、1.3 n mile 处，下右锚 10 节入水，见位⑦。

2) 引航心得

（1）重大抢险救灾工作面前，港航安全和生命安全是重中之重；在引航员职责与使命面前，引航员需具备心怀大爱、不畏艰辛、泰山崩于前而色不变的品格。

（2）精湛的引航技术、过硬的心理素质和综合统筹协调指挥能力是一名优秀引航员应具备的素质，这需要在长期的引航生涯中不断淬炼和锻造。

（3）每一次特殊引领的成功都有着宝贵的经验，事后应进行复盘，继续总结提炼。

（4）北仑锚地因长期采砂底质遭到严重破坏，锚的抓力系数大幅度下降。

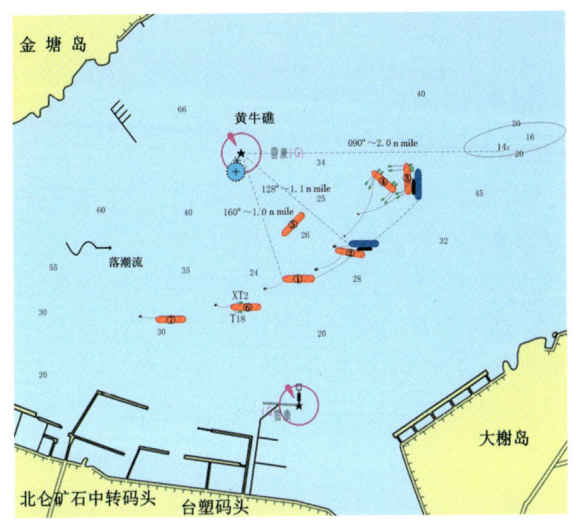

图 9-6　IRON NOAH 走锚致三船集体漂移、脱险概位

9.3 失控船"东成山"轮的应急拖带抢险

9.3.1 引航背景与环境条件

2020 年 9 月 2 日,20 000 t 重载船"东成山"轮因舵叶卡死在右满舵位置,申请引航员自虾峙门口外引领进港,计划 9 月 11 日 1845 时靠镇海 22#泊位。

1)"东成山"轮船舶资料

"东成山"轮技术参数见表 9-4。

表 9-4　"东成山"轮船舶资料

船名	东成山	船舶类型	散货船
船舶总长/m	167	型宽/m	23
前吃水/m	9.6	后吃水/m	9.6
载质量/t	20 000	船舶缺陷	舵卡死在右满舵位置
主副机、锚机状况	OK	抛锚位置	虾峙门外东北方向 10 n mile

2)当时环境

据悉,该船在台风影响期间,上下颠簸、左右摇晃,巨大的涌浪冲击船体,致使其舵叶卡死在右满舵位置,经本船并聘请岸上多家修船人员多次施救无果。

该船锚泊于虾峙门东北方向 10 n mile 处,在引航锚地外面,由于风浪较大,上下船比较困难,属于超港界非常规引航。

3) 作业条件

(1) 首先是使用几条拖船进行拖带和拖船的配置方法是各方最关心的问题。既要把船安全地拖进来又要想方设法为船方节省费用,维护宁波港的引航良好形象;既要克服航程长的困难又必须在白天完成引航任务,这是摆在引航面前的第一个问题。

(2) 其次是如何选择合适的潮时和靠泊时间。

(3) 第三就是风力、浪高和能见度等的限制条件;允许气象条件为风力≤6级(实测),浪高≤2 m,能见度≥1.5 n mile,限白天操作。

(4) 通过对大型无动力驳船"长宏山"38 次长距离拖带,宁波引航与轮驳公司拖船队获得了大量的岛礁区水域的拖带经验并建立了牢固的合作关系,接到引航任务的主引航员非常自信地告诉海事主管机关,使用 4 艘港作拖船能协助完成"东成山"进港。

9.3.2 引航风险点与应对方案

1) 主要风险点

(1) 虾峙门口外风浪大,助泊拖船必定上蹿下跳,左右摇晃,系带的拖缆极容易绷断。

(2) 虾峙门口外时常有雾,视距有可能下降至 0.5 n mile 以下,本船为了赶时间不得不穿越虾峙门北锚地,锚泊船比较多,如何控制船位与安全避让。

(3) 一路经过宁波舟山港的核心港区,该水域为典型的岛礁区引航,航门众多、潮流湍急、船舶流量大、转向点多、航向变化大,本船虽然是失控船但让路的权利与义务并存。

(4) 起拖点至码头共 49 n mile,按航速 6 kn 计算,需要连续拖带 8 h,万一因为其他原因而耽搁,后续怎么办?

2) 拖船配置

本次拖带航程接近 50 n mile,核心港区潮流湍急、转向点多、转向角大,又要通过狭窄的虾峙门和甬江口,要完成"东成山"轮的拖带,有两点必须明确:一是肯定要使用"东成山"的主机,否则无法在一个白天完成,拖船的配置既要提供动力又要克服右满舵产生的转首力矩;二是必须顺流拖带,镇海高平潮初落时直接左舷靠泊。拖船配置见图 9 - 7。

图 9-7 "东成山"轮自虾峙门至镇海的拖船配置

3）相关计算

（1）"东成山"轮的舵力和转船力矩

舵力可用下式求得

$$F = P_N \cos \delta$$

式中：F 为舵力，t；P_N 为舵正压力，t；δ 为舵角。

$$F = P_N \cos \delta$$

$$P_N = 576.7 \rho A_R V_R^2 \sin \delta$$

$$F = 576.7 \rho A_R V_R^2 \sin \delta \cos \delta$$

式中：$A_R \approx \dfrac{1}{18} BD$，$A_R$ 为舵面积，m^2；B 为型宽；D 为型深；V_R 为舵速，m/s；ρ 为海水的密度，1 018 kg/m³；δ 为舵卡在约 40°处；"东成山"轮船宽为 23.2 m，型深为 13.2 m。

$$A_R \approx 17 m^2, \sin 40° = 0.642\,8; \cos 40° = 0.766\,0$$

该船微速时船速 4 kn、进一 6 kn、进二 8 kn、进三 10 kn，为了便于计算，设舵速等于船速，因船舶运动中的转心至船首约为四分之一船长，该船长 167 m，则转心距船首 42 m，距船尾 125 m，那么舵力产生的向右转船力矩如下表 9-5。

表 9-5 转船力矩计算

舵速/(m/s)	2	3	4	5
舵力/t	20	45	80	125
转船力矩/(t·m)	2 500	5 625	10 000	15 625

（2）"拖29"提供的向左转船力矩

"拖29"为 6 000 HP 拖船，驾驶台后方有拖钩但没有拖缆，拖缆由船方提供。本次拖带原计划带在艏尖舱左侧，通过牵引既提供朝前动力又能够抑制船舶右转，但大副指出缆绳较粗的原因，使艏部左侧导缆孔滚轮难以承受拉力，后改为船首巴拿马导缆孔出缆，起拖后尽量保持拖缆在左前方，角度约为 20°。由于海上风大浪高，拖力发挥非常有限，保守估计，拖力不及正常的一半，设为 30 t。受力分析可见图 9-8。

"拖29"提供的横向分力 = 30 t×sin20° = 30 t×0.342 = 10.3 t,能够产生 10.3 t×42 m=431 t·m 的转船力矩。

（3）"拖21"提供的转船力矩

"拖21"为 4 800HP 拖船,在右舷 1 舱前肩顶以克服船舶右转。当船舶航速较小时,几乎可以垂直顶,当速度超过 5 kn 时,与船体成 60°夹角。设顶推力为 48 t,其垂直船体的分力 = 48 t×cos60° = 41.6 t,提供向左的转船力矩 = 41.6 t×30 m = 1 248 t·m。

（4）拖22 提供的转船力矩

拖22 为 4 800 HP 拖船,在船尾右侧顶推,既可以提供朝前动力又可以克服船舶右转,其作用非常关键。当船舶动车右转时,令其船身右转与船尾成 45°夹角肩顶

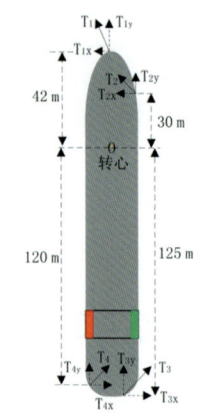

图 9-8 "东成山"轮拖带受力分析

可以有效抑制船首右偏。设顶推力为 48 t,其垂直船体的分力 = 48 t×cos45° = 34 t,提供向左的转船力矩 = 34 t×125 m = 4 250 t·m。

因为 T22 偏离首尾线斜向肩顶,其与船舶首尾线平行的分力 T_{3y} 也能够帮助船舶左转,设顶推点离首尾线 9 m,那么,提供向左的转船力矩 = 34 t×9 m = 306 t·m。

（5）拖26 提供的转船力矩

拖26 为 4 000 HP 拖船,在左舷艉部肩顶既可以提供朝前动力又可以克服船舶右转,其作用很重要。当船舶动车右转时,令其船身右转与船体成 45°夹角肩顶可以有效抑制船首右偏。

设顶推力为 40 t,其垂直船体的分力 = 40 t×cos45° ≈ 28 t;提供向左的转船力矩 = 28 t×120 m = 3 360 t·m。

因为 T26 偏离首尾线斜向肩顶,其与船舶首尾线平行的分力 T_{4y} 使船舶右转,设顶推点离首尾线 11 m,那么,提供向左的转船力矩 = 28 t×11 m = 308 t·m。

综上所述：4 艘拖船能够提供的向左转船力矩之和为 431 t·m+1 248 t·m+4 250 t·m+3 360 t·m = 9 289 t·m。因舵速为 4 m/s 时,"东成山"轮的转船力矩为 10 000 t·m

所以,当"东成山"轮航速接近 8 kn 时,4 艘拖船无法抑制船舶右转。

T22 和 T26 斜向肩顶产生的向左和向右转船力矩几乎相等、相互抵消。

4）引航方案

（1）引航计划

2020 年 9 月 11 日"东成山"轮 1100 自虾峙门外引进,1845 靠泊镇海 22 泊位。

当日镇海潮汐:低潮时间1032,潮高138 cm;高潮1744,潮高313 cm。农历:七月二十四,小潮汛日。

①0830引航员坐拖船自穿山竹湾出发,预计1100上船,令四条拖船在"东成山"前后左右带缆绑拖;

②虾峙门口外锚地1100开始起锚,预计1130锚可以离底,4艘拖船起拖;

③离开锚泊点前核验拖船绑带效果,确保安全可控;

④1315航行至虾峙门东口,1430溜网重岛,1510洋小猫东,1610螺头角,1640涂泥嘴,1715矿石码头对口,1800大黄蟒北,1830甬江口,1845码头前沿入泊,预计1915靠泊完毕。

(2)安全保障措施

①引航公司派3名有经验引航员上船;拖船公司安排指导船长和有长距离拖带经验的拖船船长操纵拖船。

②港作拖船准时到位,引航员指挥航行和靠泊作业。船上配备足够缆绳,引航员与"东成山"轮船长密切配合,副引航员协助联络相关事宜;

③起锚后对绑拖船组的航向稳定及旋回效果进行验证,以便为进入港内操纵确定更为稳妥的方案;

④航行中控制航速,保持戒备和高频守听,显示拖带号型。

⑤全程备车、备锚;

⑥令6 000 HP拖船带左舷船头进行吊拖,1艘4800 HP拖船正船尾靠近右侧顶推,另外2艘4 000 HP以上拖船带右舷首部和左舷舷部。带缆位置见图9-7。

⑦允许气象条件:为风力≤6级(实测),浪高≤2 m,能见度≥1.5 n mile,限白天操作;

⑧向宁波海事局VTS中心申请全程重点监控,协调虾峙门、螺头角、大黄蟒附近及甬江口的交通流,确保其他船舶不妨碍本船航行、靠泊;

⑨向宁波海事局指挥中心申请从1300至1500对虾峙门水道进行出口单向交通管制;从1730至1900对大黄蟒以西附近水域进行交通流疏导,避免附近船舶对本拖带船组构成碰撞危险。

9.3.3 引航应急拖带过程

1)引航过程

0700三位引航员自宁波出发,0812穿山竹湾乘"拖29"去虾峙门,"拖26"和"拖21"跟着,"拖22"梅山0915出发;

1025 在乌柱山东北 4.2 n mile 处上船,风浪较大,东北风 6 级,浪高 2.5 m,有很多白花,大风、大雨,能见度一会儿 3 n mile,一会儿很差只有 800 m;与船方交流进港方案,告诉船长 1030 绞锚,1100 锚绞起;

1115 "拖 29"拖缆带好开始起拖,大船动车后马上右转,令"拖 21"肩顶,无法抑制偏转,"拖 26"左舷尾部顶、"拖 22"船尾右侧顶才能控制,不久"拖 26"摇得实在太厉害,只好解缆到右舷躲着;航速超过 5.5 kn 时,"拖 21"很难立起来,船舶马上右偏,只能停车;

1250 本可以到虾峙门 0 号警戒区,但有 2 艘大船要进,只能减速等候;

1305 "东成山"轮桃花岛灯桩 5.2 kn;令"拖 26"到左舷尾部带缆,速度上升;

1348 下栏山 7.0 kn;

1406 上溜网重岛 7.5 kn,交副引一指挥;

1445 洋小猫东 7.4 kn;

1511 长柄子头北 8.3 kn;

1544 螺头角南 8.4 kn,令副引二指挥;

1611 涂泥嘴东 7.4 kn;

1648 黄牛礁北 7.6 kn;

1706 双礁南 5.7 kn,主引开始指挥;

1728 大黄蟒东 6.4 kn;

1742 大黄蟒北 6.7 kn;

1802 甬江口 5.9 kn,天色转暗黑;19#泊位对开解"拖 29"的拖缆,带在右舷驾驶台下,21#泊位对开解"拖 26"的拖缆,进入泊位后解"拖 22"拖缆;

1840 平稳靠上码头;

1900 前后缆绳 5-2 带妥后解"拖 29","拖 21"船边监护。

2) 引航总结

(1) "拖 29"吊拖的效果不好,特别在虾峙门外面,涌浪较大怕断缆不敢用力;另外,自己没有拖缆,船方提供的拖缆长度有限,只有 120 m,致偏荡较大;不如带在右舷驾驶台下面倒着拖;

(2) 拖 22 带在船尾右侧,效果很好,拖 26 次之,拖 21 第三;

(3) 虾峙门外面风大浪高,拖 21 尽力垂直方向顶,表现非常顽强,值得表扬;

(4) 一旦航速超过 7 kn,拖 21 效率下降,船首偏右,令主机减车、灵活调节四条拖船拖拉或者顶推方向即可完成保向、转向;

(5) 为了在天黑前靠上码头,实际引航时间比计划的时间节点提早 15~30 min,拖力、转船力矩等计算与实船操纵数据接近。

引航文化篇

第 10 章 宁波引航企业文化建设

10.1 引航企业文化建设

10.1.1 引航企业文化概述

1) 引航文化的概念和内涵

文化是人类生存和社会生产过程中的主观与客观存在,是人类活动所创造的精神和物质财富的总和。企业文化是企业在发展过程中形成的以企业精神和管理理念为核心,凝聚、激励企业各级管理者和员工归属感、积极性和创造性的价值观、态度、能力和行为的综合产物。

引航文化建设是引航机构在生产和管理活动中所创造的具有该机构和行业特色的精神财富和物质形态。引航是具有主权和服务双特性的行业,其核心是安全和服务。因此,引航文化是围绕安全和服务而自然产生和主动建设的精神和物质财富。引航文化可划分为精神文化、制度文化、行为文化和物质文化。

2) 引航文化建设的重要性

引航文化是引航机构在生产和管理活动中,按照社会发展形态以及大体局势而形成的文化体制。在引航生产过程中,引航文化对于引航事业各方面的发展有着不可撼动的地位,不断地丰富充实引航员和员工的思想,让引航员和员工对引航机构前景具有比较乐观的态度,对引航机构的发展有很大的积极作用。引航文化建设对于引航机构发展也非常重要,明确了引航的发展方向,调动起引航员和员工的积极性,使整个团队具有凝聚力,对引航机构预期发展具有超常发挥的作用。引航文化对引航员而言,是引航文化作为引航机构的灵魂、战略、使命的一部分,是需要大家共同知晓且一起去遵守的。引航文化观念包含于其文化建设之中,可以为引航机构的发展提供有价值的参考,将文化观念的价值体现得淋漓尽致,有助于引航机构对引航员和员工做出一个较为精准的判断,以用来规范引航员和员工的工作态度,从而提高引航机构的总体素质。优秀的引航文化会带动引航员和引航机构员工,把人才优势利益发挥到最大化,增强整个群体的凝聚力,从而不断优化引航机构的良好形象。

10.1.2 引航企业文化建设的主要内容

古以文载道,今以文聚力。习近平总书记在党的十九大报告中指出:"要坚定文化自信,推动社会主义文化繁荣兴盛。没有高度的文化自信,没有文化的繁荣兴盛,就没有中华民族伟大复兴。"这把文化的地位和作用提高到一个崭新高度,为我国文化建设指明了前进方向,进一步凸显了文化建设在国家战略层面的重要意义。引航文化是推动引航事业持续向前发展的不竭动力,是引航综合实力提升、建设世界一流引航机构的力量之源,是凝聚和激励全体引航职工的精神内核,是宁波引航站"树国门第一形象,献四方一流服务"的有力支撑和重要保障。

1)引航文化总体目标和指导原则

(1)总体目标

适应港口经济发展和宁波舟山港创造"优异"成绩,迸发"硬核"力量,"建设世界一流强港新标杆"战略目标的要求,建设具有激励、约束、凝聚、导向、辐射等功能,以人为本,具有鲜明引航特色,被广大职工所普遍认知、认同,对内有较高向心力,对外有较大影响力,趋向成熟稳定的引航文化。

(2)指导原则

——坚持践行社会主义核心价值观。以贯彻落实十九大精神对文化建设的要求为目标,以党建文化引领引航文化建设,丰富引航文化的精神内涵,明确文化建设的发展方向。

——坚持以行业核心价值体系为主线。以"树国门第一形象、献四方一流服务"为旗帜,以集团"强港文化"为引领,以服务港航为根本,保障安全为生命,弘扬敢于担当,真诚服务,开放包容,务实争先的引航精神。

——坚持以人为本。尊重职工特别是引航员的主体地位,注重人文关怀和人格尊重,把教育人、关心人、理解人结合起来,促进职工素质不断提升。

——坚持继承、创新相结合。传承引航行业优良传统和文化建设成果,广泛吸纳中外文化建设精华,构建符合引航特点、体现时代精神,具有科技含量的载体平台和方法途径,提升文化建设的科学化水平。

——坚持文化建设、引航发展相融共进,齐抓共管。将引航文化建设纳入总体规划,将核心理念融入引航发展,建立主要领导挂帅、分管领导负责、班子成员支持、各部门协调配合、上下合力、内外联动、党政工团齐抓共管的工作机制。

2）引航文化与引航安全文化的关系

引航文化建设旨在营造积极向上的引航环境氛围,增强文化的凝聚力和认同度;引航安全文化是引航文化延伸和渗透到安全管理工作的一脉分支,是引航文化体系必不可少的组成部分。两者都以引航和谐健康发展为目标,都着重于人的精神、人的思想意识、人的积极因素和主人翁责任感,在管理指向上趋同,在战略布局上合拍。引航文化所具备的功能及特征,引航安全文化也基本具备。引航安全文化建设必须依赖于引航文化这个基础,离不开引航文化的总体目标和指导原则,没有引航文化的发展,引航安全文化也就没有了根基。

引航安全文化因其源于历史积淀的缘故,具有很强的传承性,主要依赖于引航自身的积累与沉淀,而引航文化是一种管理文化,各种文化在其间互为交融,安全文化自然也渗透其中。因此,引航文化和引航安全文化在引航管理实践中是相辅相成的。在引航文化创建过程中,必须强化群体的文化意识,提高全员的文化水平,最终形成安全管理"命运共同体"。这是一个不断强化、反复灌输、动态完善的长期任务。在全面推进海洋港口一体化高质量发展的新形势下,从引航长治久安的发展需要出发,引航文化建设是引航生存发展的基础,持续推进引航文化建设,具有深远的现实意义。

10.2 宁波引航企业文化实践

10.2.1 宁波引航文化

1）引航文化建设具体举措

为全面贯彻落实十九大精神,加快宁波引航文化建设步伐,促进港口引航事业与文化协调发展,打造宁波引航品牌,在浙江省海港集团、宁波舟山港集团"强港文化"的引领下,宁波引航走出了具有自身特色的引航文化建设之路。

（1）赓续引航精神血脉,铸就引航铁军文化

①回顾引航奋斗历程,积淀引航精神内涵

回首建国以来宁波引航的历史,就是一部艰苦奋斗、发愤图强的历史,就是一部大胆探索、敢于实践的历史,就是一部创造奇迹、铸造辉煌的历史。新中国成立后,宁波港口设施简陋,船舶大型化趋势强烈,引航所面临的难度极大。这期间,从2万吨级"长"字号、"振奋"号进甬江到集装箱船虾峙门夜航的开辟,老一辈引航员筚路蓝缕、艰于谋始,为宁波引航树立了良好开端,体现出吃苦耐劳、积极向

上的拼搏精神。

1979年宁波正式对外开放,并于1984年成为全国14个沿海开放城市之一,宁波港口实现了从内河港到河口港向海港的跨越。从1985年开始的北仑锚地原油过驳到2000年虾崎门口外超大型油船在航中过驳,从开港初期单一的件杂货、散货船到2000年引航的船舶几乎覆盖了所有船舶类型。面对挑战,老一辈引航员抢抓机遇、知难而上,从10万吨级"巨拉"轮、20万吨级"易坚"轮再到30万吨级"大凤凰"轮,填补了国内诸多引航空白,体现出承前启后、勇于开拓的创新精神。

2006年,浙江省委、省政府突破行政区划限制,统一品牌,正式启用"宁波舟山港"名称。面对港口生产的快速发展和引航区域的急速扩张,从2005年的44.5万t"泰欧"轮首靠到2012年第一艘Q_{max}型LNG船"扎尔加"轮处女航,从30万吨级油船"伊朗诺阿"轮北仑锚地走锚抢险到三星重工业(宁波)分公司的整船下水,从1.2万TEU的"爱玛马士基"轮到2.4万TEU的"现代阿尔赫西拉斯"轮,宁波引航秉承一贯以来对技术的不懈追求和服务港航的宗旨,积极创导引航新理念、研究创新引航新技术,全面提升引航服务水平,对宁波市港口经济发展和实施浙江省"海洋经济"战略以及有效提升宁波港域在全国港口中的综合竞争力做出了重要贡献,体现出敬业尽责、精诚服务的职业精神。

② 牢记初心使命,铸就新时代引航铁军精神

只有那些真正具有历史感的人,才会真正倍加珍惜自己的历史荣光和精神传统,才会真正把责任和使命高高举过头顶。在全面推进海洋港口一体化高质量发展的新形势下,宁波引航始终牢记安全是引航的生命线,是引航的固本之源,是提供一切服务的最根本保障;服务好港方、船方,勇担社会责任,提升为公共服务的能力,是引航的价值体现。

多年的积淀,宁波引航已经形成了具有特色的铁军精神:"吃苦耐劳、坚韧不拔的拼搏精神;顾全大局、甘愿付出的奉献精神;敬业尽责、精诚服务的职业精神;开拓创新、追求卓越的进取精神。"铁军精神意味着什么?不仅意味着一种集体记忆,更是一种集体文化。宁波引航人正是以这样的集体文化,把"当先锋""打胜仗"深深嵌入港口的发展当中,牢记初心,不忘来路,一面又超越历史,迈向新的征程。至此,历史荣光得以延续,精神内涵得以延伸,铁军文化的精神传统由此铸就。

(2)以安全为基,提升服务质量,打造"宁波引航"品牌

① 安全与服务是宁波引航一直以来也是今后引航工作中的重中之重,进一步

加强引航安全管理和提高宁波引航的服务水平是宁波引航迈向国际一流引航机构的必由之路。宁波引航本着"机关为一线、一线为引航、引航为港航"的思想，按照《中华人民共和国引航员职业道德和法律规范》的要求和集团"爱港敬业、顽强拼搏、追求卓越"的企业精神，结合宁波舟山港实际，制定了《宁波大港引航有限公司文明服务规范》。该"规范"的出台进一步加强了引航站对文明服务的支持力度，对机关、引航艇及引航员等引航职工的文明服务以制度的形式进一步规范，无论是仪表着装还是语言表达，无论是礼节礼仪还是沟通交流，都力求打造国内一流、国际领先的引航服务。

②自交通运输部下发《推进阳光引航提升服务水平工作方案》的通知以来，宁波引航按照中国引航协会的具体要求，充分挖掘"阳光引航"的内涵，拓宽"阳光引航"的外延，创新举措，增强服务意识，改善服务理念，全面提高服务水平，开创性地开展阳光引航创建工作，打造宁波阳光引航品牌。2018年升级新版《阳光引航服务手册》，从机制规则入手，进一步规范引航服务全过程，做到"阳光引航"服务体系与时俱进，满足最新的生产服务需要。

（3）完善安全体系，对标先进，推行规范化操作

①全面推行新版《引航安全管理体系》（3.0版）。新版体系查漏补缺，完善多项制度修订，并写入全员安全责任清单，加强风险预管控，组织开展风险辨识评估，完善风险清单，重点关注临水作业、航行、靠离泊引航操纵等环节，增加风险管控专项程序，有效适应安全工作的新形势、新要求。该体系经过修订和完善后，正式推广运行，并组织人员参加了该体系安全评估员培训，加大了安全管理力度，规范了安全管理活动。

②与东方航空浙江分公司达成安全管理方面的全方位共建合作关系，参考东航安全积分管理，建立引航员应知应会考试系统，加强内部培训，提高职工的安全工作理念。结合每年"安全生产月"等活动，对照"强基固本再深化"活动任务清单，明确责任，对照检查、抽查，确保各项活动切实落到实处。制订对标类别和细化清单，以考助学，运行好"引航员应知应会考试系统"。倡导安全荣誉氛围，发挥好工团组织能力，推行个人安全荣誉称号评选与授予。

③开展"让行为符合规范，把规范形成习惯"为主题的"规范化操作"活动，增强敬畏意识。利用监控平台对重点人员、重点地段、重点时段、重点船舶进行监控，研究制定"区域引航方案"，建立健全各港区、各码头靠离泊指导原则，实现了引航全过程的监督管理，变"要我安全"为"我要安全"，变"要我规范"为"我要规范"；深入推进思想建设，以"敬畏船舶、敬畏生命、敬畏规章、敬畏职责"为内核，

切实增强忧患意识,全力确保引航安全运行平稳可控。

(4)劳模领路、名师带徒,加强引航队伍建设

①2015年成立以宁波市劳动模范潘国华命名的"潘国华创新工作室",在潘国华带领下,创新室成员奋勇争先,形成了以创新担当为荣、以实际行动向劳模学习的良好气氛,工作室团队以保障引航生产任务为核心,以技术创新为主线,通过参与港航企业"急、难、险、重"的引航工作,积极参与解决港口发展的瓶颈,推进引航生产力的创新化、智慧化和高效化,潜心为港口生产挖掘新的突破口,圆满完成梅山港区极有限水域靠大船、开辟石浦港区、三星重工业(宁波)分公司整船下水、引领超长超宽超高船进出甬江、20万吨级集装箱船靠离梅山港区、LNG和光明码头靠泊能力升级等课题,创造数亿元创新成果,得到港航企业盛赞;顺利完成10万吨级无动力集装箱船"意晶"轮、舵卡在右满舵位置的重载船"东成山"轮等的抢险任务,受到海事主管机关表扬。

②为充分发挥高技能人才的示范带动作用,宁波引航持续开展"名师带徒"活动,为新入职和低职称引航员挑选一批业务本领过硬、作风扎实、爱岗敬业的合格导师,"名师"与"徒弟"结成师徒对子,因材施教、量身定制培养计划,帮助新入职和低职称引航员尽快掌握岗位技能,快速提升业务水平。

(5)打造"书香引航"文化品牌,倡导终身学习理念

如何用先进的引航文化熏陶人,用优秀的引航精神激励人,宁波引航坚持以文化滋润队伍,用文化凝聚力量,积极创新、不断探索和实践引航文化建设的新领域、新途径和新方法,努力开拓文化建设的新载体,进一步挖掘独具引航特色、内容丰富的企业文化内涵。

①积极倡导"终身学习、全员学习"理念,持续推进"职工书屋"建设,打造"书香引航"文化品牌。成立"宁波引航青春书友会",通过定期开展"同读一本书"分享活动,书画、英语的日常练习活动,举办系列文化讲座,提高了书友会成员的才艺水平,开拓了文化视野,提高了文化修养,营造"全员学习、自发学习、常态化学习"的良好学习氛围。

②成立旨在"交流引航技术,提高引航技能"的青年引航专修会,打造"精品小课堂"引导引航员自主学习。邀请经验丰富的高级别引航员通过你问我答、以身说法、视频回放等灵活交流方式,解决了各个级别引航员的学习需求,让高级别引航员心中的万千气象得到展现,使得引航员继续学习成为常态,对整个引航队伍的技术传承起到了很好的推动作用。

③通过《引航简报》和《青春引航》两本刊物,激发引航员动笔的积极性,努力

将工作中的心得转化为文字,让每一位引航员都能分享到别人的经验,年底通过专家评优的方式对优秀文章进行表彰,让引航员养成"勤思考、勤动笔、爱学习"的整体氛围,实现公司提出的"学习型企业,知识型员工"的目标。

④以知识更新和拓展为宗旨,定期安排引航员到海事院校进行理论知识培训。通过与高校老师交流,提前设置好与引航工作联系密切同时又是引航员最感兴趣的课程,既有的放矢又让理论知识回炉,让实践和理论结合更加密切,不但拓宽了引航员的知识结构,并且为提升引航员综合素质起到了很好的促进作用。

2) 落实成效与努力方向

(1) 文化提升服务,安全升华品牌

经过十余年的建设,引航文化已经从青涩走向成熟,给引航带来的影响日益明显并结出累累硕果。"宁波引航"连续多年被评为宁波舟山港个性品牌;在第六届中国货运业大奖上宁波引航再次荣获"全国十佳引航机构"光荣称号;2012年宁波引航在宁波市的交通百佳企业评选中被授予"宁波交通百佳企业"称号;2014年、2015年宁波引航连续两年获得"全国交通运输文化建设优秀单位"荣誉称号;2016—2021年连续6年获得"全国交通运输文化建设卓越单位"荣誉称号;2018年11月,宁波引航站被授予"阳光引航机构"荣誉称号;2019年7月18日,宁波引航站为"一带一路"倡议沿线20多位国家外交代表授课,全面展现引航新动态,有力提升引航文化影响力;2017—2019年浙江省海港集团、宁波舟山港集团文明表彰单位;2021年获得"浙江省先进基层党组织""浙江省国资国企系统先进基层党组织"荣誉称号;截至目前,引航服务满意率连续15年达到100%。

(2) 文化诠释担当,引航铁军展现硬核力量

面对来势汹汹的新冠病毒感染疫情,宁波引航在铁军文化浸染下,战疫水上国门,保障复工复产,以实际行动诠释引航人的使命担当。在国内疫情得到控制,境外疫情形势仍不明朗之际,2020年3月率先成立宁波引航防境外疫情输入引航专班,专门服务疫情重点地区船舶。为最大程度降低感染风险,专班采用"专人、专车、专艇"的管理模式,该模式一经推出,就得到认可,并被多个行业内的兄弟单位借鉴实施。

由于引航工作的高风险、高强度和单兵作战性,加上防境外疫情输入防护服装的影响,对"引航专班"人员专业技能、体力、耐力、心理抗压力,都有着巨大的挑战。面对挑战,全体宁波引航人充分发扬吃苦耐劳、坚韧不拔、顾全大局、甘愿付出的铁军精神,提高政治站位,以最高的标准、最严的要求、最快的速度落实好疫情防控各项措施。

截至目前,宁波引航已组织71批次,共计3 481人次引航员专门服务境外疫

情重点地区船舶,累计坚守"海上国门"820余日,引领各类中外船舶超4万艘次,多次配合政府部门完成各类涉疫特殊引航任务,在全力守护"水上国门"的同时,保障港口生产安全有序,船舶进出港保障率基本未受影响,与兄弟港口相比明显领先,得到中远海等船公司的高度认可和感谢,以实际行动为"两手硬、两战赢"交出满意答卷。高效举措被宁波市境外疫情输入防控工作简报报道,时任浙江省委副书记、宁波市委书记郑栅洁对简报作出批示:"引航站工作认真负责,严谨细致,有力有效",对宁波引航站的相关工作给予了高度的肯定。

(3) 文化见证成长,引航记录不断突破

2021年全年引领中外船舶29 952艘次,为年度指标28 000艘次的106.97%,同比增加5.42%,引航年艘次创造历史新高。全年完成引航收入4.62亿元,实现利润总额1.27亿元。

为配合集团集装箱航线大调整,公司成功完成梅山5#泊位首艘20万吨级集装箱船舶的引航作业,2021年完成梅山港区20万吨级集装箱船舶引航任务510艘次,同比增长25.5倍,实现量、质同飞跃。充分应用自研课题成果,顺利有效推进条帚门航道常态化通行,全年条帚门引航共2 957艘次,同比增长9.8%,再创历史新高。同时全年完成超规范船舶靠离泊作业2 407艘次。

疫情期间,公司各部门通力配合,充分发挥善打硬仗精神,通过从东方电缆转运引航员等巧妙措施,成功引领镇海港区船舶142艘次;出色完成了世界最大集装箱船"长范"轮靠泊、冠保码头外轮首靠、大型桥吊船"振华32"轮靠泊等特殊引航任务。2021年共引领LNG船舶161艘次,东方电缆工程船舶44艘次,大型桥吊船舶9艘次。

2021年积极与舟山引航站合作解决"一港两引"问题,顺利完成港内交接28艘次。参与大船抢险8次,救助海上遇险、急病船员27人,成功处理引航船舶主机(或舵机)突发故障16起,全年共收到感谢锦旗7面,感谢信9封。

(4) 文化动力支持,引航队伍建设效果显著

近年来,宁波引航站涌现出众多专业技术拔尖、综合素质优秀的引航员,其中有全国劳模1名、省部级劳模2名、交通部金锚奖获得者1名、全国优秀海员1名、全国优秀海员家属1名、全国十佳引航员4名、全国优秀引航员7名、宁波市十大杰出青年1名、宁波市十大优秀青年1名。多人次成为行业专家,陈杰、胡中敬、鲍冯军、潘国华、宣晓东、吴永明6人进入中国引航技术专家库。

(5) 文化引导创新,推进引航高质量发展

以"潘国华创新工作室"等4个创新工作室为主导,组织业务骨干等"精兵强

引航文化篇

将",在课题研究、技术攻关、服务模式等方面深入推进职工自主创新、协同创新和集成创新,以破解生产难题为己任,创新求变,谋划发展。截至目前,"潘国华创新工作室"已发表26篇专业论文,完成创新攻关项目26项,并于2017年11月被命名为宁波市优秀劳模创新工作室,同时代表宁波引航作为国内唯一一家引航机构连续三年参加世界交通运输大会并在二级论坛上发言,提升了宁波引航在航海界的地位,得到中国航海学会和中国引航协会的表扬。艇队"弄潮创新工作室"两项QC课题"降低高速引航艇推进系统故障率"和"降低高速引航艇舵机系统故障率"分别荣获2020年"亚洲质量改进优秀案例"二等奖和"亚洲质量改进优秀案例"三等奖。

引航文化建设没有捷径可走,要保持"时时放心不下"的忧患意识,"安而不忘危,存而不忘亡,治而不忘乱",拿出抓铁有痕的决心、久久为功的韧劲,下好先手棋,打好主动仗,层层负责、人人担当。以历史积淀为基点,在传承中发展,在发展中创新、融合,由"从小变大"转向"从大到强";由"适应发展"转向"引领发展";由"高速增长"转向"提质增效"。

"上下同欲者胜,同舟共济者赢。"前进的道路不可能一帆风顺,我们有信心,有能力,通过引航文化建设形成安全管理"命运共同体",夯实引航文化基础,牢牢把握引航安全与服务,围绕"国际一流的综合深水枢纽港引航机构、中国引航事业发展的引领者、宁波港域水上国门形象第一人"的战略定位,为宁波舟山港的发展作出新的贡献。

10.2.2 安全引航思维

思想和思维方式并非与生俱来,而是通过后天的不断学习总结得出的。引航员的思想和思维方式也和工作有着相当密切的关系。引航工作是高尚的,这就要求引航员不断学习,努力提高自己的涵养。所谓"登东山而小鲁,登泰山而小天下",眼界、视点要不断寻求突破,超越自我,才能达到更高的境界。

首先,热爱引航不能仅仅把它当作谋生的职业。成为一名港口引航员,是对每一位学习航海技术专业人员的褒奖。引航员是"水上国门形象第一人",要始终以中国人的优秀代表严格要求自己。

其次,引航员的素质和能力是否和这样的职业相称,或者说引航员是否在不断地提高自己来适应这个职业。国人一贯主张先做人后做事,应该做出那些合理的行为,展示出自己高尚的人格。如若你"出淤泥而不染,濯清莲而不妖",那你必定是一秀挺荷花;倘若你"凌风而高蹈,虚心且有节",则必定是一谦谦君子;倘

若你"仰天大笑出门去",那你必定有仙风道骨!所以,应该好好展示自己。与船长交流时要不卑不亢,做事要有理有礼有利有节,体现文明礼仪之邦的形象和素质。能力是评价引航员的另一个指标,也就是船舶引航技术。和风细雨、波涛不惊时自不在话下;面对险情和突发困难,照样沉着冷静、有条不紊地破解困局和险情,岂能几年之功所为。没有最好,只有更好,引航技术永无止境!

第三,以思辨的方法对待引航工作中的各种困难和问题。无论是常规引航操作还是"急、难、险、重"的任务;无论搞课题研究还是技术创新,我们始终遵循"科学严谨的态度,积极进取的精神"这个原则。面对困难我们既不能缩手缩脚、消极怠工也不能意气用事失去分寸,引航事故不一定发生在气象、通航环境最差的时候而是往往发生于工作条件比较好时,顺水可以行舟,逆水也可以行舟。引航中既要有理论知识支撑还要靠实践经验应对,现场很难根据一些数据来做出判断,也没有时间那样做,岸上的靠泊仪、PPU等也只能用来参考。适合自己的方法才是最好的方法,路漫漫其修远兮,咱们一起求索!

第四,引航工作中要有自己的底线。对于每一次引航而言,底线可以是两船接近到必须采取避让行动的距离、方位、相对航速,也可能是与危险物的距离,转向中转头角速度、船体横倾角、能见度不良或者夜航中的船速、拖船系解缆的时间、船舶掉头时和码头的距离等,也包括风、流、浪、能见度对引航影响程度的考虑等。我们要摒弃毫无底线的"老好人"行为,在安全问题上一定要坚持原则。引航过程总是伴随着和外界的各种交流,避免"老好人"行为并不意味着一味示强,从而进入另一个极端,而是要避免无原则的忍让和迁就。当然,各人的风格、习惯和心理承受能力不同,或者说对事物的认识理解不同,做法会不尽相同,但对于前辈们总结的宝贵经验还是要全面学习和兼收并蓄。

第五,以开放的思维方式考虑问题。优秀的引航员在人格特质上具备独立积极、开朗健谈、团结合作、待人热情、自信敢为、责任心强、理智坚强、谨慎随和、精明老练、务实守规等特点。俗话说,功夫在诗外。航海学本来就是边缘学科,船舶引航更是一个狭窄的技术领域。长期的安全引航使部分引航员产生骄傲、自大情绪,对船舶、码头、当地潮流非常熟悉后而产生"轻敌"情绪,麻木相信自己的"绝对安全",对危险的嗅觉不够灵敏。作为创建世界一流引航机构的引航员,目光不能仅仅局限于这个狭窄领域,可以研究与航海有关的专业知识,比如气象学、海洋学、船舶修造等,也可以学习各国历史地理人文知识、当代文化走向、时政娱乐新闻等,不仅可以丰富自己,也可以和各国船员进行有效的沟通和交流。

第六,面对险情要灵活机动避免"小巷思维"。小巷思维是指一个人容易把

自己的思维定位在一个狭窄的空间里,固执的往前走,要么成功,要么失败。由于人在小巷当中,不是进,就是退,无形中产生巨大的压力,当压力无限膨胀、便容易失控,一旦失控,就面临失败。引航员通常是"单兵作战",在工作中经常是"硬碰硬",一切情况由自己掌控,在这种高压的环境下,他们通常被培养成具有极强的自尊心、自信心及独立思维能力。他们通常想用最好、最快、最便捷的方法完成引航任务,却往往由于过分的自尊、自信甚至是自负而使自己在不知不觉中进入小巷,反而给引航安全带来极大隐患。

审视全局、破除小巷思维的最好办法就是跳出情境,从更高的角度和视野来观察全局。不要拘泥于情境之中、困顿之中,换一种心态、能够更好地保持开阔的思路和发散的思维。

不盲从于经验,经验虽是成功体验的积累,同时也是与时俱进的枷锁。引航员每天引领不同的船舶、与不同的船长配合。每天的潮流、风速等外界条件都在不停的变化,想完全盲从于经验,势必会故步自封,甚至产生危险。引航员引领船舶时,应该在经验的基础上,不断核查、校对,体验当天的客观条件是否与自己的经验相吻合,以一种外行者的心态反复考量,逐层分析、逐层推进,才能进一步确保安全。

10.2.3 引航隐患管理

安全是港口引航的生命线,要时刻树立忧患意识、防范意识和安全意识。认识自我,提高技术是保障安全的必要条件。而劳动纪律是安全生产的基础,是为了约束、统一员工的行为,建立规范的劳动次序,促使企业的生产经营活动有节、有序、平稳、健康地开展。企业的劳动纪律制度,是企业安全生产的基础和保证。任何藐视、忽略劳动纪律制度,或有章不循,或有令不止,都是安全生产的大患。如虾峙门航道控速问题,总有一些同志开快车。如劳动纪律问题,有迟到、早退,心思不在工作中,以致出现将水加到油箱中的失误。

完成港口船舶引航任务,表面上看是引航员的个人行为。但实际上是需要方方面面的良好合作。在引航机构内部来说,需要引航艇的水上交通接送和汽车的陆上交通接送,需要调度部门的船期安排,需要各科室队的后勤保障。在外部需要拖船的密切协作,需要管理部门的有效管理,需要其他有关部门的良好配合。船舶的大型化、全潮时的靠离泊要求假如没有拖船的协作是难以完成引航任务的,在与拖船的合作中要相互尊重,引航员要充分考虑到拖船操作的特点,正确使用拖船;平时要经常性地与拖船驾驶人员多交流,了解他们的个性和技术状况,这

样在指挥拖穿中会有所帮助。在建立和谐的通航环境中,港口的管理部门有很大的作用,如船舶交通流一体化管理有助于引航员方便地引领船舶。在与他船高频沟通时要礼貌用语,自己讲得清,也让他人听得明。

引航是港口重要的配套服务机构,提供优质的服务是一贯的目标。人是提供优质服务的主体,这里的人对于公司来讲就是全体职工,尤其是引航员们,技术是提供优质服务的基础,安全是提供优质服务的主要条件。要深刻理解"坚持科学发展,争创一流业绩"的含义,"认识自我,提高技术,确保安全",向船方、港方提供优质的服务,向建成国际一流的深水枢纽港和集装箱远洋干线港迈进。要使整个港口达到一流,港口内的相关部门都要一流,引航当然也不例外。必须建设一流的管理、一流的团队、一流的技术、一流的设施、一流的服务。一流的管理,广义上讲人人都是管理者。引航员上船后,整个驾驶台团队就是在你的管理下实现船舶的位移。假如你管理水平差,下达的口令颠三倒四,含糊不清,或者根本就是没技术没水平的口令,就谈不上整个公司的管理水平。一流的团队,只有人人都是一流的才能谈得上团队的一流,认识自我就是叫你不要成为团队中的短板。一只木桶,有一块短板,就要将它接长或者拿掉。引航团队要求每一分子都要一流,因为工作特点是单兵作战。你个人的缺点,别人难以来弥补。一流的技术,一方面大家个个都是好样的,人人都有绝活,另一方面使用的装备是最先进的,要与引航实际相协调。一流的设施,指引航车、引航船、引航艇要一流的,要符合时代的潮流甚至走在前列。

优质服务的核心是引航安全,规范化引航是保证引航安全最重要的手段。为更好践行规范化操作要求,我们将征集到的引航操作好习惯与不良习惯进行汇总(见表10-1、10-2),希望大家认真对照核实查缺补漏,及早摒弃不良习惯以策安全。

表 10 - 1　引航好习惯汇总

(1)	严格按照引航三部曲:引航前,了解情况,制订方案;上船后,核实情况,完善方案;引航中,精心操作,一丝不苟;引航后,认真总结,不断提高
(2)	接到引航任务后查询与引航有关的气象及潮流资料
(3)	登船时查看码头边的实际潮流及拖船的尾迹,核对潮流方向和大小
(4)	离泊前注意码头上吊机位置及附近船舶的动态
(5)	与拖船联系有一个备用频道
(6)	主动向船长介绍靠离泊操作方案
(7)	拖船没带好不入泊;吊机没有清爽不靠泊

表 10-1(续表)

(8)	不玩手机等影响注意力的事情
(9)	上下梯子,抓稳扶牢;登离船,检查踏板、扶手,确保安全
(10)	遇有能见度不良或交通流较大时能相互提醒
(11)	舵令、车令要核实,最好配合手势,声音宏亮,口令清楚
(12)	瞭望过程中经常走动;雾航时开驾驶台门窗
(13)	联系进口船时留有上船的时间余量
(14)	航道复杂、靠离泊前备锚
(15)	电子海图和雷达经常进行比对核实;随时检查高频的频道、音量等工况
(16)	抛锚完成后和船长充分交代注意事项
(17)	靠泊前核对码头空当位置;靠离泊前适时关闭雷达
(18)	复杂区域先减速;主动避让客船和军舰
(19)	靠离泊作业和拖船联系时,除小高频外,驾驶台内固定高频可以放相同频道,以便留下 VDR 证据
(20)	条件良好时要经常思考万一出现意外的情形该怎么办,多考虑环境的复杂性和突发性
(21)	避让他船要"早、大、宽、清"
(22)	小船、大船一样对待,有时小船更需要花心思,绝对不能疏忽大意
(23)	拖船顶或拉时要注意其方向;常询问拖船的作业难度,留足拖船起拖/顶的准备时间
(24)	只要开始引航工作,就要把与引航无关的事情抛之脑后,全身心投入引航,顺利完成引航任务
(25)	靠泊前半小时,主动联系码头调度、泊位指导员,核实泊位情况
(26)	引航前检查高频电量,回家后及时充电以备下次使用
(27)	带好拖船再入泊,主机开出后再解拖船,解首拖前关闭侧推;靠泊时,缆绳全部带好后才能离船
(28)	上厕所前须告知船长,避免误会
(29)	尽量做到"人等车"
(30)	登船后尽早调整高频、雷达和熟悉汽笛位置,保证自己"耳"聪"目"明;夜间航行提前备好闪光信号灯(aldis lamp)

表 10-1(续表)

(31)	引航员离船后,一段时间内继续关注被引船动态
(32)	保持积极乐观的心态,不把负面情绪带入工作中
(33)	工作结束后及时总结,有好的方法和经验随时记录

表 10-2 引航不良习惯汇总

(1)	引航过程中过度依赖雷达等电子产品,忽视视觉瞭望
(2)	引航过程中长时间打电话等
(3)	不核对车令、舵令
(4)	未上船时对船方发布指令;上船后不与船长交流盲目接手;脚刚迈进驾驶台,就发出车舵令和航向口令
(5)	在转向点附近盲目追越
(6)	未经船长同意,在驾驶台吸烟
(7)	关键点转向时,不叫舵角而叫航向
(8)	指挥拖船的口令不清楚、不规范
(9)	引航时只用高频联系,不使用汽笛警示
(10)	贴拢码头后,缆绳还没有带好就和拖船说再见,关闭高频后急于离船;或抛锚后,船舶没有完全稳定,就急于离开
(11)	登离船时,梯子还未放妥,就急着上下
(12)	联系进口船时较随意,不注意其他船动态,造成拥堵
(13)	两位引航员在船时,较多的聊天影响注意力
(14)	上码头时,引航艇没带好就从绷紧的缆绳上跳过去
(15)	进口船舶的登船时间安排太紧,满打满算不留余地;明知来不及,还急着让船加速进来
(16)	靠离泊时频繁地急加车或急减车,有可能导致主机损坏或失控
(17)	雾航时,不开驾驶台两侧的门,不使用安全航速
(18)	急流时指挥拖船停止拖拉,未考虑拖船重新摆位的操纵困难
(19)	占用 VHF 09 频道指挥拖船,不和拖船约定备用频道
(20)	靠泊时满打满算,对主机可能出现故障缺乏戒备
(21)	边带拖船边入泊;靠泊时没有备应急锚
(22)	码头桥吊、泊位长度不合规范时碍于情面或急于回家而靠泊

10.3 引航资源管理

10.3.1 引航的权利与义务

1)船长与引航员的权利和义务

船舶引航可以理解为:经港口国主管部门认可的引航机构及其分支机构派出的引航员登船引领船舶在特定的区域范围内航行、靠泊、离泊、移泊的法律和技术行为。因此,有关公约、法规对船长与引航员的法律关系、权利、职责和义务作了明确的规定。

STCW 78/95 公约第 A-Ⅷ章第 49 条规定:尽管引航员有其职责和义务,但他们在船上引航并不解除船长或负责航行值班的高级船员对船舶安全所负的职责和义务。船长和负责航行值班的高级船员应与引航员密切合作,并保持对船舶的位置和动态进行精确的核对。如果负责航行值班的高级船员对引航员的行动或意图有所怀疑,他应要求引航员予以澄清,如仍有怀疑,应立即报告船长,并在船长到达之前采取必要的行动。

《中华人民共和国船员条例》第 25 条规定:船长在保障水上人身与财产安全、船舶保安、防治船舶污染水域方面,具有独立决策权,并负有最终责任。船长为履行职责,可以行使下列权力:发现引航员的操纵指令对船舶营运安全或者水域环境构成威胁时,可以及时纠正、制止,必要时可以要求更换引航员。

尽管有关公约、法规对船长与引航员的法律关系、权利、职责和义务作了如此明确的规定和强调,但是国际航运界的船舶值班人员对引航员与船长之间复杂的法律关系和复杂且微妙的人际关系的理解仍存在一些分歧。需要区分"引航""引航员"等界定。强制引航是"引航机关"来实施的指定引航。引航机构是指专业提供引航服务的法人。作为专业提供引航服务的法人,引航机构的特点表现在:主权性、公共安全性、公共服务性。

引航员是指持有有效引航员适任证书,在某一引航机构从事引航工作的人员。引航员是引航服务的主体,是港口生产的重要生产力,是国家宝贵的人力资源。港口生产要求引航作业呈现全天候、全时段的特点,引航员在充分保障安全的前提下,满足了港口生产的高效服务,为港口经济的发展做出了巨大的贡献。引航员的职业特征主要有:涉外性、技术性、风险性。因此,引航员具有双重身份:一是港口当局授权或认可的执行引航任务的人员,具有维护国家利益,保证港口安全的责任;据此,引航员在引航中的权利和义务是维护国家利益、安全、迅速地引领船舶;船长不应对引航员提出超越船舶安全需要的其他要求;二是提供引航技术与安全服务的实践者;引航员每天都要引领不同国家、不同类型的船舶,与不同的船性、人性、水性打交道,必须具备扎实的专业技术知识和丰富的实践经验;这正是船长与引航员之间法律关系的复杂性的重要表现。

2)船舶进出港的团队工作

引航员登船后即是驾驶台团队的组成成员,是驾驶台资源的一部分。船长或驾驶员应该尽快帮助引航员在短时间内熟悉驾驶台环境,主动将引航员拉进驾驶台团队中来,让引航员感到能够得到驾驶台团队的积极配合和大力支持;引航员也应该主动融入驾驶台团队,不应游离在驾驶台团队之外。

引航员是指持有有效引航员适任证书,在证书规定水域范围内进行船舶引航的专业技术人员。引航员必须对引航水域的水文气象、航道水深、航标、碍航物、码头设施、当地规章制度以及与船舶安全相关的信息等了如指掌,同时引航员还应具备熟练掌握船舶驾驶操纵能力。引航员在接受引航任务后应该及时了解船舶的基本情况,制定出安全可靠的引航方案。通常情况下,引航员到达被引船舶驾驶台后首先应该向船长了解清楚船舶的航向、航速、最大吃水以及船舶现在所处的位置;然后进一步向船长了解船舶的一些操纵特性及其他与引航相关的情况;最后,引航员应该就本次引航所制定的航次计划介绍给船长了解。

引航员在引航过程中不仅仅要时刻关注被引船舶的安全,同时也要关注周围环境中的危险因素,有海损事故、污染事故或者违章行为时,应当立刻通过 VHF 向 VTS 报告。引航员在引航过程中如果遇到一些突发情况无法继续进行引航的时候可以终止引航并立刻报告 VTS,包括被引航船舶不适航、大风浪等恶劣海况、富余水深不足或者引航员自身身体原因无法坚持引航等情况。在终止引航之前应该和船长进行充分沟通,并保证船舶的安全。

船长,是整个船舶的最高领导,同时也是第一责任人,任何时候船长都享有对船舶的绝对指挥权。《中华人民共和国海商法》《中华人民共和国海船船员值班规则》都有规定,即使船舶在引航员引领的过程中,船长对于船舶所承担的责任和享有的最高指挥权都不会解除。在引航过程中引航员并不能取代船长,船长应该时刻担负起自己对船舶安全所负的责任,这就要求船长要积极主动地和引航员密切配合,将自己所掌握的对于航行安全有帮助的信息及时提供给引航员,包括本船的一些操纵性能、助航仪器的使用、车舵以及其他有关航行安全的信息。在引航过程中对于引航员每一次的车钟舵令都要做到心中有数,如有疑问应该及时要求引航员澄清,并向值班驾驶员和舵工做明确交待。积极协助引航员并监督驾驶人员做好瞭望,注意观察周围船舶动态,如遇疑问立刻通知引航员,支持和满足引航员关于船舶航行安全的建议要求。为安全提出合理的要求和建议,但不能干预引航员的正常工作,发现引航员操作不当危及安全应立刻提出改正意见,若引航员不接受,有权加以制止,必要时终止其引领。

(1)驾驶台信息资源管理

为了能更好地融入驾驶台团队,有效的沟通成为先决条件。由于引航员引领的多数为外国籍船舶,船长以及船员有可能来自全球各个不同国家,虽有船舶管理体系文件与《1972年国际海上避碰规则》等专业法规文献,但文化背景与操纵习惯的不同可能会给引航过程带来意想不到困扰。比如:部分船长普遍比较谨慎、喜欢提问、事无巨细,那么引航员可以在空暇之余分轻重缓急逐一进行回答,满足船长的合理要求;个别船长则比较"洒脱",引航员上船后全权交给引航员,自己不闻不问,失去了相互间的合作与沟通;有的船长,比较傲慢,引航员操纵船舶与其思路稍有出入就对其责难,使双方陷入尴尬境地。以上这些都会成为引航过程中对安全不利的因素,但可以通过驾驶台资源管理的培训加以弥补和克服。

首先,引航员与船长可以通过相互的问候拉近彼此的感情。一名着装规范整洁、举止彬彬有礼的引航员总能第一时间获得船方的尊重,与之随后带来的最大程度上的工作上的配合,充分发挥驾驶台团队的功效,有利于船舶引航的安全。在交流的过程中也必须注意驾驶台成员不同的文化背景和风土人情,尊重和理解船方的宗教传统,坚持贯彻尊重他人文化,理解他人文化和学习他人文化的理念。

其次,引航员与船长进行必要的信息交流。虽然引航员对每艘被引领船不可能十分熟悉,但对此类型船舶应有一定程度的了解,在阅读完引航卡(pilot card)以及船舶其他数据资料之后应多问一句该船独具的船舶特性或操纵特点,能更快更安全地完成后续引航操纵。引航员应向船长陈述此次引航任务的流程、细节和难点,例如水文情况、船舶交通情况、码头(锚地)情况、拖船配置情况(如有)等,告知船方需要做出的配合动作以及询问是否有引航员需要重点配合的地方,这样既能使被引船船长做到心中有数,在引航过程中更能起到相互监督与提醒的作用。一次充分的信息交流已经是成功的一半,可以提高船舶驾驶台气氛的融洽,更有效地推进合作交流。

(2)驾驶台设备的利用

随着科技的进步,船舶上配备的航行设备越来越多。如全球定位系统

(GPS)、雷达自动标绘系统(ARPA)、电子海图系统(ECDIS)、测深仪、风速仪、舵角指示器(ROT)等,有的船舶甚至配备有靠泊仪及动态定位系统(DP)设备。引航员在引领船舶过程中要熟悉并掌握各种助航仪器的使用及操作方法,遇到不明白的情况,可以向船方寻求帮助。在使用设备的过程中,应该注意各种数据的单位,比如风速仪显示风速的单位是节(kn)还是米/秒(m/s),充分利用这些辅助仪器,结合自己的分析判断,提高引航效率和安全系数。

(3) 引航员引领时的现场资源利用

相比较船方,引航员对被引领船舶当时所处环境相对熟悉,并与港口当局、船舶交通管理系统(VTS)、码头、拖船等相关部门的联系有通信上的优势。例如引航员拥有新一代的引航系统可以实时更新上海港码头船舶的开靠计划,可供引航员参考。本港的岸线很长,码头众多且分散,引航员可以在甚高频无线电话联系不到的范围通过电话与码头以及拖船取得及时联系,得知具体的码头情况与拖船的可用情况,以便及早采取相应的措施,如提前慢车控速或及时协调港方,必要时还可以寻求VTS的帮助,从而最大程度上化被动为主动。

(4) 引航员情景意识的培养

船舶运动充满偶然性,但是也存在客观变化的规律。例如:船舶在额定航速下航行,在风流等环境因素作用下,会到达预定位置。但是当船舶在通过某一个水域中,有其他船舶和本船发生碰撞危险后,船舶必须改向、变速等避免碰撞行为就是所谓的偶然性特点。因此在特定时间和空间内,对影响本船航行的因素的综合预判,并对危险采取正确的预防措施就是所谓的情景意识。在一般情况下,引航员长期在港内航行,对于这个水域有一定的熟悉度,所以对局面的认知程度更简单。但是由于身体和心理的疲劳或者压力会造成疲劳,随着引航工作难度的增加,这些疲劳和压力都会转换为对工作心理的影响,从而演化为引航事故发生的潜在因素。所以驾驶台系统内部就应该是一个多部门协同合作的组织,而不仅仅依靠引航员个人的情景意识作为判断依据。在引航员工作中,可以安排驾驶员或者船长对某一船舶或引航局面加以连续观察,再和引航员进行交流,通过充分发挥驾驶台每一成员的作用,做到相互支持。克服因个人疏忽大意而没有预见的危险所带来的安全事故。

10.3.2 引航资源管理

1) 团队

船上人员是一个有共同目的的团队。船上人员的共同目的就是通过安全操

纵和控制船舶,把货物或旅客从一个港口安全地运抵另一港口,所有成员都是为了这一共同目的而努力工作,从而形成了一个特定的团队。

在实际工作中,由于船上的船员的流动性很大,驾驶台的团队人员经常发生变化,所以这些成员需要在工作中相互了解和配合。船舶本身驾驶台团队的各成员因工作经历、经验、年龄、身体等情况的不同而在工作中具有一定的优势或短处,为了确保船舶营运与操作的安全,他们必须根据各自的分工进行协同工作。这就意味着他们之间在工作中应充分发挥自身的优势,注意自己的不利因素,从而真正保证团队协同的有效性和安全性。另外,船舶在特定或不同航线和地区航行时毕竟受到外界与环境的限制,故值班人员的工作也具有一定的局限性。然而一旦船舶需要驶入值班人员从未去过的或规定强制引航的港口时,他们就可能需要或必须和港口引航员组成团队进行协同工作。

所谓团队协同的方法是指在平等与公平意识的基础上,团队的每个成员相互信任,且都知晓行为的预期过程,并作出自己的最大贡献,以便最大限度地减少任何错误所导致的影响和把事故发生的可能性减低到绝对小的程度。

为了确保船舶营运和操纵作业的安全,驾驶台团队人员首先要明确自己的职责与权利,并应注意运用良好的工作方法来处理好相互之间的工作关系。在工作中应能确保驾驶台团队成员之间(包括引航员、船长与驾驶员)在心理上的相互容纳和认同,从而在相互之间协调好工作,使成员之间产生良好的凝聚力,以真正发挥出显著的驾驶台团队工作的整体工作效能和作用。在驾驶台团队人员中,船长和船舶驾驶员由于长期在自己船舶上工作和生活,所以对自己船舶的操纵性能和情况比较熟悉。如果某些船舶经常或较为固定地在特定航线和地区航行和营运时,则这些船舶的值班人员对这些航线和地区的情况就比较熟悉,所以他们在船舶的操作与航行方面具有一定的主动权。

船上有许多任务需要团队来完成,例如靠码头。此时由驾驶台、船首和船尾(机舱在此不提)三个小组组成了一个团队,这一个团队的共同目的就是将船舶安全地靠上码头。在靠泊过程中,虽然三个小组的分工不同,各有着自己的职责,但目标始终一致。因为目标相同,因此,每个小组之间就存在着密切的联系,每个小组工作中的所有行为和安全靠泊都存在着无可否定的因果关系,一旦哪个环节出了差错,互相之间不进行协调,事故可能立即发生,比如螺旋桨缠缆绳事故,缆绳是船尾松的,而车钟是驾驶台控制的,由于两个小组的联系中断、动作不协调或者是指挥者的失误导致了这种事故。这种事故属于典型的缺乏团队精神而造成的。如果驾驶台用车前能先搞清楚船尾是否已有缆绳落在水中;如果船尾有缆绳

在水中时二副能及时提醒一下驾驶台不要动车;如果指挥者能统揽全局、正确指挥,那么螺旋桨缠缆绳的事故还会不会发生呢?这些"如果"就是团队精神的要求。由此可见,团队精神在靠泊过程中能起到强有力的安全保障作用。因此,在靠泊过程中要求各小组必须发扬团队精神,船首、船尾和驾驶台之间应加强联系、互相信任、互相支持、互相监督、互相提醒,比如当三副接到车钟令后,应该考虑到此时是否有尾缆在水中,若是如此,就应该在操车前提醒船长或引航员,因为驾控主机一旦给出车钟令后,主机很快就会作出响应,这时再要想纠正有时可能为时已晚。事实上,引航在用车时不顾及缆绳的情况也有,因此,三副有必要进行这种提醒,这种提醒并不是对引航员能力的怀疑,而是安全操作的需要,是 BRM 中团队精神的发扬。

2)交流

引航员来到一艘陌生的船上,对船舶情况,如主机和舵机工况、仪器设备误差、船舶操纵性能等了解较少,而船长是对本船情况了解最清楚的人。同样,船长来到一个陌生港口,对港口情况、水文气象等没有引航员熟悉。只有将引航员和船长两者所具有的优势结合起来,才能充分发挥彼此的作用,有效地提高船舶引航安全性,从而降低事故发生率,这就要求引航员具备信息沟通能力。引航员不仅要熟悉当地港口的水文气象、航行环境和相关的法律法规,还要具备与港口当局、VTS、拖船、码头和港内船舶进行沟通的能力。这样,具备丰富船舶驾驶经验和船舶操纵技能的引航员才能安全、高质量地引领船舶。

在引航过程中,船长和引航员的信息交流尤为重要,可以在最短的时间内把重要信息进行交换,为接下来的工作打下扎实基础。引航员和船员的所有操作行动的最终目的都是安全地把船舶靠离码头。任何为安全控制船舶的动作行为包括加减速度、转向等行为都是建立在引航员个人的决策上。但是由于人的精力存在分散现象,这些精力分散往往是最终导致事故发生的原因。所以在引航过程中,如果可以通过必要的引航员和船员的信息交流处理,就能避免因为信息不全、精力分散等原因造成的危险。下面分别从引航员登船前、登船后以及操纵船舶和系泊作业四个阶段,介绍引航员与船长应进行的信息沟通。

(1)进港前有效信息沟通

船舶在抵港前,船舶代理人应提前告知船长引航员登船的具体位置和时间、引航员登离船装置的安放要求,当值引航员要提早关注被引船动态,告诉被引船登船时的航速、航向,避免其陷入不利局面。这不仅仅是确保引航员登离船安全,还是良好信息沟通的开端。

（2）引航员登船后的信息沟通

引航员抵达驾驶台，核实船舶的船位、船向和船速，在开启或连接好导航设备并观察周围环境后，应主动向船长示意表示可以接过船舶操纵权。如条件许可，引航员也可以在开始引航前，主动介绍引航计划、潮汐和富余水深、使用拖船的数量和带缆位置及时机、各航段的航法和港口当局要求等，然后再开始引航。引航员还应该向船长了解船舶操纵性能、仪器设备误差和局限性等。

（3）船舶操纵信息沟通

一名优秀的引航员，往往是与船长信息沟通的专家。引航员通常熟悉港口水域内航道及锚地、底质和水深、潮汐和潮流、拖船性能、本港船舶动态及交通流规律、码头及泊位限制、港内障碍物和航速限制、岸上航标及季节性天气特点、港口的法规制度及有关的通信联络要求。船长通常对本船主机、舵机、锚机的性能，不同装载下船舶旋回圈的大小以及船舶冲程等操纵数据，助航仪器的使用和误差等比较熟悉；对船员素质、操作熟练程度等比较了解；熟悉船舶设备及其局限性，并时刻保持必要的安全戒备。引航员与船长只有强强联合才能发挥各自优势，安全引领船舶在狭水道航行、操纵船舶靠离码头等。

（4）系离泊作业信息交换

随着船舶大型化，系泊作业时船员的风险不断增大，很多船员受伤和死亡案例都是发生在系泊作业过程当中。在系离泊作业开始之前，引航员应主动向船长介绍码头走向、泊位长度、船舶系离泊作业对船员的特殊要求和风险等相关情况。如某大型船舶系泊作业中船尾倒缆上桩后，船舶仍然有一定的退速，引航员在不太清楚船舶操纵性能的情况下，一味要求船员用倒缆将船刹住而不是用车，很容易发生断缆伤人事故。此时，船长要立刻提醒引航员并果断用车把船停住。只有双方优势互补，才能配合默契，确保引航任务既安全又高效的完成。

10.4 引航安全制度建设

1）制度的形成与制定

在ISM中明确指出建立的制度需要符合有关的国际和船旗国立法的指令以确保船舶的安全营运和环境保护。因而，船舶管理工作中的正式规则制度包括国际公约和国内制度两个体系。非正式规则则表现为公司安全管理体系文件中制定的管理文件。

(1) 国内规则

国内制度主要表现为法律体系和公司制度。国内法同样是分层次的,包括法律、法规、规章和规范等。制定机关的等级越高,其法律的效力就越高,适用的范围就越大。法律仅指全国人民代表大会制定的基本法律和全国人民代表大会常务委员会制定的普通法。行政法规是指国家最高行政机关即国务院在法定职权范围内为实施宪法和法律制定的有关国家行政管理的规范性文件。地方规章是指国务院各部委、省(自治区、直辖市)人民政府以及省(自治区)人民政府所在地的市和经国务院批准的较大的市的人民政府根据法律和国务院的行政法规、决定、命令而制定、发布的规范性文件。国务院部门规章和地方政府规章在自己的范围内生效,而在一个行政区域内,省(自治区、直辖市)人民政府规章比省(自治区)人民政府所在地的市和经国务院批准的较大的市政府规章的效力要高。地方性法规与规章之间的效力问题没有规定。其他规范性文件指各级国家行政机关,根据法律、法规和规章的授权或自身的法定职权,为实施法律、执行政策,结合本地区、本部门的实际制定、发布的除行政法规、规章以外的具有普遍约束力的决定、命令及行政措施。海事管理机关制定、发布的文件属于这一层次。公司制度属于企业管理的内部文件。

在法律的适用中,如果出现冲突适用以下原则:①如果能够分出谁的效力高谁的效力低,则适用位阶高的,而不适用位阶低的,即上位法优于下位法;②当冲突双方为同一位阶时,则新法优于旧法,特别法优于一般法;但是如果是双方为各个机关所制定的规范,则由各个机关来决定。

《中华人民共和国民法典》规定,中华人民共和国缔结或者参加的国际条约同中华人民共和国的民事法律有不同规定的,适用国际条约的规定,但中华人民共和国声明保留的条款除外。中华人民共和国法律和中华人民共和国缔结或者参加的国际条约没有规定的,可以适用国际惯例。国际公约在国内的法律地位,与批准生效的方式和部门有关。经国务院核准的相当于行政法规或行政规章。因此,我国的海事法律具有明显的国际性,海事适用的程序法和实体法一般都反映了国际公约精神和行业惯例原则的国内法。《中华人民共和国海商法》《中华人民共和国海事诉讼特别程序法》的主要内容,大多借鉴国际公约、国际惯例、国际上的示范法、标准贸易条件、标准合同条款等。

(2) 国际公约

航运企业是一种国际化的行业,它受诸多国际公约的约束。国际公约一旦被一个国家接受或加入,或对默示生效没有提出异议的,除了声明保留的条款外,就意味着国际公约对该国具有了约束力。国际海事组织的文件分为4个层次,分别为:公约(如SOLAS、MARPOL、STCW等);规则(如ISM、ISPS);决议(又分为IMO大会决议和海安会决议等);通函(如海安会、海环会决议等)。决议和通函有的是强制性的,如消防设备的"维护保养、试验和检查应根据本组织制定的指南进行",这里的指南就是MSC/Circ. 850《防火系统和设备维护保养和检查指南》。有的是非强制性的,例如英语应作为驾驶台的工作语言,为此可使用经修订的《IMO标准海事通信英语》(A. 918(22)决议)。

国际条约不仅包括以条约为名称的协议,也包括国际法主体间形成的公约、规约、协定、议定书、最后议定书等。国际条约本属国际法范畴,但我国政府签订或我国加入的国际条约,对我国的国家机关、公职人员、社会组织和公民也具有法律约束力,在这个意义上,国际条约也是我国的一种法理的形式,与国内法具有同等的约束力,都是必须遵守的。

(3)引航员的规则意识

规则意识是社会意识的一种特殊形式,是人们关于法律制度现象的感知、认识、情感、态度、评价、思想、观点、知识和心理等主观方面的总和,是指发自内心的、以规则为自己行动准绳的意识。规则意识的内容十分广泛,包括对制度的本质、作用的看法,对现行制度的要求和态度,对制度的理解,以及对人们的行为是否符合的评价等等。引航员需要培养成熟的规则意识。

规则意识是每个引航员都必备的一种意识。规则意识有3个层次:

首先,规则意识是指关于规则的知识。比如说,爱国守法、明礼诚信、团结友善、勤俭自强、敬业奉献、爱护环境、遵循规章制度等等。但仅有规则知识是不够的。

其次,规则意识是要有遵守规则的愿望和习惯。这是规则意识的第二个层次。重要的不是知道规则,而是愿意和习惯于遵守规则。这尤其表现在没有强制性力量阻止违反规则的时候,也自觉予以遵守。古人说的好:君子慎独。君子在独自一人的时候是很慎重的,因为没有人监督,人性中的不好的一面就会跳出来,千方百计地诱惑你。如果没有遵守规则的愿望和习惯,在船舶值班过程中,在一念之间,就可能铸成大错,后悔莫及。

最后,规则意识是遵守规则成为内在需要。在这种境界中,遵循规则已成为人的第二天性,外在规则成为人的内在素质。从规范向素质的转变,对于个人来说,意味着规则不再仅仅是一种外在强制,而是在某种意义上使人获得了真正的自由。很明显,引航员的规则意识对于船舶引航安全尤其重要。

2)任务安全分析

从安全管理的角度,任务安全分析表现为工作危害性分析(Job Hazard Analysis,JHA)、任务安全分析(Mission Safety Analysis),尤其是"偶发事件计划(Contigency Plan)"的制定。这些方法是针对工作或任务风险的两个侧面,工作危害性分析注重危险源的防范与应对,任务安全分析注重安全保障的实现与控制。

这里以工作危害性分析为例,说明任务安全分析的实施,着重说明危险源的识别与预控。

(1)工作危害性分析的基本内容(Basic Content of JHA)

广义地说,工作危害性分析是一种操作安全的分析(Operating Safety Analysis,OSA),也是制造、试验危害以及操作者失误分析等的总称。它是对操作者在系统运行各阶段进行审查后进行的,其内容常包括基本作业、作业方法、潜在危害、对策等。

首先应确定所需分析的项目和范围,并充分考虑与这些项目相关的限定条件,然后按照采用危险识别、潜在风险讨论、风险预防措施等内容和过程进行。

危险源识别是工作危害性分析的初始步骤,也是主要步骤。它的目的是对所界定的工作项目或任务实施的全过程中可能出现或存在的所有危险源加以识别。为了能全面系统地做好危险源识别工作,应根据需要和任务特征确定识别工作团队的成员,组织有关人员共同参与危险源的识别工作。该团队的成员应有从事过该工作的人员,以便能全面分析和找出危险,进而确定其原因、产生的后果与影响。识别的重点内容是五个"不安全",即不安全的作业内容,不安全的设备、器具,不安全的作业方法,不安全的作业人员,不安全的作业环境。例如:作业内容本身的风险性,设备技术状况不佳存在隐患,不安全的操作方法,作业人员的不安全行为表现,作业中指挥、操作、监护不当或者失误,超出设备安全负荷或适用范围,恶劣气象、海况下船舶状态或条件等。这些是事故形成的直接原因,属于危险源。当然对于具有能量意外释放的物体也属于危险源,值得注意。危险源识别可在某一事故致因理论的指导下,通过头脑风暴法、德尔菲法或者名义小组法等适用的危险源分析方法,将工作涉及到的系统过程或步骤进行模块化、项目化的划分,然后对每一模块或项目进行分析研究。通过观察、调查、座谈、记录等方面分析确定某一个人-机-环境系统中的各自特性,特别注意人因可靠性方面的问题,也不能仅着眼于对出现过的危险源识别,还应充分考虑到将工作过程中可能发生或存在的预期性危险。危险源识别可结合标准分析技术或者工具进行,所采用的标准分析工具包括安全检查表(CHECK LIST)、故障假设/检查表(WHAT IF)、预先危险性分析(PHA)、故障模式和后果影响分析(FMEA)、危险与可操作性研究(HAZOP)、人因分析法(HEAP)等。这些方法简单直观,容易掌握,主观性强。

风险分析是对工作过程中危险源的发生可能性与后果程度或影响范围进行分析,从而确定风险程度。通过相应的标准分析技术对已发生过的危险和可能发生或潜在危险结果的预期性讨论,分析与确定每种危险源的可能形成因素原因的可能性(按照非常频繁、频繁、一般、偶尔和极少来确定发生伤害事件的几率)和后果(按照非常严重、严重、一般、轻微和可忽略来确估计产生伤害的程度或范围),有时也要考虑暴露在危险环境中的时间长短,然后进行综合将这些危险根据危害性的大小加以排序,以便找出高风险区和关键性的风险因素,对工作的标准或规定加以完善或者提示,达到减少风险的存在和发生的目的。

标准分析技术可以采用半定量或者定量的分析方法。常常采用的方法是作业条件危险性评价法(LEC、MLS)、故障模式和后果影响分析法(FMEA)、危险度评价指数法、道化学火灾爆炸危险指数法、ICI蒙德法等。还有一些专业分析方法,比如因果推理法(事件树、事故树等)、DNV风险评价法(SAFETI软件)、概率安全评价法(PSA)等。这些方法对使用者有一定的要求,但是可以用数值定量,结论比较客观。

在风险分析的过程中,应先明确所评估风险的类型及其相应的风险程度,对各种类型风险的分布和影响风险的各种因素加以确定;在识别和评估高风险区和影响风险主要因素的同时,应认真分析高风险区和影响风险的主要因素的持续时间和管理措施的有效性。风险类型可根据危害对系统的影响程度进行分级,见图10-1。风险分级可划分为四级:Ⅰ级,高度危险的作业,必须立即采取措施进行控制甚至停止作业;Ⅱ级,明显危险的作业,需要采取措施进行控制;Ⅲ级,可能危险的作业,作业时需要注意防范;Ⅳ级,低危险,一般人们可以接受。

风险处置措施是在危险识别和风险评估的基础上,针对性地提出相应控制风险的措施。在制定风险预防措施时,先要明确需要控制风险的区域,并根据这些风险区域的实际情况制定出可行的风险处置措施;然后将这些风险措施加以细化并形成可操作的风险控制措

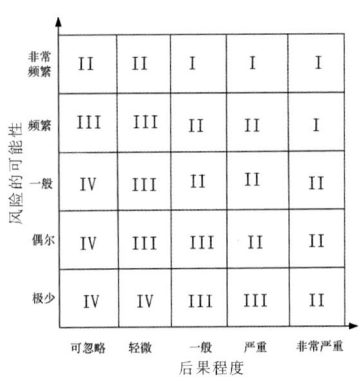

图10-1 风险分级

施;同时,应认真识别所采用风险控制措施可能产生的新的风险及其对策,以消除风险或将其减至最小。主要方法有控制风险、回避风险、转移风险和自留风险等四种方法。比如,台风风险处置措施中,避台是回避风险,防台是控制风险,抗台是自留风险,离船是转移风险。风险处置手段见图 10 - 2。

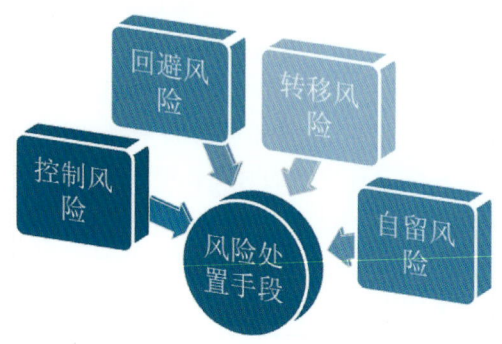

图 10 - 2　风险处置手段

　　控制风险,这是船舶风险处置的主要方式,有时也被称为降低风险,是指船舶采取措施,以减小损失发生的可能性及损失程度。一般地,常用的控制策略分成两大类,即风险预防策略(降频率)和损失控制策略(减后果)。风险预防一般利用工程技术方法、教育法和程序管理法来预防事故和损失的发生,从而降低风险损失发生的可能性。损失控制一般是减轻风险损失的可能性或减少后果的不利影响。具体的措施包括:排除隐患,例如排除不安全作业的设备、人员、环境,以及改进安全的方法和器具等;改进操作,例如制定操作方案或须知、明确参与人员事前应接受的培训、工作许可制度等;隔离危险,例如划定限制区域,切断电、水、油、气的来源,安排监护,制定应急预案等;提高能力,例如选择合格作业人员,事先模拟训练熟悉操作程序或方案,事先提供信息和资料,提供保护装备等。例如,船舶在接收到肯定将影响其航行水域安全的安全通告时,如当时环境与条件许可,可采用择地抛锚、改变航向或降低航速,并积极采取保护措施来预防和减少航路对其产生的风险与影响。需指出的是,以上这些预防风险的方法虽能预防相应的风险,但是它们不可能从根本上回避风险和完全消除风险可能带来的损失。

　　回避风险,有时也被称为规避风险,是指船舶主动放弃或拒绝采取某项易引起高风险损失的方案与措施来避免与该方案相联系的风险,以免除事故与损失的发生。该方法是一种彻底的风险控制方法,在风险发生之前,以风险较低的解决方案削减并替代高风险的活动,达到完全消除某一特定风险所造成的可能较大的

损失。例如,船舶在接收到将影响其即将航行水域安全的台风警报时,当时环境与条件确有必要,可直接采用改变航线的方法来绕开台风影响的区域,即回避台风(避台)。应指出的是,以上这些回避风险的方法虽能消除相应的风险,但它们明显具有很大的局限性,因为并不是所有的风险都可以回避或应该进行回避的。

转移风险,有时也被称为转嫁风险,是指通过某种安排,把自己面临的风险全部或部分转移给另一方。当投入的资源有限,不能实行减轻和预防策略,或风险发生频率不高但潜在的损失或损害很大时才采用该方法。转移风险实际上是风险分担的一种形式,不是单方面的风险消除,而是改变风险的影响系统从而再次分配风险程度。船舶在航行中如因不可抗力或遭受意外情况而不得不抛弃部分货物或需对货物采取极端措施而保全船舶的安全就是这类情况。例如,船舶航行途中某货舱内货物发生爆炸或火灾,船长明知用水灌舱会导致舱内货物受损,但是为保全船舶的安全不得不采取此法来加以应对风险。同样需要指出的是,转移风险的方法必须是在必要、可行和有效的前提下进行,而采用这种方法时,船舶客观上是很难做到将全部风险转移到另一方的。

自留风险,有时也被称为接受风险,是承认风险存在的事实并接受与其相关的风险,指船舶在特定的情况下自己主动地承担一定的风险。在实际工作中,意味着船舶将以特定的方式或采取相应的措施来接受和应对一定的风险。船舶可能会面临无法加以回避的风险或没有足够时间对特定风险采取全面的预防措施的情况,往往用自留风险处置策略。例如,船舶狭水道航行时突然遭遇渔船或小型船舶在航道横穿本船船首而导致双方船舶即将发生碰撞的情况,此时若单凭减速措施根本无法避免碰撞,而采用转向避让又可能产生本船驶离航道而搁浅的风险。考虑到一旦碰撞将发生他船船毁人亡的严重后果,而因航道地质又为软泥、在即使较大幅度转向发生搁浅也不会造成很大损失的情况,此时船舶及时采用减速并大幅度转向,被视为是自留风险策略。需要指出的是,自留风险会有一定风险的存在,而这些风险的程度一般应在人们所能接受风险的范围之内。

在以上四种不同的风险管理方法中,回避风险是一种事先性的风险应对方法;其他三种方法,包括控制风险、转移风险和自留风险等控制技术只能减少损失发生的概率和损失的严重程度,主要是在事件发生时加以考虑和应对的风险管理方法。

实施任何控制措施前,应先核实控制措施是否足够和有效。一般可以借助事故险情案例库,通过统计分析这些事故、险情来衡量风险控制措施的有效性。也可以借助回答以下问题来核实控制措施的有效性和充分程度:①控制措施是否有效? 采取措施后风险是否低于"可容忍"程度? ②控制措施是否可行? 受控制措施影响者是否接受风险控制措施? 在急于完成工作的压力下是否可能被忽略? ③控制措施是否会产生新的危险? 多数情况下这些危险是否被认定和标识出来? 核实结束后,需要再次评估风险等级。如此循环,直至确认所有控制措施后的风险等级均处于规定的风险等级水平以下为止,或者否决该项操作。

(2) 工作危害性分析的形式(Modes of JHA)

在引航工作中,通常应为一些敏感工作作出书面工作危害性分析,具体包括:①具有能导致严重后果的潜在危险的工作;②以前发生过事故和差点发生事故的工作;③可能存在风险的单项工作;④连续发生事故的工作;⑤新的工作。

在实施书面工作危害性分析时,必要的准备工作是必须的,包括:①查阅生产商的使用说明书和作业指导图书资料,获取信息资源;②参考先前的工作中的风险分析;③与其他有经验的成员讨论工作步骤;④指定执行任务的人和安全检查员。

操作性的安全检查表(CHECKLIST)可以作为任务分析或工作危险分析的一部分,以促进安全。制定工作中发生问题项目的检查表,对风险加以鉴别并给出消除每个可能存在风险的建议,这一做法被认为是有效的方法。检查表是建立操作、应急和应变程序的有用工具。检查表仅是包含在所建立的程序中的需做的事情清单,用于查证(交叉检查)。它帮助使用者记住正常或应急情况下该做的事情。

口头工作风险分析的益处在于能使工人注重其工作。讨论应以这种方式进行,即船员承诺安全地工作。工作前安全会是口头工作风险分析的最好形式。也是团队内部交流的一个重要方式。经验证明,为了安全目的针对每天所从事的具体作业去复习必要的安全知识,促使作业人员自觉地按照已制定的安全规则进行作业,召开现场班前安全会议是十分有效的。会议在形式上要求做每项工作前安排时间做简要的安排说明。

在工作前安全会上,应使得所有人员参与讨论,使得会议生动活泼,以营造有效的工作氛围。具体内容可以是:①周围曾发生过的事故及其预防对策;②作业的危险性及排除方法;③改变作业流程及方法,可能造成的危险及对策;④现场检查和清理的记录;⑤上级的安全指示的传达与讨论;⑥公司安全方针与安全管理的规定及说明;⑦以往对改进作业的建议与方案的讨论;⑧有关安全的文件体系与讨论;⑨具体的图表数据,模型与实物等。这种会议为工具箱会议(TOOL BOX MEETING)。管理者召集相关人员,解说每个人员工作范围,讲解工具使用方法及安全注意事项,查看各工作人员的精神状态及各种工具是否齐全,告知工作人员各生产区域和环节可能造成的危害因素及处理对策,并且倡导作业指导文件作业人员也可相互提出有关建议。

(3) 引航工作安全操作分析

安全检查表是一种初步定性手段,是任务安全分析的常见形式,也是危险性预先分析、事件树分析、事故树分析等系统安全分析的基础。安全检查表的制定是为实现安全操作而必须实施的检查程序,在表中列出安全控制的关键环节。安全检查表内容的编制应目的和范围明确,系统完整,内容全面,简单明了,重点突出。由熟悉检查对象的操作人员、安全及管理人员以系统工程的观点,编写制定检查项目,并以问答方式列出核对表,最终作为对系统安全检查和评估风险、预测事故的依据。一般地,可先按树形方式写出全部内容,再按层次列入检查表。

参考文献

[1] 洪碧光.船舶操纵原理及技术[M].大连:大连海事大学出版社,2007.

[2] 陆志材.船舶操纵[M].大连:大连海事大学出版社,1999.

[3] 交通部水上安全监督局.中国沿海港口引航经验[M].北京:人民交通出版社,1985.

[4] 尤庆华,陈杰,胡甚平,等.集装箱船舶顺流靠泊风险评估与操作要领[J].中国航海,2013(4):143-146.

[5] 尤庆华,刘威,胡甚平,等.远东码头船靠船靠泊作业风险评估与操作措施[J].中国航海,2015(3):70-74.

[6] 赵月林,张选逵.自由液面对船舶安全的影响及其对策[J].大连海事大学学报.2003(2):34-37.

[7] 熊振南,金文辉.小型船舶靠泊宁波港鑫东方白峰码头安全操纵[J].航海技术,2016(3):10-13.

[8] 王弘慈.赴澳大利亚黑德兰港学习散记[J].航海,1985(5):2-3.

[9] 林昆明.北仑港潮流及操船注意[J].航海技术,1994(2):1-3.

[10] 林昆明.超大型满载船在受限和有流水域中抛锚操作探讨[J].航海技术,1995(3):12-16.

[11] 林昆明.大型重载船绕岬角大角度转向中的一种现象[J].航海技术,1998(4):10-11.

[12] 林昆明.试析浅水急流中抛锚断链的操纵过失[J].航海技术,1999(3):2-5.

[13] 陈杰.浅谈极有限水域的船舶调头[J].航海技术,1994(6):4-6.

[14] 陈杰.谈横移法安全进出金塘锚地[J].航海技术,2005(5):30.

[15] 陈杰.创建"五个一流" 争当水上国门形象第一人[J].港口经济,2010(4):54-55.

[16] 陈杰.以诚信服务提升"宁波引航"品牌[J].港口经济,2010(9):57-58.

[17] 陈杰,吴永明,黄天翔.宁波远东码头11泊位大型散货船安全稳泊措施[J].航海技术,2018(3):12-15.

[18] 胡中敬.超大型船急流中起锚操作的一种危险现象[J].航海技术,1997(2):16-17.

[19] 胡中敬."流场"的"切变线"概念[J].航海技术,2003(6):37.

[20] 胡中敬.应用高新技术提升港口引航生产管理水平[J].航海技术,2006(2):72-74.

[21] 胡中敬.宁波港域LNG船舶进出港航行安全管理探讨[J].航海技术,2011(3):67-69.

[22] 胡中敬.多漩涡水域潮流的面预报[J].航海技术,2016(3):40-42.

[23] 杨旺强.大型船舶抛、起锚中遇到的问题与应对措施的探讨[J].港口科技,2010(4):30-32.

[24] 潘国华.北仑锚地超大型船舶走锚原因及对策[J].航海技术,2001(5):11-13.

[25] 潘国华.超大型油轮在航中过驳的尝试[J].中国港口,2001(12):40.

[26] 潘国华.超大型油轮在航中船对船靠泊、过驳操纵[J].航海技术,2005(1):9-11.

[27] 潘国华.北仑港区大型船舶定点抛锚的操纵及锚泊点分析[J].航海技术,2013(2):15-18.

[28] 潘国华,陈意洁,赵方斌.虾峙门水道船舶险情、事故多发原因及对策[J].航海技术,2016(6):9-10.

[29] 冯健刚.镇海港超长船舶倒航出港的安全措施[J].航海技术,2002(5):24-25.

[30] 宣晓东.试论"尾迹"显示方式在避碰中的应用[J].航海技术,2001(2):30-31.

[31] 宣晓东.引航员与船长的职责冲突和权限划分[J].航海技术,2006(5):32-33.

[32] 宣晓东."首釜"型船舶靠离宁波三星U型码头操纵[J].航海技术,2013(1):12-14.

[33] 鲍冯军.引航员技术与心理素质培训与提升的分析[J].公安海警高等专科学校学报,2010(3):56-57.

[34] 杨定照.集装箱船大型化对船舶靠泊安全的影响[J].航海技术,2011(2):8-10.

[35] 杨定照.船舶靠离泊时缆绳运用中应注意的安全问题[J].航海技术,2012(4):20-21.

[36] 吴永明.大型无动力驳船靠离泊引航操作[J].航海技术,2009(4):19-20.

[37] 吴永明,李鹏,程帅.码头轴线方位与流向夹角探讨及操纵应对措施[J].航海技术,2022(4):7-9.

[38] 杨东晓,宣晓东.宁波港集装箱码头桥吊避让的相关研究(上)[J].航海,2011(2):68-72.

[39] 杨东晓,宣东晓.宁波港集装箱码头桥吊避让的相关研究(下)[J].航海,2011(3):74-77.

[40] 杨东晓.关于船舶平行靠泊的思考[J].世界海运,2010(7):48-51.

[41] 杨东晓,李延峰,张波,等.宁波大榭中油二期信源2#泊位潮流分析及操纵实例[J].航海技术,2021(2):8-12.

[42] 钱之光,马逸银.VLCC F轮锚地碰撞搁浅事故分析[J].航海技术,2010(3):18-20.

[43] 张健.宁波大榭中油燃料油30万吨级码头靠泊方法探索[J].港口经济,2011(4):59-61.

[44] 杜伟杰.宁波舟山港核心港区"定线制"深水航路航法探讨[J].港口经济,2012(5):

56-58.

[45] 杜伟杰.大型集装箱船大风浪时靠、离泊安全分析与探讨[J].港口科技,2011(3):20-24.

[46] 毛杜军.谈宁波舟山港虾峙门外深水航槽的使用[J].中国海事,2012(1):43-45.

[47] 茅开松.虾峙门航道大小型船舶间的避让[J].天津航海,2010(2):8-9.

[48] 陈利忠.浅谈超大型集装箱船舶在港内的操纵[J].港口科技,2011(8):13-16.

[49] 毛朝良.超大型散货船进靠宁波中宅煤炭码头的操纵[J].世界海运,2013(4):23-28.

[50] 宋波伟.超大型矿船定点抛锚的方法和技巧[J].港口科技,2012(5):15-19.

[51] 李瑞春.中国籍船舶名称的规范化与国际化探讨[J].世界海运,2014(7):30-32.

[52] 张光辉.宁波穿山港区光明码头靠泊技术[J].航海技术,2014(5):5-7.

[53] 张光辉.宁波舟山港核心港区雾航探讨[J].世界海运,2014(9):50-52.

[54] 谢哲学.梅山港区船舶靠离泊操纵介绍[J].港口科技,2014(5):22-25.

[55] 柴利军,潘国华,沈勇,等.1.8万TEU级集装箱船靠泊宁波远东码头操纵[J].航海技术,2015(1):12-15.

[56] 陈月海.宁波港VLCC引航中的风险管理[J].航海,2012(6):48-53.

[57] 陈月海.宁波港绿色引航构想[J].世界海运,2015(1):48-50.

[58] 姚元卫,李正鹏.发展邮轮产业 打造国际强港[J].港口经济,2015(3):29-31.

[59] 姚元卫,杨光.建设引航特色文化 促进引航事业发展[J].港口经济,2014(12):53-54.

[60] 姚元卫,李飞镝.基于AIS的航行轨迹在引航实践中的运用[J].港口经济,2013(10):58-61.

[61] 乔正立.宁波舟山港核心港区船舶雾季航行的应对措施[J].港口经济,2016(11):61-62.

[62] 叶全国.梅山港区掉头靠离泊风险及对策[J].航海技术,2014(5):10-13.

[63] 佟贺.谈防御性引航[J].世界海运,2017(3):38-41.

[64] 顾海魁.象山港国华码头进出口及靠离泊操纵要点概述[J].世界海运,2016(2):33-36.

[65] 谢迎春.靠离泊时拖船的使用技巧[J].航海技术,2015(2):29-32.

[66] 谢迎春.大风浪情况下大型集装箱船的靠离泊[J].世界海运,2014(8):39-42.

[67] 徐笋.重载巴拿马型散货船进靠镇海外港区的操纵探讨[J].港口经济,2016(2):56-58.

[68] 徐笋.大型集装箱船靠泊宁波穿山港区码头技术探讨及风险控制[J].世界海运,2016(3):32-35.

[69] 李梁.1.9万TEU级箱船宁波招商国际码头靠离泊操纵[J].世界海运,2016(11):

20-24.

[70] 黄少忠.缆绳缠绕舵或螺旋桨的简易解脱方法[J].航海技术,2017(3):45-47.

[71] 杨光.引航工作中心理舒适区的负面影响和预防措施[J].水运管理,2020(6):29-30.

[72] 高洁.浅析港口水域引航员的持续瞭望[J].珠江水运,2018(5):62-65.

[73] 李飞镝,胡甚平,潘国华.梅山码头全潮时引航靠泊风险评估与应用[J].广州航海学院学报,2019(3):13-17.

[74] 李飞镝.浙江沿海东航路交通风险与调整建议[J].世界海运,2020(7):23-26.

[75] 李飞镝,潘国华.负角度靠泊在船舶靠泊操纵中的应用[J].天津理工大学学报,2020(5):55-59.

[76] 李飞镝.穿山北港区大型集装箱船靠泊调头方法[J].世界海运,2021(5):5-8.

[77] 李飞镝,黄焜,潘国华,等.宁波舟山港佛渡水道定线制修改建议[J].航海技术,2021(6):19-22.

[78] 李飞镝.通过旋回降速靠泊宁波舟山港光明码头的探索[J].航海技术,2022(5):10-13.

[79] 王炳武.条帚门航道航标及其增设建议[J].珠江水运,2018(4):70-72.

[80] 慕永光.宁波百地年码头1#泊位涨水离岸流靠泊操纵[J].航海技术,2020(4):10-13.

[81] 司庆忠.重载大型矿船初落进抛北仑港区定点锚位技术探讨[J].世界海运,2017(7):43-48.

[82] 吴声,杨定照.宁波舟山港远东码头10#~11#泊位急涨回流时段大型集装箱船顺流离泊操纵[J].航海技术,2017(4):13-18.

[83] 任明星.宁波舟山港2号警戒区引航风险应对[J].航海技术,2018(4):12-15.

[84] 周胜刚.FSA在引航风险控制中的应用[J].世界海运,2019(4):24-27.

[85] 宋伟.基于双因素理论的引航服务质量提升路径[J].世界海运,2018(11):33-36.

[86] 赵方斌.关于企业文化建设在国企管理中的作用探讨[J].现代国企研究,2016(2):20-21.

[87] 魏铭君.引航员职业倦怠问题分析[J].世界海运,2018(8):8-11.

[88] 魏铭君.引航员人格特征现状分析[J].航海技术,2018(5):62-64.

[89] 茅惠元.重载矿船靠泊远东码头风险之应对[J].珠江水运,2014(14):65-66.

[90] 曹桂荣.港作拖轮的使用[J].珠江水运,2019(9):53-54.

[91] 胡吉华.梅山港区集装箱船掉头靠泊[J].航海技术,2015(1):8-12.

[92] 鲍其升.重载矿船掉头靠泊宁波舟山港中宅码头的探讨[J].港口经济,2017(6):59-62.

[93] 李进.宁波港四期2、3号泊位非常规潮水涨水区向左掉头靠泊的体会[J].航

海,2019(2):33-38.
[94] 林皓,杨东晓.甬江口水域航行风险及安全对策[J].航海,2022(3):56-59.
[95] 陈家伟.虾峙门西口交通流组织的必要性和方案[J].水运管理,2021(1):17-19.
[96] 王明勇.回头缆在船舶系泊中的应用[J].珠江水运,2021(1):73-74.
[97] 赵良均.重载船过穿山西口进靠信业码头操纵要点探讨[J].珠江水运,2021(3):109-110.
[98] 汤浩渊.港口引航中AIS技术的应用[J].珠江水运,2020(5):65-66.
[99] 肖胜先."流场的切变线"对大型船舶操纵的影响及对策分析[J].珠江水运,2019(23):27-28.
[100] 李涛,鲍冯军,徐亚男.基于因子分析对长三角海港引航员职业压力的研究[J].航海,2021(1):51-54.
[101] 孙立成,何易培,贾传荧,等.虾峙门外航道超大型船舶富余水深的研究[J].中国航海,1999(2):2-5.
[102] 鲍冯军,杜伟杰,肖树武.关于引航艇接送引航员安全保护措施的研究[C]//2011年"苏浙闽沪"航海学会学术研讨会论文集,2011:247-249.
[103] 鲍冯军,刘德平,胡中敬.基于移动安全区概念的Q-MAX型LNG船进出港操控模式研究[C]//2013年"苏浙闽粤桂沪"航海学会学术研讨会论文集,2013:87-96.
[104] 刘亚冲,胡安康,韩凤磊,等.超大型集装箱船风载荷系数研究[J].武汉理工大学学报,2014(4):80-85.